普通高等学校
应用型教材

市场营销

品牌管理

余云珠　编著

中国人民大学出版社
· 北京 ·

前　言

品牌是企业宝贵的无形资产，是企业核心竞争力的体现。品牌也是国家形象的代表，是推动产业转型升级、国家竞争力提高的重要途径，是展示一国经济发展和综合国力的名片。党中央和国务院高度重视我国自主品牌的发展。2014 年，习近平总书记就提出“推动中国制造向中国创造转变、中国速度向中国质量转变、中国产品向中国品牌转变”的重要战略。为强化中国设计和中国创造、凝聚中国力量发展自主知识产权的品牌，2017 年国务院发文将每年的 5 月 10 日设立为“中国品牌日”，我国自主品牌从此迈入了发展的新时代。

习近平总书记在党的二十大报告中指出，要“以中国式现代化全面推进中华民族伟大复兴”，“中国式现代化是物质文明和精神文明相协调的现代化”。品牌在厚植现代化的物质基础、夯实人民幸福生活的物质条件，大力发展社会主义先进文化、传承中华文明方面均扮演着重要的角色，发挥着重要的作用。通过自主品牌建设，发挥品牌在我国经济社会发展中的引领作用，能够助力供给结构和需求结构的升级，满足人民更高层次的物质文化需求，帮助实现人民对美好生活的向往。同时，我国的自主品牌是传承和发扬中华文明和文化的重要载体，我们可以通过一个个优秀的自主品牌讲好中国故事、传播好中国声音，向国内外的消费者展现可信、可爱、可敬的中国形象。

习近平总书记在党的二十大报告中还强调：“培养什么人、怎样培养人、为谁培养人是教育的根本问题。育人的根本在于立德。全面贯彻党的教育方针，落实立德树人根本任务，培养德智体美劳全面发展的社会主义建设者和接班人。”根据教育部印发的《高等学校课程思政建设指导纲要》，要落实立德树人根本任务，就必须将价值塑造、知识传授和能力培养三者融为一体、不可割裂；全面推进课程思政建设，就是要寓价值观引导于知识传授和能力培养之中，帮助学生塑造正确的世界观、人生观、价值观。

本书的编写正是在以上时代背景下展开的。在编写过程中，本书始终坚持以习近平新时代中国特色社会主义思想为指导，力求把握以下三个方面的原则：

第一，注重知识性、引领性和时代性。首先是尽量保证品牌管理知识体系的完整性，科学合理地拓展品牌管理知识的广度、深度和温度。其次，由于品牌管理是一门理论与实践联系极为紧密的学科，随着社会的发展和进步，企业的品牌化实践不断推陈出新，品牌研究领域也不断涌现出新的学术成果。因此本书的内容力求做到与时俱进，把一些新的品牌化实践和品牌管理最新理论纳入本书的知识框架，让本书的内容能够体现出一定的引领性和时代性。这不仅有益于吸引读者的学习兴趣，而且有益于引导读者了解品牌管理的最新实践和学科前沿理论，激发读者的学科好奇心和探索精神，培养创新意识和能力。

第二，加大中国品牌管理理论的话语权，推动构建中国特色哲学社会科学学科体系、学术体系、话语体系。改革开放以来，围绕我国的国情以及经济发展的实际展开的品牌研究不断取得理论成果，比如中国品牌的历史演进、中国品牌的品牌个性维度、中华老字号的品牌激活等。本书将这些本土的品牌理论研究成果引入自身的知识体系。

第三，将价值塑造、知识传授和能力培养三者融为一体。为了落实立德树人根本任务，本书将该原则贯穿每一章的编写过程，力求从知识传授、能力培养和价值引领三个角度向读者完整地呈现全书的内容体系。为此，除了知识传授和能力培养之外，本书根据品牌管理的知识特点，在相关章节设计了价值引领目标，引导读者塑造正确的价值观。同时，力求实现专业知识和价值引领的有机融合。首先，每一章的导读案例都聚焦于近年来中国优秀自主品牌的管理实践，体现民族性和时代性，目的在于引导读者关注现实问题，培养读者的民族自豪感和经世济民的情怀。其次，根据品牌管理课程本身的特色，在专业知识的内容中有机融入了习近平新时代中国特色社会主义思想、社会主义核心价值观、中华优秀传统文化、宪法法治、职业理想和道德等方面的思政元素。

本书的内容按照品牌概述、品牌启动、品牌壮大、品牌长青这一顺序编写，总共四篇、12 章。第 1 篇是品牌概述，主要介绍品牌的基础理论知识，包括品牌的概念、品牌的作用、品牌化的角度、品牌的历史演进及理论发展。第 2 篇是品牌启动，主要介绍品牌启动阶段的品牌管理关键策略，由品牌定位、品牌个性和品牌要素三章构成。第 3 篇是品牌壮大，主要介绍品牌在发展壮大的阶段常用的品牌管理策略，包括品牌传播、品牌杠杆、品牌形象、品牌文化和品牌扩张五章。第 4 篇是品牌长青，主要介绍为实现品牌长青需要了解和掌握的品牌管理知识，共三章，分别是品牌维护、品牌激活和品牌资产。本书知识体系的构建循序渐进，能够清晰地反映出品牌从无到有、从有到强、从强到长青的发展过程，这不仅有利于加深读者对品牌不同发展阶段的认识，从而有利于读者理解品牌不同发展阶段的管理知识，也有利于帮助读者搭建完整的品牌管理知识体系。

本书每一章的内容均按照知识思维导图、学习目标、导读案例、正文、本章回顾、基本概念、拓展阅读、复习题、实训练习的顺序编写。其中，“知识思维导图”清晰地描绘了每一章的知识图谱，方便读者第一时间掌握每一章的知识脉络。从智育和德育两个维度将学习目标具体分解成知识学习目标、技能学习和掌握目标，以及价值引领目标，将价值塑造、知识传授和能力培养融为一体。“导读案例”通过我国优秀自主品牌的管理实践，引导读者带着问题和思考进入每一章的学习。“本章回顾”和“基本概念”则通过提炼每一章的主要内容和基本概念，帮助读者用最短的时间掌握每一章的内容要点。“拓展阅读”部分介绍了我国品牌研究中的前沿和经典文献，引导读者深入思考相关问题，进一步深化本书内容的学术性和前瞻性。“复习题”通过提问的方式，帮助读者检查每一章知识的了解和掌握情况。“实训练习”则旨在引导读者运用品牌管理的理论知识观察和分析品牌管理实践中的各种商业现象；帮助读者学以致用，具备运用品牌管理理论分析、解决和预测问题的能力。

总体来说，本书的内容具有知识性、引领性和时代性，同时体现出对中国品牌管理理论和立德树人理念的重视。本书既适合国内高等院校用作品牌管理课程的教材，也适合对品牌管理感兴趣的人士阅读和学习。

最后，本书从酝酿到定稿，历经三载。在这个过程中，我的家人、前辈、同行、中国人民大学出版社的编辑等给予了大力支持和帮助，谨此致以最诚挚的谢意。

余云珠

目　录

01 第 1 篇
品牌概述

02 第 2 篇
品牌启动

03
第 3 篇
品牌壮大

04 第4篇
品牌长青

第1篇

品牌概述

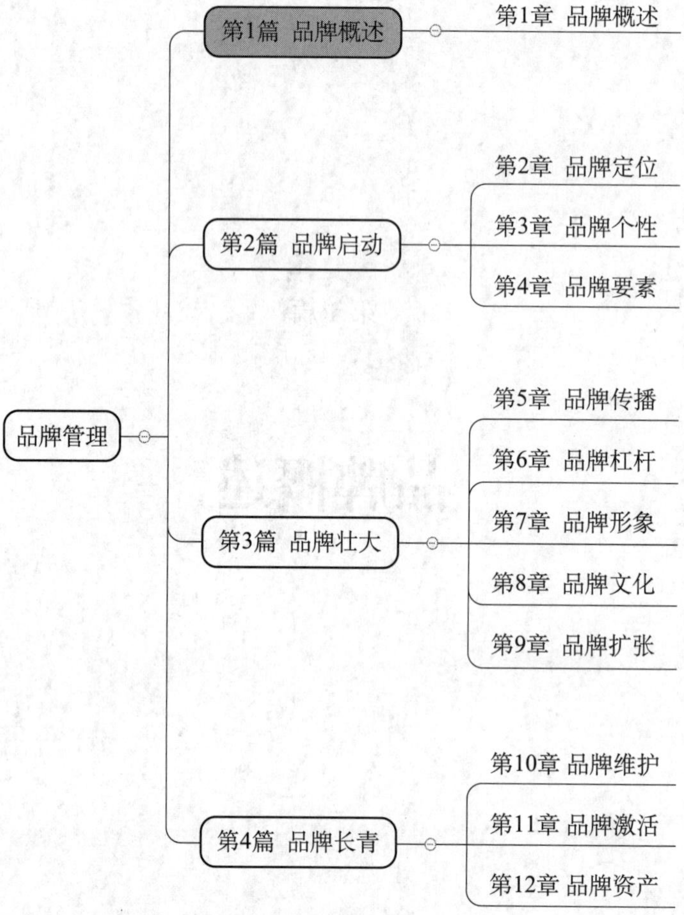
品牌管理
第1篇 品牌概述
第1章 品牌概述
第2篇 品牌启动
第2章 品牌定位
第3章 品牌个性
第4章 品牌要素
第3篇 品牌壮大
第5章 品牌传播
第6章 品牌杠杆
第7章 品牌形象
第8章 品牌文化
第9章 品牌扩张
第4篇 品牌长青
第10章 品牌维护
第11章 品牌激活
第12章 品牌资产

第1章 品牌概述

知识思维导图

- 品牌概述
  - 品牌的概念
    - 品牌的定义
      - 符号说
      - 关系说
      - 资源说
      - 综合说
    - 品牌的内涵
    - 相关概念辨析
  - 品牌的作用
    - 品牌对国家的作用
    - 品牌对企业的作用
    - 品牌对消费者的作用
  - 什么可以成为品牌
    - 微观角度的品牌化
      - 有形产品
      - 服务
      - 个人
      - 故事、事件、活动、技术、概念和思想等
      - 组织
    - 宏观角度的品牌化
      - 产业集群
      - 城市（地区）
      - 国家
  - 品牌的历史演进及理论发展
    - 品牌的历史演进
      - 美国品牌的历史演进
      - 中国品牌的历史演进
    - 品牌理论的发展

| 知识学习目标 |

- 掌握品牌的概念。
- 了解品牌的作用。
- 理解宏观角度和微观角度的品牌化。
- 了解品牌的历史演进及理论发展。

| 技能学习和掌握目标 |

- 能够辨析品牌、名牌和商标的概念。
- 能够观察和分析不同角度的品牌化现象。

| 价值引领目标 |

- 培育和践行社会主义核心价值观。通过品牌的作用，引导学生提升爱国情怀，学以致用，追求国家富强。
- 坚持和发展中国特色社会主义。通过中国品牌的历史演进，引导学生深刻体会国家改革开放取得的历史性成就，增进“四个认同”，坚定“四个自信”。

导读案例：我国设立“中国品牌日”

2014 年 5 月 10 日，习近平总书记提出：“推动中国制造向中国创造转变、中国速度向中国质量转变、中国产品向中国品牌转变。”2016 年 6 月，国务院印发《关于发挥品牌引领作用推动供需结构升级的意见》，提出设立“中国品牌日”，以凝聚品牌发展社会共识、营造品牌发展良好氛围、搭建品牌发展交流平台、提高自主品牌影响力和认知度。2017 年，国务院正式批准将每年的 5 月 10 日设立为“中国品牌日”。

“中国品牌日”的设立具有里程碑意义。品牌是生产者和消费者共同的追求，是我国供给侧和需求侧升级的方向，是我国企业乃至国家竞争力的重要体现。设立“中国品牌日”，有助于发展我国自主知识产权的品牌，开启我国自主品牌发展的新时代；同时也有助于宣传我国知名自主品牌、讲好中国品牌故事、提高我国自主品牌的影响力和认知度。

设立“中国品牌日”，发出加强品牌建设、发展品牌经济的信号，有利于推动我国由经济大国向经济强国转变，有利于满足人们更高层次物质文化的需求，有利于弘扬中华文化、提升中国形象。发展品牌经济，就是以新发展理念为指导，全面改善影响品牌发展的质量、创新、诚信、文化、人才、营销和环境等要素，推动产业结构调整，促进经济转型升级，为实现中华民族伟大复兴的中国梦奠定更加坚实的基础。

设立“中国品牌日”，让“中国品牌日”成为一支火炬，照亮中国企业不断深耕品牌的前行路，激励中国企业加快对具有国际影响力的一流品牌的培育，让中国品牌成为满足人们对美好生活向往的有力支撑，让中国向品牌强国迈出坚实的步伐。

资料来源：中国品牌日 · 从大到强．(2021 - 05 - 07)．http：//www. ceh. com. cn/epaper/uniflows/html/2021/05/07/02/02_ 35. htm.

思考：

1. 什么是品牌？

2. 我国为什么要设立“中国品牌日”？
3. 发展自主品牌对我国有什么意义？

第 1 节　品牌的概念

一、品牌的定义

“brand”（品牌）一词来源于古斯堪的纳维亚语“brandr”，意思是“燃烧”。古代的人们通过这种“燃烧”留下烙印的办法，来标识所有者对牲畜的所有权。从“brand”这个词的来源可以看出，品牌最原始的功能是“识别”。

品牌至今仍未形成一个统一的定义。不同的专家和学者从不同的角度对品牌进行了不同的阐释。从现有研究来看，品牌的主流定义大致可以分成以下几类。

（一）符号说

美国市场营销协会（American Marketing Association，AMA）认为，品牌是一个名称、术语、设计、符号或任何其他特征，用以识别一个卖方的商品或服务不同于其他卖方的商品或服务。

菲利普·科特勒（Philip Kotler）认为，品牌是一种名称、术语、标记、象征、设计，或是它们的组合运用，其目的是辨认某个销售商或某群销售商的产品或服务，并使之与竞争对手的产品或服务区别开来。

这一类观点认为，品牌本质上就是一个用来识别的符号。“符号说”类的定义体现和强调了品牌最原始和最根本的功能——识别。

（二）关系说

被誉为“品牌资产的鼻祖”的戴维·阿克（David A. Aaker）认为，品牌就是产品、符号、人、企业与消费者之间的联结和沟通，品牌更多地被视为一种“体验”，一种消费者能亲身参与的更深层次的关系，一种与消费者进行理性和感性互动的总和，若不能与消费者结成亲密关系，产品从根本上就丧失了被称为品牌的资格。

奥美广告公司（Ogilvy）认为，品牌是消费者与产品的关系，消费者才是品牌的最后拥有者，品牌是消费者经验的总和。波士顿咨询公司（Boston Consulting Group）也提出，品牌是联系企业的主观努力与消费者的客观认知的桥梁。

“关系说”强调品牌与消费者之间的沟通以及情感联结，突出了消费者在品牌管理中的中心位置，揭示了品牌的价值最终是由消费者决定的。

（三）资源说

美国学者亚历山大·贝尔（Alexander L. Biel）认为，品牌是一种无形资产，是一种超越生产、商品及所有有形资产以外的资产，品牌带来的好处是可以预期未来的收入远超过推出具有竞争力的其他品牌所需的扩充成本。亚历山大·贝尔强调了品牌的价值创造，认为品牌通过提供服务和体验，满足消费者需求、促进消费者重复消费来创造价值。法国品牌专家让-诺埃尔·卡普费雷尔（Jean-Noël Kapferer）认为企业最宝贵的财富是品牌。品牌代表了一份价值连城的合法财产，这份财产能够影响消费者的行为，在它被购买和出售的过程中，能确保品牌的所有者以后会有源源不断的收入。①

"资源说"类的定义将品牌视为一种资源或资产，一种能在未来产生现金流的宝贵资源。"资源说"类的定义突出了品牌在财务管理中的重要价值，认为品牌是可以买卖的，是一种获利能力。作为无形资产，品牌具有价值功能：品牌能为顾客提供比一般产品更多的附加价值，也会在这种提供高附加值的活动中获得超额的利润回报。

（四）综合说

奥美广告公司的创始人、被誉为"广告教父"的大卫·奥格威（David Ogilvy）在20世纪50年代第一次提出了现代意义上的品牌概念，他认为，"品牌是一种错综复杂的象征，它是品牌的属性、名称、包装、价格、历史、声誉、广告风格的无形组合，品牌同时也因消费者对其使用的印象以及自身的经验而有所界定"。

林恩·阿普绍（Lynn B. Upshaw）也认为，品牌是消费者眼中的产品和服务的全部，也就是人们看到的各种因素集合起来所形成的产品表现，包括销售策略、人性化的产品个性以及两者的结合等，或是全部有形或无形要素的自然参与，比如品牌名称、标识、图案等。

正如戴维·阿克在《创建强势品牌》（*Building Strong Brands*）一书中所说，除了品牌就是产品之外，品牌认同的基础概念还必须包括"品牌就是企业""品牌就是人""品牌就是符号"的概念，品牌实际上是由其本身整合诸多品牌信息而成的。"综合说"类的定义揭示了品牌的信息整合功能。

综上，"品牌"已经成为人们生活中不可或缺的一部分，对于"品牌"的概念解释众说纷纭。它们来自不同的理论和实践背景，关联不同的营销和管理行为，指向不同的企业和消费者。② 因此，以上四类学说各有侧重，不存在孰优孰劣。

二、品牌的内涵

菲利普·科特勒认为，品牌是一个复杂的符号，可以传递多达六个层次的含义（见图1-1）。

（一）属性

品牌首先能使人们想到某种属性。例如，奔驰车能让人们想到昂贵、制造精良、耐用、名车等属性。

---

① 王延峰，杨珊珊，余明阳．基于品牌营销视角的品牌定义和品牌特征再认识．上海管理科学，2008（4）：29-32.

② 同①.

图 1－1　奔驰品牌传递的内涵

（二）利益

利益是品牌给用户带来的好处。由于消费者购买商品的实质是购买利益，所以属性需要转化为功能或情感上的利益。例如，奔驰车“耐用”的属性，可以转化为功能上的利益——“接下来的几年我不需要再买新车”；奔驰车“昂贵”的属性，可以转化为情感上的利益——“这辆车令人羡慕，使我觉得自己很重要和受到尊重”。

（三）用户

品牌能够暗示购买或使用产品的消费者类型。例如，人们通常会认为驾驶奔驰车的一般是事业有成的年长者。

（四）个性

品牌能反映一定的个性，不同的品牌会让人们产生不同品牌个性的联想。例如，奔驰会让人们想到一位严谨的老板、一头勇猛的雄狮，或是一座庄严质朴的宫殿。也就是说，奔驰能够反映和传递出“严谨”“勇猛”“庄严质朴”等品牌个性。

（五）文化

品牌也可以代表某种特定文化。例如，奔驰代表了德国文化——高度组织化、高效率和高品质。

（六）价值

品牌同样能传递出生产者追求的价值。例如，奔驰主张高绩效、安全、声望等价值。

三、相关概念辨析

（一）品牌与名牌

品牌与名牌是一组紧密联系又相互区别的概念。名牌是知名的品牌，具有较高的市场知名度和占有率，拥有较好的品牌形象。品牌并不一定是名牌。

名牌是企业品牌管理追求的目标。当品牌成为名牌后，能够帮助企业创造更大的经济效益和社会效益。首先，由于名牌在消费者心目中具有较高的知名度和美誉度，能够吸引消费者购买甚至重复购买，建立起品牌忠诚。其次，名牌在品牌延伸时更容易被消费者接受，推出的新产品或服务更容易获得成功，从而比非名牌的品牌拥有更多的竞争优势。最后，名牌能够形成强大的品牌文化，不仅对品牌的使用者、潜在使用者具有强大的感染力，而且对企业的员工也有熏陶作用，有助于增强企业内部的凝聚力。

品牌成为名牌以后，不仅对企业的经济效益和社会效益有拉动作用，而且可以拉动区域甚至国家经济的发展和形象的提升。例如，在三星、现代、LG 等知名品牌的带动下，韩国的经济得到快速的发展，国家形象也得到了很大的提升。品牌从创建、成长到发展，需要经过企业的不懈努力才能成为名牌。

（二）品牌与商标

品牌和商标也是一组既有联系又有区别的概念。

品牌是市场概念。品牌强调产品或服务的质量、品牌所有者和运营者对顾客的承诺，以及品牌与消费者之间的沟通和关系。

商标属于法律范畴，是法律概念。品牌的一部分或者全部经过注册之后成为商标，受到法律的保护，未经许可他人无权使用。商标是从法律的角度对品牌做出的界定，是品牌获得法律保护的形式。因此，商标注册是品牌管理中的一项重要工作。

第 2 节　品牌的作用

一、品牌对国家的作用

（一）品牌是国家形象的代表

品牌是一个国家形象的代表，是一个国家综合实力的象征、民族文化的体现。

因为有大众、宝马、奔驰、奥迪、保时捷等品牌，德国给人们留下了制造业强大的印象；因为有苹果、脸书（Facebook）、谷歌、微软等品牌，美国给人们留下了科技先进的印象；因为有索尼、松下、佳能、日产、丰田等品牌，日本给人们留下了产品质量稳定可靠的印象……由此可见，品牌是一个国家的名片，是国家形象的直接展示。

随着中国企业不断“走出去”，越来越多的中国品牌在海外市场上建立起了知名度和品质认知度，以海尔、青岛啤酒、华为、小米等为代表的中国品牌在海外的整体评价在不断上升，成为国外消费者认知中国国家形象的重要依据。

（二）品牌是推动产业升级、提高国家竞争力的重要路径

品牌是推动产业转型升级、提高国家竞争力的重要路径，是一国经济发展和综合国力的集中体现。品牌消费正在成为国内和国际市场的主流趋势，培育国际知名品牌已成为各国提升国际竞争力的重要手段之一。因此，我们要加快品牌建设、实施品牌战略，发挥品牌的引领作用，推动供需结构升级；推动中国制造向中国创造转变，中国速度向中国质量转变，中国产品向中国品牌、世界品牌转变。

二、 品牌对企业的作用

（一）产生品牌溢价

我们在生活中常常会遇到这样的现象：有品牌的产品比无品牌的产品往往具有价格上的优势；越强势的品牌，价格优势就越明显，卖得就越贵，但其实这些产品也许在品质上并没有太大的区别。这就是品牌给企业带来的品牌溢价，一旦某个品牌获得了消费者的喜爱和信任，消费者就愿意为它的产品和服务支付更高的价格。

美国的一项调查表明，排在第一位的领导品牌的平均获利率是排在第二位的品牌的4倍，而在英国更是高达6倍。这说明强势品牌能够获得更高的品牌溢价，从而给企业带来更高的利润。

（二）提升企业的无形资产

在衡量企业的价值时，除了财务报表上的账面价值外，还包括企业的无形价值，即无形资产。品牌属于企业的无形资产，强势品牌的背后是强大的市场需求和顾客关系，这意味着品牌能够在未来带来现金流量、有较好的市场表现，从而为企业带来大量回报。因此，在有些行业，强势品牌的品牌资产在企业价值中所占的比例甚至超过企业的账面价值，比如可口可乐和麦当劳。

（三）促进企业的业务增长

品牌能够促进销售，从而使企业的业务获得增长。特别是知名品牌，由于其拥有更优异的市场表现，因此能够占据更多的市场份额，业务表现更为出色。以智能手机行业为例，著名市场研究公司 Counterpoint Research 发布的2020年全球智能手机出货量市场份额显示，苹果、三星、小米、OPPO、vivo、华为（含荣耀）、真我（realme）

这七大知名品牌就占据了全球智能手机出货量80%左右的市场份额，业务表现非常突出。

此外，企业还可以通过品牌延伸、品牌授权等品牌管理手段开发新的市场，实现业务增长，获得更高的财务回报。

品牌视角1-1

Counterpoint Research发布的2020年全球智能手机出货量市场份额（%）排名

品牌	第一季度	第二季度	第三季度	第四季度
苹果	14	14	11	21
三星	20	20	22	16
小米	10	10	13	11
OPPO	8	9	8	9
vivo	7	8	8	8
华为（含荣耀）	17	20	14	8
真我	2	2	4	4
其他	22	16	20	23

资料来源：Counterpoint. Global Smartphone Market Share：By Quarter.（2022-02-08）. https：//www. counterpointresearch. com/global-smartphone-share/.

（四）培养顾客忠诚

品牌是一种承诺和保证。消费者的选择表明了其对品牌的信赖，而当消费者长期反复地购买和使用品牌时，会对品牌产生更多的信任和情感维系，最终对品牌形成情感依恋。因此，品牌有助于培养顾客忠诚。

品牌忠诚度高的顾客对价格的敏感度较低，愿意为高质量付出高价格。他们能够认识到品牌的价值并将其视为朋友与伙伴，也愿意为品牌做出贡献，例如参与品牌的研发、贡献口碑吸引新顾客等。面对竞争时，品牌忠诚度高的顾客还能帮助企业获得较大的应对弹性。因为具有较高品牌忠诚度的品牌，其在顾客购买行为的转变上往往具有优势，所以能够拥有更多的时间来应对竞争的变化，比如研发新品、完善传播策略等。

（五）形成竞争防线

品牌是帮助企业构筑竞争壁垒的有力武器。产品、包装、技术、渠道甚至经营模式都可以被竞争对手模仿甚至超越，而强势品牌因为其独特的个性、良好的形象，以及在消费者心智中占据的位置、消费者对其产生的情感依恋等，能够构筑起一道牢固的竞争防线，使竞争对手难以突破，从而帮助企业保持长期的竞争优势。

同时，品牌在获得商标专用权后，法律将保护品牌所有者的合法权益，未经许可的企业和个人不得侵权，从而为企业提供了竞争的法律保护屏障。

三、品牌对消费者的作用

（一）帮助识别，降低搜寻成本

识别是品牌最原始的功能。根据品牌定义的“符号说”，品牌是一个名称、术语、设计、符号或任何其他特征，品牌的本质就是一种用来识别的符号。因此，在购买的过程中，品牌能够帮助消费者辨认和识别所需要的产品或服务，从而降低搜寻成本，加快做出购买决策的过程。

（二）保护消费者的利益

品牌代表了消费者与产品或服务提供者之间的承诺、契约和协定，是产品或服务质量的象征。品牌能够帮助消费者确定产品或服务的提供者，这大大降低了消费者的购买风险。而且，品牌的知名度往往与消费者的购买风险成反比，知名度越高的品牌，消费者需要承担的购买风险往往会越小。

（三）给消费者提供更多的价值

一方面，为适应市场竞争和消费者需求的变化，企业会不断地创新产品或服务来保持品牌的市场竞争力，以实现品牌资产的保值和增值。因此，品牌将会不断地给消费者带来更多的利益。

另一方面，与一般产品相比，品牌能够带给消费者更多的附加价值，如身份、地位等。比如，消费者购买奔驰汽车，不仅能够得到驾驶的功能和乐趣，还能够得到身份和地位等方面的价值。

第 3 节　什么可以成为品牌

品牌的适用范围有哪些？什么可以被品牌化（branding）成为品牌呢？凯文·莱恩·凯勒指出，有形产品、服务、零售商和分销商、个人与组织、体育艺术和娱乐业、地理位置等都可以被品牌化。① 也就是说，几乎任何事物都可以成为品牌。根据事物的层次，可以把品牌化事物划分为微观和宏观两大范畴。② 因此我们可以从微观和宏观两个角度去看待事物的品牌化。

一、微观角度的品牌化

从微观的角度来看，可以实施品牌化的事物包括有形产品、服务、个人、故事、事件、活动、技术、概念、思想和组织等。在品牌分析中以单个品牌主体（如产品、服务、

---

① 凯文·莱恩·凯勒．战略品牌管理．北京：中国人民大学出版社，2003.

② 张锐，张炎炎，周敏．论品牌的内涵与外延．管理学报，2010（1）：147－158.

个人、社团、企业、政府、非营利组织等）的品牌行为作为考察对象的研究，也称为微观品牌研究。②

（一）有形产品

有形产品通常与品牌联系在一起，不管是消费产品还是工业产品。随着市场上产品数量和种类的增多，越来越多的企业开始努力打造自己的产品品牌来应对激烈的市场竞争。根据有形产品生产经营的所属环节，可以将有形产品的品牌划分为如下两种。

1. 制造商品牌

制造商品牌（manufacturer brand）是由制造商推出的品牌，品牌的所有权归制造商所有，例如美的、创维、长虹等。虽然现在有很多制造业企业将产品的生产制造活动外包，但是这些企业仍然是品牌的所有者，并且负责品牌的管理。

以日用消费品为例。日用消费品是最早开始品牌化的领域之一，涌现出许多知名的制造商品牌，例如麦斯威尔、百威、桂格、可口可乐、高露洁等等。被誉为“日化巨头”的宝洁公司（P&G），其旗下更是拥有众多的日用消费品品牌，这些品牌共同构成了强大的宝洁品牌家族，让宝洁公司在全球日化行业拥有绝对的影响力。

品牌视角 1-2

宝洁公司与品牌

总部位于美国俄亥俄州辛辛那提市，成立于1837年的宝洁公司，其产品种类覆盖美容美发、居家护理、家庭健康用品、健康护理、食品及饮料等十大品类。宝洁旗下价值10亿美元的品牌数量有25个，领先品牌有65个，这些品牌畅销全球180多个国家和地区，每天为全球50亿消费者服务。宝洁旗下的品牌包括：Olay（玉兰油）、Safeguard（舒肤佳）、SK-Ⅱ、Head & Shoulders（海飞丝）、PANTENE（潘婷）、Rejoice（飘柔）、VS（沙宣）、Pampers（帮宝适）、Whisper（护舒宝）、Ariel（碧浪）、Tide（汰渍）、Crest（佳洁士）、Oral B（欧乐B）、Gillette（吉列）、BRAUN（博朗）等。

资料来源：宝洁中国官网。

2. 分销商品牌

许多分销商除了销售制造商的产品之外，也销售自己品牌的产品，树立起自己的品牌形象，从而创造出更多的财富和利润。例如，沃尔玛、屈臣氏、特易购（Tesco）、玛莎百货（Marks & Spencer）等知名零售商就创建了属于自己的品牌。这种由零售商创建的品牌又称作零售商自有品牌（private brand）。数据显示，在欧洲发达国家，零售系统的自有品牌占比大约在50%；美国、加拿大等发达国家的自有品牌占比大约在30%。在我国，自有品牌也日益受到以华润万家、永辉超市、盒马鲜生等为代表的国内零售企业的重视，国内零售企业自有品牌的销售占比也在不断提升。

品牌视角 1-3

华润万家与自有品牌

华润万家是中央直属的国有控股企业、世界500强企业——华润集团旗下的优秀零售连锁企业，创立于1984年。华润万家肩负“引领消费升级，共创美好生活”的使命，通过持续的优化与发展，致力于成为高效的全渠道零售商。华润万家一直致力于积极开发和推广旗下以“润之家”“简约组合”“HOME CHOICE”“惠买”等为代表的“质优价优、健康时尚”的自有品牌商品，商品覆盖生鲜、家庭食品、休闲食品、家居用品、服装、鞋类等六大主打品类。

“润之家”这一品牌旨在寻找原产地优质的生鲜商品及食品生产厂家，以实惠的价格为消费者提供品质生活所需的安全食品。品牌采用严苛的质量管理标准，用安全、营养、健康的商品滋润全家的幸福生活。

“简约组合”这一品牌旨在提供“精明之选”的自有品牌非食商品，目标顾客定位为处于中等收入水平的大众家庭消费者，商品覆盖家居清洁、家居百货、家纺类，商品的生产厂家都经过严格的审核和产品检测，确保每件商品都拥有领先于同类品牌的优良品质，有着比同类商品更好的性价比。

资料来源：华润万家官网。

（二）服务

服务是无形的产品，将服务品牌化有助于将抽象的、看不见的服务变得更加具体，帮助消费者识别服务的质量。以无形的服务为载体的品牌就是服务品牌。[①]

服务行业诞生了许多知名的品牌，这些品牌遍及银行、航空、酒店、快递、零售等领域。国外的知名服务品牌包括维萨、万事达、美林集团、新加坡航空、希尔顿酒店、联邦快递、7-11等。国内的知名服务品牌包括中国工商银行、中国南方航空、锦江酒店、顺丰、银泰百货等。

（三）个人

政治精英、社会名流、体育明星、企业家、职业经理人以及其他任何个人都可以成为品牌。以个人为载体的品牌就是个人品牌。[②]

自汤姆·彼得斯（Tom Peters）[③] 提出“个人品牌”的概念以来，人们已经意识到品牌不仅与企业、产品有关，还与个人息息相关。汤姆·彼得斯认为，每个人都需要建立起个人品牌，才能应对21世纪的工作和生存。而任何一个想要成就一番事业的人，都可被视为在试图创立自己的品牌。个人品牌化就是让个人能够被别人识别，并让个人从竞争者中脱颖而出，能给别人留下的清晰、独特的印象。

企业家个人品牌是个人品牌化中的一种。对企业家而言，个人品牌的塑造不仅是其个人职业生涯的需要，而且对其负责和管理的企业及品牌均有着重要意义。

1. 企业家个人品牌有助于企业和品牌的识别

企业家作为世界上独一无二、不可复制的个体，是识别企业和品牌、区分竞争对手

① 费明胜，刘雁妮．品牌管理．北京：清华大学出版社，2014.

② 同①.

③ Tom Peters. The Brand Called You. Fast Company Magazine，1997，（8）：83.

的最有效的元素之一。企业家个人品牌一旦被成功塑造，将会成为企业和品牌鲜明的标志和独特的标签，有助于消费者对企业和品牌的识别。例如，杰克·韦尔奇（Jack Welch）之于美国通用电气（GE），史蒂夫·乔布斯（Steve Jobs）之于苹果，沃伦·巴菲特（Warren E. Buffett）之于伯克希尔·哈撒韦（Berkshire Hathaway）。

在激烈的竞争中，成功的企业家个人品牌能够帮助消费者在品牌的信息海洋中建立起一对一的品牌联想，帮助消费者快速做出甄选、评价和判断。而且，企业家个人品牌化有助于打造良好的企业家形象，企业家的仪容仪表、言谈举止、知识修养、个性风格、业绩声望等个人因素有助于消费者加深对其代表的企业和品牌的印象，从而加深对企业家所管理的企业和品牌的识别。

2. 企业家个人品牌有助于企业和品牌的传播及销售

企业家是企业的名片和第一形象代言人。形象突出、个人特点鲜明的企业家宛如企业界的“明星”，总是能够吸引公众的眼球、获得媒体的热捧。因此，塑造企业家个人品牌能够帮助企业和品牌吸引关注，深化公众对企业和品牌的认知，从而有助于企业和品牌的传播和销售。

相比聘请社会名人代言，通过塑造成功的企业家个人品牌，打造自家的“企业家明星”为企业和品牌代言，不仅代言的契合程度更高、成本更低，而且可信程度更高、说服力更强，同时还可以规避社会代言人因私德问题给企业和品牌带来的风险。

另外，成功的企业家个人品牌不仅能够吸引眼球，还能够引起崇拜，产生粉丝经济效应。塑造企业家个人品牌，就是企业界的“造星”运动，通过企业家个人的魅力，可以吸引消费者关注自家产品、说服消费者购买自家产品，以及号召消费者拥护自家品牌。以罗永浩和他创立的锤子科技为例。由于罗永浩的个人魅力，锤子科技自创立起就一直备受关注。许多消费者因为喜爱和崇拜罗永浩，转而成为锤子手机的用户和支持者。可见，企业家的个人魅力可以成功地让消费者从企业家的个人“粉丝”转化为品牌的“粉丝”。当然，这一切的发生需要以成功的企业家个人品牌塑造为前提。

3. 企业家个人品牌有助于企业竞争力的塑造

当企业家的个人品牌成功塑造后，个人品牌的不可复制性就能够成为企业的竞争优势，而且这种竞争优势同样不可复制。在乔布斯时代，正是由于乔布斯的个人魅力，苹果受到“果粉”的狂热追捧，苹果公司的业绩和品牌价值节节攀升。苹果的这种竞争优势，是当时三星、HTC 等竞争对手无法拥有和超越的。同理，伯克希尔·哈撒韦作为全球股价最高的公司之一，正是因为拥有“股神”沃伦·巴菲特这张王牌，才使得世界上任何一家投资公司都难望其项背。事实证明，成功的企业家个人品牌能够成为企业独特的竞争优势。对外来说，企业家个人品牌能够赢得公众（包括客户）的关注和信任，为企业的稳定发展提供必要的基础；对内则可以影响员工、团结员工、增强股东信心，形成企业凝聚力和向心力。

综上所述，塑造企业家个人品牌对企业和品牌均有着重要的意义。企业家个人品牌的塑造应该从企业的角度出发，将其纳入企业的整体品牌规划，通过专业的品牌管理手段，善用社交媒体的力量，让企业家个人品牌成为企业宝贵的财富之一。在塑造企业家个人品牌的时候，要特别重视企业家个人的言行管理，避免株连效应。

（四）故事、事件、活动、技术、概念和思想等

能够品牌化的事物还包括故事、事件、活动、技术、概念和思想等。[①] 特别是在体育、文化艺术和娱乐领域，有许多故事、事件、活动、概念和思想被成功地品牌化，并且产生了巨大的商业价值。

在体育领域，有许多体育活动被成功地品牌化。例如，奥运会、美国职业篮球联赛（National Basketball Association，NBA）、超级碗（Super Bowl，NFL职业橄榄球大联盟年度冠军赛）等。通过品牌化，这些体育活动采用广告、赞助、促销活动等方式进行销售，并且建立起知名度，树立起形象，赢得了观众的忠诚。

在文化艺术和娱乐领域，有许多动漫、电影、文学作品里的故事、概念、思想等，以知识产权（intellectual property，IP）的形式实施了品牌化。例如，迪士尼动漫、影片《星球大战》、小说《哈利·波特》等作品里的IP，通过品牌化变成了有影响力的品牌，然后通过品牌授权、品牌延伸等品牌管理手段不断扩充商业版图，积累起巨大的品牌资产。以迪士尼为例，截至2020年3月25日，迪士尼在我国总共注册了4 659个商标，涵盖了米老鼠、唐老鸭、小熊维尼、狮子王、冰雪奇缘、疯狂动物城、超人总动员等热门IP。以这些商标为基础，迪士尼公司将品牌延伸至影视娱乐、主体乐园度假区、消费品、媒体网络等领域，并且通过品牌授权建立了一个庞大的商业帝国。

另外，作为目前全球范围内发展最为迅速的文化娱乐产业之一，游戏产业也蕴藏着巨大的品牌价值。许多网络游戏企业纷纷将旗下热门的网络游戏IP品牌化，将游戏里的故事、角色概念等作为品牌进行运营。例如，以腾讯、网易为首的国内知名网络游戏企业已经把旗下的热门网络游戏诸如《王者荣耀》《阴阳师》等进行了全方位的商标注册，并且积极维权，十分注重对相关品牌权益的保护。

（五）组织

组织品牌是指以某一组织为载体的品牌。[②] 这里的组织包括企业、政府和非营利组织等。[③]

本书主要以企业品牌（corporate brand）为例，对组织的品牌化进行解释。企业品牌是以企业闻名为特征的，以企业名称为品牌名称的品牌，例如海尔、华为、惠普等。

在企业的品牌组合（brand portfolio）中，企业品牌是品牌等级的最高层次。[④] 对有些企业来说，企业品牌是其在产品上使用的唯一品牌（比如惠普）；而有些企业会将企业品牌名称与家族品牌或者单个品牌结合起来使用（比如宝洁会在海飞丝洗发水上同时使用宝洁和海飞丝两个品牌名称）；还有一些企业虽然也将企业品牌作为其品牌组合中的最高等级，但是不会用企业品牌为旗下的品牌提供营销支持，不会在旗下的品牌上使用企业品牌的名称。

---

① 张锐，张炎炎，周敏．论品牌的内涵与外延．管理学报，2010（1）：147－158.

② 费明胜，刘雁妮．品牌管理．北京：清华大学出版社，2014.

③ 同①.

④ 凯文·莱恩·凯勒．战略品牌管理．北京：中国人民大学出版社，2003.

企业品牌化的兴起主要与消费者有关。宝洁公司前总裁埃德温·阿茨（Edwin Artz）指出，现在的消费者希望了解的是公司，而不仅仅是产品。消费者对企业的整体感知已经成为影响消费者购买决策的一个重要因素。一项针对美国消费者的调研结果显示，89%的受访者表示企业的声誉是决定其是否购买的因素；71%的受访者表示对企业越了解，就会对它越有好感。[③] 因此，企业将自身作为一个整体进行品牌化，有利于塑造统一的企业形象，从而加深消费者对企业的印象。

近二三十年以来，企业品牌化有两个发展趋势受到关注。

1. e 品牌

e 品牌指的是以互联网为发展空间的企业品牌。[①] 随着互联网经济的发展，越来越多的企业在互联网上注册域名、建立网站，利用互联网开展各种商务活动。这些以互联网为发展空间的企业，一般被称为互联网企业。以互联网企业为载体的品牌就是 e 品牌，比如谷歌、雅虎、脸书、亚马逊等。随着互联网技术的发展，如今 e 品牌已经遍布搜索引擎、综合门户、即时通信、电子商务、音乐和视频、大数据、云计算、人工智能等领域。

因具有良好的创新能力和坚实的科技基础，互联网企业创建的 e 品牌往往具有较强的盈利能力，品牌价值备受瞩目。英国权威品牌价值咨询公司 Brand Finance 发布“2021 年全球最具价值品牌 500 强榜单”（Brand Finance Global 500 2021），其中，亚马逊位居第二，品牌价值约为 2 542 亿美元；谷歌排在第三位，品牌价值约为 1 912 亿美元；腾讯排在第 14 位，品牌价值约为 564 亿美元。亚马逊、谷歌、腾讯都是具有相当影响力的 e 品牌。

随着互联网步入数字经济时代，以人工智能、5G、大数据、云计算为代表的新一代信息技术将开启新一轮产业革命，成为推动社会发展的关键动能。我国的互联网企业在以阿里巴巴、腾讯、百度等为代表的百强企业的带动下，通过研发投入，在人工智能、5G、大数据、云计算等领域不断突破核心技术。可以预见，在不远的未来，以这些互联网企业为载体的 e 品牌将会从不同的社会领域深度改变我们的生活，让我们的生活变得更加美好。

品牌视角 1－4

中国互联网企业百强

2019 年 8 月 14 日，中国互联网协会、工业和信息化部网络安全产业发展中心（工业和信息化部信息中心）在 2019 年中国互联网企业 100 强发布会暨百强企业高峰论坛上联合发布了“2019 年中国互联网企业 100 强榜单”。阿里巴巴（中国）有限公司、深圳市腾讯计算机系统有限责任公司、百度公司、京东集团、浙江蚂蚁小微金融服务集团股份有限公司、网易集团、美团点评、北京字节跳动科技有限公司、三六零安全科技股份有限公司、新浪公司位列榜单前十名。2019 年互联网百强企业互联网业务收入高达 2.75 万亿元，比 2018 年互联网百强企业互联网业务收入增长超过 1 万亿元，占我国数字经济的比重达 8.8%，对数字经济的贡献率达 14%，带动数字经济增长近 2 个百分点，成为带动我国互联网产业发展的重要支撑。2019 年互联网百强企业的研发投入达到 1 538.7 亿元，同比增长 45.1%，平均研发强度突破 10%，比我国 R&D 经费投入强度多出近 8 个

① 贺爱忠．西方品牌理论的新发展．经济学动态，2005（11）：77－81.

百分点。从研发强度分布看，有40家企业的研发强度在10%以上，4家企业的研发强度为30%~35%。互联网百强企业不断提升原始创新能力，加快推进5G、人工智能、云计算、大数据等关键核心技术的突破，部分技术处于国际领先水平。

中国互联网协会发布的《中国互联网企业综合实力指数（2021）》显示，我国互联网产业稳步发展，以互联网为基础的新一代信息技术已经成为引领创新和驱动发展的动力源，为稳经济、惠民生、增活力、促发展发挥着重要的作用。其中，阿里巴巴（中国）有限公司、深圳市腾讯计算机系统有限公司、百度公司、京东集团、美团公司、北京字节跳动科技有限公司、上海寻梦信息技术有限公司、网易集团、北京快手科技有限公司、三六零安全科技股份有限公司位居2021年中国互联网综合实力企业前十名。

以阿里巴巴、腾讯、百度为代表的中国互联网百强企业深化消费互联网发展，已对衣、食、住、行等各方面进行了全场景覆盖，业务涵盖互联网公共服务、网络媒体、音乐与视频、社交网络、科技创新与知识产权等17个领域，全方位提升了人民群众的生活、工作、文化、娱乐、教育等方面的质量。

资料来源：中华人民共和国工业和信息化部官网、中国互联网协会官网。

2. 雇主品牌①

雇主品牌的概念产生于20世纪90年代初。面对人才短缺形势的加剧和持久化倾向，人们开始关注企业在人力资源市场上的形象，探讨企业作为雇主对应聘者的吸引力。越来越多的企业认识到，赢得人才与赢得客户一样重要，争夺最佳员工的竞争将与争夺客户一样激烈、持久。因此，人们开始关注雇主品牌的建设。

什么是雇主品牌？创造“雇主品牌”这一术语的西蒙·巴罗（Simon Barrow）在其与蒂姆·安布勒（Tim Ambler）合著的《雇主品牌》一文中给出了定义。他们认为，雇主品牌体现为由雇佣行为提供并与雇主联系在一起的功能、经济和心理利益的组合。其中，功能利益是指雇主向员工提供的有利于职业发展或其他活动的机会，经济利益是指雇主向员工提供的薪酬，心理利益则是指员工在工作中产生的在归属、方向和目标等方面的感受和体验。

对于企业来说，建立雇主品牌具有以下价值。第一，能够吸引求职者。由于越来越多的求职者开始追寻最佳工作场所，因此首选雇主十分容易获得理想的人力资源。首选雇主在劳动力市场上具有较高的声誉和感召力，不仅可以吸引足够多的求职者，而且可以招聘到高素质的员工，而高素质的员工能进一步吸引同样高素质的求职者前来应聘。第二，有助于激励和留住敬业的员工。由于首选雇主能够给员工带来独特的雇佣体验，因此员工愿意选择这样的雇主，忠实于这样的雇主，愿意长期为这样的雇主服务。第三，员工队伍的高稳定性有利于提高工作、产品和服务质量，进而吸引高水平的客户。第四，首选雇主拥有稳定而富有才干的员工队伍，因此能更加迅速地抓住市场机会，这就使得它们的财务绩效更加稳健，对投资者也更有吸引力。总之，通过雇主品牌建设成为首选雇主的企业将获得竞争上的优势。谷歌的母公司Alphabet就是最好的例子。Alphabet曾

① 殷志平．雇主品牌研究综述．外国经济与管理，2007（10）：32－38.

经连续多年登顶福布斯的世界最佳雇主榜，成功打造出强势的雇主品牌，从而为谷歌赢得了巨大的人才优势。

除了能够给雇主带来以上价值之外，雇主品牌也能够给求职者和员工带来价值。就像消费者通过产品品牌很容易识别产品来源一样，求职者很容易通过雇主品牌识别他们所认可的雇主。由于雇主品牌是工作质量和雇主责任的符号和标志，因此选择良好的雇主品牌能够帮助求职者降低求职交易的物质、心理和机会风险。

雇主品牌的营销对象是企业的现有员工和潜在员工。雇主品牌建设是作为雇主的企业塑造独特而有吸引力的形象（Backhaus，2004），并为向其现有和潜在员工传递“这里是理想工作场所”的信息而做出的各种努力的总和（Lloyd，2002）。建设和发展雇主品牌是一个涉及企业愿景、价值观、行为准则以及所提供服务的综合性实践过程（Thorne，2004）。

雇主品牌建设的关键是要有个性和相应的承诺。个性表明企业的性质、价值观和愿景等，承诺表明企业针对目标受众的独特雇佣主张。其中，雇佣主张是在劳动力市场上建立竞争优势、明确自己作为雇主能给在职员工和潜在员工带来多少利益和附加价值、吸引和留住符合需要的人才的关键。雇主品牌的价值主张有三种。第一种是地位，持这种主张的企业往往把自己作为大型、稳定、国际化的和受人尊敬的雇主来宣传。第二种是激动人心的新体验，持这种主张的企业及其所在行业是相当新的，在这类企业工作能使员工产生激动人心的新体验。第三种是来源于相似性的认同，企业常常着力宣传在自己这里获得成功的人士，言下之意是如果你属于同一类型，加盟本企业同样也会获得成功。雇主品牌的价值主张应该与雇主组织形态相匹配，也就是说，不同类型的企业需要不同类型的员工。

企业建立强有力的雇主品牌可以遵循以下步骤：第一，了解企业；第二，做出有魅力的品牌承诺；第三，设定品牌承诺履行情况的衡量标准；第四，全面地将人力资源管理活动与雇主品牌建设结合起来，支持和强化品牌承诺；第五，执行和考评。

品牌视角 1-5

福布斯“2021 全球最佳雇主榜”

福布斯发布“2021 全球最佳雇主榜”，其中华为进入前十，一共有66家大中华区企业上榜。榜单前十名的企业分别是三星、IBM、微软、亚马逊、苹果、Alphabet、戴尔、华为、奥多比（Adobe）和宝马。上榜的中国企业包括华为（第8位）、腾讯（第45位）、京东（第82位）、中国人寿保险（第103位）、中国海澜集团（第122位）、步步高电子（第144位）、阿里巴巴（第169位）等。

资料来源：福布斯中国官网。

二、宏观角度的品牌化

产业、城市（地区）和国家也可以被当成一个整体进行品牌化的实践，从而为产业、城市（地区）、国家带来竞争优势。把产业、城市（地区）、国家等整体的品牌活动作为考察对象的研究，称为宏观品牌研究。①

（一）产业集群

罗森菲尔德（Rosenfeld，2002）认为，将产业集群（industrial cluster）作为一种产品进行品牌化是将其与竞争对手区别开来的一种手段，特别是在消费者面临广泛选择而又必须经常借助品牌进行识别的经济活动中。②

产业集群在发展过程中形成的整体形象和声誉能够产生品牌效应，因此将产业集群品牌化能够使产业集群获得竞争优势。比如法国将其葡萄酒产业集群实施品牌化，从而使法国的葡萄酒产业集群获得品牌效应和竞争优势。法国葡萄酒在消费者心目中不仅成为葡萄酒品质的象征，来自法国波尔多、勃艮第和香槟区的葡萄酒更是天下驰名。

产业集群品牌的名称通常由“地名＋当地特色产业”组合而成，例如安溪铁观音、莆田鞋、诸暨珍珠、海宁皮革等。产业集群品牌还常常被称作“区域品牌”或者是“区域公用品牌”。

产业集群品牌具有公共物品的性质，它是集群内企业共同的无形资产，集群内任何企业都可以享受到产业集群品牌带来的利益。产业集群品牌是产业核心竞争力的体现，对企业的竞争力有很大影响。同时，产业集群品牌也是提升区域竞争力的重要方式之一，对推动区域经济增长具有重要意义。

（二）城市（地区）

凯文·莱恩·凯勒在其著作《战略品牌管理》一书中指出，“如同产品和人一样，地理位置也可以品牌化”。城市（地区）的品牌化是指通过设计城市标志、挖掘城市精神内核、提炼城市口号，以及利用广告、体育赛事、文化活动、事件营销等营销手段传播城市品牌要素，提升城市知名度，塑造积极的城市形象，以吸引个人或机构来此地旅游、投资和居住等。

纽约就是一个成功的城市品牌化的例子。在20世纪70年代，纽约遭遇城市形象危机，当时城市治安恶化，犯罪率达到史上最高，垃圾遍地，整个城市呈现出一片衰败的景象。为了扭转这种局面，纽约市政当局开始推广城市“复兴”计划，大力发展广告创意、地产经济和文化产业等“象征经济”，重振城市经济活力，并且聘请专家设计城市Logo和广告标语“I♥NY”，向世界展示充满活力、异彩纷呈、激动人心的城市形象。经过持续的城市品牌化建设和城市营销的努力，纽约成功地以“世界之都”的定位变成全球最具魅力的城市之一。

为谋求更大的经济效益和增长潜力，寻求更广阔的发展空间，我国的北京、上海、杭州等城市也一直在探寻城市品牌化的道路，并在城市品牌化建设方面取得了不错的成绩。中国社会科学院财经战略研究院发布的《中国城市品牌影响力报告（2021）：助力构建新发展格局》显示，北京、上海、杭州荣登2021年中国城市品牌影响力排名前三。

---

① 张锐，张炎炎，周敏．论品牌的内涵与外延．管理学报，2010（1）：147－158.

② 孙丽辉，毕楠，李阳，等．国外区域品牌化理论研究进展探析．外国经济与管理，2009，31（2）：40－49.

报告认为，这些城市的品牌化建设在全国范围内发挥着领导和带动的作用，对区域形象乃至国家形象形成了重要的支撑。

为进行城市（地区）的品牌化建设，打造独特的城市品牌形象，让城市（地区）在人们的心目中形成独一无二的认知，需要提炼城市（地区）的核心价值，利用品牌定位理论开展持续的城市营销。

（三）国家

2002年菲利普·科特勒与大卫·格特纳（David Gertner）指出，国家也能够品牌化，并且存在国家品牌资产，随后西蒙·安霍尔特（Simon Anholt，2003）引入了将国家作为品牌的观点，并且强调新兴市场经济国家要想摆脱作为发达国家原料供应地的地位，并在全球化经济中更加有效地展开竞争，就有必要对出口业务及国家实施品牌化战略。[①]

国家品牌化建设，可以不断提升国家品牌资产，从而让国家形象积极影响目标群体在各个方面的行为，如吸引游客、企业和工厂投资、海外人才，以及为本国制造的产品寻找出口市场等。[②] 也就是说，实施国家品牌化可以通过品牌管理的理念和方法向世界展现国家的形象，为国家创造更大的社会价值和经济价值。

以韩国为例。为提高韩国的国家形象、提升韩国在世界上的国家排名，韩国在2009年成立了韩国国家品牌委员会，将韩国的国家品牌化上升为国家战略，并由韩国总统亲自抓国家品牌建设。经过一系列努力，韩国的国家品牌化战略取得了成果，韩国不仅成功树立了“发达、先进、文明、民主”的国家形象，而且有效地推动了国家经济的发展。

第4节　品牌的历史演进及理论发展

一、品牌的历史演进

如前文所述，品牌的原始功能是为了标识，以达到识别的目的。品牌的历史，最早可以追溯到古代的陶器和石器匠人的标识——标记在手工制品之上，用来说明其来源。在古代中国的陶器、古希腊和古罗马出土的陶罐以及在公元前1300年印度的商品上，都发现了这种标识；到了中世纪，除了陶艺匠人的标识之外，还增加了印刷匠人的标识、纸上的水印、面包上的标识，以及各种手工协会的标识。这些标识除了用来吸引买主之外，也可以用来防止侵害行业垄断的人，并找出低劣产品的制造者。[③] 例如，1266年通过的一项英国法律就规定面包师要在每一块出售的面包上做记号，如果面包出现缺斤短两的话，马上就能找到生产者。

---

① 孙丽辉，毕楠，李阳，等．国外区域品牌化理论研究进展探析．外国经济与管理，2009，31（2）：40－49.

② 何佳讯，吴漪．国家品牌资产：构念架构及相关研究述评．外国经济与管理，2020，42（5）：3－16.

③ 凯文·莱恩·凯勒．战略品牌管理．北京：中国人民大学出版社，2003.

（一）美国品牌的历史演进

当欧洲人开始在北美定居之时，他们也带来了品牌化的传统和实践。[①] 现代品牌起源于美国，自 1860 年以来，美国品牌化的历史大致可以分为以下五个阶段。

1. 全国性制造商品牌阶段（1860—1929 年）

从 1860 年到 1914 年，美国的制造商开始将品牌化的产品销售到全国市场。全国性制造商品牌的出现与美国当时的社会背景有关。一方面，美国的自由移民政策使全国人口增加，文盲的比例下降，人们受教育的程度提高，工业化和城市化的发展提高了美国人对生活水平的期望，这些因素为市场的扩容和提质奠定了基础。另一方面，美国的交通和通信等基础设施得到改善，生产过程和包装技术得到改进，制造商可以大批量、低成本地生产高质量的产品，并把商标印在包装上销往全国。与此同时，美国的商标法经过修订为品牌提供了保护，再加上报纸杂志、以百货公司为代表的零售机构在品牌的传播和销售过程中发挥了积极作用，进一步推动了美国全国性制造商品牌的发展。

到了 1915 年，美国制造商的品牌在全美的影响已经根深蒂固。在接下来的 15 年内，美国的制造商品牌更是占据了市场的统治地位，广受美国消费者的喜爱和推崇。此时，品牌的营销越来越专业化，营销技术也越来越先进。例如，广告变得更有创意，广告口号也变得更加有说服力；销售人员要经过精心的挑选和培训，使其能系统地应对现有客户并发展新业务；等等。但是，这一阶段的品牌管理也出现了一些问题，主要体现为：品牌的相关业务由不同职能部门的人员负责，难以实现有效的协调。

总之，从 19 世纪 60 年代到 20 世纪 20 年代末，美国不仅出现了全国性的制造商品牌，而且进入了全国性制造商品牌的繁荣发展时期，成为现代品牌史的开端。这期间出现了一大批著名的制造商品牌，例如宝洁、可口可乐、通用汽车、福特汽车、通用电气等。

2. 零售商品牌阶段（1930—1945 年）

从 1929 年开始，美国陷入了经济大萧条。在经济大萧条时期，人们对价格更为敏感，产品的过剩和积压使得整个市场从卖方市场转向买方市场，零售商在营销渠道中拥有了更多的决策权。随着零售商地位的提高，零售商开始发展自己的品牌，并且摒弃了市场表现不佳的制造商品牌，制造商品牌开始受到挑战。例如，美国曾经的零售巨头西尔斯（Sears）就创建了 Kenmore（家电）、DieHard（电池）、Craftsman（工具）等著名的自有品牌。

值得一提的是，这个阶段的制造商品牌虽然受到了来自零售商品牌的挑战，但是有一家制造商开始率先实施品牌管理，通过品牌经理制（即给每一个品牌指定一位经理负责的制度）实现了品牌市场占有率的提升和盈利，这家企业就是宝洁。

3. 品牌管理标准建立阶段（1946—1985 年）

第二次世界大战以后，人们被压抑的对高品质产品的需求得到释放，这导致了这类

---

① 凯文·莱恩·凯勒．战略品牌管理．北京：中国人民大学出版社，2003.

产品的销售额突飞猛涨。个人收入的增加、人口的增长、大量新产品的涌入以及日渐壮大的接受力强的中产队伍的形成，都拉动了美国国内对品牌的需求。在此期间，宝洁提出的品牌管理系统在美国的企业，特别是制造业企业中得到普及。

在品牌管理系统中，一个品牌由一位品牌经理负责，品牌经理拥有这个品牌的“所有权”，负责这个品牌的年度营销计划的开发和执行，以及寻找新的商业机会。在此过程中，品牌经理需要得到公司内外各方力量的支持，因此对其个人能力的要求比较高，必须是一个“精通多种行业的多面手”。[①] 品牌经理也因此成为培养企业未来领导者的重要岗位。例如，宝洁的第一位品牌经理、品牌经理制的提出者尼尔·麦克尔罗伊（Neil McElroy）1948 年成为宝洁公司的总裁。

4. 服务业品牌大发展阶段（1986—1999 年）[②]

20 世纪 80 年代中期以来，服务业品牌在美国得到了大发展。Interbrand 的约翰·墨菲（John Murphy）认为，20 世纪 80 年代中期之后的 20 年内，最成功的品牌化的例子出现在服务行业。

其一，制造业领域开始很少产生新品牌。例如，自 1985 年以来，在美国消费品市场出现的新产品中，90% 属于知名品牌名下推出的新产品，而不是以全新的品牌推出的新产品。

其二，美国的服务业从垄断走向自由竞争，推动了服务业品牌的发展。例如，1984 年美国司法部依据《反托拉斯法》将美国电话电报公司（American Telephone & Telegraph Company，AT&T）拆分成专营长途电话业务的新 AT&T 公司和七个本地电话公司，美国电信业从此走向了竞争时代，电信企业开始在品牌营销上不断创新。

其三，服务品牌在品牌体验上大做文章，开创了体验营销的先河。其中的典型代表就是星巴克。

5. e 品牌崛起阶段（2000 年至今）

如果说在 20 世纪 80 年代中期之后的 20 年内，美国最成功的品牌化的例子出现在服务行业，那么从 2000 年开始，美国最成功的品牌化的例子则出现在互联网行业。从这个时期开始，美国涌现出了一大批由互联网企业创建的成功的 e 品牌，例如微软、雅虎、美国在线（AOL）、谷歌、亚马逊、脸书、YouTube、推特、网飞（Netflix）等。

这些 e 品牌自创办之后便得到了快速成长，品牌价值节节攀升。自 2000 年之后，以 Interbrand、Brand Z、Brand Finance 为代表的权威机构公布的世界最具价值品牌排行榜的前十位的变化可以见证美国 e 品牌的崛起。特别是谷歌和亚马逊这两个国际著名的 e 品牌，它们的品牌价值已经超越了可口可乐、IBM、通用电气、福特等一大批传统行业的品牌，表现十分抢眼。

（二）中国品牌的历史演进

从原始社会后期一直到现在，中国品牌按照萌芽、发育、冲击、发展、主体结构调

① 凯文·莱恩·凯勒．战略品牌管理．北京：中国人民大学出版社，2003.

② 王海忠．品牌管理．2 版．北京：清华大学出版社，2021.

整、觉醒、成熟拓展的脚步一路走来，成为世界品牌史上不可或缺的一部分。中国品牌的历史演进大致可以分成以下四个阶段：

1. 品牌萌芽和发育（原始社会后期至清中期）

（1）品牌萌芽

中国具有悠久和辉煌的商业历史，品牌在中国的起源要追溯到商品交换的初期。① 在原始社会后期，由于商品交换的出现，人类需要在交换的商品上做“标记”。在我国西周墓葬出土的文物中，发现有封建领主产品的标志和各种官工的印记。例如，在山东寿光出土的西周“己侯”独钟上，刻有“乙侯作宝钟”五字；“良季鼎”的铭文上刻有“良季作宝鼎”的字样，这些文字标记都是早期商标和品牌的萌芽。②

（2）品牌发育

进入春秋战国以后，商业逐渐繁荣起来，品牌也开始发育。春秋战国时期，人们开始在布帘和木牌上题写店铺的名称或字号，以此作为招牌宣传。到了汉代，品牌名称开始出现，史书《三辅决录》记载：“夫工欲善其事，必先利其器，用张芝笔、左伯纸及臣墨”，张芝笔、左伯纸及臣墨都是东汉时期市面上有名的文具品牌。③

到了工商业发达的唐宋时期，商人们通过幌子、叫卖等广告形式宣传自己的品牌。唐朝杜牧的诗句“千里莺啼绿映红，水村山郭酒旗风”，就说明了当时酒幌（酒旗）广告的兴盛。特别是进入宋代以后，随着造纸术和印刷术的发展，印刷广告开始盛行，极大地推动了品牌的发展和传播。现收藏于中国国家博物馆的一块刻有“济南刘家功夫针铺”字样的宋代广告印刷铜版，上面的图案和字样被业内一致认为是我国最早的商标。这块长 12.4 厘米、宽 13.2 厘米的铜版上方标明：“济南刘家功夫针铺”，中间是白兔捣药的图案，左右标注“认门前白兔儿为记”，下方刻有说明商品质地和销售办法的广告文字：“收买上等钢条，造功夫细针，不误宅院使用，转卖兴贩，别有加饶，请记白。”在今天看来，“济南刘家功夫针铺”是品牌名称，白兔捣药的图案是品牌的 Logo，下方的文字是广告文案。这块铜版是我国品牌及广告史上的珍贵历史文物，见证了品牌和广告在我国的发展。

到了明清时期，中国的品牌已经呈现出现代品牌的雏形，此时的品牌不仅是一个用来识别的标志，还被赋予了丰富的寓意和内涵。例如，创办于 1864 年（清朝同治三年）的全聚德，蕴含了创始人杨全仁“以德经营，生意兴隆”的美好心愿，赋予了品牌“全仁聚德，财源茂生”的寓意。

品牌视角 1－6

同仁堂的品牌寓意和内涵

1669 年（清康熙八年），乐显扬在北京创办同仁堂药室，标志着同仁堂品牌的创立。同仁堂品牌的创始人乐显扬认为“可以养生、可以济人者，惟医药为最”，并把“同仁”

---

① 王海忠．中国品牌演进阶段的划分及其公共政策启示．中山大学学报（社会科学版），2015，55（4）：169－183.

② 梁东，连漪．品牌管理．北京：高等教育出版社，2012.

③ 同①.

二字命名为堂名，认为“公而雅”。

《周易》“同人卦”天火同仁，象征同类会聚、齐心无私、协力经营共同事业，因此卦辞曰“亨”，即通达顺利；汉黄石公《素书·安礼》“同仁”一词，指同行仁德者；韩愈《清边郡王杨燕奇碑文》用“同仁”一词，取一视同仁之意。乐显扬融合上述三意，将其命为堂名，既包含了儒家推崇的“天下为公”的思想，又蕴含了《尔雅》关于“义”“正”的道德要求。

资料来源：中国北京同仁堂（集团）有限责任公司官网。

2. 品牌冲击和发展（1840—1948 年）

（1）第一次鸦片战争到辛亥革命：本土品牌在冲击中发展

19 世纪 40 年代，西方资本主义国家的工业得到发展，工业产量急剧上升。欧美列强为了扩大商品市场，争夺原料产地，加紧了征服殖民地的活动。第一次鸦片战争以后，欧美列强向中国倾销产品，大量洋货涌入，包括棉纺织品、毛纺织品、金属制品等。鸦片战争冲击着中国传统的自给自足的小农经济，农民和手工业者大量破产，中国沦为列强的商品市场和原料产地。由于工业文明下机器生产的产品在质量和成本上都优于小农经济模式下生产的产品，因此中国的本土品牌在洋货的冲击下失去竞争优势，整体发展停滞不前。

两次鸦片战争过后，洋务运动兴起。在“自强”和“求富”的口号下，轮船、铁路、电报、采矿、纺织等各种新式民用工业先后被创办。这个时候涌现出了一批著名的民族资本主义企业，例如张謇创办的大生纱厂、荣宗敬和荣德生创办的保兴面粉厂、周学熙创办的启新洋灰公司、刘懋赏和冯济川创办的保晋矿务公司等。随着这批民族资本主义企业的创办，中国本土品牌的发展开始重新起步。以张謇创办的大生纱厂为例。从大生纱厂开办之时，张謇就有着强烈的商标意识。张謇是状元出身，所以大生的棉纱商标大多与“魁星”有关，比如大生一厂用的是“魁星”，分“红魁”“蓝魁”“绿魁”三种；后来副厂用“金魁”；三厂则用“彩魁”。除了“魁星”系列商标，大生还有“寿星”系列的商标，比如二厂以“寿星”作为主要商标，三厂的商标还有“三星”“老人桃”。除了棉纱产品，大生几个厂出产的布也各有自己的商标，一厂有“财神”“孔雀”“刘海”等；二厂有“寿星”“龙凤”“一支桃”等；三厂有“双龙”“团龙”“云龙”等。从这些商标的命名和数量可以看出，大生纱厂当时实施的是多品牌战略。在以大生纱厂为代表的民族资本主义企业的推动下，中国近代品牌开始发展。

（2）20 世纪 20 年代到抗日战争：本土品牌一度进入短暂的鼎盛期

辛亥革命为民族资本主义的发展创造了有利的条件，进入民国时期，工商业呈现出短暂的繁荣。五四运动之后，国人掀起“抵制洋货，使用国货”的爱国热潮，以及“发展实业”“实业救国”的思想浪潮。在此社会背景的推动下，许多爱国的实业家投资实业、发展国货，创建了许多久享盛誉的民族品牌，例百雀羚、人丹、冯了性药酒、五羊牌电池、固本肥皂等。自此本土品牌进入了发展的鼎盛期，涌现出了一批能与外国商品抗衡的民族品牌。例如，由上海家化集团前身——广生行创始人冯福田在 1898 年创建的品牌“双妹”（Shanghai VIVE），在 20 世纪二三十年代就曾经力压一众国际品牌，成为当时上海滩首屈一指的美妆品牌。

抗战爆发后，民族工业遭到沉重打击；抗战胜利后，民族工业受到官僚资本的残酷挤压导致凋谢萎缩。在此大背景下，中国本土品牌发展的鼎盛期难以为继，仅维持了一段时间就宣告结束。

3. 品牌主体结构调整（1949—1977 年）

自新中国成立之后至改革开放前，在当时国家优先发展重工业、实施计划经济等背景下，中国品牌的发展总体上发生了巨大的变化，主要表现为品牌主体结构从多种企业结构发展为单一的国企主导的结构，私营品牌消亡；在这个时期我国建立起了相对完整的工业体系，为品牌在改革开放之后的迅速发展奠定了坚实的基础。[①]

这个时期虽然有一些知名品牌随着部分民族资本家及其公司迁到了香港[②]，但是有很多知名品牌因为公私合营改制更换了品牌主体后得到了重视和保护，比如茅台酒、张小泉、王麻子等。这些知名品牌，特别是一些老字号通过改制得到了存续。

另外，在这个时期我国外贸企业的品牌经营活动一直没有中断，在当时的市场上存在一些受大众追捧但与大众消费联系十分微弱的等同于奢侈品的品牌产品，比如海鸥牌相机、上海牌手表、凤凰牌自行车等。[③]

4. 品牌觉醒和成熟拓展（1978 年至今）

改革开放以后，中国品牌实现了前所未有的高速成长，用短短 40 年的时间走过了西方品牌百年的发展之路，取得了很大的成绩，成为中国改革开放成果的集中体现；从 40 多年的发展历程来看，中国品牌在改革开放之后经历了一个从无到有、从小到大、由弱渐强、从国内到国际的发展之路。[④]

（1）品牌意识觉醒（1978—1991 年）

1978—1991 年，是中国企业的品牌意识觉醒期。一方面，外国品牌开始重新进入中国市场，并带来了先进的品牌管理理念。1979 年 1 月，经过中粮公司的安排和香港五丰行的协助，一列装载 3 000 箱可口可乐的火车从香港出发，前往广州和北京。这是中国内地进口的第一批可口可乐，定价 4 元，在当时属于奢侈品。可口可乐品牌进入中国内地被认为是外国品牌进入中国的标志性事件。继可口可乐之后，摩托罗拉、惠普、通用电气、东芝、日立、丰田等外国品牌也相继进入中国。随着这些外国品牌在国内开展营销活动，先进的品牌管理方法和理念也被引入我国。例如，宝洁在 1988 年落户广州，成立了宝洁在中国的第一家合资企业——广州宝洁有限公司。宝洁出色的营销能力和先进的品牌管理理念不仅帮助其在中国市场获得巨大的成功，而且培养了中国最早的一批营销职业经理人，为其他公司带来了先进的品牌管理方法和规范的激励机制，被誉为营销人员的“黄埔军校”。

---

① 黄升民，张驰．新中国七十年品牌路：回望与前瞻．现代传播（中国传媒大学学报），2019，41（11）：1－11＋46.

② 王海忠．中国品牌演进阶段的划分及其公共政策启示．中山大学学报（社会科学版），2015，55（4）：169－183.

③ 同①.

④ 同①.

另一方面，随着外国品牌纷纷涌入中国市场，这些外国品牌现代化的品牌经营方式使中国企业认识到了品牌的价值，品牌意识也开始觉醒。

首先，中国企业开始重视品牌和商标，许多企业开始创建品牌，由此开启了品牌创业大潮。特别是1984年，被誉为中国现代企业元年，这一年诞生了许多知名的企业和优秀的品牌，包括海尔、联想、容声、科龙、万科等。

其次，中国企业的营销观念开始发生变化，品牌管理引入了现代营销的理念和手段。其中一个变化体现在品牌传播的方式上，创意广告、体育营销、情感营销、事件营销、CIS战略、名人广告等帮助一批本土品牌塑造了良好的品牌形象，带动了本土品牌的销售。比如：

第一，燕舞与创意广告。1983年，江苏盐城的燕舞集团采用歌舞的创意，在中央电视台播放了国内首个歌舞广告。在当时娱乐节目匮乏的年代，歌舞广告的创意达到了出奇的效果，“燕舞燕舞，一曲歌来一片情”也成为20世纪80年代中期一则响彻大江南北的广告语。

第二，健力宝与体育营销。1984年洛杉矶奥运会，健力宝成为中国奥运代表团首选饮料。伴随中国体育代表团实现金牌“零的突破”，健力宝从此扬名海内外，被媒体誉为“中国魔水”，此后健力宝成为我国品牌体育营销的先锋和典型代表。

第三，威力与情感营销。威力洗衣机率先在广告中使用情感营销的路线。“威力洗衣机，献给妈妈的爱”——威力的这一广告语通过中央电视台的传播打动了无数消费者的心。

第四，海尔与事件营销。1985年，时任厂长的张瑞敏在检查库房时发现了76台存在质量缺陷的冰箱，为了唤醒海尔人的质量意识，他挥起了砸毁这些冰箱的第一锤。这起“砸冰箱”事件不仅引领海尔走上诚信生产、严控品质的品牌之路，而且取到了非常好的公关传播效果。

第五，太阳神与CIS战略。1988年，太阳神集团开始导入企业形象识别系统（CIS）战略。在CIS战略的导入和与之相关的系列市场推广运作之后，太阳神迅速从众多本土品牌中脱颖而出。太阳神是中国最早导入CIS战略的企业，太阳神导入CIS战略具有划时代的意义，因为这标志着中国本土企业和品牌无形象时代的结束。

第六，三九与名人广告。1989年，“三九胃泰”邀请著名演员李默然拍摄广告，在国内掀起了关于“明星是否可以担任广告代言人”的热烈讨论，成为改革开放后我国品牌传播的标志性事件之一。

（2）品牌发展和竞争（1992—1999年）

1992年邓小平南方谈话之后，中国掀起了又一轮改革开放的热潮；同时，随着前期改革开放给人们带来的收入的增长和购买力的增强，人们的品牌意识以及名牌意识也在觉醒。中华全国新闻工作者协会在1996年的一项调查显示，当时，人们在家用电器和日常生活用品上的消费正在从普及型向高档名牌型转变。消费需求的变化给本土品牌带来重大发展机遇，本土品牌普遍开始制定自己的名牌战略，各地政府也在政策中提出明确扶持“名牌”的目标。这些因素都推动了本土品牌从“品牌”向“名牌”的发展。

与此同时，市场竞争变得更加激烈，本土品牌的竞争压力也在不断加剧。一方面，本土品牌遭遇外国品牌的残酷竞争，许多知名的本土品牌消失。20世纪90年代，我国引进外资达到一个高潮，许多外资企业通过中外合资的方式，取得了一些中国本土品牌的控制权，随后采用雪藏的方式使这些品牌在市场上消失，从而为外资企业引进的外国品牌扫清市场障碍。在这种品牌竞争的手段下，中国的许多优秀品牌在20世纪90年代消失。这种现象在日化和快消品领域比较严重，包括美加净、活力28、熊猫、北冰洋、天府可乐等在内的一大批优秀本土品牌的市场份额和品牌价值因为雪藏而遭到重创。

品牌视角1-7

“熊猫”洗衣粉

20世纪90年代初，在国内洗衣粉市场上，“熊猫”一度叱咤风云。在当时的洗衣粉市场，曾经流传着“南有白猫，北有熊猫”的说法。“熊猫”洗衣粉一直稳居全国洗衣粉的三甲之列，市场占有率接近10%。这一优势吸引了当年急欲打开中国市场的宝洁。1994年，美国宝洁公司和北京日化二厂签约合资，租用“熊猫”品牌50年。合资后的宝洁力推旗下的高档洗衣粉品牌“汰渍”和“碧浪”。以物美价廉见长的“熊猫”的产销量则逐年递减，从合资时的年产6万吨，降到了2000年上半年的4 000吨左右。

资料来源：为民族品牌忍痛割爱 熊猫和宝洁分手.（2000-09-21）. http://finance.sina.com.cn/2000-09-21/13446.html.

另一方面，本土品牌之间竞争激烈，频频爆发价格战。为了争夺市场份额，许多本土品牌将价格战作为竞争的主要方式。其中，家电行业成为价格战的一个重灾区。以彩电行业为例，20世纪90年代中期，四川长虹首先发动了我国彩电行业的价格战，随后TCL、康佳等品牌跟进，从此价格战成为我国彩电行业的常态。1996年以前，我国拥有如意、黄河、青岛、环宇、孔雀、金凤等60多个本土彩电品牌，在价格战后大部分品牌遭遇市场洗牌，从此销声匿迹。彩电行业的价格战随后也延伸到了微波炉、DVD、冰箱、空调等领域。

（3）品牌成熟和拓展（2000年至今）

进入2000年以后，中国的本土品牌开始走向成熟，并且不断发展壮大。

第一，网上品牌表现抢眼，深入影响人们的生活。网上品牌可以分成两种，一种是e品牌，指仅以互联网作为发展空间的企业品牌；另一种是互联网品牌，指传统企业品牌在网上的延伸。① 一方面，从2000年至今，我国互联网企业创建的e品牌全面、深入地影响着我们生产和生活的方方面面。例如，在搜索引擎、综合门户、即时通信、电子商务、音乐和视频、大数据、云计算、人工智能等新兴领域，以百度、搜狐、腾讯QQ、淘宝、抖音、滴滴、美团、阿里云等为代表的e品牌通过提供创新性的服务，给人们带来了生活的便利和美好的体验。另一方面，服装、家电、美妆、零食等传统行业在依托互联网的基础上，通过创建互联网品牌，实现了创新发展。例如，服装行业涌现出了裂帛、阿卡、茵曼、韩都衣舍等知名“淘品牌”；在家电行业，企业通过推出互联网品牌开启

① 贺爱忠. 西方品牌理论的新发展. 经济学动态，2005（11）：77-81.

互联网化的新路线，比如创维推出“酷开”、美的推出“布谷”等；在美妆行业，以完美日记、花西子等为代表的本土品牌在天猫等电商平台上不断刷新销售纪录、力压外国知名品牌；在零食行业，更是诞生了三只松鼠、良品铺子、百草味这三大“网络零食巨头”，它们都创造出了超乎想象的市值。

品牌视角 1-8

完美日记

完美日记是广州逸仙电子商务公司在 2017 年推出的彩妆品牌，产品包括眼影、粉底液、眼线笔、眉笔、卸妆水等，主要通过线上销售。2017 年完美日记在天猫开店。2018 年完美日记第一次参与天猫“双十一”活动，仅用 90 分钟即突破 1 亿元销售额。2019 年的“双十一”，完美日记力压美宝莲、兰蔻、欧莱雅、雅诗兰黛等外国品牌，拿下天猫“双十一”彩妆类品牌第一名，成为首个登顶天猫“双十一”的国产美妆品牌。完美日记推出的十二色动物眼影、幻想家十六色眼影盘、大都会口红等产品成为爆款单品，深受中国年轻消费者的喜爱。完美日记的成功在一定程度上代表着以它为首的国产美妆品牌的崛起。

第二，本土品牌扬帆出海，积极开拓国外市场，国际影响力不断增强。随着中国本土品牌的发展壮大，许多品牌不仅在国内站稳了脚跟，而且开始走向海外市场。以华为、海尔、小米、大疆、传音等为首的品牌以技术、品质、服务等赢得了不少国家消费者的认可，国际影响力不断增强。以大疆为例。创立于 2006 年的大疆，用其一流的产品重塑了“中国制造”的内涵。作为少有的从一开始就在海外市场走高端品牌路线的中国企业，大疆通过技术领先成为全球消费级无人机的领头羊。2017 年大疆的全球营业额达到了 180 亿元，海外收入占其总收入的 80%，其中北美地区是其第一大市场，欧洲是其第二大市场。根据美国知名杂志《彭博商业周刊》2020 年引用调研机构 Drone Industry Insights UG 的数据，大疆独占美国无人机市场 77% 的市场份额，而且在大疆的竞争对手中没有一家拥有超过 4% 的市场份额，大疆的品牌竞争力可见一斑。

第三，“国潮”来袭，本土品牌获得中国新世代消费者的喜爱和追捧。“国潮”是从 2000 年开始兴起的。最初，“国潮”只是一种小众文化，但是随着嘻哈和街舞文化的流行，“国潮”成为年轻人的一种潮流趋势。2018 年李宁以中国传统文化元素“悟道”为主题亮相纽约时装周，引起了巨大轰动，也引爆了“国潮”概念。继李宁之后，波司登、回力、大白兔、老干妈、六神、娃哈哈等本土品牌纷纷加入，通过“国潮”充分彰显国货的品质和影响力。“国潮”风开始席卷中国本土品牌，2018 年也因此被誉为“国潮元年”。因“国潮”来袭，中国本土品牌成为大势所趋的消费潮流，国货重新站上历史舞台的最高点。这背后主要有两个方面的原因。首先，中国本土品牌经过改革开放以来 40 多年的发展，在技术和品质上取得了有目共睹的成就。在许多领域，国货的品质非但不输于外国品牌，甚至还远超外国品牌。其次，以 90 后、00 后为代表的中国新世代消费者崛起。这类消费者出生于中国改革开放的红利期，成长于中国经济飞速发展的年代，他们普遍更有文化自信，对中国文化和国货也有更强的认同感和支持意愿，他们是“国潮”的消费主力军。以 90 后、00 后为代表的中国新世代消费者，他们不仅将支持国货和本土品牌视为其想法和个性的表达，而且通过支持国货和本土品牌获得情感上的满足。

品牌视角1-9

李宁收入首破百亿，"国潮风"让它重新火起来了

纽约时间2018年2月7日上午，李宁品牌正式亮相纽约时装周2018秋冬秀场。作为第一家亮相纽约时装周的国内运动品牌，中国李宁以"悟道"为主题，坚持国人"自省、自悟、自创"的精神内涵，以运动的视角表达对中国传统文化和现代潮流时尚的理解，在世界顶级秀场上完美演绎了90年代复古、现代实用街头主义以及未来运动趋势三大潮流方向，向全世界展现了中国李宁的原创态度和时尚影响力。

在"国潮"文化下，李宁交出了一份亮眼成绩单。李宁公司2018财年业绩报告显示，2018年李宁公司营业收入达105.11亿元，同比增长18.4%，首次实现营收破百亿。年内，经营利润为7.77亿元，较2017年的4.46亿元增长74.4%；净利润为7.15亿元，同比增长38.8%。

资料来源：中国运动潮流崛起 李宁悟道霸屏纽约时装周.（2018-02-09）. http://www.cnr.cn/shanghai/xsq/20180209/t20180209_524131282.shtml? from=singlemessage；李宁收入首破百亿，"国潮风"让它重新火起来了.（2019-03-22）. https://baijiahao.baidu.com/s? id=1628670349790783587&wfr=spider&for=pc.

二、品牌理论的发展

随着商品经济的发展，品牌的研究和实践也在不断深入。品牌理论研究已经成为管理领域最重要的课题之一，并且成为营销学学术研究的重要领域。自20世纪50年代以来，品牌理论研究的重心和主导领域大致依次经历了品牌、品牌战略、品牌资产、品牌管理、品牌关系、品牌生态、品牌精神等七个重要阶段。

（一）品牌①

品牌阶段是品牌作为新概念在学术研究中提出和初创的阶段。这一阶段研究的基本科学问题包括两个：什么是品牌；为何需要品牌。

围绕这两个基本的科学问题，研究者先后原创性地提出了一些新概念。这一阶段的研究主题包括品牌内涵及定义、品牌命名、品牌标识和商标等，以品牌命名为研究重点。多数文献认为，品牌的概念是奥美广告公司的创始人大卫·奥格威在1950年首次提出的。品牌阶段的研究主题与品牌实践的初步兴起密切相关。

（二）品牌战略

在确立品牌地位的基础上，研究者思考品牌是营销的战略要素还是战术策略要素，并从理论研究的角度解决如何在公司有效实施品牌战略等一系列问题。

---

① 品牌、品牌战略、品牌资产、品牌管理、品牌关系部分的参考文献：卢泰宏，吴水龙，朱辉煌，等. 品牌理论里程碑探析. 外国经济与管理，2009，31（1）：32-42.

这一阶段实现了从品牌（brand）到品牌化（branding）的跨越，如何建立品牌成为新的命题。品牌战略研究又分为品牌识别和品牌规划两个时期。品牌战略阶段研究的基本科学问题主要包括三个方面：（1）品牌化的相关决策问题。（2）如何通过品牌化形成品牌识别的问题。这涉及品牌形象和品牌定位这两个品牌差异化的关键要素。（3）如何规划品牌战略的问题。这涉及品牌层级和品牌组合两个基本工具。

这一阶段提出的新概念包括：品牌化、品牌战略（brand strategy）、品牌形象（brand image）、品牌定位（brand positioning）、品牌层级（brand hierarchy）和品牌组合（brand portfolio）等。

（三）品牌资产

20 世纪 90 年代品牌资产理论的提出，是品牌理论领域最重大的进展，同时也表明该领域达到了一个新的高峰。

在 20 世纪 80 年代以来频频发生的公司并购浪潮中，强势品牌以数十倍于其有形资产的价格出售，再加上频繁的价格战带来的压力等市场因素，使得公司更加重视品牌的市值和增值，从而促使学术界提出了品牌资产的理论概念。从此，围绕品牌资产的研究受到了空前的关注和重视。

品牌资产阶段研究的基本科学问题包括：品牌资产的来源；品牌资产的构成要素模型；品牌资产的评估与测量。

这一阶段提出的新概念包括：品牌价值链（brand value chain）、品牌资产（brand equity）、基于顾客的品牌资产（CBBE）和品牌知识（brand knowledge）。

（四）品牌管理

品牌的建立具有长期性、投入巨大，并且面临风险和挑战，因此人们提出了“如何保证品牌的长期健康发展”的问题，从而催生出品牌管理研究领域。

品牌管理阶段研究的基本科学问题包括：品牌管理的长期要素构成；品牌管理业绩。

这一阶段提出的新概念包括：品牌管理建制与组织、品牌延伸（brand extension）、品牌强化（brand reinforcement）、品牌激活（brand revitalization）、品牌联盟（brand alliance）和品牌管理业绩（brand performance）。

（五）品牌关系

关系营销在成为一种新的营销范式并逐渐取代传统的交易型营销之后，就一直受到学术界和实务界的重视。20 世纪 90 年代以来，关系营销的概念被运用到品牌和产品层面，从而形成了品牌理论研究的前沿课题——品牌关系，并催生出基于关系建立品牌资产的新视野和新角度。

品牌关系阶段研究的基本科学问题是：品牌关系的类别和维度；如何测量品牌关系；如何发展品牌关系。

这一阶段提出的新概念包括：品牌关系（brand relationship）、品牌关系质量（brand relationship quality）、品牌社区（brand community）和品牌体验（brand experience）。

（六）品牌生态①

随着研究和实践的深入，人们发现品牌与其外部环境构成了一个生态系统，品牌的发展不仅要处理好与直接消费者的关系，而且要处理好与品牌的整个外部环境的关系。

摩尔（1996）指出，商业社会已经进入一个以共同进化为显著特征的商业生态系统时代，生态协同与进化已经成为高层次、激烈竞争的基础、前提和常态。戴维·阿克（1998）明确提出了基于单个企业品牌系统的“品牌群”概念，首次将生态学的种群概念引入品牌理论的研究中，并指出这是认识品牌的一个全新角度。

邓肯（1998）指出，对于大多数企业组织来说，要想创造成功的品牌生态管理模式，必须摒弃当初它们成功的做法，采用全新的思考行为模式，即对与利益相关者一起构成的生态共同体实施品牌生态管理，提高企业品牌与商业生态环境的协同进化能力和适应能力，培育著名品牌，提升市场竞争力。菲利普·科特勒（2002）指出，从外部环境来看，目前品牌管理的层次已经与以前大不一样，其视野已经扩展到了生态系统的疆域，其中有多股力量成为这场巨变的催化剂，如科技进步和全球化等。

品牌生态的理论使人们认识到，品牌与其利益相关者群体建立一种和谐共生的生态关系，有利于共同进化与相互提高。

（七）品牌精神

丹麦的昆德（2000）在其著作《公司精神》（*Corporate Religion*）中指出：“将来的观念和价值观将会使很多我们今天认为是想当然的事物发生翻天覆地的改变，品牌将会成为信仰，一些被认为是品牌代言人的人物本身也会成为信仰或精神。”“最理想和最成功的品牌定位应当是这样一种状况——消费者已经将品牌视为一种品牌精神。”

昆德进一步创造性地提出了品牌精神模型，认为品牌分为产品（没有任何附加价值的一般产品，仅具备一些普遍要素）、概念化品牌（在情感价值的基础上而非产品资产的基础上得以运行的品牌）、公司理念（与一个整体运作完全一致、和谐的公司相融合的品牌）、品牌文化（在消费者心目中占有十分强大的地位，以至于消费者将其等同于其所代表的功能的品牌）和品牌精神（对于消费者来讲，这种品牌就是一种必需的选择，就是一种信仰）五个层次，其中品牌精神为品牌等级中的最高层次。

只有当所有的观念和价值观都趋向一致并与其所具有的各项技能相互匹配的时候，即整个事物已在公司精神的管理和控制之中时，公司才有望达到品牌等级中的最高层次，最终实现品牌精神。为此，公司需要有受精神意志驱动的管理模式，要深入了解品牌机制，了解能够提高品牌价值的因素，从而采取有针对性的行动。

品牌精神的理论为品牌理论研究上升到品牌哲学这一高度奠定了基础。

本章回顾

1. 品牌的定义可以大致分成符号说、关系说、资源说和综合说等主要流派。

---

① 品牌生态和品牌精神部分的参考文献：贺爱忠．西方品牌理论的新发展．经济学动态，2005（11）：77－81.

2. 品牌有丰富的内涵，能够表达出属性、利益、用户、个性、文化、价值这六个层次的含义。

3. 品牌、名牌、商标是三个既有联系又有区别的概念。

4. 品牌对国家、企业和消费者都具有重要的作用。

5. 理论上，所有事物都可以成为品牌。从微观角度来看，可以实施品牌化的事物范围包括：有形产品、服务、个人、故事、事件、活动、技术、概念和思想以及组织等。从宏观角度来看，可以实施品牌化的事物范围包括：产业集群、城市（地区）以及国家。

6. 美国品牌化的历史演进大约经历了五个主要阶段；中国品牌的历史演进大约经历了四个主要阶段。

7. 品牌理论研究的重心和主导领域大致依次经历了品牌、品牌战略、品牌资产、品牌管理、品牌关系、品牌生态、品牌精神七个重要阶段。

基本概念

品牌	名牌	商标	制造商品牌
分销商品牌	服务品牌	个人品牌	e 品牌
雇主品牌	产业集群品牌	城市品牌	国家品牌
品牌战略	品牌资产	品牌管理	品牌关系
品牌生态	品牌精神		

拓展阅读

何佳讯，吴漪．国家品牌资产：构念架构及相关研究述评．外国经济与管理，2020，42（5）：3－16.

阅读以上文献后思考：

1. 什么是国家品牌资产？
2. 如何测量国家品牌资产？
3. 国家品牌资产能够发挥哪些积极的作用？

复习题

1. 你认为什么是品牌？
2. 品牌的主流定义可以分成哪几类？
3. 品牌的内涵有哪些？
4. 品牌有哪些作用？
5. 从微观角度来看，哪些事物可以成为品牌？
6. 从宏观角度来看，哪些事物可以成为品牌？
7. 美国品牌的历史演进主要经历了哪几个阶段？
8. 中国品牌的历史演进主要经历了哪几个阶段？
9. 品牌理论的发展主要经历了哪几个阶段？

实训练习

1. 从微观品牌化的角度，请就以下五个领域，各列举出1~3个成功实施品牌化的例子。

（1）产品。

（2）服务。

（3）个人。

（4）故事、事件、活动、技术、概念和思想等。

（5）组织。

2. 从宏观品牌化的角度，请就以下三个领域，各列举出1~3个成功实施品牌化的例子。

（1）产业集群。

（2）城市（地区）。

（3）国家。

第 2 篇

品牌启动

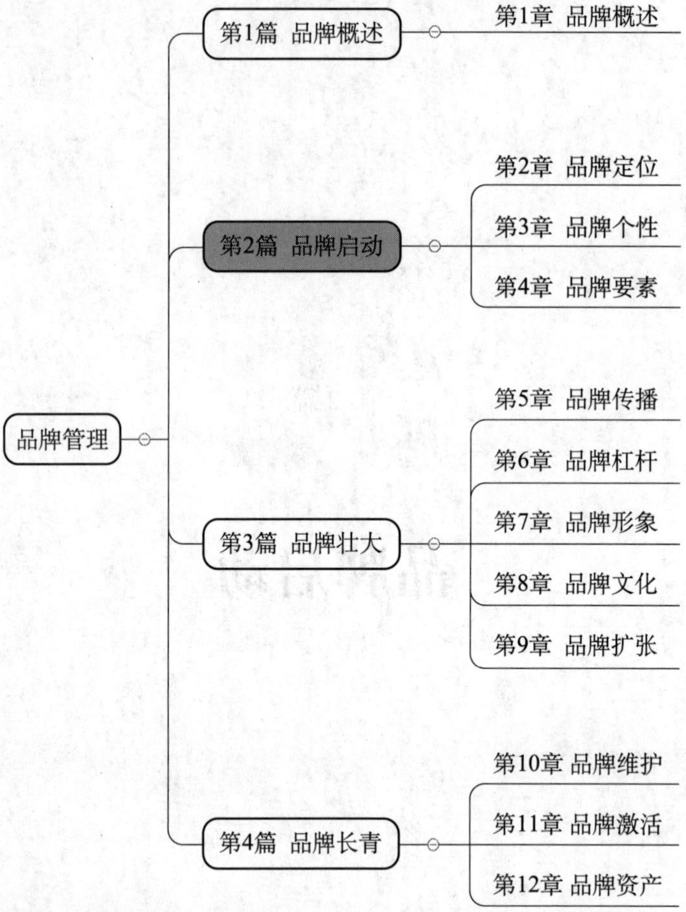
品牌管理
第1篇 品牌概述
第1章 品牌概述
第2篇 品牌启动
第2章 品牌定位
第3章 品牌个性
第4章 品牌要素
第3篇 品牌壮大
第5章 品牌传播
第6章 品牌杠杆
第7章 品牌形象
第8章 品牌文化
第9章 品牌扩张
第4篇 品牌长青
第10章 品牌维护
第11章 品牌激活
第12章 品牌资产

第2章 品牌定位

知识思维导图

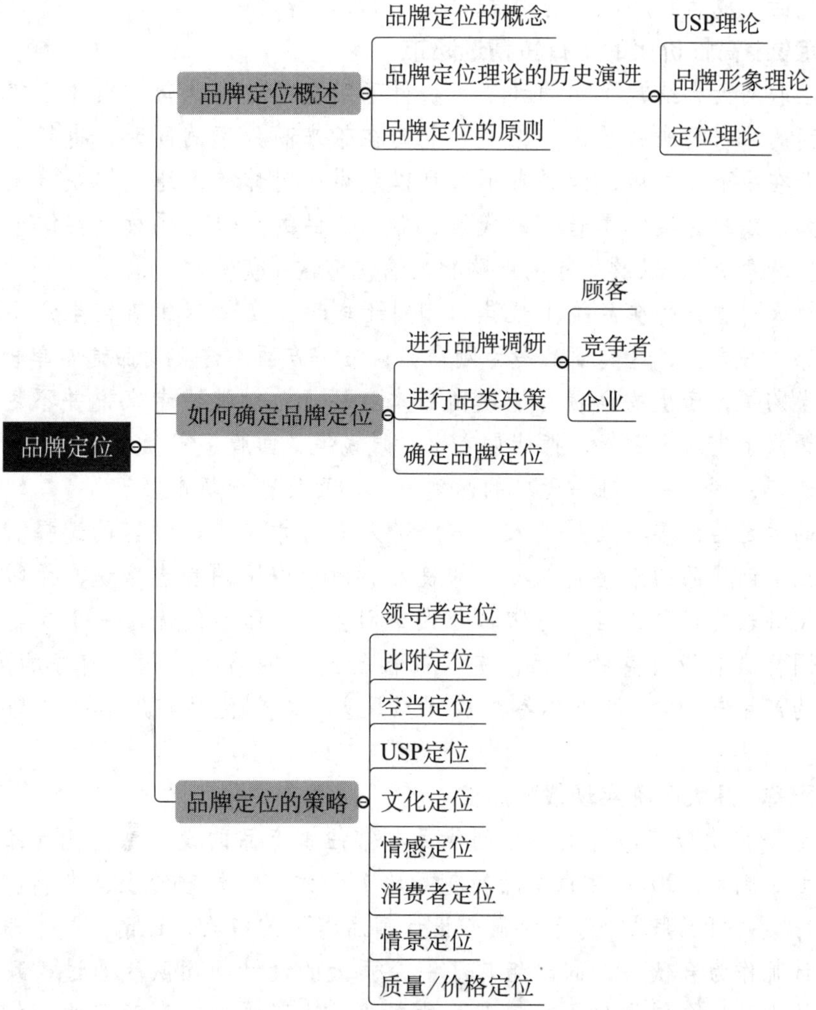

| 知识学习目标 |

- 掌握品牌定位的定义；了解品牌定位理论的历史演进；理解品牌定位的原则。
- 掌握确定品牌定位的步骤和方法。
- 掌握品牌定位的常用策略。

| 技能学习和掌握目标 |

- 能够具备一定的品牌定位能力。
- 能够观察和分析现实生活中不同品牌使用的品牌定位策略。

导读案例：名创优品的战略定位

2013 年，叶国富在中国广州创办了名创优品（MINISO）。截至 2022 年，名创优品已经成功进入全球 100 个国家和地区，在全球范围内拥有超过 5 000 家门店，遍布纽约、洛杉矶、巴黎等全球知名城市核心商圈。凭借高颜值、高品质、高性价比的特质，名创优品已成为日用品消费领域深入人心的品牌之一。

战略定位：高性价比的小百货精选超市

由于互联网大大缩减了中间环节，获得了明显的效率优势，实体零售行业一度因受到电商的冲击迎来关店潮。但是，电商在带来高效率的同时，也带来用户体验的缺失。而在线下实体店，消费者不仅可以获得即时体验，还能够获得闲逛购物的愉悦感。如果想成为实体零售店的代表，名创优品的定位需要放大实体零售店“当场付款、当场拿货”，以及体验闲逛购物的愉悦感这一优势。

如何放大？首先是在品类上聚焦。相对于电商，实体零售店在生活小百货品类上更有优势。一方面，这类商品多为刚需品；另一方面，这类商品通常单价较低，如果要去线上购买，产生的运费可能比商品本身还贵，对消费者来说并不划算。名创优品通过聚焦于生活小百货，把诸如香水、眼线笔、面膜、零食、杯子等生活常用小商品聚合起来，形成一个独一无二的品类——小百货精选超市。

聚焦品类之后，接下来是进入心智。进入心智才能赢得顾客的选择。如何进入顾客心智？名创优品的策略是对标无印良品。对于中国消费者来说，无印良品的亮点是充满设计感的产品，但价格常常令人望而生畏。而名创优品用 1/5 甚至更低的价格销售同样具有设计感的产品，走“高性价比”的路线。简洁有序的店铺环境、时尚精致的产品与 10 元价格标签形成强烈反差，名创优品在顾客心中留下深刻的印象。

战略配称：几大配称实现战略定位

1. 用设计感提升产品价值。名创优品非常注重产品的设计感，把产品设计提升到战略高度。比如，2017 年的设计费花了约 1 亿元。对外宣传上，名创优品声称自己为“日本设计师品牌”，为了加强“设计师品牌”的印象，还请了一个叫三宅顺也的日本设计师作为合伙人，同时组建了一个强大的设计师团队。通过极致简约和具有系列感的设计，名创优品提高了产品的美感，让消费者感到产品的价值远远超过价格。

2. 选址：流量高地。一般的10元店为了降低成本，会开在街边巷尾等不显眼的地方，然而，名创优品反其道行之，将门店开在步行街、购物中心、大学城等人流密集的黄金地段。其一，黄金地段聚集了名创优品的目标消费人群，让店铺流水有了保障。其二，黄金地段有助于提升店铺的可见度。如果店内熙熙攘攘，看上去生意特别好，就会进一步带动更多跟风顾客，从而节省了广告费。其三，当名创优品以10～49元的价位跻身于无印良品、优衣库、爱马仕、香奈儿之间，可以瞬间把品牌形象提升上来，效果比广告更加直接有效。此外，门店需要流量，购物中心也需要流量。当名创优品的势能足够高时，又可以反过来成为购物中心、商业街的“流量担当”，获得更加优惠的租金。

3. 增加装修成本，降低人力成本。店面开在流量高地，如果不能把流量转化为进店率，高昂的租金就全是成本，不是投资。而要提高进店率，就要让消费者有逛店的欲望，因此名创优品的装修整体比较豪华，一家200平方米左右的店铺，装修费可能高达40万元。装修成本增加了，从哪里缩减店铺成本呢？很多导购式的实体店，人力成本可以占到销售额的10%，而名创优品不设导购、不设推销员，店员只做三件事情：打扫、理货、防盗。这不仅降低了人力成本，而且营造了轻松的购物氛围，增加了消费者在店内的逗留时间。

4. 选品：精简SKU，快速上新。在选品上，名创优品优先选择诸如化妆品、香水、太阳镜、眼线笔一类的暴利产品，然后把价格从天花板打到地板上，从而建立高性价比的认知。比如，欧莱雅的一支眼线笔要100元，而名创优品与欧莱雅的供应商合作，推出质量差不多的眼线笔，价格却只有10元钱，引发消费者的疯抢。名创优品力求每一款产品都是“刚需品＋爆款”，从而将SKU保持在3 000左右。精简SKU的好处，一是产品体验的优化，二是消费者不用比来比去挑产品，从而降低了消费者的选择成本。在精简SKU的同时，名创优品平均每周保持2～3款新品上架，给顾客带来源源不断的新鲜感，从而提高了消费者的复购率。

5. “傻瓜式加盟”，快速扩张。为了通过大规模采购压低成本，名创优品通过“傻瓜式加盟”进行快速扩张。名创优品采用“联营”的加盟模式，加盟商以店铺和资金作为“投名状”加入名创优品，但不用操心店铺的日常经营，一切由店长代劳，店长、店员直接向总公司汇报工作；作为回报，门店当天产生的营业额的38%第二天就能汇到加盟商的账上，现款现结，坚定了加盟商的信心和决心。

6. 采购：去中间商，大规模买断。随着门店数量的扩张，名创优品单个产品一下单就可以达到10万件，从而有了去中间商、从工厂大规模直接买断的基础。传统的零售企业，由于中间流通环节繁杂，经过层层加价，销售毛利至少要高于45%才有利可图。而名创优品通过“去中间商＋大规模买断”，只赚取8%左右的毛利，利润也依然可观。除此之外，名创优品还通过“现金结款，每个月100%结算不拖欠”“所有产品自己承销，供应商不担负任何责任”，进一步提高了议价能力，获得更低的采购价格。所有的订单都集中在少量的单品上，便于进行质量控制，进一步保证了产品的优质和低价。

7. 完善物流，灵活调货。为了解决大规模买断带来的库存问题，名创优品除了“精准选品”，还推出了“灵活调货”的模式。如果一款产品在这家店不好卖，总部就会把这款产品调配到卖得比较好的店铺。如果在一个国家卖得不理想，就会把它运到其他国家。为了实现灵活调货、高频配送，名创优品建设了现代化的仓储物流系统，把商品流转时间从3~4个月缩短到21天，大大降低了库存成本，提高了资金利用率。

结语

围绕“高性价比的小百货精选超市”这一战略定位，名创优品在各项生产要素之间建立了一套环环相扣、连贯协调、相互加强的战略配称，从而构建出一个独特的商业系统，创造出差异化价值。

资料来源：名创优品官方网站；李广宇. 从战略定位角度解读名创优品的快速崛起. 商讯，2018（19）：48－50.

思考：

1. 什么是品牌定位？
2. 名创优品的成功与品牌定位有何关系？
3. 名创优品采用的是哪一种品牌定位策略？

第1节 品牌定位概述

一、品牌定位的概念

1969年，广告经理人杰克·特劳特（Jack Trout）基于当时广告竞争的需要，在《工业营销》杂志上发表了《定位：同质化时代的竞争之道》（“Positioning” is a game people play in today's me-too market place）的文章，第一次提出了定位（positioning）的概念。①此后，定位理论不断得到完善，并逐步发展成为一个完整的思想体系。现在，定位理论已经成为现代营销史上的一个重要营销战略思想。

艾·里斯（Al Ries）和杰克·特劳特认为，定位不是围绕产品进行的，而是围绕潜在顾客的心智进行的，定位是“如何让你在潜在顾客的心智中与众不同”，也就是说，定位其实就是在潜在顾客的心智中找到一个独特的位置的过程，定位的最终目的是在某个品类取得领导地位。②

菲利普·科特勒提出，定位是为公司提供的产品、服务和形象进行设计以在目标市场中占据一个独特的位置的行为；定位的最终结果是成功地创造以顾客为中心的价值主张，这是一个让目标市场购买产品的有力理由。③

凯文·莱恩·凯勒认为，定位是在某一特定细分市场中选择合适的位置，以使消费者能够以正确的或理想的方式看待产品；根据以消费者为本的品牌资产模型，决定品牌的定位需要确定相应的参照结构，即需要确定目标顾客是谁，主要竞争对手是谁，品牌

---

① Trout & Partners 中国官网. http：//www. trout. com. cn/fzlc/index. jhtml.

② 艾·里斯，杰克·特劳特. 定位. 北京：机械工业出版社，2011.

③ Kotler，P. Marketing Management. New Jersey：Pearson Education，2003.

与其他竞争对手的相似程度如何，品牌与其他竞争对手存在哪些区别。①

综上所述，可以看出，品牌定位就是让品牌在目标顾客心智中确定和建立一个独特的、有价值的位置的行为或过程。

二、品牌定位理论的历史演进

品牌定位理论的历史演进主要经历了三个阶段：USP 理论阶段、品牌形象理论阶段和定位理论阶段。

（一）USP 理论

USP（unique selling proposition，独特的销售主张）是 20 世纪 50 年代由著名广告大师、达彼思广告公司前董事长罗瑟·瑞夫斯（Rosser Reeves）提出的著名营销观点。

20 世纪 50 年代被称为“产品至上”的时代。科技的进步和社会的发展使得企业的产能扩大，商品越来越丰富，市场竞争变得激烈。在此背景下，罗瑟·瑞夫斯提出了 USP 理论，认为在确定广告主题时要把注意力集中在产品的特点和消费者的利益上，通过产品差异的分析，选出消费者最容易接受的产品特点作为广告主题。

USP 理论的要点包括以下三个方面。第一，独特性（unique）。即要找出根植于品牌深处的独特卖点。这个卖点必须是独特的、唯一的，也就是说，这个卖点是竞争对手做不到或者无法提供的。第二，销售点（selling）。即提出的卖点必须对消费者具有吸引力，它能够打动顾客、促进顾客采取购买行动。第三，主张性或建议性（proposition）。即卖点能够发挥建议或劝说的功能。也就是说，广告中的卖点必须强调产品具体的特殊功能和利益，能够准确地告诉消费者购买广告中的产品能够得到什么好处，这样才能激发顾客的购买行为。

USP 理论对广告界产生了经久不衰的影响。罗瑟·瑞夫斯运用 USP 理论策划了许多成功的广告，例如，高露洁牙膏的“清新牙齿，清新口气”、棕榄牌香皂的“棕榄牌香皂使皮肤更为娇嫩”等。他为美国玛氏公司策划的 M&M's 巧克力豆“只溶在口，不溶在手”的广告更是成为经典。

品牌视角 2－1

M&M's 巧克力豆——“只溶在口，不溶在手”

罗瑟·瑞夫斯认为，一个商品的成功因素就蕴藏在商品本身之中。而 M&M's 巧克力豆是当时美国唯一用糖衣包裹的巧克力。基于这个与众不同的特点，罗瑟·瑞夫斯提炼出 M&M's 巧克力豆“只溶在口，不溶在手”的独特卖点，并以此作为 M&M's 巧克力豆的广告口号。在 M&M's 巧克力豆的电视广告中，一只脏手对比一只干净的手，让观众猜猜哪只手里有 M&M's。结果，当然是干净的手。因为 M&M's 巧克力豆“只溶在口，不溶在手”。简单、清晰的广告口号只用了 8 个字，就使得产品不黏手的特点深入人心，更表现出人们迫不及待想将它放入口中品尝的念头。M&M's 巧克力豆“只溶

① 凯文·莱恩·凯勒. 战略品牌管理. 北京：中国人民大学出版社，2003.

在口，不溶在手”的广告口号从此家喻户晓。半个世纪过去了，M&M’s巧克力豆仍然在世界各地沿用这条广告口号，而它的制造者玛氏公司也成为年销售额达40亿～50亿美元的跨国集团。

资料来源：乐剑峰．广告文案．上海：上海人民美术出版社，2009.

（二）品牌形象理论

20世纪60年代以后，科技的进步使得仿制品大量出现，产品的同质化程度越来越高，这让USP的寻找变得越来越困难。与此同时，消费者的购买心理也随着生活水平的提高发生变化，由注重实效向兼顾心理满足转变；消费者购买时不仅追求“实质利益”，也追求“心理利益”；人们不仅注重产品的特性，也注重产品背后的企业形象和声誉。[①]在此背景下，奥美广告公司创始人大卫·奥格威首先提出了品牌形象理论（Brand Image），从此市场进入“形象至上”的时代。

品牌形象理论的要点包括：第一，广告最主要的目标是为塑造品牌服务，广告要力图使品牌具有并维持一个高知名度的品牌形象。第二，任何一则广告都是对品牌的长期投资。从长远来看，广告诉求必须有助于维护良好的品牌形象，而不是仅仅追求短期效益。第三，随着产品和品牌同质化的增加，描绘品牌形象要比强调产品的具体功能重要得多。第四，消费者购买时追求的是“实质利益+心理利益”，广告应重视运用形象来满足特定消费群体的心理需求。[②]

大卫·奥格威把他的品牌形象理论应用在广告实践中，为哈撒韦衬衫、劳斯莱斯汽车、舒味思（Schweppes）汽水等策划了许多有利于塑造品牌形象的广告。他为哈撒韦衬衫策划的一则广告成为其中一个经典：在广告中，一个戴眼罩的男人出现在卡耐基大厅指挥纽约爱乐乐团、演奏双簧管、临摹戈雅的画、击剑、驾驶游艇等场景中。这个戴眼罩的男人代表着一种与众不同、超然世外的生活方式，他成为哈撒韦衬衫的品牌标志。“戴眼罩的男人”系列广告帮助哈撒韦衬衫迅速在美国建立起高档品牌的形象，使长达114年都寂寂无名的哈撒韦衬衫在一时之间闻名全美国。

（三）定位理论

20世纪60年代末，在定位概念被首次提出以后，艾·里斯和杰克·特劳特认为，随着竞争的加剧、产品日益同质化和信息爆炸导致的信息互相干扰，依靠独特的销售主张（USP）和品牌形象已经很难实现差异化，为有效地赢得顾客，有必要通过定位使自己的产品独树一帜。随后，两人在《广告时代》杂志上发表了《定位时代》（The Positioning Era Cometh）系列文章，引起了营销界和广告界的极大反响。

1981年，艾·里斯和杰克·特劳特合作撰写了营销经典巨著《定位》（*Positioning: The Battle for Your Mind*）。该书指出：“在我们传播过度的社会中，人类的心智完全是容量不足的容器”，“要想在传播过度的社会里取得成功，企业必须在潜在顾客的心智中占

① 庞守林，张汉明，丛爱静．品牌管理．北京：高等教育出版社，2017.

② 覃彦玲．广告学．成都：西南财经大学出版社，2009.

有一个位置”，“定位从产品开始，可以是一件商品、一项服务、一家公司、一个机构，甚至是一个人，也许就是你自己。但是定位不是围绕产品进行的，而是围绕潜在顾客的心智进行的”。[①] 艾·里斯和杰克·特劳特认为，定位就是如何让你在潜在顾客的心智中与众不同。

接下来，艾·里斯和杰克·特劳特又合著了《商战》(*Marketing Warfare*)、《营销革命》(*Bottom-Up Marketing*)、《人生定位》(*Horse Sense: The Key to Success Is Finding a Horse to Ride*)、《22 条商规》(*The 22 Immutable Laws of Marketing: Violate Them at Your Own Risk*) 等营销著作，不断推动定位理论的成熟和发展。

后来，定位理论的提出者杰克·特劳特认为定位的概念需要更新，于是在 1996 年和史蒂夫·里夫金 (Steve Rivkin) 出版了专著《新定位》(*The New Positioning: The Latest on the World's #1 Business Strategy*)。该书再次强调定位不在于产品本身，而在于消费者心智，并且提出消费者的心智或知觉是营销的终极战场，营销人员对消费者心智了解得越多，定位就越有效。

2010 年，杰克·特劳特和史蒂夫·里夫金又合作推出了定位理论著作《重新定位》(*Repositioning: Marketing in an Era of Competition, Change and Crisis*)。杰克·特劳特和史蒂夫·里夫金认为，重新定位是应对竞争、变化与危机的战略营销之道，除了再次强调“定位就是在潜在顾客的心智中实现差异化”之外，他们在书中还提出“重新定位是你如何调整认知，这些认知可以是关于你的，也可以是关于竞争对手的”。[②]《重新定位》是杰克·特劳特的封笔之作，至此，一套完整的定位理论体系已经基本形成。

从定位理论的发展历程可以看出，一开始，定位理论只被当成一种纯粹的传播策略，但是随着定位理论体系的完整构建，定位理论已经超越了传播沟通策略的范畴，成为重要的营销战略思想。2001 年，定位理论被美国营销学会评为“有史以来对美国营销影响最大的观念”。

三、品牌定位的原则

(一) 以消费者为导向

品牌定位的成功源于对消费者心智的把握。由于人类的心智是有限的，哈佛大学的心理学家乔治·米勒 (George A. Miller) 发现，普通人脑能够同时处理的不同概念的信息单元小于或等于七个。而且，大脑信息系统对所接收的不同概念信息并非平等地处理，而是会先进行阶梯式排序，再按照顺序处理，越靠前的信息对人的行为影响越大，特别是排在第一位的信息。因此，品牌定位就是要深入分析和了解消费者，才能在消费者心智中占据一席之地。

---

① 艾·里斯，杰克·特劳特．定位．北京：机械工业出版社，2011.

② 杰克·特劳特，史蒂夫·里夫金．重新定位．北京：机械工业出版社，2011.

（二）差异化

差异化是企业获得竞争优势的战略之一，品牌定位的本质就是塑造品牌的差异性。品牌定位若不能凸显品牌的差异性，就无法吸引消费者的注意，无法与竞争对手形成区分，也就无法形成竞争优势。比如，当王老吉以“怕上火，喝王老吉”的功能定位火遍天下时，和其正凉茶用“瓶装更尽兴”的差异化定位在消费者心智中形成了区分，成功地给消费者留下了深刻的印象。

（三）简明扼要

消费者喜欢简洁，特别是在信息爆炸的时代，品牌定位必须简明扼要，这样才便于消费者接受、记忆和传播。“果冻就是喜之郎”“格力，掌握核心科技”“农夫山泉有点甜”，这些都是运用简明扼要原则进行品牌定位的成功典范。

（四）保持相对稳定性

品牌定位需要保持相对的稳定性，除非原有的定位与市场环境之间已经不相适应，否则不能随意变化。当需要调整原有定位时，应从企业的战略以及自身经营条件出发，使新的定位能够驾驭未来。

例如，格力从一开始的“好空调，格力造”，到“格力，掌握核心科技”，再到“格力，让世界爱上中国造”，反映了格力的品牌定位从完美的质量管理到技术创新，再到以卓越的实力赢得世界尊重的变化。这一系列的变化是格力不同阶段战略目标的写照，也反映出品牌的成长历程。

第2节　如何确定品牌定位

品牌定位是创建品牌的关键一步。那么，应该如何确定品牌定位呢？本书认为，确定品牌定位可以遵循以下三个主要步骤（见图2－1）。

图2－1　确定品牌定位的主要步骤

一、进行品牌调研

调研是所有营销活动的起点，品牌定位也不例外。要给品牌找到一个准确的定位，首先需要进行品牌调研。品牌调研的内容可以参考3C（customer，competitor，corporation）战略三角模型来确定。也就是说，根据3C战略三角模型，我们可以把品牌调研的内容主要分为以下三个方面：顾客（customer）、竞争者（competitor）、企业（corporation）。

（一）顾客

按照顾客购买产品和服务的目的或用途的不同，市场可以分为组织市场和消费者市场。其中，消费者市场被称为最终产品市场，因为组织市场虽然购买数量庞大，但最终服务对象还是消费者，仍要以满足消费者的需要为中心。[①] 也就是说，消费者对产品和服务的需求才是市场的终端需求。因而，消费者市场才是市场体系的基础，是起最终决定作用的市场，也是现代营销理论研究的主要对象。[②] 杰克·特劳特也强调，定位在于占据消费者的心智，营销人员对消费者心智了解得越多，定位就越有效。综上所述，顾客调研的关键是对消费者的洞察。通过消费者洞察掌握消费者心智，才能够为寻找品牌在消费者心智中的独特位置提供支持。

1. 消费者洞察的内容

消费者洞察的内容主要包括消费者的特征辨析和识别、消费者的心理（动机、需求、态度等）、消费者的行为（是什么、为什么、影响因素、变化趋势等）等。菲利普·科特勒说过，营销就是在满足需求的同时获利。由此可见，需求才是消费者洞察的核心。因此，我们可以通过马斯洛（A. H. Maslow）的需要层次理论来帮助洞察消费者的需求。马斯洛提出的需要层次理论是获得广泛认同和高被引的需求解释模型。[③]

根据马斯洛提出的需要层次理论，人类一共有五种基本需要，它们从低层次到高层次依次出现：生理需要、安全需要、社交需要、尊重需要、自我实现需要。生理需要指人类为了生存而对必不可少的基本生活条件产生的需要，比如由于饥、渴、冷、暖而产生的需要。安全需要指为了维护人身、财产安全和健康而产生的需要。社交需要指参与社会交往，获得社会认可和归属感的需要，比如他人的爱、友谊、接受等。尊重需要指受人尊敬，取得一定社会地位、荣誉和权力的需要。自我实现需要指发挥个人的最大能力，实现理想和抱负的需要。马斯洛指出，一个人同时会存在多种需要，但在某一个特定时期每种需要的重要性并不相同，所以人们会优先追求居主导地位的需要的满足；而且一般而言，人类的需要由低层次向高层次发展，低层次需要得到满足以后人们才会追求高层次需要的满足。

马斯洛的需要层次理论是理解消费者需求的有用工具，我们可以利用这个工具进行消费者需求的洞察。在进行品牌定位的时候，消费者需求洞察的重点在于找到消费者未被满足或未被充分满足的需求，这才是让品牌在消费者心智中占据独特位置的关键。

品牌视角 2-2

DR 的消费者洞察

DR（Darry Ring）求婚钻戒为国际高端求婚钻戒品牌。DR 在品牌诞生时创下全球统一的浪漫规定：男士凭其身份证一生仅能定制一枚，寓意“一生·唯一·真爱”。DR 求婚钻戒以“让爱情变得更美好”为品牌使命，倡导“用一生爱一人”的真爱信仰。

---

① 郭国庆．市场营销学通论．北京：中国人民大学出版社，2020.

② 郭国庆，陈凯．市场营销学．北京：中国人民大学出版社，2022.

③ 卢泰宏，周懿瑾．消费者行为学：洞察中国消费者．北京：中国人民大学出版社，2021.

DR认为，无论时代如何变化，每个人在内心深处依然渴望一生一世的真爱。所以DR钻戒品牌凝聚最虔诚、最有态度的真爱信仰，希望通过自身力量让爱情变得更美好，让坚信真爱的人都能找到一生唯一的真爱。

DR通过消费者洞察发现了消费者内心深处的情感需求：求婚仪式背后，女性不仅需要浪漫、被珍视的感觉以及爱情的永恒含义，还有最重要的“一生·唯一·真爱”的需求。DR因此以“一生仅一枚”的独特定制诠释“一生·唯一·真爱”的品牌理念，成为珠宝行业中极具特色的求婚钻戒品牌，DR也因此获得巨大成功。

资料来源：DR品牌官方网站。

2. 消费者洞察的方法

消费者洞察可以使用传统的方法，比如问卷调查、焦点小组讨论、深度访谈等；也可以借助大数据、人工智能等技术进行消费者洞察。由于在效率和精准度等方面更有优势，使用大数据和人工智能技术的消费者洞察方法越来越受欢迎。通过数据挖掘、机器学习和适合的算法，大数据和人工智能技术不仅可以精准地完成用户画像，勾勒出顾客的人口统计学、心理以及行为特征，还可以有效地识别和预测消费者的需求，帮助提高品牌决策的准确性。比如，使用了人工智能技术的数据分析平台SAS Viya，已经可以实现在消费者洞察的基础上提高消费者需求预测的准确性，从而帮助企业增加利润、降低库存水平并与客户建立更有意义的连接。

品牌视角 2-3

欧莱雅的消费者洞察

在数字化时代，欧莱雅在中国创造了非常亮眼的成绩。这一切都得益于欧莱雅深度、精准的消费者洞察。为深度了解中国消费者，欧莱雅主要从以下几个方面入手：

第一，采用传统方法。比如消费者家访、问卷调查和焦点小组讨论。

第二，将传统的方法数字化。比如线上版的焦点小组讨论，帮助欧莱雅与不同城市或地区的消费者进行互动与探讨。

第三，利用大数据。从公开的社交媒体上抓取产品评论、推文等数据，通过算法进行分析，帮助欧莱雅了解美妆产品的流行趋势以及消费者对各个产品的反馈。欧莱雅用了两年的时间打造了中国社交聆听中心，欧莱雅所有员工都可以访问这个平台，以了解最新的社交洞察。该平台覆盖了数百个品牌、近万位关键意见领袖（KOL）。通过这个平台，员工可以即时了解消费者对品牌、产品乃至明星和KOL的最新讨论与洞察。

第四，与外部商业伙伴合作洞察消费者。例如，欧莱雅和天猫创新中心达成战略合作，不仅能获得最新的消费者和市场洞察，还能实现与消费者共创产品，迅速满足消费者的需求。

资料来源：司欢．2.5次元消费者当道，欧莱雅如何玩转数字营销．中欧商业评论，2020（10）．

（二）竞争者

《孙子兵法》曰：知己知彼，百战不殆。如果想要在消费者心智中寻找到一个独特的位置，则必须要对竞争者展开调研和分析。

针对竞争者的调研主要包括以下几个方面的内容：企业的主要竞争品牌，企业在竞争中的地位，竞争品牌的产品特征，竞争品牌的品牌定位与品牌形象，竞争品牌的传播策略等。①

我们可以使用品牌定位图（brand mapping），通过可视化的方式，把竞争者的品牌定位直观地呈现出来，以帮助我们进行决策。品牌定位图是一种比较直观、简洁的品牌定位分析工具。品牌定位图一般采用平面二维坐标图的方式，其中，坐标轴代表消费者评价品牌的关键特征因子，图上各点则对应市场上的主要品牌，它们在坐标图上的位置代表了消费者对各品牌在各关键特征因子上表现的评价。比如，消费者常常会将“时尚流行”和“舒适度”作为评价运动鞋的关键特征因子，我们可以根据这两个特征因子来测试消费者对市场上的主流运动鞋品牌（比如耐克、阿迪达斯、新百伦、彪马和亚瑟士）的评价，然后将结果通过品牌定位图直观地呈现出来。假设消费者对以上五个品牌在“时尚流行”和“舒适度”这两个关键特征因子上的评价结果如图 2－2 所示，那么我们就可以一目了然地看到耐克、阿迪达斯、新百伦、彪马和亚瑟士在消费者心智中的位置。

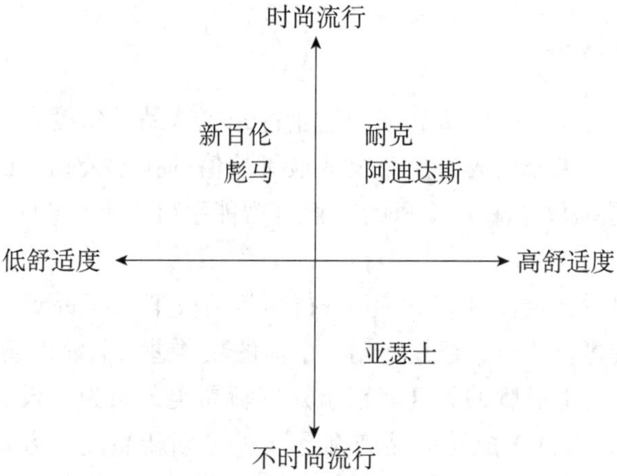

图 2－2　品牌定位图：运动鞋品牌的竞争者分析

绘制品牌定位图的步骤如下：

首先，确定关键特征因子。特征因子的选择决定了定位图是否有价值，这是绘制品牌定位图最重要的一项工作。因此，要通过市场调查了解影响消费者购买决策的诸因素及相应的权重，然后，选择重要程度比较高，并且能够很好地区分品牌差异的因子作为关键特征因子。例如，分析白酒市场可以用“高度 vs. 低度”“勾兑型 vs. 酿造型”“高档 vs. 低档”等作为定位图上的关键特征因子。

其次，确定各品牌在定位图中的位置，完成定位图的绘制。选取关键特征因子之后，接下来就要根据消费者对各品牌在各关键特征因子上表现的评价来确定各品牌在定位图中的具体位置。这个过程可以借助统计工具（比如 SPSS），将消费者的评价进行量化来完成。

① 余伟萍．品牌管理．北京：清华大学出版社，2007.

当然，能够帮助我们进行品牌定位分析的工具有很多，除了这里介绍的品牌定位图之外，还有 ZMET 技术、品牌定位排比图、投射技术等。由于品牌定位图能够准确、直观地指出企业的主要竞争品牌在消费者心智中的位置，因此本书以品牌定位图作为竞争品牌定位的分析工具，限于篇幅，本书不再对其他的品牌定位分析工具进行详细阐述。

（三）企业

在品牌定位的任务情境下，关于企业的调研主要聚焦于与品牌有关的现状方面。因此调研内容主要包括：企业的产品特征，企业现有的目标市场，企业在消费者心目中的品牌形象，企业现有的品牌传播策略，企业现有的品牌知名度、美誉度以及忠诚度等。①

除了以上针对 3C 方面的调研之外，企业还需要对营销宏观环境进行分析。因为营销宏观环境是给企业带来市场机会和环境威胁的主要社会力量，通过关注营销环境的发展变化，能够让企业及时获取有价值的营销洞察（marketing insight）。② 我们同样也可以借助一些分析工具来进行营销宏观环境方面的分析。比如，利用 PEST 分析法来分析企业所处的政治法律环境、经济环境、社会环境和技术环境。

二、进行品类决策

艾·里斯认为，要建立一个新品牌，企业首先要从品类角度去思考，然后再来考虑品牌，正因为如此，苹果公司成为如今全球最具价值的技术公司，因为它主导了三个品类：大容量 MP3 音乐播放器品类（iPod）、触屏智能手机品类（iPhone）和平板电脑品类（iPad）。③

品牌调研完成以后，企业接下来需要进行品类的决策（category decision）：是在原有品类上与已有的品牌进行竞争，还是开创一个新的品类进入蓝海市场？

艾·里斯认为，打造品牌的关键就在于开创新品类，因为“没有竞争就是最好的竞争”。在商业实践中，有许多成功的品牌都是通过开创新品类的方式成为业内第一。例如，可口可乐开创了碳酸饮料品类，是第一个碳酸饮料品牌；王老吉开创了凉茶饮料品类，是第一个凉茶饮料品牌；苹果开创了智能手机品类，是第一个智能手机品牌；等等。因为品类创新者起步就是领导品牌，所以存在一个巨大的优势，容易在消费者心智中刻下烙印，这就给品牌的后续发展带来了强大的力量和资源。

在艾·里斯看来，品类就是消费者“心智中的小格子”，是从顾客心智角度对不同产品的区分。例如，从传统销售管理意义上来看，奔驰和宝马同属于高档车品类；但从消费者心智角度来看的话，奔驰属于“乘坐机器”，而宝马属于“驾驶机器”。艾·里斯进一步指出，顾客的行为特征是“以品类来思考，以品牌来表达”。例如，顾客想购买饮料的时候，首先是在茶、纯净水、可乐等不同品类中进行选择，在选定可乐之后再选择代表该品类的品牌，如可口可乐。因此，营销的竞争与其说是品牌之争，不如说是品

① 余伟萍．品牌管理．北京：清华大学出版社，2007.

② 郭国庆，陈凯．市场营销学．北京：中国人民大学出版社，2022.

③ 张云，王刚．品类战略．北京：机械工业出版社，2017.

类之争。所以，艾·里斯和他的合作伙伴一起推出了品类战略（category strategy）的营销思想，提出企业要通过把握趋势，创新品类、发展品类、主导品类来建立强势品牌。[①] 品类战略能够为企业的品牌定位提供切实有效的指引，已经被广泛应用于营销实践。

虽然开创新品类能够让企业确定一个具有充分竞争优势的品牌定位，但是，并不是任何情况、任何一个企业都适合开创新品类。企业在进行品类决策时首先需要考虑是否适合开创新品类，然后做出相关决策。

（一）是否适合开创新品类

在进行品类决策时，企业首先要根据现有市场以及自身能力来综合判断是否适合开创新品类。

1. 现有市场的情况

品类就是消费者“心智中的小格子”，若这个“小格子”的市场容量有限或者已经饱和，在这个“小格子”中再开创新的品类，就很难获得成功。例如，在减肥茶这个品类中，如果再创建排油茶、肠清茶等减肥茶品类，就很难进入消费者的心智。

因此，开创新品类需要符合消费者的心智特点以及市场成熟程度的规律，品类创建应从主流到支流分化，不可逆反；当现有市场为零时，是开创新品类的最佳时机。[②]

2. 企业自身能力

是否适合开创新品类与企业自身的能力息息相关。其实，开创新品类只是手段，通过开创新品类成为潜在消费者心智中的品类代表，并且主导所在品类才是核心。[③] 因此，企业首先需要具备开创新品类的能力。相对于进入已有品类的市场，选择开创新品类的定位方向具有更大的风险性，所以对企业的能力要求会更高。开创新品类不仅要求企业具备洞察和挖掘消费者潜在需求的能力以及把潜在需求转变成现实需求的能力，还要求企业具备对品牌长期、持续培育和推广的能力，因为这些能力决定了品类创建成功的可能性。其次，企业需要具备主导新品类的能力。因为新品牌身为新品类的代表和领导者，企业必须具有从整个品类思考的远见，对品类的前景充满信心，并且承担起教育和推广品类的责任，只有这样，企业才能够在品类发展中获得最大的回报。[④]

对是否适合开创新品类加以分析后，企业就可以做出是否开创新品类的决策。

（二）开创新品类：获得具有竞争优势的定位

品类就是消费者“心智中的小格子”，如果企业做出了开创新品类的决策，就意味着企业需要在消费者心智中开发出一个新的“小格子”。如果成功的话，企业创建的新品牌就能够抢占先机，在消费者心智中占据一个独特的、有竞争优势的位置。那么，如何才能够在消费者心智中开发出新的“小格子”呢？

---

① 张云，王刚．品类战略．北京：机械工业出版社，2017.

② 同①.

③ 同①.

④ 同①.

1. 开创新品类的方式之一：分化而不是融合

品类就好比是商业界的物种，物种会不断地进化和分化，而品类同样如此。①相比以融合的方式开创新品类，以分化的方式开创的新品类更容易获得成功。比如，蒙牛、伊利等乳业企业不断尝试通过融合的方式开创新品类，在牛奶中加入果汁、谷物、花生、红枣、果粒橙等，但是没有一个取得成功。相反，分化能够使新品类不断涌现。以计算机行业为例，整个行业从最初的巨型计算机分化出个人电脑、台式机、笔记本、掌上电脑、软件、显示器、存储器等上百个相关品类，计算机也发展成为全球第一大行业，诞生了数十个全球性品牌以及上万亿美元的市场。②

2. 开创新品类的方式之二：技术创新

利用技术创新开创新品类，可以帮助品牌获得巨大的差异化竞争优势。例如，苹果利用技术创新推出的 iPod，通过独特的、人性化的操作方式以及巨大的储存容量，为 MP3 播放器带来了全新的思路，iPod 也因此成为消费者心智中便携式多功能数字多媒体播放器中的首选。

又如，新国货咖啡品牌“三顿半”利用技术创新将冻干技术应用于咖啡行业，开发出“精品速溶咖啡”新品类。新的食品加工技术使得“三顿半”的咖啡可以在不同液体、不同温度中做到“无须搅拌，三秒速溶”，解决了速溶咖啡口感不佳、冲饮时必须配上热水搅拌的两大痛点。“三顿半”通过新的食品加工技术在现磨精品咖啡和速溶咖啡之间找到了“精品速溶咖啡”这个新品类，方便又好喝的“三顿半”也因此成为咖啡爆款。2019 年“双十一”，“三顿半”的销量超过了速溶咖啡中的老牌劲旅雀巢，成为首个拿下天猫“双十一”咖啡品类第一的国货品牌；2020 年“双十一”，“三顿半”又以 1 亿元的销售额问鼎天猫速溶咖啡类目的榜首；2021 年，“三顿半”继续斩获天猫“双十一”咖啡品类的第一名。

3. 开创新品类的方式之三：利用社会新概念

社会在快速发展，新的概念在不断诞生和涌现。每个新概念都能够为开创新品类奠定基础，给新品牌提供定位的差异点。

例如，随着社会的发展和人们生活水平的提高，消费者越来越注重健康，一些新的概念如零糖、零脂肪、零卡路里、有机等应运而生。元气森林通过零糖、零脂肪、零卡路里等新概念，在汽水大品类中开创全新的“0 糖、0 脂肪、0 卡路里”气泡水品类，从而一举成为碳酸饮料界的黑马，销量惊人。

4. 开创新品类的方式之四：发现市场和消费者心智之间的差距

通过发现市场和消费者心智之间的差距，可以给企业提供开创新品类的思路。

市场中有，心智中无。在康师傅进入中国市场之前，中国的方便面市场已经相对饱和。但是康师傅通过调研发现当时的市场上虽然存在着很多种方便面，但全是千篇一律的香菇面、鸡汁面、排骨面等，几乎没有一个能被消费者记住的响亮的品牌。这是一个典型的“市场中有，心智中无”的现象。康师傅抓住了其中蕴藏的市场机会，决定打造

---

① 张云，王刚．品类战略．北京：机械工业出版社，2017.

② 同①.

品牌方便面，于是推出了“康师傅”品牌，并为品牌打造出一个热情、敦厚可亲的厨师卡通形象。如今，这个厨师卡通形象已经深入人心，康师傅也成为国内方便面市场上的领先品牌。

市场中无，心智中有。今麦郎发现，凉白开存在于每个中国消费者的心智中，国人对“不喝生水喝熟水”的观念非常熟悉，但是市场上却没有一个能够满足消费者想“喝熟水”这一需求的品牌。因此，今麦郎开创“熟水”新品类，推出“凉白开”。

5. 开创新品类的方式之五：寻找消费者认知中的战略性对立面

在消费者的心智中，常常存在相互对立的概念，例如好与坏、黑与白等。当消费者想到其中一个概念时，也容易想到与其对立的另一个概念。因此，从领导品牌身上找到消费者认知中的战略性对立面，可以开创出新品类，并以此作为新品牌的差异点进行定位。

例如，在消费者的心智中，可口可乐是“经典”可乐；于是百事可乐就从“经典”的战略性对立面“年轻”出发，开创出“年轻一代的可乐”，从而在消费者心智中建立起差异点，获得了品牌定位的成功。

（三）放弃开创新品类：寻找有竞争优势的定位

如果企业发现自己不适合开创新品类，就只能在原有的品类上与已有品牌进行竞争，此时，给品牌找到一个有竞争优势的定位就显得尤为重要。

事实上，由于开创新品类并不是一件容易的事情，所以在大多数情况下，企业只能在原有的品类基础上努力寻找消费者心智中的品牌差异点，为新品牌确定一个有竞争优势的定位。品牌差异点是有效吸引消费者的前提，也是品牌定位的关键。只有给品牌找到有吸引力的品牌差异点，品牌才能够进入消费者心智，具备成为强势品牌的潜力。

三、确定品牌定位

经过品牌调研和品类决策，最后一个步骤就是确定品牌定位。在这个步骤中，企业的重点在于确认本企业的竞争优势，然后从中选出特定的、有价值的竞争优势作为品牌与竞争品牌的差异点，以此进入消费者的心智。比如，企业可以从功能性利益、情感性利益、自我表达利益、顾客关系等方面入手来审视自己的竞争优势，然后确定品牌定位。下一节会介绍几种常见的品牌定位策略，这些常见的品牌定位策略能够为我们确定品牌定位提供思考方向。

综上所述，品牌定位是品牌启动阶段的一项重要工作。品牌定位确定下来，并不意味着就可以一劳永逸。随着市场环境的变化以及企业自身经营战略的调整，品牌的原有定位可能需要做出调整。此时，品牌就需要进行重新定位，或者叫再定位。一般来说，当出现以下情况时，企业就需要考虑重新定位：原有定位出现问题，比如定位模糊、定位错误、定位未能实现既定的营销目标等；目标顾客的消费需求或观念发生了变化，原有定位已不合时宜；企业的战略发生了调整，原有定位已不匹配；等等。如果品牌需要重新定位，那么为了确定新的品牌定位，企业需要重新开展品牌调研、品类决策和品牌定位三个方面的工作。

第3节 品牌定位的策略

品牌定位就是要在消费者的心智中实现差异化，抢占消费者的心智。定位的策略有很多，下面这几种常见的定位策略可以给我们提供品牌的定位方向，帮助我们寻找品牌差异点。

一、领导者定位

领导者定位又叫首席定位，即强调品牌在行业或某一方面是“第一”的市场定位。例如，“好空调，格力造”“果冻就是喜之郎”“双汇，开创中国肉类品牌”，这些品牌采用的都是领导者定位策略。

领导者定位可以帮助品牌去占领消费者心智阶梯中的第一位。占据领导地位的主要因素是抢先进入人们的心智；维护领导地位的主要因素则是强化最初的概念，这是评价一切跟随者的标准。①

品牌一旦成为市场领导者，将获得巨大的竞争优势。历史表明，第一个进入人们心智的品牌所占据的长期市场份额通常是第二个品牌的2倍、第三个品牌的4倍，而且这个比例不会轻易改变。②

二、比附定位

比附定位是以竞争品牌作为参照物，依附竞争品牌来进行定位的方式。比附定位有以下几种形式：

（一）甘居第二

“甘居第二”就是明确自己的品牌只是第二名，承认还有更优秀的品牌。例如，美国的汽车租赁公司安飞士（Avis）定位为“Just NO. 2”之后，其品牌知名度迅速上升。我国的蒙牛品牌在早期也是采用甘居第二的比附定位，在宣传推广中强调“做内蒙古第二品牌”“为民族工业争气，向伊利学习”等，这为蒙牛赢得了口碑，并为蒙牛的后期发展奠定了坚实的基础。

（二）攀龙附凤

这种定位形式是将自己的品牌与同类中的优秀品牌相提并论，并驾齐驱。例如，内蒙古的宁城老窖，其定位为“宁城老窖——塞外茅台”。

---

① 艾·里斯，杰克·特劳特. 定位. 北京：机械工业出版社，2011.

② 同①.

（三）高级俱乐部

这种定位形式是借助高级群体的声望，强调自己的品牌是这一高级群体中的一员，从而提高自身的地位和形象。例如，美国克莱斯勒汽车公司宣称自己是美国“三大汽车公司之一”，使消费者感到克莱斯勒的知名度和实力也是属于顶级的。

三、空当定位

市场中总是有企业没有发现的存在消费者需求的市场空当，例如，年龄空当、性别空当、高价市场空当、低价市场空当等。利用市场空当进行定位，能够帮助品牌获得市场。例如，利用年龄空当，足力健定位为专注于老年人脚部健康的鞋类品牌，在竞争激烈的鞋类市场上异军突起。

四、USP 定位

USP 定位是根据品牌向消费者提供的独一无二的利益来定位的，使品牌独特的销售主张能够深入人心。例如，宝洁旗下的洗发水品牌采用的都是 USP 定位策略，飘柔定位为“柔顺发质”，海飞丝定位为“去屑”，潘婷定位为“营养发质”，沙宣定位为“专业美发”，伊卡璐定位为“草本精华”。

五、文化定位

文化定位是将文化内涵融入品牌，通过文化识别形成品牌差异。例如，舍得酒业通过“舍得”的博大中华文化内涵，实现了成功的文化定位，正所谓“人生智慧，品味舍得”。

六、情感定位

将人类情感中的关怀、牵挂、思念、怀旧、爱等情感内涵融入品牌，使消费者在购买、使用产品的过程中获得这些情感体验，从而唤起内心深处的认同和共鸣，最终获得消费者的喜爱和信赖。例如，雕牌洗衣粉通过情感定位，一句“妈妈，我能帮您干活啦”的广告语引发了消费者的情感共鸣，使雕牌洗衣粉深入人心。

七、消费者定位

消费者定位就是把品牌与消费者联系起来，突出品牌的消费群体，从而树立独特的品牌形象。例如，护彤定位为儿童感冒药，海澜之家定位为“男人的衣柜”，bilibili（哔哩哔哩，简称 B 站）定位为年轻人的文化社区，等等。

八、情景定位

将品牌与一定环境、场合下的产品使用情况联系起来，以唤起消费者在特定场景下对品牌的联想，从而发生购买行为。例如，奥利奥“扭一扭、舔一舔、泡一泡”的广告将饼干与牛奶关联起来，通过这一情景定位，奥利奥被称为“牛奶的最佳伴侣”，成为全球最畅销的饼干之一。

九、质量/价格定位

质量和价格往往是消费者最关注的要素。因此，可以将质量和价格结合起来建立品牌识别，这种定位策略就是质量/价格定位。质量/价格定位传递了品牌价廉物美和物有所值的信息。例如，网易旗下的自营生活家居品牌网易严选就采用质量/价格定位策略，向消费者传递“好的生活，没那么贵”的品牌理念，受到了用户的认可和欢迎。

除了以上这些比较常见的品牌定位策略之外，品牌定位策略还包括民族定位、历史定位、服务定位等，鉴于篇幅有限，这里就不再一一阐述。总之，企业只有根据自身的竞争优势选择合适的品牌定位策略，才能够在消费者心智中占据独特的位置，品牌定位才能够获得成功。

本章回顾

1. 品牌定位就是让品牌在目标顾客心智中确定和建立一个独特的、有价值的位置的行为或过程。

2. 品牌定位理论的历史演进主要经历了三个阶段：USP 理论阶段、品牌形象理论阶段和定位理论阶段。

3. 品牌定位要遵循以消费者为导向、差异化、简明扼要、保持相对稳定性等原则。

4. 确定品牌定位可以遵循三个主要步骤：进行品牌调研、进行品类决策、确定品牌定位。

5. 为了确定品牌定位，品牌调研的内容应该主要围绕 3C，即顾客、竞争者、企业。

6. 品类决策指的是是否开创新品类的决策。如果开创新品类，那么新创建的品牌会抢先进入顾客的心智，从而获得有竞争优势的定位。如果放弃开创新品类，那么企业就需要为新品牌找到有竞争优势的定位，这样才能在原有的品类市场与现有的竞争者展开竞争。

7. 在进行品类决策时，企业需要根据现有市场的情况以及企业自身能力来综合判断是否适合开创新品类。

8. 开创新品类的方式主要包括：以分化而不是融合的方式开创新品类、利用技术创新开创新品类、利用社会新概念开创新品类、通过发现市场和消费者心智之间的差距开创新品类、通过寻找消费者认知中的战略性对立面开创新品类等。

9. 常见的定位策略包括：领导者定位、比附定位、空当定位、USP 定位、文化定位、情感定位、消费者定位、情景定位和质量/价格定位等。

基本概念

品牌定位　　USP 理论　　品牌形象理论　　定位理论

3C	品类决策	新品类	领导者定位
比附定位	空当定位	USP 定位	文化定位
情感定位	消费者定位	情景定位	质量/价格定位

拓展阅读

符国群. 品牌定位在市场营销战略中的地位. 中国流通经济，2004（4）：51－55.

阅读以上文献后思考：

1. 品牌定位在市场营销战略中有多重要？
2. 企业在品牌有效定位的过程中会面临哪些挑战？对此企业应该如何做出选择？

复习题

1. 什么是品牌定位？
2. 品牌定位理论的历史演进主要经历了哪几个阶段？
3. 实施品牌定位的时候，需要遵循哪些原则？
4. 如何确定品牌定位？
5. 常见的品牌定位策略有哪些？
6. 领导者定位、比附定位、空当定位、USP 定位、文化定位、情感定位、消费者定位、情景定位、质量/价格定位分别是什么意思？
7. 请针对领导者定位、比附定位、空当定位、USP 定位、文化定位、情感定位、消费者定位、情景定位、质量/价格定位等品牌定位策略，各举一个品牌实例，并进行说明。

实训练习

Counterpoint Research 公布的 2021 年第三季度智能可穿戴市场调研报告显示：苹果以 21.8% 的市场份额排名第一；接着是三星，市场份额为 14.4%；第三为华米；第四是小天才（小天才的国外品牌叫 imoo）；华为排名第五。而如果根据 Counterpoint Research 在全球儿童智能手表这个细分市场上的统计，小天才（imoo）排名第一，其市场占有率超过华为、360、阿巴町、小米等的总和。

在消费者的眼中，“即时通信”和“安全”是购买儿童电话手表时的核心诉求。2015 年 6 月，广东小天才科技有限公司推出了第一款电话手表 Y01 经典版，从此开创了我国儿童电话手表的先河。小天才电话手表是专为孩子量身打造的一款电话手表，它兼容 SIM 卡从而满足了手机与手表之间的直接通话，简化了父母与孩子之间的亲情沟通。除了即时通信功能之外，小天才电话手表还拥有定位、拍照、一键求救、拒绝陌生来电、社交等深化实用性的功能元素。很快，主打儿童市场的小天才成为儿童智能穿戴市场的佼佼者。此后，电话手表也成为小天才的主打产品。

如今，小天才“专注打造引领潮流的高品质儿童智能产品，科技让童年更精彩”，希望“成为儿童向往的领导品牌”。小天才的产品被全球 100 多个国家的 2 000 多万个家庭使用。截至2020年12月，小天才电话手表的累计销量超过2 000万只。

资料来源：小天才官方网站；李卓轩．全球市占率第一，「小天才」的天才与傻瓜．（2021－11－30）．https：//36kr. com/p/1507306105147399.

请根据以上材料，完成以下实训练习：

1. 小天才采用的是哪一种品牌定位策略？

2. 请按照本章介绍的步骤和方法，试着对小天才的品牌定位过程进行复盘：

（1）进行顾客调研。

（2）进行竞争者调研，并画出竞争者的品牌定位图。

（3）进行企业调研。

（4）进行品类决策。

（5）确定品牌定位。

第3章 品牌个性

| 知识思维导图 |

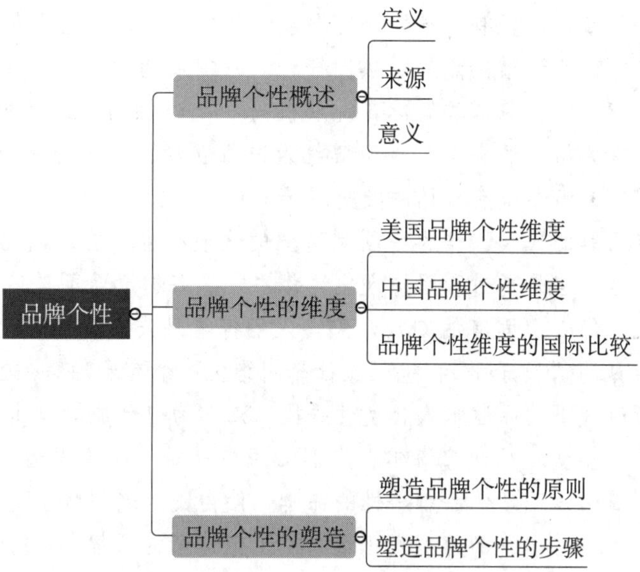

| 知识学习目标 |

- 掌握品牌个性的定义和来源；了解品牌个性的意义。
- 理解不同文化背景下的品牌个性维度。
- 理解品牌个性的塑造原则和步骤。

| 技能学习和掌握目标 |

- 能够观察和分析具体品牌的品牌个性。

| 价值引领目标 |

- 深刻理解中华优秀传统文化。通过不同文化背景下的品牌个性维度，引导学生深刻理解中华优秀传统文化。

导读案例：海尔通过拟人化策略塑造品牌个性

在社交媒体上将品牌进行拟人化并开展营销活动，是许多品牌实施战略的新趋势和新手段。社交媒体上的官方微博、官方微信等是品牌与消费者沟通的重要渠道，如果进行拟人化经营，能够使消费者更直观地接触到品牌的行为举动和情绪变化，就可能会在消费者心中形成更为直观的品牌个性。

进入移动互联网时代，海尔紧跟潮流，在社交媒体平台上进行新颖的拟人化运营。官方微博的拟人化运营成功为海尔这一老品牌打造了年轻化的社交形象。

海尔官方微博的昵称为"海尔君/海尔菌"，日常发的推送和给出的回复表现得就像是一个鲜活的博主。这个博主爱说段子，爱闹爱笑，似乎有着自己独特的性格。观察其微博内容可以发现，海尔的互动内容极为丰富，从日常起居到生活烦恼，从听取消费者各种稀奇古怪的建议到甚至是自嘲产品的缺陷……海尔与粉丝群体的频繁互动吸引了一大批忠诚粉丝，粉丝们关注海尔官方微博的乐趣就是"调戏海尔菌"，这样就在微博这一年轻社群中树立了海尔年轻有意思的社交形象，也与消费者实现了情感上的交互。

此外，海尔官方微博还蹭热点、蹭热门评论。一有明星公布恋情或婚讯，海尔就会出现，转发评论"祝幸福，需要添置冰箱洗衣机吗"之类的话语，像极了日常生活中常见的推销员；海尔官方微博还会与各大微博红人进行互动，或者与其他企业的官方微博互动，让人们发现原来海尔也有自己的社交圈子。

海尔作为民族品牌的代表，作为中国制造业的代表企业，在过去给人们展现的是高冷而庄重的品牌个性。但是通过利用拟人化运营手段，海尔拉近了与年轻消费者的距离，彻底改变了海尔在人们心中固有的刻板形象。人们惊喜地发现，海尔比想象中有趣，它就像网络上一个常见的"段子手"，也很像社交网络上一个有着独特个性的朋友。

总之，利用新时代下的品牌拟人化运营手段，海尔为自己成功确定了新的品牌个性，并被广大年轻消费者接受。从此，海尔在人们心目中就是一个焕发着新的生机、年轻化的、有朝气的，有着活泼创新的品牌个性的品牌，使得民族老品牌塑造出了新个性。

从海尔的案例可以看出，品牌拟人化运营对于塑造新的品牌个性有着积极作用。

对于那些想要塑造独特的品牌个性，或者重塑品牌个性、为品牌增添新的品牌个性特质的企业，有以下参考建议。

首先，找准品牌个性的定位。想要塑造独特品牌个性的企业，应该全面审视自己产品具有的特质，全面回顾整个品牌发展的历程，从中提取出品牌在发展中一贯坚守的特质，然后将人的情感和人格特质转移到产品和品牌上，最终形成自己的品牌个性。

其次，利用拟人化运营来外化品牌个性特质。在确定要塑造或者增添的品牌个性后，企业可以利用品牌拟人化的手段来外化这些品牌的个性特质。在移动互联时代，企业可以向海尔学习，利用自媒体进行拟人化宣传，将自己的自媒体平台打造成一个有着独特个性的鲜活的人物形象。

最后，注重与消费者的互动，在互动中既增进消费者对品牌个性的了解，又增进对消费者的了解从而改善自身。在互动沟通中，消费者能通过拟人化运营直接接触到品牌特质，同时又能直接给品牌提供直观反馈。沟通互动促进了信息的双向传播，既为品牌输出品牌个性，又为消费者传达了建议和诉求。

综上所述，品牌拟人化运营对于品牌个性的塑造具有积极作用。品牌个性塑造对于品牌的长远发展具有积极意义，能够使品牌形成独特的辨识度。为了塑造独特的品牌个性，企业应该重视运用品牌拟人化运营的各种手段，让品牌能够更直观地尽情展现自己的个性。

结语

社交媒体在 Web 3.0 时代蓬勃发展，成为人们生活中不可缺少的一部分，也成为品牌构建品牌-消费者关系的重要平台和渠道。随着社交媒体营销的深入，为了更好地与消费者交流互动，越来越多的品牌如海尔、旺旺、三只松鼠、杜蕾斯等运用拟人化的方式，给品牌寻找一个类似于人的角色定位，并根据这个角色赋予品牌相应的人格化特征，从而建立起品牌差异，在消费者心目中占据一个与众不同的位置，让消费者将品牌感知为一个拥有鲜明人格特征的“人”甚至是“朋友”。通过拟人化策略，品牌可以拉近消费者与品牌之间的距离，给消费者留下深刻印象，在消费者心中占据特殊的位置，最终促成品牌-消费者关系的构建，帮助品牌实现良好的经济效益和社会效益。

资料来源：张妍．品牌拟人化运营对品牌个性塑造的积极作用：以海尔为例．现代营销（下旬刊），2018（1）：38；余云珠．社会化媒体营销中的品牌拟人化．经营与管理，2018（4）：131－134.

思考：

1. 什么是品牌拟人化？
2. 什么是品牌个性？
3. 通过拟人化策略，海尔塑造出什么样的品牌个性？
4. 拟人化策略在品牌个性的塑造中能够起到什么作用？

第1节　品牌个性概述

一、品牌个性的定义

如同世界上每个人都有自己独特的个性，当品牌被赋予个性而具有人格化的特征时，品牌也就有了独特的一面。作为品牌的一个重要特征，在产品同质化的背景下，品牌个性是形成品牌识别的核心要素，最能体现出一个品牌与其他品牌的差异性。此外，品牌个性还能与消费者进行情感方面的交流。林恩·阿普绍认为，品牌个性是每个品牌向外展示的个性，是品牌带给生活的东西，也是品牌与现在和将来的消费者相联系的纽带。

美国斯坦福大学品牌个性研究专家詹妮弗·阿克（Jennifer Aaker）将品牌个性定义为：“品牌个性是指与品牌相联结的一整套人类特征。”这里的人类特征既包括个性特征，如时尚的、可靠的、成功的，又包括其他人口统计学特征，如性别、年龄、社会地位。简单来说，品牌个性就是用描述人的特点的词语来描述品牌。

二、品牌个性的来源

品牌个性主要来源于以下几个方面：

（一）产品本身

产品本身的功能、名称、外观、价格等都可以成为品牌个性的来源。

1. 产品功能

独特的品牌个性常常建立在其强大的产品功能的基础上。

例如，牛仔裤“鼻祖”李维斯（Levi's）的“结实”“坚韧”的品牌个性，很大程度就是来源于产品的功能。李维斯的创始人李维·斯特劳斯（Levi Strauss）当年发现矿工十分需要一种质地坚韧的裤子，于是他用造帐幕的帆布做了一批裤子，卖给了当地矿工。由于这种裤子十分结实不容易破，所以很受当地矿工的欢迎。李维·斯特劳斯随后成立了 Levi Strauss & Co.，主要生产牛仔裤。牛仔裤最初“结实”“坚韧”的产品功能，也逐渐演化成李维斯的品牌个性。

2. 产品名称

产品名称往往是产品各项特征的高度凝缩，也是各项特征在消费者心目中的缩影，可以很好地表现品牌个性。例如，中华老字号同仁堂的名称，很容易让消费者联想到同仁堂“仁”“德”“善”的品牌个性。

3. 产品外观

产品外观是消费者感知品牌最直接的部分。产品外观可以直接展示品牌的个性和形象。

例如，世界第三大烈性酒品牌、瑞典伏特加酒中的“王者”、拥有400年酿造传统的绝对伏特加（Absolut Vodka），将其“时尚、前卫、自信”的品牌个性通过个性化的酒瓶传递给了每一位消费者。一开始的时候，绝对伏特加就使用了非常具有争议性的短颈圆肩的药瓶设计，并且独创性地将所有标注绝对伏特加酒的文字信息用彩色粗体字直接印在瓶身。由于没有传统纸质酒标的遮蔽，这个完全透明的、另类的酒瓶设计让消费者感受到了绝对伏特加“时尚”“前卫”“自信”的品牌个性。此后，绝对伏特加一直延续了其充满个性的产品外观设计风格，所以绝对伏特加的产品都看起来酷炫、设计感十足，一些产品还因为充满个性的酒瓶设计成为艺术品，被世界各地的爱酒人士收藏，绝对伏特加也因此成为时尚、前卫、自信、品位的象征。

4. 产品价格

不同价位的产品会带给消费者不同的品质印象，从而形成差异化的品牌个性。一般来说，拥有亲民个性的品牌价位不会很高；反之，追求高品位的品牌常常奉行高价策略。

例如，超豪华细分市场的领导者、有着百年传奇的汽车品牌宾利（Bentley）自1919年诞生之日起就被奉为车中极品。宾利采用手工精制，充分彰显了其豪华尊贵、品质严谨、技艺完美无瑕的品牌特征。作为超级豪华轿车的代名词，宾利自然诞生出“尊贵”“高雅”“品位”的品牌个性。

（二）品牌使用者

品牌个性也可以来自品牌的使用者。每一个品牌都会吸引特定的一群使用者，久而久之，这群使用者拥有的共同个性就会附着在品牌上，逐渐成为品牌个性。也就是说，品牌个性可以由其目标消费者群体的个性投射而来。

比如，劳力士（Rolex）手表的使用者通常都具有一定的经济实力和社会地位，并且追求极致、沉稳和奢华，劳力士也因此具有了“高贵”“精确”“典雅”的品牌个性。

（三）广告及品牌代言人

广告以及品牌代言人也是品牌个性的一个来源。广告以及品牌代言人常常在展示品牌的同时传递品牌的个性，从而吸引消费者。特别是品牌代言人，合适的品牌代言人能够为品牌提供理想的品牌个性。

例如，中国移动的子品牌“动感地带”（M-Zone），用其富有叛逆性的广告语“我的地盘听我的”，以及拥有酷酷的个人形象的周杰伦担任广告代言人，凸显出“动感地带”品牌“时尚”“好玩”“探索”的品牌个性，令人印象深刻。

（四）品牌创始人

品牌个性很大程度上还会来源于品牌创始人。品牌在创建的时候，创始人的一些个人魅力也往往会被倾注到品牌个性中，或在潜移默化中影响品牌个性的形成。

例如，法国奢侈品牌香奈儿（Chanel）的品牌个性“奢华”“高雅”“独立”，就是源自其品牌创始人可可・香奈儿（Coco Chanel）。

除了以上来源，品牌个性的来源还包括企业形象、产地、国别等多个方面。

三、品牌个性化的意义

（一）有利于形成差异化优势

品牌个性是最重要、最稳定的差异化优势。品牌个性一旦被消费者接受，竞争对手往往很难模仿。在市场竞争中，名称、标志、包装等品牌符号，以及质量、利益、属性、用途等产品特征都能够被竞争对手模仿，只有建立品牌更深层次的识别，比如品牌个性，才是区分品牌的有效手段。

（二）有利于激发购买动机

鲜明的品牌个性可以吸引消费者，甚至受到崇拜，使消费者产生购买动机。有研究指出，消费者倾向于购买品牌个性与其自我形象具有一致性的产品，说明鲜明的品牌个性可以解释人们购买某个品牌的原因。

（三）有利于与消费者沟通

品牌个性可以与消费者在精神层面建立联系，从而营造出依赖感和归属感。具有鲜明个性特征的品牌就像一个人，能让消费者产生信任、亲切、认同等感觉。同时，品牌个性还能与消费者进行深层次的沟通和交流，与消费者产生情感、思想上的共鸣。因此，品牌个性具有与消费者沟通的价值，这种价值对建立和维系品牌与消费者之间的联系很重要。

（四）有利于提升品牌价值

品牌个性体现了品牌的核心价值，塑造鲜明的品牌个性有利于提升品牌的价值。鲜明的品牌个性在情感方面具有较强的感染力，能够引起消费者以及潜在消费者的兴趣，与他们建立和保持情感联系。因此，品牌个性中蕴含着消费者对品牌的情感附加值，能够帮助品牌培育众多的忠诚者。

第2节 品牌个性的维度

根据科学家的研究和归纳，人类的个性可以划分为神经质（neuroticism）、外向型（extraversion）、开放性（openness）、亲和性（agreeableness）和尽责性（conscientiousness）五个维度，这五个维度也称为人类个性的大五（Big Five）模型。那么，品牌个性是否也具有上述人类个性特征？品牌个性又可以划分为哪些维度呢？下面将就这些问题展开分析。

一、美国品牌个性维度

1997年，詹妮弗·阿克第一次根据人类个性的大五模型，以美国文化为背景，以西方的著名品牌为研究对象，开发了一个系统的品牌个性维度量表（brand personality scale，BPS）[①]。在这个量表中，品牌个性被划分成真诚（sincerity）、兴奋（excitement）、能力（competence）、精细（sophistication）和粗犷（ruggedness）五个维度。这五个维度又进一步分成了15个次级维度，如表3-1所示。

表3-1 美国品牌个性的维度及其特征

品牌个性维度	次级维度	品牌个性特征
真诚	务实	以家庭为重的、小镇的、大众的、蓝领的、全美国的
	诚实	真诚的、真实的、道德的、周到的、关爱的
	有益	新颖的、纯正的、永恒的、经典的、古老的
	愉悦	重感情的、友善的、温馨的、快乐的

① Aaker, J. Dimensions of Brand Personality. Journal of Marketing Research, 1997, 34 (3), 347-356.

续表

品牌个性维度	次级维度	品牌个性特征
兴奋	勇敢	时髦的、刺激的、不寻常的、光鲜的、煽动性的
	朝气蓬勃	酷酷的、活泼的、年轻的、外向的、冒险的
	富有想象力	独特的、幽默的、意想不到的、艺术的、有趣的
	最新	独立的、现代的、创新的、进取的
能力	可信赖	勤奋的、安全的、有效的、可信的、慎重的
	聪明	技术的、团结的、认真的
	成功	具有领导力的、自信的、有影响力的
精细	上流阶层	富有魅力的、好看的、自命不凡的、精致优雅的
	迷人	女性的、柔顺的、性感的、温和的
粗犷	户外	具有男子气概的、西部的、积极的、运动的
	强硬	粗犷的、强壮的、直截了当的

资料来源：何佳讯．战略品牌管理：企业与顾客协同战略．北京：中国人民大学出版社，2021.

其中，在真诚这个品牌个性维度下面，包含务实、诚实、有益、愉悦等次级维度。品牌个性被感知为“真诚”的品牌，被认为具有真诚的、友善的、快乐的等方面的个性特征。

在兴奋这个品牌个性维度下面，包含勇敢、朝气蓬勃、富有想象力、最新等次级维度。具有“兴奋”的品牌个性的品牌，被认为具有时髦的、酷酷的、独特的、独立的等方面的特征。

在能力这个品牌个性维度下面，包含可信赖、聪明、成功等次级维度。拥有“能力”这种品牌个性的品牌，被认为具有可信的、勤奋的、安全的、技术的、团结的、具有领导力的、自信的等方面的个性特征。

在精细这个品牌个性维度下面，包含上流阶层和迷人这两个次级维度。拥有“精细”这种品牌个性的品牌，体现出的是富有魅力的、精致优雅的、女性的、温和的等方面的个性特征。

在粗犷这个品牌个性维度下面，包含户外和强硬这两个次级维度。被认为是“粗犷”的品牌，体现出来的是具有男子气概的、西部的、粗犷的、强壮的等方面的个性特征。

詹妮弗·阿克提出的 BPS 量表是迄今为止有关品牌个性最系统、最有影响力的量表。BPS 量表贴切地描述了很多品牌的个性特征，例如柯达的“真诚”、保时捷的“兴奋”、IBM 的“能力”、雷克萨斯的“精细”、万宝路的“粗犷”等等。据说 BPS 量表可以解释西方 93% 的品牌个性的差异，所以 BPS 量表在西方的营销理论和实践中得到了广泛的应用。

二、中国品牌个性维度

自詹妮弗·阿克于 1997 年系统开发了基于美国的品牌个性维度及量表之后，日本和西班牙的品牌个性维度及量表也相继诞生，然而，中国的本土化品牌个性维度及量表却仍然是一个空白。[①] 2003 年，黄胜兵和卢泰宏将国外的词汇法、因子分析和特质论作为方法论基础，以中国的品牌为内容，经中国消费者的实证研究发展出中国的品牌个性维度及量表，并从中国传统文化角度阐释了中国的品牌个性维度——仁、智、勇、乐、雅。表 3 - 2 列出了相关内容。

表 3 - 2　中国品牌个性的维度及其特征

品牌个性维度	次级维度	品牌个性特征
仁	诚家	温馨的、诚实的、家庭的
	和	和谐的、平和的、环保的
	仁义	正直的、有义气的、仁慈的
	朴	质朴的、传统的、怀旧的
	俭	平易近人的、友善的、经济的
智	稳谨	沉稳的、严谨的、有文化的
	专业	专业的、可信赖的、权威的
	创新	进取的、有魄力的、创新的
勇	勇德（道德的勇）	果敢的、威严的、果断的
	勇形（个人形象特征的勇）	奔放的、强壮的、动感的
乐	群乐	吉祥的、欢乐的、健康的
	独乐	乐观的、自信的、时尚的
雅	现代之雅	体面的、有品位的、气派的
	传统之雅	高雅的、美丽的、浪漫的

资料来源：庞守林，张汉明，丛爱静．品牌管理．北京：高等教育出版社，2017.

品牌个性维度——仁。属于“仁”这种品牌个性范畴的词汇包括：平和的、环保的、和谐的等等。这些词一般都用来形容人们所具有的优良品行和高洁品质，表示“爱人”“爱物”之意，属于古汉语中“仁”的范畴。根据“仁”这种品牌个性范畴包含的词汇，可以进一步把“仁”细分成诚家、和、仁义、朴、俭这五个次级维度。

品牌个性维度——智。属于“智”这种品牌个性范畴的词汇包括：专业的、权威的、可信赖的等等。这些词既包括专业、创新维度的“智”，也包括沉稳、严谨等中华文化传统中“智”的维度。具体来说，“智”可以进一步分成稳谨、专业、创新这三个次级维度。

品牌个性维度——勇。属于“勇”这种品牌个性范畴的词汇包括：威严的、果敢的、动感的等等。这些词形容了“勇”所具有的“不惧”“不避难”的个性特征。这些词的含义中既包括“道德的勇”（勇德），比如勇敢、果断等；又包括“个人形象特征的勇”（勇形），比如强壮、粗犷等。所以，“勇”包括勇德和勇形这两个次级维度。

① 黄胜兵，卢泰宏．品牌个性维度的本土化研究．南开管理评论，2003（1）：4 - 9.

品牌个性维度——乐。属于“乐”这种品牌个性范畴的词汇包括：欢乐的、吉祥的、乐观的等等。这一维度的词汇都是用来形容高兴、乐观、自信与时尚的外在形象特征。从这些词的含义可以看出，“乐”的品牌个性既包括了来自内心的积极、自信和乐观，也包括来自外在形象的时尚和酷；既包括了表示群体的欢乐，比如吉祥的、欢乐的，也包括了表示个体的欢乐，比如乐观的、自信的。根据分析，可以把“乐”分成群乐和独乐两个次级维度。

品牌个性维度——雅。属于“雅”这个品牌个性范畴的词汇包括：高雅的、浪漫的、有品位的等等。这些词形容的是儒雅的言行风范、浪漫、理想的个性，以及秀丽、端庄的容貌特征，或者体现出别人对自己的尊重。这些词有些与传统文化中的“雅”相联系，有些则与现代意义的“雅”相联系。所以，可以把“雅”进一步细分成现代之雅和传统之雅两个次级维度。

在开发以上中国品牌个性维度和量表的基础上，为了进一步识别中国品牌个性维度的独特性以及与西方品牌个性维度的一致性，黄胜兵和卢泰宏（2003）对品牌个性维度进行了跨文化比较。①

与詹妮弗·阿克开发的美国、日本两个国家的品牌个性维度进行跨文化比较之后，两位学者研究发现：一方面，中国品牌个性继承了中国文化传统，保留了本土化的独特特点；另一方面，随着中国与世界经济文化的交流和融合，中国的品牌个性也不可避免地受到西方文化的影响。其中，仁、智、雅三个维度具有较强的跨文化一致性，这是共性。而且，“仁”是中国品牌个性中最有文化特色的一个维度，其次是“乐”。

另外，受到文化的影响，中国与美国、日本的品牌个性维度均存在差异。首先，与美国相比，中国的品牌个性最大的不同之处在于——中国更加强调群体利益，而美国更加重视个人利益，强调个性的表现。这是两种文化的差异在品牌个性中的体现。这说明，中国作为儒家文化代表，与美国等倡导个人主义的西方文化具有明显的差异。其次，与日本相比，中国品牌个性中存在着“勇”，而日本则不存在这样一个单独的维度。

三、品牌个性维度的国际比较

2001 年，为了探究品牌个性维度的文化差异，詹妮弗·阿克与当地的学者合作，以来自东方文化区的日本以及拉丁文化区的西班牙为代表国家，对其品牌个性维度和结构进行了研究。② 研究发现，粗犷是美国品牌个性的独特维度，平和是日本品牌个性的独特维度，而激情是西班牙品牌个性的独特维度。这些研究结论表明，不同文化背景下的品牌个性存在一定的差异，这为品牌个性的研究和实践提供了新的思路。

在此之后，为了探索品牌个性维度的文化差异性，学者们对不同文化背景下的品牌个性开展了系列研究。在中国、韩国、俄罗斯、智利、澳大利亚、德国、印度等国家开展的研究进一步验证了在不同文化背景下，品牌个性维度的构成具有差异性。表 3－3 反映了不同文化背景下不同国家的品牌个性维度。

---

① 黄胜兵，卢泰宏．品牌个性维度的本土化研究．南开管理评论，2003（1）：4－9.

② 同①.

表 3-3 不同国家的品牌个性维度

国家	年份	品牌个性维度
美国	1997	真诚、兴奋、能力、精细、粗犷
法国	1999	支配、能力、尽责、男子气概、豪放、诱惑
法国	2000	真诚、兴奋、能力、精细、爱好
日本	2001	真诚、兴奋、能力、精细、平和
西班牙	2001	真诚、兴奋、精细、平和、激情
中国	2003	仁、智、乐、勇、雅
韩国	2003	仁、义、乐、勇、信
俄罗斯	2003	成功和当代、真诚、兴奋、精细、粗犷
智利	2004	真诚、兴奋、能力、精细
澳大利亚	2006	能力、真诚、精细、粗犷、革新、兴奋
韩国	2006	被动喜爱、支配地位、赶潮流的、能力、精细、传统、粗犷、崇尚西方
德国	2007	认真、情感、动力
印度	2008	真诚、兴奋、能力

资料来源：庞守林，张汉明，丛爱静．品牌管理．北京：高等教育出版社，2017.

第 3 节　品牌个性的塑造

一、塑造品牌个性的原则

（一）持续一致性

品牌个性的塑造是一项长期系统的工程。正如人的性格是相对稳定的，品牌个性的塑造也必须坚持持续一致性的原则，不能变化无常。持续一致的品牌个性是吸引消费者、成为深层次品牌识别因素的重要前提。

为塑造持续一致的品牌个性，需要围绕品牌的个性特征进行长期连贯的品牌整合营销传播，对外传递一种声音，避免发生前后矛盾的情况，这样才能塑造出一个统一的品牌形象。

（二）独特性

品牌个性是进行品牌识别的有效途径之一。只有塑造与众不同、能深深吸引和打动消费者的品牌个性，品牌才能形成长期有效的竞争优势。因此，塑造品牌个性时需要深入分析竞争对手的品牌、洞察目标消费者，以塑造出不可模仿的、有效的品牌个性。

（三）人性化

品牌个性的塑造需要符合人性化的原则。品牌个性要求消费者以审视人的方式审视品牌，只有符合人性化原则的品牌才容易被消费者感知为人，从而帮助消费者找到与自身形象相匹配或是能帮助消费者打造期望形象的品牌。品牌个性的人性化塑造可以通过品牌拟人化（brand personification）策略来实现。

1. 品牌拟人化的定义和营销效应

品牌拟人化是指赋予品牌人的特征、将品牌当作人一样展示的营销行为。品牌拟人化是一种差异化营销手段，能够为品牌赢得更多的关注以及更正面的评价。具体来说，品牌拟人化能够带来消费者好感、消费者认知和社会联系等方面的营销效应。①

第一，品牌拟人化能够从整体上提升消费者的好感。品牌拟人化能够降低消费者的感知风险，从而提升他们对拟人化产品的评价。品牌的拟人化沟通也可以使消费者产生原本只存在于真实世界中的人际交流快感，在与品牌沟通的过程中使消费者产生人际信任以及愉悦体验。

第二，品牌拟人化有助于消费者对品牌的认知。拟人化能够让消费者以自身所熟知的人类为对象对新事物进行类比，从而形成对新事物的整体认识。因此，相比普通的产品或者品牌，消费者更容易并且更倾向于接受拟人化的产品或品牌。

第三，品牌拟人化能够推动品牌与消费者之间的社会联系。品牌拟人化能够增强品牌与消费者之间的信任。研究表明，消费者希望将拟人化的品牌看作“朋友”或者“伙伴”，而不仅仅是简单的交易对象。因此，品牌拟人化有助于在品牌与消费者之间建立起情感纽带，强化消费者与品牌之间的关系。

2. 品牌拟人化的构成维度

品牌拟人化主要由三个维度构成。②③

（1）外显层面的拟人化

外显层面的拟人化是最为直观和有效的拟人化维度。研究表明，拥有人类特征和面部特征、整体外观，或是人类动作的物体更容易被拟人化。因此，外在的拟人形象是品牌拟人化的一个重要因素。

比如，如果饮料瓶拥有“腰身”的话，容易让消费者感知到“像人的身体”；而如果将产品放在太阳椅上，为产品戴上帽子，或者是在产品旁边放置玩具、饮料等，就能够让消费者产生“产品正在像人一样晒太阳、玩玩具、喝饮料”的想象，从而形成拟人化的感知。

总之，如果产品或品牌具有拟人化的外观或是动作，就能够成功地激发消费者的拟人化感知。虽然外显层面的拟人化是品牌拟人化中最为直观和有效的方式，但是从品牌塑造的角度来看，外显层面的拟人化并不能满足那些追求深度品牌塑造的企业的需求，

---

① 汪涛，谢志鹏．拟人化营销研究综述．外国经济与管理，2014，36（1）：38－45.

② 同①.

③ 谢志鹏．拟人化营销概念探索．武汉：武汉大学，2014.

而且，如果外显层面的拟人化独特性不足，将难以反映出品牌的独特属性。

(2) 内在层面的拟人化

内在层面的拟人化维度主要包括品牌个性和情绪这两个重要因素。拥有鲜明个性，并将其展示给消费者的品牌，更容易被消费者感知为人。此外，由于情绪是区分人与其他生物的重要因素之一，拥有情绪的事物更容易被消费者感知为人。

内在层面的拟人化能够使品牌展现出不同的个性或情绪。例如，杜蕾斯通过内在层面的品牌拟人化，在微博上塑造出“活泼、幽默、有趣”的品牌个性，使品牌获得了年轻网友的喜爱。

相比外显层面的拟人化维度，个性层面、情绪层面的拟人化更能够深入消费者内心，直接影响消费者的心境与行为，但在操作层面上具有更高的技术性要求。

(3) 社会层面的拟人化

社会层面的拟人化与社会化沟通和社会角色有关。品牌用社会性语言（比如打招呼这样能够激发互动的语言方式）能够激发消费者的拟人化感知；在现实中，许多拟人化的品牌纷纷采用在线官方论坛、微博、BBS或者是讨论组的方式，用虚拟角色的口吻与消费者进行对话。

例如，杜蕾斯在微博上化身为“小杜杜”的角色和网友进行日常的互动沟通，“小杜杜”给网友们讲笑话、“耍萌卖贱”，时常令网友捧腹不已。通过这种类似于人与人之间沟通的方式（即拟人化沟通），杜蕾斯实现了社会层面的拟人化，成功地让消费者将其感知为“朋友”，促进了品牌与消费者之间融洽关系的形成。

综上所述，拟人化具有外显层面、内在层面和社会层面三个构成维度，可见，拟人化是一个复杂的、多维度的概念。因此，品牌拟人化的实践不能仅从某个或者某两个维度来进行。只有同时从外显层面、内在层面和社会层面进行拟人化，品牌才能被消费者感知为一个完整的、有感觉、有思想的人。

品牌视角3-1

旺旺集团的品牌拟人化

身穿白色背心、一双大眼睛朝上眺望、张开双臂仿佛要扑进你怀抱的可爱男孩子，是旺旺品牌给大多数消费者的第一印象。除此之外，旺旺品牌打造的“旺仔”“浪味仙”等形象，也大多以喜庆、欢乐为基本情感基调，且大多呈现为儿童化形象，在表现活泼可爱的同时也融入了注重孩子健康成长的内涵。拟人化的形象大大提高了旺旺品牌的辨识度，使其超越商标的作用，成为一种稳定的凝聚粉丝的利器。同时，在“旺仔”“浪味仙”等备受消费者喜爱的形象中融入了人类所拥有的情感、个性等，生动形象地表现出一个亲近消费者的“旺旺大家族”形象。正是因为这种亲近性，这些形象具备极强的社交货币属性，成为和消费者沟通的重要方式之一，也成为消费者彼此沟通的话题之一。

旺旺集团以“旺仔”身份开设账号，并以“旺仔俱乐部”的口吻传播产品、品牌和企业信息，经常在新媒体平台发布旺仔的日常生活趣事，和旺粉进行交流互动。官方微博“旺仔俱乐部”尤其活跃，除了关注社会热点话题外，更以拟人化的口吻发布广告宣传信息，还定期举行抽奖活动。由于在微博账号上已形成相对稳定、成熟的

"品牌人设"，品牌拟人化效果更加显著。除此之外，"旺仔"和旺旺旗下另一重要品牌形象"浪味仙"组成CP，形成两个品牌形象的联动。两个账号经常以拟人化的方式和口吻进行互动，深受广大网友的喜爱，在微博上的热度极高。在微博中，粉丝自发建立了"旺仙超话"，品牌得知后积极响应，并给予官方印证，利用拟人化的形象玩起了有效的互动营销。总之，旺旺集团通过使用人际语言设立"旺仔""浪味仙"等拟人化主体，消除了沟通壁垒，与消费者拥有了共同的对话基础，使消费者与品牌的沟通行为转变成"人与人"之间的沟通行为，从而提升了互动的流畅度，强化了品牌的不可替代性。

旺旺集团在将产品不断升级的同时，用拟人化的营销战略不断为企业赋能。但旺旺集团并没有满足于拟人化形象设计本身，而是始终保持着对时事的高度敏感性，擅长洞察社会趋势，擅长捕捉营销话题。旺旺品牌每次出现在社交媒体上，总能以其特有的可爱、欢乐形象为用户带来新鲜感，拟人化的形象在增加品牌曝光的同时，也调动了消费者的互动热情；既打通了沟通渠道，也刺激了消费者的购买神经。

资料来源：刘晨旭．品牌拟人化：旺旺集团的品牌传播之道．国际品牌观察，2021（22）：46－47．

3. 拟人化的实施

拟人化营销是一种包含多种维度、多种行为的营销实践。要实施品牌拟人化，企业不仅需要为品牌赋予具体的人类特性，比如外貌、性格、故事等，也要让品牌拥有"说话"的能力，与消费者进行拟人的沟通，为消费者提供"结识"品牌的机会。也就是说，品牌拟人化的实施必须依赖于两个方面的营销行为——塑造品牌拟人形象以及促进品牌的社会互动，这样才能够让消费者将品牌感知为完整的"人"，拟人化品牌才能够更加牢固地占据消费者心智。①

（1）塑造品牌拟人形象

品牌拟人化成功与否很大程度上取决于品牌是否能够展现出人类的外形或者形象。拥有人类特性的品牌或者产品更能激发消费者潜在的拟人倾向。但是，类人外表只是消费者感知的品牌拟人化的表现之一，品牌角色所具有的情绪、社会关系和行为活动等，也会提升消费者的拟人化感知，从而对品牌形成好感。因此，塑造品牌拟人化印象的途径可以包括如下方面：

拟人外观。拥有"面孔""眼睛""四肢"等外部特征的品牌设计能够提升拟人程度。

角色情绪。拥有对外界进行情绪反应能力的广告或虚拟角色设计能够提升品牌拟人程度。

角色个性。差异化的拟人角色更容易被消费者接受和熟悉，因为"人"的基本特质在于差异性。

细节故事。拟人角色或者广告中对角色或品牌进行细致的背景介绍能够增加拟人化的可信度，比如，赋予其性别、年龄、性格、爱好等。

① 谢志鹏．拟人化营销概念探索．武汉：武汉大学，2014．

（2）促进品牌的社会互动

社会互动能力（说话、聊天、互粉等）是实施拟人化营销的重要内容。社会互动能够为消费者提供非商业化的感知，从而帮助品牌与消费者之间建立信任关系。一方面，社会互动有助于提升消费者对品牌的亲近感，促进消费者对品牌形成好感。另一方面，社会互动能够满足消费者对人际关系的需求，一旦品牌角色被消费者接纳，品牌便能够增进企业与消费者之间的商业关系，从而使消费者对品牌产生正向的情感反应并形成长期的亲密关系。因此，互动形式的品牌接触对于拟人化营销是至关重要的。以下要素有助于促进品牌的社会互动：

品牌沟通。品牌与消费者之间可以通过社交媒体等渠道进行信息交换。以海尔为例。海尔常常在微博上发布与品牌不相关的信息，比如“今天北京下了一天雨，大家心情都不太好，海尔菌倒是很开心，因为今天上司不在，撑着伞听着歌蹦蹦跳跳翘班啦”“爬上微博发现卡卡离婚了，卷福结婚了，你说我这心情怎么就这么复杂呢?”……此外，海尔还会回复网友的微博留言，帮助网友实现心愿，甚至会“卖萌”向粉丝讨要红包。海尔通过微博与消费者展开了积极的拟人化沟通，不仅促进了消费者对品牌拟人的感知，还激发了消费者与品牌交流和互动的兴趣，从而促进品牌与消费者之间亲密关系的形成。

消费者参与。品牌可以通过线上论坛、微博、线下活动等吸引消费者参与，比如转发有礼、抽奖、产品设计等。通过为消费者提供参与的乐趣以及展现自我的机会，有助于消费者与品牌“做朋友”。比如，海尔在微博上就常常使用抽奖作为吸引消费者参与交互的手段；此外，海尔通过微博吸引消费者参与产品的设计，推出了“冷宫”冰箱等新品，实现了良好的社会效益和经济效益。

角色顾客共识。拟人化重要的边界在于角色与消费者之间的共鸣。拟人化只是一种手段，能否让拟人化品牌和消费者“做朋友”，关键要看消费者对品牌所代表或者表现出来的特质的接受程度。因此，在实施拟人化时，品牌要与消费者的行为和思维保持一致，才能够让拟人化品牌成功地融入目标消费者群体。比如，海尔在微博上将品牌角色定位为“80 万蓝 V 总教头”，带着几千个微博蓝 V 账号，构建了企业“蓝 V 生态圈”。在日常交互时，海尔会忠诚地履行“蓝 V 总教头”的职责，带上其他蓝 V 企业一起宣传。比如推广空调时会说“让@日日顺物流踩下油门就到了”；搞促销活动时，喜欢用其他蓝 V 企业的产品作为奖品（旺仔牛奶、魅族手机等）并@对方。海尔树立的中国企业“带头大哥”的品牌形象和个性深入人心，受到了消费者的欢迎和追捧。

品牌视角 3－2

“给朕打入冷宫”——海尔“冷宫”冰箱的研发

2016 年的时候，故宫淘宝的粉丝在微博上提了一个意见——“你们能不能出一款冰箱贴叫冷宫，这样我吃的剩饭剩菜都可以说‘给朕打入冷宫’。”

故宫淘宝转发了粉丝的这个帖子，没想到这条微博火了。很多网友觉得这个创意不错，因为前两年的宫斗剧都特别火。有网友@海尔，问海尔是否可以出一款这样的冷宫冰箱。海尔官方微博在第一时间转发了这条微博，并且说“容我考虑考虑”。当天海尔的这条微博就炸了，海尔收到了 7 万多条私信、回复、点赞等等。海尔从中提炼出将近 5 000 条非常有价值的产品改良意见。同时，海尔联合一些数据机构，梳理了用户的大数据，包括用户的年龄段、用户的层次、大致的购买力，以及对这款产品的预期等等。在 24 小时之内，海尔就把这款冰箱的工业设计图晒在了网上。7 天之内，海尔收到了网友的 1 000 多条反馈意见，其中很多意见是海尔没有想到的，比如像冷宫一样的冰箱结构、宫廷式样的窗户等。然后，海尔在 7 天之内通过 3D 打印技术把这台冰箱送到了提出创意的用户面前，海尔因此再次成为网络热点。

海尔在 7 天之内就完成了消费者互动、参与、共同创造的整个过程。在这个过程中，海尔颠覆了很多网友心目中“官微都是冷冰冰的”这一印象，让品牌变得和“朋友”一样平易近人。海尔的品牌拟人化成功地助其实现了“粉丝吸引、粉丝交互、粉丝交易”这一完整的社交媒体营销闭环，给品牌带来了真实可见的收益。

资料来源：海尔新媒体总监：粉丝说造个冷宫吧，我们真的做了.（2016－11－23）. https：//www. digitaling. com/articles/32472. html.

综上所述，实施品牌拟人化策略能够让消费者将品牌感知为“人”，甚至是“朋友”。品牌拟人化策略有助于品牌个性的人性化塑造，实施品牌拟人化能够将品牌化身为“独特又富有魅力”的“人”，让品牌拥有鲜明的个性特征。

二、塑造品牌个性的步骤

品牌个性代表了品牌的独特魅力，为获得消费者的喜爱、引发共鸣并建立消费者忠诚，品牌个性需要贴近目标消费者，同时符合品牌的核心价值定位，这样才能塑造出有效的品牌个性。

（一）洞察目标消费者的个性特点和需求

人们往往喜欢那些与自身相近或与自己的崇拜者相似的个性，并通过自己喜欢的个性特征来选择品牌。因此，要尽可能使塑造出来的品牌个性与消费者的个性或者与他们所追求的个性相一致。

因此，要先对目标消费者进行洞察，在此基础上，使用描述性的词汇勾勒和总结出目标消费者的个性特点和需求。只有锁定及满足目标消费者的需求，品牌个性才能吸引和打动消费者。

（二）从品牌核心价值出发塑造品牌个性

品牌的核心价值是品牌个性的内核，品牌个性是品牌价值的集中表现，两者相互统一。

品牌核心价值是品牌承诺并兑现给消费者的最主要、最具差异性和持续性的价值，能让消费者明确、清晰地识别并记住品牌的利益点与个性。因此，塑造品牌个性要从品牌的核心价值出发，并符合品牌的定位。假如品牌的核心价值和定位都是针对年轻人的，那么品牌个性也要满足这个主题，要能体现出品牌的年轻化，使品牌的核心价值和品牌个性相符，这样才能强化品牌的核心价值。

只有综合考虑品牌的核心价值以及目标消费者的需求，才能塑造出有效的品牌个性，品牌价值才能得到提升。在塑造品牌个性时，要着重体现品牌的特点；同时不宜复杂，用来描述品牌个性的词语不宜过多，一般以 3 ~5 个为宜。

品牌视角 3-3

著名品牌的个性描述

著名品牌	品牌个性描述
百事	年轻、活泼、刺激
李维斯	纯真、刺激、称职、强壮
锐步	野性、户外、冒险、年轻、活力充沛
柯达	纯朴、顾家、诚恳
奔驰	自负、富有、世故
惠普	有教养、有影响力、称职

资料来源：何佳讯．战略品牌管理：企业与顾客协同战略．北京：中国人民大学出版社，2021.

（三）坚持品牌个性的传播

品牌个性的塑造是个长期、系统的工程。确定好品牌个性后，要用合适的方式坚持不懈地进行传播，才能让品牌个性深入人心。例如，可以选择与品牌个性特征一致或者相近的品牌代言人，通过品牌代言人表现和演绎品牌个性来引发目标消费者的心理共鸣。

本章回顾

1. 品牌个性是指与品牌相联结的一整套人类特征。

2. 品牌个性主要来源于产品本身、品牌使用者、广告及品牌代言人、品牌创始人、企业形象、产地、国别等。

3. 品牌个性化有利于形成差异化优势、激发购买动机、与消费者沟通和提升品牌价值。

4. 品牌个性在不同文化背景下存在差异。比如，美国的品牌个性包括真诚、兴奋、能力、精细、粗犷五个维度；中国的品牌个性包括仁、智、勇、乐、雅五个维度。

5. 塑造品牌个性要符合持续一致性、独特性和人性化的原则。

6. 品牌个性塑造中的人性化原则可以通过品牌拟人化策略来实现，因为品牌拟人化策略能够让消费者将品牌感知为“人”甚至是“朋友”。

7. 品牌拟人化指的是赋予品牌人的特征、将品牌当作人一样展示的营销行为。

8. 品牌拟人化的维度包括：外显层面的拟人化、内在层面的拟人化以及社会层面的拟人化。

9. 品牌拟人化的实施包括两个方面的营销行为——塑造品牌拟人形象以及促进品牌的社会互动。

10. 塑造品牌个性的步骤包括：洞察目标消费者的个性特点和需求、从品牌核心价值出发塑造品牌个性、坚持品牌个性的传播。

基本概念

品牌个性　　品牌个性的维度　　品牌拟人化

拓展阅读

［1］陈增祥，杨光玉．哪种品牌拟人化形象更受偏爱：归属需要的调节效应及边界．南开管理评论，2017，20（3）：135－143.

［2］袁登华，吴秋林，朱丽叶．微博中品牌拟人化对线上消费者品牌投入的影响：以杜蕾斯为例．心理科学，2020，43（4）：963－968.

阅读以上文献后思考：

1. 品牌拟人化策略能够带来哪些营销效能？

2. 在品牌拟人化的潜在影响机制中，还有哪些影响品牌拟人化营销效能的关键因素？

复习题

1. 什么是品牌个性？
2. 品牌个性的来源主要包括哪些方面？
3. 中国品牌的个性维度可以划分成哪几个？
4. 塑造品牌个性时应该遵循哪些原则？
5. 什么是品牌拟人化？
6. 如何实施品牌拟人化？
7. 塑造品牌个性包括哪几个步骤？

实训练习

三只松鼠股份有限公司由“松鼠老爹”章燎原创立于2012年，总部位于安徽芜湖。自2014年起，公司连续五年位列天猫商城“零食/坚果/特产”类目成交额第一，并先后被新华社和《人民日报》誉为新时代的“改革名片”“下一个国货领头羊”，上市当天获誉“国民零食第一股”。2019年“双十一”，公司以10.49亿元的销售额刷新中国食品行业交易纪录，被《华尔街日报》、路透社、彭博社等外媒称为“美国公司遭遇的强劲对手”“中国品牌崛起的典范”。

在三只松鼠的官方网站上，三只松鼠的品牌介绍是：“我们是来自松鼠星球的三只松鼠，小贱、小美、小酷，是主人心中的萌宠天团。我们全心全意为主人提供新鲜、健康、具性价比的美食，坚信美食的治愈力量。我们陪伴在主人身边，传播爱与快乐、萌即正能量，为主人创造独特的松鼠世界。发现生活中最单纯的幸福感。”三只松鼠的品牌使命是“让坚果和健康食品普及大众”。三只松鼠的品牌价值观是“以消费者为中心，以价值创造者为本，实事求是，创新引领，开放协作，自我批判”。

小贱、小美、小酷是三只松鼠通过拟人化策略打造出来的品牌角色。看过三只松鼠标志的消费者，都对这三只卡通松鼠过目不忘，这三只小松鼠不仅色彩鲜艳、灵动可爱，而且每只都有自己的名字，同时被赋予了一种典型性格。松鼠小美是最受宠爱的公主，温柔娴静、美丽大方；松鼠小酷是拥有知性气质的新一代男神，同时还是带给你知性问候和贴心关怀的暖男一枚，是松鼠家的门面；松鼠小贱吃得了美食也吃得了苦，耍得了贱也玩得了深沉，同时乐观向上。这三只松鼠的个性涵盖了当下 85 后与 90 后中最主要的几大人群。除了赋予它们鲜明的人物形象外，三只松鼠还邀请专门的动漫公司制作“松鼠萌动漫”，松鼠动漫并不涉及产品信息，只是单纯作为和顾客进行情感沟通的平台，目前已聚集了大量的粉丝。

在三只松鼠，所有的客服都必须把自己当作小松鼠，称客户为主人，为主人提供萌式个性化的服务。给客户发送短信时，三只松鼠的短信不是“尊敬的顾客……”，而是“亲爱的主人，萌嗒嗒的‘松鼠小箱已经满载坚果，快马加鞭地朝着您所在地狂奔而去了哟；主人稍后，好吃的话一定要打 5 分哟”，非常形象和生动。

章燎原编撰了《松鼠服务秘籍》，书中推出了“客服十二招”，目的就是要教会客服“做一只讨人喜欢的松鼠”，让所有工作人员都熟悉顾客的需求并保证尽全力满足顾客的需求。在顾客购买过程中，三只松鼠客服与其充分互动，根据客人的需要给出真诚的推荐，尽可能弥补线上销售的缺陷。三只松鼠内部不但专门设立了全球客户满意中心来处理售前和售后的问题，而且在对客服人员的考核方面，并没有将销售业绩作为关键指标，而是以“让客户爽”为目标。章燎原自豪地表示：“这样的结果就是，会有很多主人与三只松鼠客服成为朋友，他们不开心了就会找客服聊一聊，甚至会给客服寄礼物。”

同时，三只松鼠还利用微信、微博、“松鼠萌动漫”、“寻找最主人”等平台，与消费者实时互动，例如一旦有买家发微博提到“三只松鼠”，三只松鼠的几个官方微博就立刻转发并评论，还会调侃互动；买家在微信上给“松鼠”留言，“松鼠”会马上给“主人”回话；买家想要咨询产品问题，“小清新组”或“重口味组”会即刻启动聊天模式。三只松鼠的顾客体验至上的理念换来了大量粉丝，截至 2017 年 6 月底其在天猫上的粉丝数已超过 1 171.8 万。

三只松鼠的包装箱也是创意十足。包装箱以原木色为主色调，并印有松鼠的笑脸，箱子外面还配有“主人，快抱我回家！”“主人，开启包装前仔细检查噢”等温馨标语。打开包裹，里面每一袋食品都用牛皮纸袋独立包装，而且不同的食品包装袋上的松鼠漫画形象也不同，顾客每次收到的包裹都不同。这些细微的服务，让三只松鼠走进了顾客的内心，顾客会主动向家人、朋友推荐，并在微信、微博等平台上分享自己的购物体验，从而增加了顾客黏性和二次购买。

资料来源：三只松鼠官方网站；郑刚，郑青青．三只松鼠：如何凭借创新异军突起？．清华管理评论，2017 (6)：106－112.

请根据以上材料，完成以下实训练习：

1. 通过材料的分析，描述一下三只松鼠的品牌个性特征。
2. 三只松鼠是如何实施品牌拟人化策略的？
3. 假如由你来负责塑造三只松鼠的品牌个性，你会如何做？

第4章 品牌要素

知识思维导图

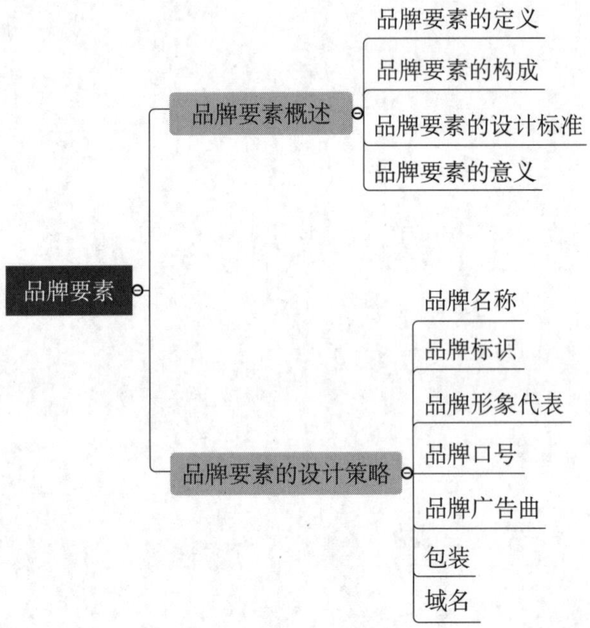

知识学习目标

- 掌握品牌要素的定义和构成；理解品牌要素的设计标准；了解品牌要素的意义。
- 掌握几种常见的品牌要素的设计策略。

技能学习和掌握目标

- 能够观察和分析具体品牌的品牌要素构成。
- 具备一定的品牌要素设计能力。

价值引领目标

- 坚定文化自信，传承和弘扬中华优秀传统文化。通过中华传统文化元素在我国自主品牌的品牌要素设计中的应用，引导学生坚定文化自信，传承和弘扬中华优秀传统文化和中华美学精神。

导读案例：花西子：品牌要素传承东方美学

创立于2017年的花西子秉承“打造国人引以为傲的东方彩妆品牌”的初心，以“东方彩妆，以花养妆”的品牌定位赢得了很多消费者的喜爱，成为当下流行的国民彩妆品牌。为了贯彻和展示品牌“东方彩妆，以花养妆”的定位，花西子坚持传承东方美学，在品牌名称、品牌标识、产品外观、产品包装、天猫店铺设计等环节融入东方美学的元素。特别是在品牌名称、品牌标识、产品包装这几个关键品牌要素的设计上，花西子浓郁的东方美学设计风格给消费者留下了深刻的印象。

品牌名称

花西子品牌名称中的“花”寓意“以花养妆”，而“西子”二字取自苏东坡的“欲把西湖比西子，淡妆浓抹总相宜”，暗指西湖和西施。“西子”二字既能让人联想到花西子品牌的诞生地杭州，又传递了品牌希望中国女性无论浓妆还是淡抹，都如西子般美丽动人的愿望，完美契合了品牌“东方彩妆”的定位。

品牌标识

花西子品牌标识中的图案部分把花卉的轮廓与江南园林的轩窗相结合，形成了东方的古典美感。品牌标识中的文字“花西子”使用衬线字体，显得简洁雅致。

花西子的品牌标志色是粉色和黛色。粉黛原指白粉和黑粉，古人用“粉墙黛瓦”形容江南建筑的独特风格。粉黛也代指年轻貌美的女子，如白居易《长恨歌》中的“回眸一笑百媚生，六宫粉黛无颜色”。在传统文化中，“略施粉黛”中的粉黛也借指化妆品。花西子认为，粉色和黛色代表了东方美学的传统色彩，是中国彩妆的“本命色”。作为花西子的品牌标志色，粉色和黛色被广泛应用于花西子产品的外观、视觉页面设计、线下空间等视觉识别系统中。

产品包装

花西子的产品包装更是将东方美学发挥到极致，不仅精美，而且善于把中华民族的传统工艺元素以及文化因素融入产品的包装设计中，视觉效果令人惊艳。

以花西子的同心锁口红为例。花西子将东方雕刻工艺与同心锁的浪漫寓意相融合，取同心之意、寓同心之愿，打造出爆款同心锁口红。同心锁口红采用东方同心锁的外观设计，包装里外都采用东方雕刻工艺，并且装饰有流苏吊坠，精致小巧、风格独特。具有独家外观专利权的同心锁口红因融合了东方文化和东方式浪漫打动了无数人，包括以“毒舌”风格著称的一位美国顶流美妆博主。2022年，坐拥1 000多万粉丝的该博主在时隔八个月之后，把他的首次更新视频给了花西子，这也是他2022年的第一条美妆测评视频。在测评视频中，该博主不断发出“Oh my god”的赞叹，对包括同心锁口红在内的花西子产品爱不释手，并且毫不吝啬对花西子的赞美。

又比如花西子的“西湖印记定制礼盒”。这款产品的包装以西湖十景为灵感，选取了西湖十景中的五景：苏堤春晓、柳浪闻莺、曲院风荷、南屏晚钟、花港观鱼，用江南纸雕工艺将景色中的代表性元素复刻出来。当消费者打开礼盒时，就会呈现出一整幅的立体西湖画卷。再比如花西子的“知音”礼盒，同样采用镂空纸雕的工艺，以国粹京剧人物头像为图样，将国风元素带入化妆品的包装，独具匠心。花西子的另一款产品——

“苗族印象高定礼盒”的包装也成为一个经典。这款产品结合了苗族的非物质文化遗产的特色，把苗族匠人精湛的苗银工艺、苗族的服饰文化元素等融入包装，包装的精美程度令人赞叹。

花西子的产品包装呈现出的东方美不仅深受国内喜爱国风的消费者的好评，而且打动了不少国外的消费者。上文中提到的花西子西湖礼盒就曾经因包装上了日本推特的热搜榜。有一名日本网友在推特上表示花西子西湖礼盒的包装和质感十分惊艳，对花西子彩妆传承东方雕刻工艺的设计非常欣赏。该推特内容引发了日本网友对中国彩妆的热议，话题热度迅速上升，浏览量达到了370万，互动量达到了74万。不少日本网友表示对西湖礼盒颇感兴趣，并希望未来可以在日本当地买到花西子彩妆。花西子的“苗族印象高定礼盒”也征服了很多外国美妆博主的心。比如英国的知名美妆男博主韦恩·戈斯（Wayne Goss）就对“苗族印象高定礼盒”的包装赞叹不已，并极力向他的粉丝推荐花西子的这款产品。花西子匠心设计的将东方文化与时尚完美融合的包装帮助品牌在日本、新加坡、英国等收获了一大批粉丝。

结语

“只有民族的，才是世界的”，致力于弘扬东方美的花西子以“扬东方之美，铸百年国妆”为品牌愿景，将东方美学渗透到核心品牌要素的设计中，使东方美成为品牌的DNA。以花西子为代表的国货品牌通过深入挖掘中华传统文化元素，正在展现出惊人的影响力，被越来越多的消费者推崇。

资料来源：花西子品牌官网和官方公众号。

思考：

1. 什么是品牌要素？
2. 品牌要素由哪些方面构成？
3. 花西子的品牌要素设计对品牌具有什么意义？

第1节　品牌要素概述

一、品牌要素的定义

品牌要素的设计是品牌管理的一项基础工作，是打造品牌的关键一步，例如给品牌命名、设计品牌标识等。那么，什么是品牌要素？品牌要素又包括哪些内容呢？

品牌要素（brand element），有时也称为品牌认知，指的是那些用以标记和区分品牌的商标设计。[①] 也就是说，品牌要素的本质属于商标设计，用来帮助进行品牌识别和品牌区分。

品牌管理的国际先驱凯文·莱恩·凯勒教授指出，品牌要素的选择应该致力于尽可能多地建立品牌资产，也就是说，既要增强品牌意识，又要促成强大、有力和独特的品

① 凯文·莱恩·凯勒．战略品牌管理．北京：中国人民大学出版社，2003.

牌联想的形成。

二、品牌要素的构成

品牌要素主要包括：品牌名称、品牌标识、品牌口号、品牌广告曲、包装、品牌形象代表、域名等。从理论上来说，并不是每个品牌都必须具备以上所有品牌要素。一般来说，品牌名称对于任何一个品牌都是必需的，除此以外，每个品牌可以根据自身条件和竞争情况来选择品牌要素。

然而，不管选择哪几个品牌要素，在理想状态下，各品牌要素之间应该能够互相融合和支持，而且能够方便地应用到品牌及营销方案的其他方面。例如，品牌名称最好与域名保持一致，这样才能方便消费者在互联网上搜索和沟通，以及产生品牌联想，使品牌资产最大化。

三、品牌要素的设计标准

不管是品牌名称、品牌标识、包装，还是其他品牌要素，品牌要素的设计都需要符合以下五条标准，这样才能更好地创建品牌资产。

（一）可记忆性

品牌要素设计的可记忆性指的是品牌要素要能够容易地被消费者识别和回忆。一般来说，品牌元素要有独特性的内容才能容易地被消费者识别和回忆。戴维·阿克指出，越独特、越与众不同的特征越容易引起注意、增强可记忆性。① 独特的品牌要素设计往往具有较强的感官吸引力，能够吸引消费者的注意、便于品牌的传播和增加消费者的品牌联想。

例如，瑞士知名钟表品牌欧米茄（Omega），采用希腊文的最后一个字母“Ω”的发音作为品牌名称，并用“Ω”作为品牌标识。欧米茄的品牌名称和标识的设计都非常独特，品牌也因此很容易让消费者识别和记忆。

（二）寓意丰富

品牌要素要具有丰富的寓意，因为丰富的品牌寓意和内涵有助于品牌联想的形成。

例如，上文提到的欧米茄品牌，因为“Ω”是希腊文的第 24 个，也是最后一个字母，它代表着事物的伊始与终极、第一与最后，象征着完美、极致、卓越与成就。以“Ω”作为品牌名称和标识，蕴含了欧米茄追寻“卓越品质”的理念，赋予了品牌“非凡品质”这一丰富的内涵，寓意非常丰富。

（三）可转换性

可转换性包括两个方面的含义。一个是品牌要素是否有助于品牌延伸。一般来说，

---

① 戴维·阿克．管理品牌资产．北京：机械工业出版社，2012.

品牌名称中蕴含的产品品类和属性信息越少，就越有利于品牌延伸，尤其是跨品类延伸。例如，我国黑芝麻产业的知名品牌“南方黑芝麻”，因为品牌名称中包含了“黑芝麻”这一品类和属性信息，因此品牌延伸的空间可能会相对小一些。而“旺旺”的品牌名称比较抽象，没有具体的产品品类和属性指向，相比之下可能会比较容易进行品牌延伸。

另一个含义是：品牌要素是否能让品牌在进入新市场时没有文化转换障碍。在经济全球化的背景下，当品牌进入不同的市场时，需要具有跨文化的能力，即能够克服地区、国家之间的文化差异，融入不同的文化之中。例如，著名的婴幼儿营养食品品牌嘉宝（Gerber）的商标是一个婴儿的头像，当嘉宝公司首次在非洲销售婴儿食品时，沿用了其在美国的做法，在产品的包装上印上了这个商标。这种包装设计导致当时很多消费者产生误会，以为包装上的婴儿图像提示的是里面的产品。后来嘉宝公司才发现，非洲的公司习惯将有图像的标签放在包装盒里面，因为多数非洲人不识字。[①]

（四）可适应性

品牌要素要能够灵活地适应一个时间段的变化，因此为了适应消费者、竞争等市场环境因素的改变，品牌要素有时候需要进行调整和修改，才能够与时俱进。

在诸品牌要素中，品牌名称和域名的更改需要慎重，因为更改可能意味着切断品牌与消费者之间已经建立起来的联系和回忆。而品牌标识、广告曲、包装、形象代表等品牌要素往往在一段时间以后需要更新，才能让它们看上去更具现代感，从而使品牌能够适应市场的变化。

在更新品牌要素时，要注意保留品牌的核心价值，确保品牌的 DNA 能够得到传承和延续。例如，星巴克（Starbucks）的品牌标识历经几次变化，但是不管怎么变，星巴克塞壬（海妖）（Starbucks Siren，也就是大家熟悉的“美人鱼”）的头像始终出现在 Logo 的正中位置。因为塞壬（海妖）在希腊神话中是“爱、欲、诱”的象征之一，星巴克将塞壬（海妖）作为品牌的形象代表，传递了星巴克对其品牌核心价值的定义——充满诱惑的咖啡文化。塞壬（海妖）的头像在品牌标识的更新中得到保留，也就意味着星巴克的品牌核心价值得到了延续。

（五）可保护性

品牌要素要能够防止竞争者模仿，而且能够获得法律的保护。从可保护性的竞争角度来说，设计品牌要素时需要考虑如何减小竞争者模仿自己品牌的可能性，因为如果品牌名称、品牌标识、包装等很容易被模仿，品牌就会失去独特性，从而丧失竞争优势。

从可保护性的法律角度来说，设计品牌要素时要注意产权保护。第一，要选择可在国际范围内被保护的品牌要素。第二，向适当的法律机构正式注册。第三，要积极防止商标遭受侵权。

---

① 凯文·莱恩·凯勒．战略品牌管理．北京：中国人民大学出版社，2003.

四、品牌要素的意义

（一）品牌要素是品牌识别的重要来源

品牌要素是消费者以及其他利益相关者进行品牌识别时的重要信息来源。品牌名称、品牌标识、品牌口号、品牌广告曲、包装、品牌形象代表、域名等品牌要素共同构成了品牌的外在可识别部分，可以帮助消费者感受品牌、了解品牌、区分品牌，并在消费者做出购买决策时帮助其简化购买选择。

（二）品牌要素帮助建立品牌资产

品牌名称、品牌标识、品牌口号、包装等品牌要素能够帮助消费者形成品牌记忆、品牌认知和品牌联想。因此，一套完整的品牌要素不仅能够形成和传递品牌个性，而且能够反映品牌形象，建立品牌资产。

需要明确的是，不同的品牌要素在建立品牌资产时扮演着不同的角色，每一种品牌要素都有一定的优势与不足。[①] 例如，品牌名称能够强化品牌的回忆和认知、产生品牌联想，但在可转换性方面有一定的局限性。因此，品牌要素设计和管理的重点在于让各品牌要素之间能够互相融合匹配，这样才能有效地增加品牌资产。[②] 其中，品牌要素的融合指的是选择不同的品牌要素以达到不同的目标；品牌要素的匹配指的是通过对各品牌要素的设计，使它们能够彼此衬托呼应、加强效果。

第 2 节　品牌要素的设计策略

一、品牌名称

品牌名称（brand name）是构成品牌的最基本和最重要的品牌要素。因为品牌名称往往能够简洁地反映产品的核心内容，使消费者产生关键的联想。[③] 在消费者的心目中，品牌名称和产品往往紧密相连，所以品牌名称一旦确定，一般不轻易改变。因此，品牌的命名需要符合相关的原则和步骤。

（一）品牌命名原则

1. 易读易记

易读易记是设计品牌名称时最根本的原则。只有易读易记，品牌名称才能高效地发挥它的可识别性和传播性，才能便于消费者理解品牌以及加深对该品牌的记忆。为了达

---

① 凯文・莱恩・凯勒. 战略品牌管理. 北京：中国人民大学出版社，2003.

② 同①.

③ 同①.

到易读和易记的目的，品牌名称的设计要注意语音和语形的要求。

（1）语音的要求

首先，品牌的名称要容易发音。比起名称难发音的品牌，名称易读的品牌更容易让人感到亲近，也容易让人产生记忆。容易发音的品牌多由两三个音节组成，例如苹果、大宝、光明、美的、拼多多等。

其次，品牌的名称最好具有节奏感和愉悦感，例如格力、旺旺、娃哈哈等。在现实中，有很多企业使用拟声法给品牌命名，以达到节奏顺口、令人愉悦的目的，例如钉钉、滴滴、当当、bilibili 等。

最后，品牌名称最好具有明确的单一发音。品牌名称发音不统一时，有时候会因不同的发音而产生不同的含义。为了让品牌名称具有可转换性，最好让品牌名称在不同语言中都拥有相同的发音。例如，Sony 是由索尼公司的创始人盛田昭夫自创的一个词，Sony 这个词本来在字典上不存在，也没有任何含义，但是在任何语言中，Sony 的发音都是一致的。小米（mi）、999、TCL、3M、IBM 等品牌的名称也符合这个语音特征。

品牌视角 4-1

可口可乐中文名称的由来

1927 年刚刚进入中国时，“Coca-Cola” 有个拗口的中文译名：“蝌蚪啃蜡”。独特的产品口味和古怪的品牌名称，产品销量可想而知。

到了 20 世纪 30 年代，负责拓展全球业务的可口可乐出口公司在英国登报，以 350 英镑的奖金征集中文译名。旅英学者蒋彝从《泰晤士报》得知消息后，以译名“可口可乐”应征，被评委一眼看中。此后“可口可乐”就成为“Coca-Cola”的中文名称。

“可口可乐”是广告界公认最好的品牌中文译名——它不仅保持了英文的音节，而且体现了品牌的核心概念“美味与快乐”；更重要的是，它简单明了，朗朗上口，易于传诵。

资料来源：可口可乐中国官网。

（2）语形的要求

日本的一项调查表明，4 个字的名称认知率为 11.3%，5～6 个字为 5.96%，7 个字为 4.86%，8 个字以上为 2.88%，而 3 个字以下的名称认知率为 75%。可见，品牌名称的语形不宜过长，应尽量简洁和简单。太长的品牌名称会增加品牌名称拼读和记忆的难度，不利于品牌的辨识和传播。

2. 富有含义

品牌名称是品牌与消费者交流的一种浓缩形式，消费者往往能从富有含义的品牌名称中提取出显性信息（比如产品或市场）或隐含信息（比如文化）。

（1）暗示产品或市场信息

品牌名称可以暗示产品或市场的信息。例如，“饿了么”暗示了服务的种类；“农夫山泉”暗示了产品的利益；“养生堂”暗示了产品的功能；“太太”（口服液）则暗示了目标市场。

（2）蕴含文化内涵

品牌名称中可以蕴含文化内涵，通过品牌名称中的文化因素可以打动消费者。例如，

“百度”的名称源自辛弃疾《青玉案·元夕》中的“众里寻他千百度，蓦然回首，那人却在灯火阑珊处”。从《青玉案·元夕》中走出的“百度”两字，贴切地隐喻了“百度帮助用户从海量信息中搜索到想要的信息”的含义，意境悠远绵长，极具文化内涵。

3. 独特性

品牌名称要避免千篇一律，与众不同、独一无二的品牌名称能够让人过目不忘，也能够满足消费者追求新奇的心理，使品牌更具竞争力。

例如，我国知名体育用品品牌“361°”的品牌名称就非常具有独特性，它不仅颠覆了大众对“360°”的认知，让消费者对“361°”的品牌名称产生深刻的印象，而且“多一度热爱”的品牌精神也随着品牌名称深入人心。

总之，品牌名称要突出品牌的个性和特色，切忌模仿和抄袭。品牌名称相近的品牌不仅容易让消费者混淆，而且可能会引起法律纠纷。

（二）品牌命名步骤

在现实中，不同的企业在品牌命名的实践中存在不同的做法。但是，品牌命名是一个系统的工程，为了给品牌取一个好的名称，往往需要经过一系列的命名步骤。品牌命名步骤通常包括：界定命名目标、建立品牌名称库、初步筛选、备选名称调研、确定名称和注册（见图 4－1）。

图 4－1　品牌命名步骤

1. 界定命名目标

首先，根据产品、目标消费群体、竞争品牌、企业品牌战略、企业形象和文化等情况，界定品牌的命名目标。品牌的命名目标需要明确：新品牌应该传递的最理想的含义；新品牌在企业品牌战略中的角色和定位，例如新品牌与现有品牌之间是什么关系等。

2. 建立品牌名称库

界定好命名目标后，接下来是尽可能多地创造品牌名称，建立一个品牌名称库，以供下一步筛选。

为建立有足够数量的品牌名称库，可以尝试不同的品牌名称命名来源，包括公司的员工、客户、供应链上的合作伙伴、品牌命名公司、广告公司等。随着商业社会的繁荣发展，品牌越来越多，给品牌取一个新颖的好名字也越来越困难。在此背景下，品牌命名的重要性日益凸显，所以有越来越多的企业开始将品牌命名的工作交给专业的品牌命名公司或者广告公司来完成。例如，全球著名的综合性品牌咨询公司 Interbrand，除了是一家权威的品牌评估机构之外，同时也是一家顶级的品牌命名公司，Interbrand 开发了一套科学的命名程序，是科学命名发展的先驱，已经为全球不同国家不同行业的成千上万的产品提供了高品质的品牌命名服务。

3. 初步筛选

根据易读易记、富有含义、独特性等品牌命名原则以及品牌的命名目标，对品牌名称库里的名称进行初步筛选，以得到一份备选名称的名单。例如，拥有哈根达斯、湾仔码头等品牌的通用磨坊公司（General Mills）会筛掉的新品牌的名称包括：有不必要的双重含义的名称；比较难读、已被使用或与已有名称过于接近的名称；明显会引起法律纠纷的名称；与产品定位有明显冲突的名称；等等。

4. 备选名称调研

经过初步筛选后，得到一份备选名称的名单，接下来就要针对这些名称进行充分的调研。

首先，对筛选出来的名称进行法律审查，以确保品牌名称具有专有性和合法性。

然后，进行消费者测试。针对目标消费者，进行品牌名称联想、记忆、偏好等测试，得到最后的几个品牌名称选项。

5. 确定名称和注册

在最后的几个品牌名称选项中，敲定品牌的最终命名，并进行法律注册。

品牌视角 4-2

品牌命名与文化自信

华为将自研的操作系统命名为“鸿蒙”，手机芯片命名为“麒麟”，PC 处理器芯片命名为“鲲鹏”，人工智能芯片命名为“昇腾”，路由器芯片命名为“凌霄”……此外，华为还注册了一些商标，有“朱雀”“玄机”“海蓝兽”“紫薇星”“獬豸”等，它们都是来自《山海经》的神兽。这些商标将服务于华为的驱动及操作系统软件开发、云计算、信息技术咨询服务、恢复计算机数据、技术研究等相关产品。网友认为，华为的这些命名处处透露出了汉语的魅力，寓意深远。比如，“鸿蒙未判，混沌初开”“至德之世，甘瞑于溷之域……提挈天地而委万物，以鸿濛为景柱”，在中国的传统文化中，鸿蒙被认为与宇宙的出现有着不可分割的关系。因此，网友们认为华为将自研的操作系统命名为鸿蒙，“气吞寰宇”，寓意即将“盘古开天地”。

像华为这种把神话元素或历史人物应用到现代科技命名上的做法，是“让传说变成现实，化腐朽为神奇，延续先贤的智慧，这是中国人一听就懂的文化血脉，浪漫了千年”。

然而，我们也看到现实中存在本土品牌洋名化的现象。有些品牌是出于进军国际市场的目的取个“洋名字”；而有些品牌则纯粹是挂羊头卖狗肉，通过披一张假“洋皮”，摇身变成高端大气上档次的形象欺骗消费者。一些本土品牌热衷于披假“洋皮”，与部分企业不诚信、消费者盲目崇洋有关，但从根本上反映的是特定时期内国货的不自信心态。在很长一段时间里，洋货代表着高端，走俏于中国市场。而国内缺乏技术和创新，山寨产品横行。但随着时代的发展，情况已迥然不同。如今国货越来越重视创新和质量，逐渐和“首选”“优选”画上等号，许多新国货、新品牌正向五洲四海持续输出，充分体现了“国货之光”的影响力。

在如今的网络传播语境下，假洋品牌的生存空间已经越来越小，靠披假“洋皮”割中国韭菜的把戏已经越来越行不通。另外，随着“中国制造”的美誉度逐渐提升，越来越多的人对国货感到自信，而不再一窝蜂地迷信洋品牌，那些本土化的特色产品更有可能满足消费者追求个性化、品牌化、差异化的心理。假洋品牌的套路是时候歇歇了！

资料来源：华为把整本《山海经》都注册了？网友：好浪漫！.（2019－05－26）. https：//baijiahao. baidu. com/s？id＝1634532309872602593&wfr＝spider&for＝pc；扶青．假洋品牌 该歇歇了．南方日报．2021－12－03（4）.

二、品牌标识

品牌标识（brand logo）是用于区别品牌的视觉符号。来自心理学家的一项研究表明，在人们凭感觉接收到的外界信息中，83% 的印象来自视觉，11% 来自听觉，3.5% 来自嗅觉，1.5% 来自触觉，另有 1% 来自口感或味觉。作为构成品牌视觉的元素，品牌标识的重要性由此可见一斑。品牌标识不仅能够帮助消费者识别品牌，而且能够引发消费者产生联想，促进消费者对品牌的感知和理解。

（一）品牌标识的分类

1. 文字标识

文字标识是使用经过设计的文字来表示的品牌 Logo。文字标识可以单独或组合使用中文、外文、汉语拼音的单词、汉语拼音或外文单词的首字母，来表示品牌的全称或者品牌名称的缩写。文字标识能够增强消费者对品牌名称的记忆。例如，海信的品牌标识用的是英文“Hisense”；淘宝的品牌标识由“淘宝网”和“Taobao. com”共同组成；中兴在海外使用的 Logo 是“ZTE”，在国内使用的 Logo 是“ZTE 中兴”（见图 4－2）。

Hisense　淘宝网 Taobao.com　ZTE中兴

图 4－2　文字标识

2. 图案标识

图案标识是用图案来表示的标识，包括形象图案和抽象图案。例如，奔驰的品牌标识形似汽车的方向盘，Jordan 则将篮球飞人迈克尔·乔丹（Michael Jordan）的扣篮动作制作成 Logo，这些都是形象图案；耐克和奥迪的品牌标识则属于抽象图案（见图 4－3）。

图 4－3　图案标识

3. 图文标识

图文标识中既有文字又有图案，可以在展示品牌名称的同时，用醒目的图案吸引消费者、引发消费者的联想，因此被大多数品牌采用。例如，阿迪达斯标识中的三条纹图案代表了不断前进、不断超越的体育精神；安踏的品牌标识中，“ANTA”是品牌的英文名，在希腊语中的意思是“大地之母”，标识中的图案由字母“A”抽象变形出升腾而起的飞行姿态，以简约、概括的手法展现了力量、速度与美在运动中的优美组合，意指安踏追求卓越、超越自我的理念；彪马的品牌标识由飞速奔跑的猎豹加上品牌名称 PUMA 构成，传递了品牌超越自己，更快、更强的寓意（见图4-4)。

图4-4 图文标识

（二）品牌标识的设计原则

1. 简洁醒目

品牌标识是消费者识别品牌的主要途径，简洁醒目的品牌标识有助于消费者识别品牌。由于消费者短时记忆的信息量有限，所以品牌标识的设计必须简洁，不能复杂，否则会增加消费者识记的难度。同时，醒目的品牌标识设计往往具有视觉上的冲击力，有助于吸引消费者的视觉注意力。

2. 准确传递品牌内涵

品牌标识是企业形象、特征、信誉、文化的综合和浓缩。品牌标识的设计要能够准确地传递品牌的内涵，不能让人产生歧义或者产生不好的联想。

3. 富有设计美感

品牌标识的设计要有设计美感。一方面，品牌标识要有设计感。品牌标识的造型要新颖独特，强调创意。另一方面，品牌标识的设计要符合美学原理，有视觉上的均衡感和协调性，能够让人产生美的感受。经过精心设计、富有美感的品牌标识不仅能够产生强烈的感染力，而且具有艺术价值。

4. 具有时代气息

品牌标识要具有时代气息。为了让消费者熟知和认同，品牌标识需要被长期地宣传和使用。但是随着时代的变化，品牌标识在使用的过程中需要适时进行更新，与时俱进。更新品牌标识，可以体现出品牌追求创新和卓越的精神，也可以避免消费者的视觉疲劳。品牌标识的更新需要保持品牌的 DNA，尽量避免大刀阔斧式的改动。例如星巴克的品牌标识，虽历经几次修改，但是因为核心图案保持不变，消费者对星巴克的熟悉感得到了保留（见图4-5)。

1971年 1987年 1992年 2011年

图4-5 星巴克 Logo 的变化

三、品牌形象代表

品牌形象代表（brand character）本质上属于品牌标识，是品牌标识里的一个特殊类型。[①] 作为一项视觉要素，品牌形象代表不仅能够帮助吸引消费者的注意力，而且能够帮助品牌建立差异性，直观、生动地传递品牌形象。

品牌形象代表的设计可以以某种有生命的事物或者被赋予生命的事物作为原型，例如，迪士尼的米老鼠、M&M's 的巧克力豆人、米其林的轮胎先生等。

品牌形象代表的设计也可以以现实中的人物作为原型，例如，肯德基的山德士上校、马戏小丑打扮的麦当劳叔叔罗纳德·麦当劳等。

（一）品牌形象代表与品牌代言人的区别

品牌形象代表和品牌代言人是两个不同的概念。

品牌形象代表是品牌要素的一种，是品牌形象的传递者。品牌形象代表本质上是一种商标设计，能够帮助消费者区分和辨别目标品牌与竞争品牌。

品牌代言人并不是一种品牌要素。品牌代言人的职能主要是帮助企业进行品牌信息的传播，在这个过程中，品牌代言人与品牌之间的关系并不是唯一的、永久的。例如，周杰伦担任过动感地带、优乐美、爱玛、百事等品牌的代言人，他与这些品牌之间的代言关系是有时间限制的，而且并不唯一。因此，品牌代言人并不能帮助消费者从根本上识别目标品牌与竞争品牌，不满足商标设计的这一属性。

（二）品牌形象代表的优点

1. 建立品牌认知

品牌形象代表往往色彩丰富、给人想象的空间，容易吸引住人们的注意力，因此有助于增强品牌记忆和认知。例如一头红发的麦当劳叔叔，一身传统马戏小丑打扮，身着黄色连衫裤、红白条衬衣和短袜、大红鞋、黄手套，令人过目不忘。友谊、风趣、快乐的麦当劳叔叔家喻户晓，在美国，他是4～9岁儿童心中仅次于圣诞老人的人物。作为麦当劳的“首席快乐官”，麦当劳叔叔是消费者脑海中不可磨灭的品牌形象代表，帮助消费者在心智中建立起麦当劳的品牌认知。

2. 传递产品的主要特性

品牌形象代表还可以传递产品的主要特性。例如，蜜雪冰城的品牌形象代表“雪王”，是一个头戴皇冠、身披红色披风、手拿冰淇淋权杖的雪人。“雪王”的爱好是“研究冰淇淋与茶的新奇吃法”，“看到喜欢的奶茶店忍不住舔嘴巴”。“雪王”的外在形象和兴趣爱好均很好地传递出了蜜雪冰城品牌的产品特性——新鲜冰淇淋和茶饮。通过“雪王”这个品牌形象代表，蜜雪冰城成功地让消费者增加了品牌认知，使产品特性深入人心。

---

① 凯文·莱恩·凯勒. 战略品牌管理. 北京：中国人民大学出版社，2003.

3. 给人们带来美好的体验

生动、可爱、有趣的品牌形象代表能够给人们带来美好的品牌体验。例如，OPPO 和 vivo 的品牌形象代表，一个是戴着耳机、白绿相间的活泼小清新公仔小欧，一个是穿着蓝色裤子、像机器人的帅气小 V，这两个手机品牌的形象代表都非常可爱、充满活力，它们在线上和线下与消费者进行互动，给消费者带来了快乐的品牌体验，深受年轻消费者的喜爱。

4. 能够产生直接利益

品牌形象代表可以成为一项宝贵的知识产权，通过许可授权的模式给企业带来直接的经济利益，并且可以增加品牌与消费者的接触度。例如，迪士尼公司的著名品牌形象代表米老鼠通过品牌授权开发出许多衍生品。这些授权不仅给迪士尼带来了巨额收入，而且帮助迪士尼将品牌的影响力扩大到各个行业，增加了品牌与消费者的接触度。

（三）品牌形象代表的设计原则

1. 不能喧宾夺主

品牌形象代表不能喧宾夺主。如果品牌形象代表太受欢迎，就有可能使其他品牌要素黯然失色，破坏品牌的整体认知。

2. 需要适时更新

品牌形象代表也需要进行更新，根据目标市场调整形象和个性。例如，vivo 的品牌形象代表小 V 曾经是一个穿着蓝色背带裤、体型庞大、喜欢摇头卖萌的“蓝胖小 V”。2018 年，vivo 将“蓝胖小 V”的形象进行了升级，小 V 的形象变得更时尚、帅气和动感，传递出 vivo 时尚的品牌基调，展示了 vivo 追求创新的发展诉求。

四、品牌口号

品牌口号（brand slogan）是用来传递有关品牌的描述性或说服性信息的短语。品牌口号是品牌传播的核心，是在品牌传播中反复使用的特定宣传用语，例如王老吉的“怕上火，喝王老吉”、欧莱雅的“你值得拥有”、德芙巧克力的“德芙，纵享丝滑”等。

（一）品牌口号的功能

1. 体现品牌核心价值

品牌核心价值是品牌向消费者承诺的功能性、情感性和自我表达性的利益，通过品牌口号的传播，品牌核心价值在广告、包装以及其他的营销活动中被不断地传递给消费者，久而久之在消费者心智中留下深刻的烙印。品牌核心价值通过品牌口号的形式被表达出来，加强了消费者的品牌认知，强化了品牌的定位。例如，瑞士著名钟表品牌百达翡丽（Patek Philippe）的品牌口号是“没有人能拥有百达翡丽表，只不过为下一代保管而已”，表达了品牌“为下一代继承”的理念，以及希冀百达翡丽成为连通父子、母女之间情感桥梁的品牌愿望。百达翡丽的品牌口号体现了品牌承诺的情感性利益，使百达翡丽“家传之宝”的品牌定位深入人心。

2. 反映品牌的整体规划

品牌口号能够反映出品牌的整体规划。通过品牌口号，消费者能够洞悉品牌的主张和发展规划。例如，格力的品牌口号从“好空调，格力造”到“格力，掌握核心科技”，再到“格力，让世界爱上中国造”，反映出企业每一个发展阶段的品牌规划。可以说，格力的品牌口号见证了格力从一个年产值不到2 000万元的小厂品牌到一个国际化家电品牌的成长蜕变。

（二）品牌口号的设计原则

1. 简练易于传播

好的品牌口号应该简短精练、朗朗上口，易于传播。品牌口号用最少的词汇，将主要的诉求信息压缩成精炼简明的短句，便于人们复述和记忆、加深对品牌的印象，以及突出品牌形象。例如，维维豆奶的“维维豆奶，欢乐开怀”、好丽友的“好丽友，好朋友”、自然堂的“你本来就很美”，等等。

如果品牌口号具有流行语的潜质，那么品牌传播更容易达到事半功倍的效果。例如，全球最大的钻石开采公司戴比尔斯（De Beers）1947年创作的口号“A Diamond is Forever”（“钻石恒久远，一颗永留传”），至今仍广为流传，钻石也因此成为爱情永恒承诺的象征。

2. 独特有感染力

独特、有感染力的品牌口号对建立品牌认知能起到更好的效果。例如，铁达时手表（Solvil et Titus）的品牌口号“不在乎天长地久，只在乎曾经拥有”极具感染力，这句口号不仅帮助铁达时建立了浪漫的品牌形象，口号本身也成为经典，至今仍感动着人们。

3. 与品牌建立联系

品牌口号需要与品牌建立起紧密的关联，为品牌树立形象、明确定位、强调个性以及传递核心价值。例如，强生的“强生，因爱而生”树立起品牌形象；碧桂园的“给你一个五星级的家”明确了品牌的定位；麦当劳的“我就喜欢”强调了品牌个性；小天鹅的“全心全意小天鹅”传递了品牌的核心价值。这些品牌口号只有寥寥数语，却概括了品牌相关的精髓，传递和强化了品牌认知，有助于强势品牌的打造。

品牌视角4-3

中外知名品牌口号

- 农夫山泉有点甜（农夫山泉）
- 原来生活可以更美的（美的）
- 抖音，记录美好生活（抖音）
- 为发烧而生（小米）
- 耕耘美丽中国（中国农业银行）
- 百度一下，你就知道（百度）
- Just do it（耐克）
- Impossible is nothing（阿迪达斯）

- Keep walking（Johnnie Walker，尊尼获加）
- No business too small，no problem too big（IBM）
- 万事皆可达，唯有情无价（万事达）

五、品牌广告曲

品牌广告曲（brand jingles）是用来描述品牌的音乐，可以将其看作谱上音乐旋律的品牌口号。由于品牌广告曲朗朗上口，因此能够加强品牌宣传和品牌联想的效果，增强品牌感染力。

越来越多的企业在传统的企业形象识别系统（CIS）中，除理念识别（MI）、行为识别（BI）、视觉识别（VI）之外，增加了声音识别（SI），品牌广告曲就是SI的一种。通过品牌广告曲，消费者可以通过听觉识别特定的品牌。例如，当消费者听到"噔，噔噔，噔噔"的时候会想到英特尔；听到"Balabababa，I'm lovin' it"时会想到麦当劳；听到《吉祥三宝》的旋律时就会想到喜之郎美好时光海苔；等等。

因此，品牌广告曲在品牌要素的设计中日益受到重视，越来越多的企业开始整合视觉和听觉对品牌进行全方位的设计，其中出现了一些令人印象深刻的品牌广告曲。例如，拼多多版本的《好想你》："拼多多，拼多多，我和你，拼多多，来一起一起拼多多……"这首广告曲歌词简单，节奏感强，突出了购物时的欢快心情，仿佛具有魔性，能让消费者不知不觉地跟着哼唱起来，有助于品牌在潜移默化中完成品牌传播。

六、包装

包装（packaging）涉及设计和制造产品的容器或包裹物。[①] 包装不仅可以保护产品、促进销售，而且可以增强品牌认知和品牌形象。因此，包装也被很多营销人员称作营销组合中的第五个"P"。

（一）包装对品牌的作用

包装是非常重要的一个品牌要素。对品牌来说，包装的作用主要体现在以下三点。

1. 识别品牌

包装上包含品牌名称、产品规格、成分、产地、使用方法等品牌信息，是消费者识别品牌的一个主要来源。同时，由于包装常常在广告宣传中扮演重要的角色，如电视广告中通常会出现较多包装的特写镜头，消费者会根据包装来区别品牌。例如，可口可乐的经典弧形瓶已经成为消费者识别可口可乐品牌的标识之一。根据可口可乐官网的资料，1949年的一项调查显示，超过99%的美国人仅凭包装的外形就能辨认出可口可乐。1977年，可口可乐弧形瓶被注册为商标，成为极少数能够获得这种认定的包装设计。

---

① 凯文·莱恩·凯勒．战略品牌管理．北京：中国人民大学出版社，2003.

品牌视角4-4

可口可乐的经典包装——弧形瓶的百年历程

- 1915年，举世闻名的可口可乐弧形瓶由印第安纳州泰瑞豪特的鲁特玻璃公司设计并获得专利。
- 1923年，随着家用电冰箱的逐渐普及，可口可乐公司推出六联包，鼓励消费者在家轻松畅饮可口可乐。
- 1950年，可口可乐弧形瓶登上美国《时代周刊》的封面，成为首个出现在该杂志封面的商业产品，由此奠定了可口可乐国际品牌的地位。
- 1955年，可口可乐在美国推出更大容量的包装，更多包装尺寸的选择满足了消费者的不同需求。
- 1957年，可口可乐公司在弧形瓶瓶身上用白漆印上“Coca-Cola”和“Coke”商标，取代了传统玻璃瓶上的“Coca-Cola”浮字商标。
- 1960年，12盎司的铝制易拉罐可口可乐在美国推出。早期的易拉罐上还印有弧形瓶的图案，帮助人们了解罐装和瓶装可口可乐是同一种饮料。
- 1977年，可口可乐弧形瓶成为注册商标，仅有极少数的包装设计能获得这样的认定。
- 1993年，20盎司的塑料弧形瓶诞生，将可口可乐与其他饮料再度区别开来。
- 2008年，可口可乐的铝制弧形瓶包装在戛纳国际创意节上获得了第一个设计类全场大奖。
- 2009年，可口可乐公司推出植物环保瓶，使用含高达30%可再生植物的材料制作，并且百分之百可回收。
- 2015年，可口可乐弧形瓶推出100年。著名美国工业设计师雷蒙德·洛威称赞其为“完美的饮料包装”。

资料来源：可口可乐中国官网。

2. 产生溢价

精美的品牌包装能够产生溢价，使消费者愿意为此支付更高的价格。例如，来自日本神户的矿泉水品牌Fillico，由于包装贵气奢华而被消费者誉为“珠宝水”。Fillico的包装令人惊艳，由施华洛世奇水晶打造的国王帽和天使之翼是Fillico瓶子包装的经典标志(见图4-6)。奢华的包装给Fillico品牌带来了非常可观的溢价空间。Fillico矿泉水的售价基本在1万日元到10万日元之间，价格已经远远超过了水本身的价值。但是，即使是在每月限售的情况下，Fillico的产品仍然非常抢手。

3. 促进销售

美国最大的化学工业公司杜邦公司的一项调查发现，63%的消费者是根据商品的包装来选购商品的。这个发现就是包装效应，也被称为“杜邦定律”。一方面，包装可以美化商品，带来差异化的竞争优势。精美的包装具有视觉上的强烈吸引力，能够有力地带动销售。另一方面，通过更换包装，品牌能够进入新的细分市场，促进销售，给品牌带来更多的利润。

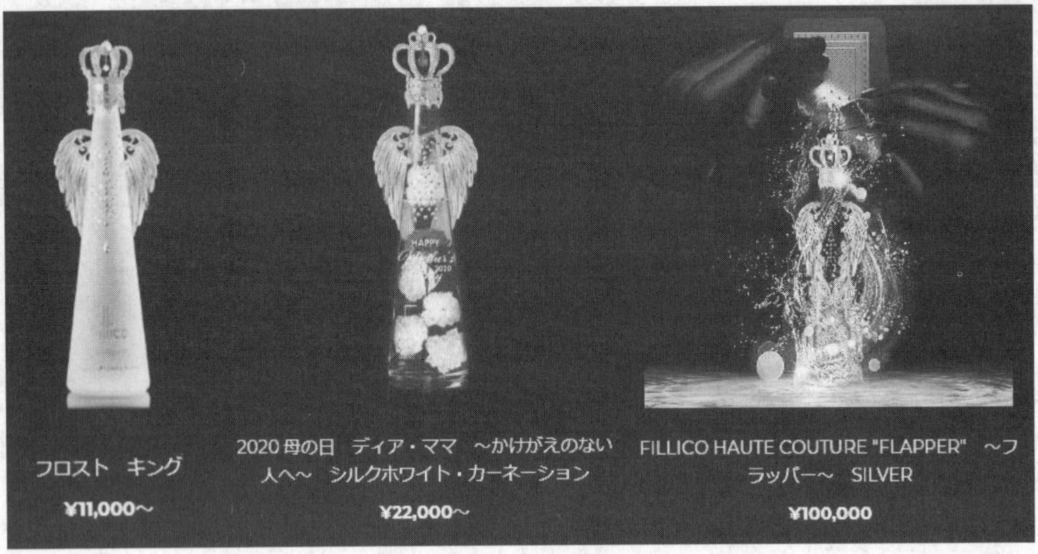

图 4-6　Fillico 矿泉水的包装

资料来源：Fillico 官网（http：//www. fillico. com）。

除了以上三点，包装对品牌的作用还包括保护产品、降低损耗、提高物流效率等。

（二）包装的设计

包装的设计要充分考虑功能因素和美学因素。功能因素包括包装的结构设计和材料等；美学因素则包括包装的颜色、文字和图案，以及整体造型等。各设计要素之间要相得益彰，以得到最佳的包装设计方案。

1. 功能因素

包装的结构设计主要包括形状、大小、构造等要素。包装材料则需要考虑特殊材料、环保材料的使用，以达到防潮、防震、防漏、防碎等目的。总之，通过对包装结构和材料的设计，使包装不仅能够方便运输、仓储、陈列和销售，而且要方便消费者携带和使用。

例如，由潘虎包装设计实验室设计的褚橙包装就因独具匠心的结构设计成为农产品包装的一个经典，并因此拿下了有设计界“奥斯卡”之称的德国红点设计大奖（Red Dot Design Award）（见图 4-7）。褚橙包装的结构设计特色是：只要轻轻往外抽拉包装盒，橙子就会从盒中自动升起。这个设计能够在充分展示橙子的同时方便拿取橙子，同时也暗示了褚橙创始人褚时健一生的起起落落，寓意丰富。

2. 美学因素

包装的美学因素也是包装设计中的重点。包装的颜色、文字和图案、整体造型等要素需要符合美学原理，使包装具有显著区别于其他产品的视觉特征，以诱惑、刺激、引导消费者购买，增强消费者对品牌的认知、联想和记忆。

《韩非子·外储说左上》记载了一则故事：楚人有卖其珠于郑者，为木兰之柜，熏以桂椒，缀以珠玉，饰以玫瑰，辑以翡翠。郑人买其椟而还其珠。此可谓善卖椟矣，未

图 4-7　褚橙的包装设计

资料来源：潘虎包装设计实验室官网。

可谓善鬻珠也。这则故事说的是：在春秋时代，楚国有一个卖珠宝的商人，有一次他到齐国去兜售珠宝，为了使珠宝畅销，商人特地用名贵的木料打造装珠宝的盒子，并且用珠玉、玫瑰、翡翠进行装饰，总之把盒子装饰得非常精致美观。有一个郑国人，看见装珠宝的盒子既精致又美观，问明价钱后就买了一个，然后打开盒子，把里面的珠宝拿出来退还给了珠宝商。买椟还珠的成语故事从侧面说明了包装，特别是包装的美学因素的重要性。

七、域名

域名（domain name）是由一串用点分隔的名字组成的互联网上某一台计算机或计算机组的名称，用于在数据传输时对计算机的定位标识（有时也指地理位置）。域名类似于企业和品牌在互联网上的门牌，通过域名，人们能够在互联网上方便地找到特定的企业和品牌。

域名的注册应遵循先申请先注册的原则，注册后的域名具有排他性，受法律保护。而且，每一个域名都是独一无二、不可重复的。因此，域名具有商标的属性，是互联网时代一个重要的品牌要素。

域名不仅可以识别企业或品牌，而且可以传递企业或品牌的信息，例如历史、文化、动态等，是与消费者沟通的一个重要窗口。因此，企业需要及时注册域名，并且在注册时考虑域名和品牌名称之间的一致性。

麦当劳就曾经在域名注册上错失先机。1994 年互联网刚兴起的时候，一位美国记者上网输入 www. mcdonalds. com 时发现浏览器一片空白，提示此域名还没有被注册。他将此发现告知了麦当劳的公关部，但是没有得到回应。于是这位记者开玩笑似地注册了这个域名，将其当作个人站点的域名使用。后来当麦当劳想要建设网站时才发现这个和它的品牌名称一样的域名已经被注册了。经过谈判，在麦当劳答应捐助 800 万美元给一所大学后，这位记者将域名还给了麦当劳。

综上所述，品牌要素包括品牌名称、品牌标识、品牌口号、品牌广告曲、包装、品牌形象代表和域名等。各个品牌要素共同构成了品牌的有形骨架和躯干。各个品牌要素之间既要融合又要匹配，才能为品牌资产做贡献。

本章回顾

1. 品牌要素是指那些能标记和区分品牌的要素。品牌要素的设计是品牌管理的一项基础工作，是打造品牌的关键一步。

2. 品牌要素主要包括：品牌名称、品牌标识、品牌口号、品牌广告曲、包装、品牌形象代表、域名等。

3. 品牌要素的设计要符合可记忆性、寓意丰富、可转换性、可适应性、可保护性等标准。

4. 品牌要素是品牌识别的重要来源，而且能够帮助建立品牌资产。

5. 品牌名称是构成品牌的最基本和最重要的品牌要素。品牌的命名原则包括易读易记、富有含义和独特性。品牌命名是一项系统的工程，一般需要经过界定命名目标、建立品牌名称库、初步筛选、备选名称调研、确定名称和注册等步骤。

6. 品牌标识是用于区别品牌的视觉符号。品牌标识包括文字标识、图案标识和图文标识。品牌标识的设计要简洁醒目、准确传递品牌内涵，而且要富有设计美感、具有时代气息。

7. 品牌形象代表是品牌形象的传递者，它和品牌代言人是两个不同的概念。品牌形象代表可以建立品牌认知、传递产品的主要特性、给人们带来美好的体验，还能够产生直接利益。品牌形象代表的设计不能喧宾夺主，需要适时更新。

8. 品牌口号是用来传递有关品牌的描述性或说服性信息的短语。品牌口号能体现品牌的核心价值和反映品牌的整体规划。品牌口号的设计要简练易于传播、独特有感染力、与品牌建立联系。

9. 品牌广告曲是用来描述品牌的音乐，可以将其看作谱上音乐旋律的品牌口号。

10. 包装涉及设计和制造产品的容器或包裹物。包装具有识别品牌、产生溢价、促进销售等作用。包装的设计要充分考虑功能因素和美学因素。

11. 域名具有商标的属性，是互联网时代一个重要的品牌要素。企业需要及时注册域名，并且在注册时考虑域名和品牌名称之间的一致性。

基本概念

品牌要素	品牌名称	品牌标识	品牌形象代表
品牌口号	广告曲	包装	域名

拓展阅读

[1] 魏华，汪涛，冯文婷，等．文字品牌标识正斜对消费者知觉和态度的影响．管理评论，2018，30（2）：136－145.

[2] 景奉杰，石华瑀，牛亚茹．品牌标识边框对消费者品牌态度的影响机制探究．经济与管理评论，2019，35（1）：45－56.

阅读以上文献后思考：

1. 品牌标识的设计（正 vs. 斜、有边框 vs. 无边框）会对消费者产生什么影响？

2. 品牌标识设计中还有哪些因素可能会给消费者带来类似的影响？
3. 除了品牌标识，在其他品牌要素的设计中，是否也存在类似的影响效应？

复习题

1. 什么是品牌要素？
2. 品牌要素主要包括哪些？
3. 在品牌创建的过程中，品牌要素有什么重要意义？
4. 品牌要素的设计需要符合哪些基本标准？

实训练习

2021年年底，比亚迪宣布将在2022年发布一个全新的高端品牌，首款车型定位为硬派越野车，售价区间在50万~100万元。

比亚迪推出高端品牌是众望所归。

虽然牢牢占据着新能源厂商销量榜首之位，市值也稳坐国内上市车企市值NO.1宝座，但是比亚迪在国内消费者心目中的形象仍然停留在中低端、实惠的层面，与高端、豪华等沾不上边。

一家企业要想做大做强，成为行业真正的领头羊，绝不能仅仅满足于中低端市场，还必须在中高端市场具有影响力和话语权，这不仅仅是出于占领更多市场份额的需要，也是提升企业形象的必经之路。

比亚迪现在不缺平台、不缺技术、不缺产品力，左手掌握“刀片电池”，右手研发全固态电池，身怀DM-i超混技术、DM插混技术，身后是比亚迪e平台3.0，另外还有独立的半导体产业，比亚迪现在缺的是高端豪华的形象。

现阶段，行业变革和消费环境正给自主豪车提供史上最肥沃的培育土壤，此时打造高端品牌恰逢其时，产品序列与其从30万元到40万元再到50万元的价格循序渐进，不如一步到位，直接从50万元起步向上探索，并以百万豪车试探市场。50万~100万元这个售价区间其实定得很精准，因为低于50万元不足以打造高端形象，高于100万元的价格容易让人望而却步，50万~100万元刚刚好。

综上所述，比亚迪推出新的高端品牌，并将首款车型定为50万~100万元的硬派越野车，其实是一个正确的决定。一方面，电动化、智能化给汽车行业带来的变革，加上汽车消费风向的变化，给自主品牌冲击更高端的天花板提供了优质的土壤。另一方面，比亚迪将首款车定位为硬派越野车，是比亚迪经过深思熟虑的选择，因为比亚迪一直缺失这类产品，这是其封神之路的必要选择。

资料来源：汽车大事记V. 打造百万高端品牌：比亚迪封神之路由此开启?. (2021-12-17). https://baijiahao.baidu.com/s?id=1719392107309352044&wfr=spider&for=pc.

请以以上材料作为背景，搜索比亚迪的相关资料，然后完成以下实训练习：

1. 遵循品牌命名的步骤，为比亚迪的这个高端新品牌进行命名。
2. 为这个新品牌设计一条品牌口号。

第3篇

品牌壮大

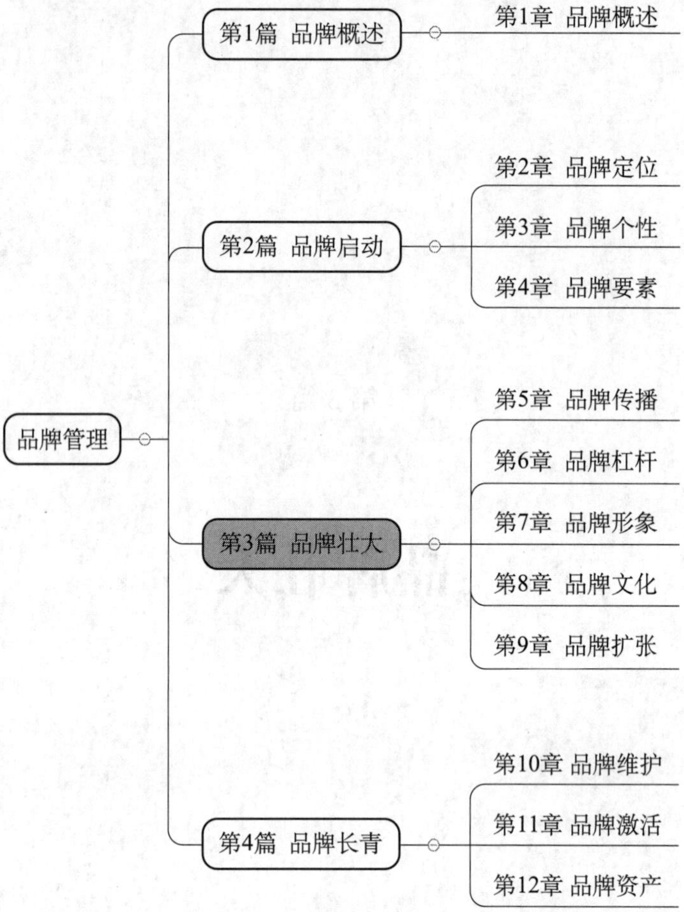
品牌管理
第1篇 品牌概述
第1章 品牌概述
第2篇 品牌启动
第2章 品牌定位
第3章 品牌个性
第4章 品牌要素
第3篇 品牌壮大
第5章 品牌传播
第6章 品牌杠杆
第7章 品牌形象
第8章 品牌文化
第9章 品牌扩张
第4篇 品牌长青
第10章 品牌维护
第11章 品牌激活
第12章 品牌资产

第5章 品牌传播

| 知识思维导图 |

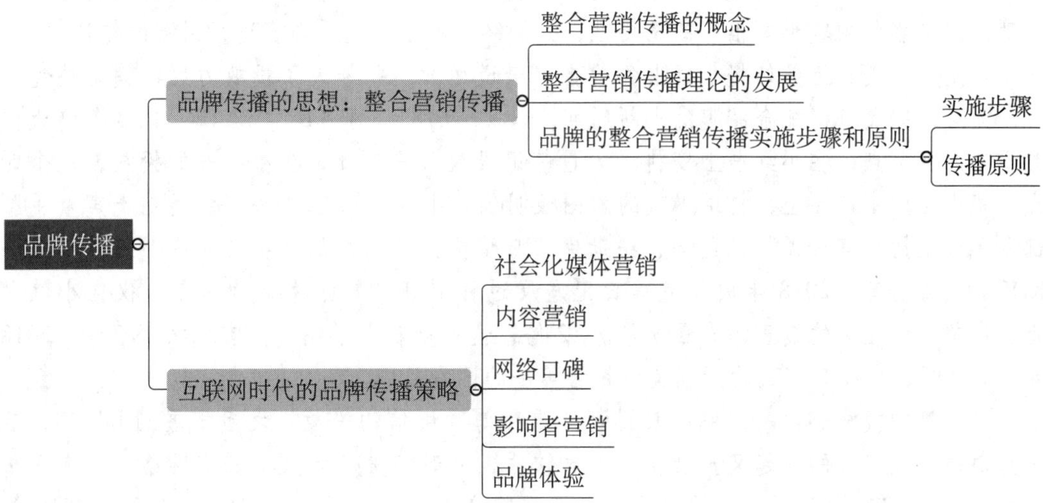

| 知识学习目标 |

- 掌握品牌整合营销传播的概念；了解整合营销传播理论的发展；理解品牌整合营销传播的步骤；掌握品牌整合营销传播的原则。
- 掌握社会化媒体营销、内容营销、网络口碑、影响者营销、品牌体验的概念和实施要点。

| 技能学习和掌握目标 |

- 能够观察和分析生活中具体品牌的传播策略。
- 具备一定的品牌传播方案设计能力。

导读案例：完美日记在社交媒体上的“养成”之路

2020年11月19日晚，国产美妆品牌完美日记母公司逸仙电商（NYSE：YSG）在纽交所敲钟。上市两日内，其市值从70亿美元飙涨至133亿美元。而这时，完美日记品牌刚创立不过3年。

2018年，完美日记开始在小红书、抖音等内容平台走红。依靠大量生产优质内容的关键意见领袖（KOL）的分享和推荐，完美日记迅速树立起自己的品牌形象：高性价比、设计漂亮、推广力强以及快速上新，收获了大量粉丝。这种效应外溢到电商平台后带动了完美日记销售额的增长。

其中，小红书成为完美日记成功的重要推手。截至2020年11月，小红书上的完美日记官方账号约有200万粉丝，获赞与收藏超350万，相关笔记数据近30万篇。完美日记是典型的互联网品牌，虽然有庞大的电商销售渠道坐镇，但与所有的新品牌类似，初出茅庐的完美日记面临着如何迅速提高知名度的困扰。作为一个彩妆品牌，完美日记的目标用户拥有“年轻”“爱美”“时尚”“女性”等标签。在众多网络社区里，70%的用户是90后、近八成用户为女性的小红书因此成为最适合完美日记的平台。逸仙电商新零售事业部总裁冯琪尧曾对《棱镜》复盘完美日记最初的“开窍”过程：初创期间，团队观察到不少用户在小红书上发布品牌的试色和“种草”内容，引发全平台的讨论，逸仙电商意识到彩妆内容形式推广的重要性，并最终确定了用优质内容进行引流的打法。

于是，完美日记开始将小红书作为重点渠道运营，并加大了投放力度，销量快速上升。随后，完美日记配合品牌的上新周期，以及“618”“双11”“双12”以及年终大促等重要时间节点，在小红书上安排了大量笔记投放。完美日记在小红书的投放，每个时期都集中在两个产品上，打造爆款的意图很明确。小红书通过“头部主播制造声量+腰部和尾部主播口碑传播”的组合，帮助完美日记提升了用户的购买转化率。得益于众多KOL的高效分享，2018年成为完美日记发展过程中颇具转折意义的一年。仅在小红书上，完美日记相关的搜索曝光量就暴涨12倍，这直接刺激了销量。官方数据显示，2018年“双11”，完美日记成为天猫美妆销售第一的国货品牌。

除了集中投放小红书，完美日记还注重微博和微信的投放，之后拓展到bilibili，后来随着短视频平台的兴起又扩展至抖音和快手，一时完美日记火遍社交网络。上海语析信息咨询于2020年4月发布的《完美日记品牌分析报告》显示，2017年1月至2018年8月期间，小红书占据完美日记品牌声量的45.9%，微博占据37.52%。《南方周末》记者统计发现，截至2020年11月18日，抖音上与完美日记相关的话题多达上百个，单个话题最高播放量达6.8亿次；快手上与完美日记相关的话题有70多个，话题下作品数量多达1.6万个。而完美日记的招股书称，截至2020年9月30日，逸仙电商在中国电商和社交平台上拥有和运营的各种官方账户总计有超过4 800万粉丝。其中，小红书上的完美日记官方账号有约200万粉丝，微信平台所有官方渠道总计有1 500万粉丝。

在各社交媒体上投放KOL对完美日记的成功来说可谓意义重大。首先，KOL投放适用于完美日记的用户群体。逸仙电商副总裁黄一耕接受媒体采访时曾表示，完美日记的主要用户是18~28岁的女性，这一年龄段以95后为主。第三方数据机构易观发布的《95后年轻人群消费趋势洞察2020》显示，95后人群偏爱互动营销，易被“种草”。其次，小红书等社交媒体平台上存在海量高质量和年轻化的关键意见消费者（KOC）和KOL的生态，他们不仅提供了高质量的内容，也十分了解粉丝们的消费痛点，比如，如何利用一个眼影盘画出不同风格的眼影，如何根据肤质选择合适成分的产品等。这不仅有助于好产品迅速获得消费者的认可，而且有助于 KOL 的粉丝转化为品牌的粉丝。逸仙电商的招股书显示，截至 2020 年 9 月 30 日，与之合作的 KOL 有近 15 000 名，不仅包括 800 多个粉丝数量超百万的重量级 KOL，更有大量具备长尾优势的普通 KOL。因此，逸仙电商在招股书中将自己描述为“中国最早的在所有主要社交平台上大规模使用 KOL 的美容平台之一”。

通过密集的社会化媒体投放，2019 年“双 11”，完美日记力压 MAC 和雅诗兰黛，成为天猫“双 11”彩妆品牌销售额 TOP1。2020 年完美日记又一次以超过 6 亿元的销售额拿下天猫“双 11”彩妆类目第一。

资料来源：卫琳聪．“完美日记”：35 亿砸出的国产美妆品牌．南方周末，2020－11－20；碧根果．小红书正在助推更多「完美日记」．（2020－11－25）．https：//36kr. com/p/983502336400004.

思考：

1. 品牌传播对品牌成长壮大有多重要？
2. 完美日记运用了哪些品牌传播策略？
3. 完美日记是否通过各种社会化媒体平台给消费者传递了统一的品牌形象？

第 1 节　品牌传播的思想：整合营销传播

不同的传播手段有不同的优点，能够实现不同的营销目标。因此，只有对不同的传播手段进行设计和组合，制定整合营销传播方案，才能够达到积累品牌资产、使品牌价值最大化的品牌管理目标。另外，随着互联网、计算机等技术的进步，传播环境日新月异，品牌传播手段更是层出不穷、令人眼花缭乱，这给营销管理人员的品牌传播决策带来了巨大的挑战。面对丰富多样的品牌传播手段，营销管理人员在制定品牌传播策略和战略时，只有坚持整合营销传播的思想，才能够发挥传播策略“组合拳”的功效，向外传递一致的品牌信息，从而树立和维护统一的品牌形象。

一、整合营销传播的概念

品牌传播是建立消费者与品牌关系的桥梁。通过品牌传播，可以引起消费者对品牌的关注、喜爱和共鸣。随着信息技术的发展，品牌传播的媒介变得越来越丰富和多元化，信息传播过程中来自各个方面的噪声也在明显增加，品牌连接消费者、与消费者沟通的方式同样面临着新的挑战，在此情况下，对品牌进行整合营销传播已经成为必然。

那么，什么是整合营销传播呢？关于整合营销传播（integrated marketing communication，IMC）的定义，以下几种比较有代表性。

美国广告代理商协会（American Association of Advertising Agencies，4A）最早提出整合营销传播的概念，1989 年给出了如下定义：“整合营销传播是一个营销传播计划概念，要求充分认识制订综合计划时所使用的各种带来附加值的传播手段——如广告、直邮、销售促进和公共关系——并将之结合，提供具有良好清晰度、连贯性的信息，使传播影响力最大化。”

美国西北大学的唐·舒尔茨（Don E. Schultz）、斯坦利·田纳本（Stanley I. Tannenbaum）和北卡罗来纳大学分校的罗伯特·劳特朋（Robert F. Lauterborn）合著的全球第一部 IMC 专著《整合营销传播》（1992 年）中提出："整合营销传播是一种在长时期内对现有及潜在消费者采取不同形式的说服传播计划过程，目的是要直接影响所选定的传播受众的行为。这一过程要考虑到一切消费者接触公司或品牌的来源不同，运用各种潜在渠道传播企业及产品信息。此外运用所有与消费者相关并可使他们接受的传播形式。总而言之，整合营销传播是从现有及潜在消费者的立场出发，决定及定义一种说服传播计划所应发展的形式及方法。"

整合营销传播理论的重要代表人物之一，美国科罗拉多大学整合营销传播研究所的创办人汤姆·邓肯（Tom Duncan）在 IMC 的概念中率先引入了"利益相关者"（stakeholder）。他认为，"整合营销传播指企业或品牌通过发展与协调战略传播活动，使自己借助各种媒介或其他接触方式与员工、顾客、投资者、普通公众等利益相关者建立建设性的关系，从而建立和加强他们之间的互利关系的过程。"

此后，整合营销传播理论的先驱、被誉为"整合营销传播之父"的唐·舒尔茨针对组织应当如何展开整合营销传播的研究，考虑到营销传播不断变动的管理环境，给整合营销传播下了一个新的定义："整合营销传播是一个业务战略过程，它是指制定、优化、执行并评价协调的、可测度的、有说服力的品牌传播计划，这些活动的受众包括消费者、顾客、潜在顾客、内部和外部受众及其他目标。"

综上所述，整合营销传播至今仍未形成一个统一的定义，但是整合营销传播"speak with one voice"（用一种声音说话）的观点得到了普遍的认同。20 世纪 90 年代后期，几乎所有广告学和营销学教材都把 IMC 定义为"一种声音，一种形象"。[①] 结合国内外学者的研究，本书认为整合营销传播是一个制订并执行针对目标受众（顾客、公众、投资者、员工等利益相关者）的说服性营销传播计划的过程，在这个过程中通过对传播内容和传播资源的整合，实现"一种声音，一种形象"的效果，从而达到建立和积累品牌资产的目的。

二、 整合营销传播理论的发展

整合营销传播理论的发展过程大体可以分为四个阶段（见表 5－1）。

表 5－1　整合营销传播理论的发展过程

时间	阶段	主要内容
20 世纪 80 年代以前	孕育	（1）4P 理论：体现出"整合"的思想； （2）定位理论：用"一种声音"强化定位。
20 世纪 80 年代	产生	（1）整合传播手段的实践； （2）4A 提出了第一个 IMC 的定义。

① 黄迎新．理论建构与理论批评的互动：美国整合营销传播理论研究二十年综述．中国地质大学学报（社会科学版），2010，10（2）：76－81.

续表

时间	阶段	主要内容
20 世纪 90 年代	发展	（1）将营销和传播相结合； （2）IMC 从传播战术上升为管理战略。
21 世纪至今	成熟	（1）IMC 的量化和评估； （2）技术给营销和传播带来价值和贡献。

（一）孕育阶段：20 世纪 80 年代以前

20 世纪 80 年代以前诞生的 4P 理论和定位理论体现出了整合营销传播思想的萌芽，因此，4P 理论和定位理论被认为是整合营销传播理论诞生的理论基础。

1. 4P 理论

1960 年美国密歇根州立大学教授杰罗姆·麦卡锡（Jerome McCarthy）提出了著名的“4P”营销组合经典模型，即产品（product）、价格（price）、分销（place）和促销（promotion）。4P 理论是营销管理理论的基石，它把营销的诸多要素进行了整合和归纳，使之便于记忆和传播，有效提高了营销管理的效率。

2. 定位理论

20 世纪 70 年代定位理论的提出是为了在激烈的竞争中实现有效的传播。定位理论意味着企业应该围绕“定位”来创建和传播品牌，在此过程中必须发出“一种声音”才能实现和强化品牌的定位。

（二）产生阶段：20 世纪 80 年代

20 世纪 80 年代，一些有远见的营销人员发现传统广告很难奏效，而各种促销工具并用又容易发生冲突，因此力图把各种营销传播手段协调运用以便创造更好的传播效果。①

到了 20 世纪 80 年代后期，美国一些广告公司中率先出现了名为“整合营销传播”的客户代理小组。这个概念受到了当时 4A 主席基思·雷哈德（Keith Reinhard）等人的青睐，他们希望在全美广告公司推行这一概念。1988 年，他们与美国西北大学梅迪尔新闻学院联手实施了第一个 IMC 研究项目，并于 1989 年提出了第一个 IMC 定义，这标志着 IMC 研究在美国的开始。②

（三）发展阶段：20 世纪 90 年代

自 IMC 的概念第一次提出以来，IMC 引起了业界和学术界的广泛注意。在 20 世纪 90 年代，IMC 的概念和内涵被不断地丰富和完善，许多学者从不同的角度对 IMC 进行了定义和研究，IMC 的理论得到了进一步的发展。这个阶段 IMC 理论的发展主要表现在：

---

① 卫军英．整合营销传播观念及其理论构架．杭州：浙江大学，2005.

② 同①.

1. 将营销和传播相结合

“营销即传播，传播即营销，二者密不可分。”① 理论界开始把营销和传播结合到一起研究，将“营销”和“传播”综合成一个完整的概念。唐·舒尔茨、斯坦利·田纳本、罗伯特·劳特朋合著的第一部 IMC 著作《整合营销传播》中提出的“4C 取代 4P”的观点被广泛引用，并成为整合营销传播的核心理念之一。

4C 是《整合营销传播》合著者之一罗伯特·劳特朋在 1990 年提出的理论，4C 分别是指消费者（consumer）、成本（cost）、便利（convenience）和沟通（communication）。传统的 4P 理论被认为已经不能满足需要，4C 理论以消费者需求为导向，重新设定了市场营销组合的四个基本要素，即用消费者、成本、便利、沟通来代替传统 4P 市场营销组合的产品、价格、分销与促销（见图 5－1）。

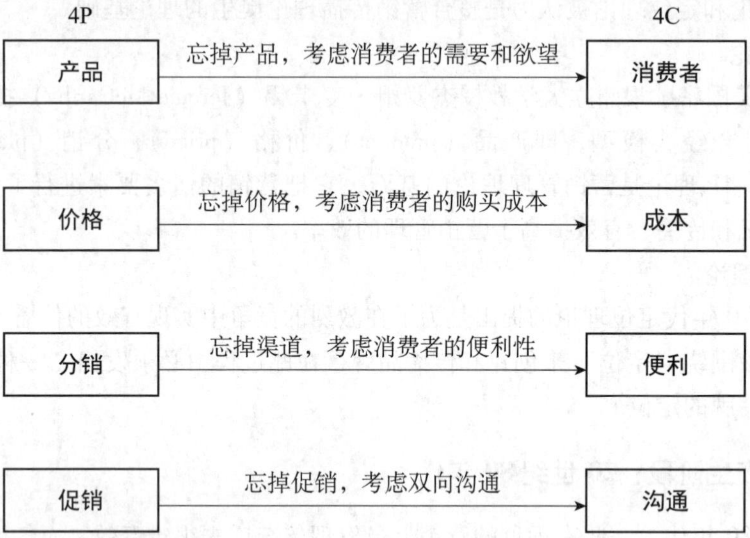

图 5－1 4P 与 4C

2. 引入“利益相关者”的概念

随着整合营销传播研究的发展，美国科罗拉多大学的汤姆·邓肯教授在 IMC 的研究中提出了“利益相关者”的概念。他认为应该将 IMC 概念中的目标市场扩大为与企业相关的所有利益群体，比如企业职员、管理者以及企业上下游的合作伙伴等，而不仅仅是消费者。所以当整合营销作用于企业时，应该借助各种方式与所有利益群体保持长久的关系。这种长久、稳定的品牌关系是整合营销传播的核心价值追求，是品牌资产的构成核心。汤姆·邓肯从营销传播的角度把品牌价值的来源确定为企业组织或品牌与顾客以及关系利益人之间的关系，而这种关系主要是通过沟通建立的。② 汤姆·邓肯将 IMC 理论进一步系统化和科学化，他提出的“利益相关者”“品牌接触点”“品牌关系”等概念均获得了广泛的认可。

至此，IMC 从最初作为媒介和信息整合的营销传播层面的战术和操作，上升为建立

---

① 唐·舒尔茨，斯坦利·田纳本，罗伯特·劳特朋. 整合营销传播. 呼和浩特：内蒙古人民出版社，1998.

② 张金海，段淳林. 整合品牌传播的理论与实务探析. 黑龙江社会科学，2008（5）：99－102.

品牌关系和品牌资产的营销管理层面的战略规划。

（四）成熟阶段：21世纪至今

进入21世纪以来，信息技术的发展带来了传播工具的创新和扩展，也带来了市场营销环境的改变，整合营销传播理论也随之不断得到完善。IMC绩效的监测和评估、互联网、新媒体、大数据等成为整合营销传播研究中的热词。

唐·舒尔茨（2012年）认为互联网大数据时代的来临，需要一种新的整合营销架构（SIVA）来指导广告主进行品牌营销。SIVA（solution，information，values，access）指的是：第一，解决方案（solution）。营销组织必须为消费者提供解决方案，解决他们所面临的问题或满足他们的需求。第二，信息（information）。营销组织必须为消费者提供他们需要的信息，方便他们了解和评估其提出的解决方案。第三，价值（values）。营销组织必须提供价值，以满足消费者的需求；必须保证消费者为获得解决方案而支付的成本与解决方案提供的价值相符。第四，途径（access）。营销组织必须为消费者提供方便快捷的途径，使其获取解决方案，而获取的方式应当以消费者所期望的方式为准，而不是单单将解决方案推销出去。[①] SIVA理论指出了互联网时代消费者决策行为的路径（寻求解决方案、寻求信息、评估价值、寻找解决问题的途径），强调要以消费者为中心，满足消费者的需求，与消费者深度对话和沟通。SIVA理论代表了从媒体整合到以消费者为中心进行整合的营销思想的转变，可以将其看作整合营销传播理论的升级。

2017年，唐·舒尔茨又提出了进入人工智能时代后的营销理论——PAR。其中，“P”表示模式和平台（pattern and platform），指的是消费者行为模式将从数据中产生，为以消费者为中心的交流平台奠定了基础。“A”表示敏捷性和行动（agility and action），指技术给公司带来了灵活性，营销组织必须有能力快速变革，并且能够实时地对消费者的行为作出反应和预测未来。快速变革的能力能够让营销组织采取及时的行动，营销组织不能像以往那样把数据存储起来再分析，而是要实时采集和分析数据，并且及时采取相应的行动。“R”表示响应和相关性（response and relevance），指营销组织应该提供及时、有意义的解决方案去满足消费者的需求，同时提高所提供产品和服务的相关度，加深与消费者之间的关系。PAR理论强调了大数据和人工智能技术在营销中的应用。PAR理论认可了技术给营销带来的价值和贡献，这种思维被认为能够给整合营销传播的实践带来深远的改变。

三、品牌的整合营销传播实施步骤和原则

（一）品牌的整合营销传播实施步骤

品牌整合营销传播的实施主要包括以下五个步骤（见图5-2）。

① 唐·舒尔茨.SIVA范式：搜索引擎触发的营销革命.北京：中信出版社，2014.

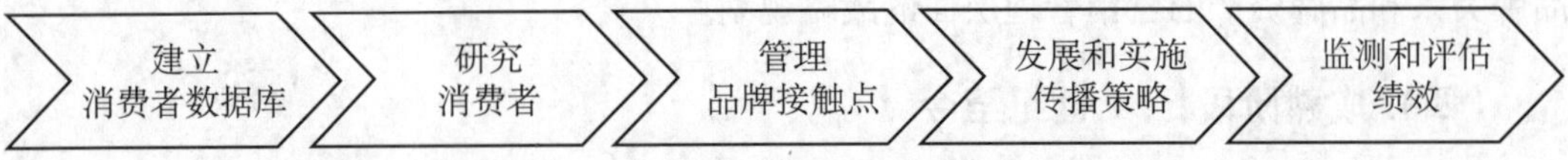

图 5-2 品牌整合营销传播的实施步骤

1. 建立消费者数据库

建立消费者数据库是品牌整合营销传播工作的第一步。数据库应该包括消费者的基本资料、历史购买记录、消费者对产品或服务的态度等信息。

建立消费者数据库，对消费者信息进行科学分析，是发现和预测消费需求、开展针对性营销活动的重要依据。特别是进入大数据时代以后，越来越多的企业开始意识到建立一个强大、完善的消费者数据库的重要性。例如，联合利华在 2018 年宣布投入更多预算建立自己的消费者数据库，收集一手数据，以拥有更快的市场响应速度。

强大、完善的消费者数据库是品牌针对不同人群制定相应传播策略的前提，它能够使品牌的整合营销传播方案有的放矢。未来品牌的竞争将与品牌拥有的消费者数据资产息息相关。整合线上线下数据、构建更完整的大数据结构，以及拥有更强大的算力，将成为品牌获得消费者数据优势的保证。

2. 研究消费者

接下来，通过消费者数据库，进行消费者研究（洞察），掌握品牌的用户画像，为后面制定不同的传播沟通策略、触达对应的目标人群提供依据。

除了传统的消费者研究方法和手段之外，随着计算机和信息技术的发展，人工智能（artificial intelligence，AI）技术开始在消费者研究中得到越来越多的应用。首先，AI 技术能够精准地完成市场细分和用户画像。AI 技术可以通过给用户贴标签的形式，实现精准的消费者分群，并准确勾勒出用户画像。其次，AI 技术能够实现消费者需求的预测。AI 技术能够综合利用企业内外部的数据和行业经验，通过先进的算法对消费者的需求进行预测。比如，优衣库通过 AI 技术，利用天气、流行趋势等方面的数据进行商品需求的预测，以减小供需偏差，达到高效生产和降低成本的目的。而且，随着算法的迭代，AI 预测的精准度能够不断地得到提升。最后，AI 技术能够判断消费者的内容喜好和媒体使用习惯。AI 技术能够根据消费者在网上留下的数据，比如网上浏览的内容、购买记录、评论等判断出个体消费者的内容喜好以及媒体使用习惯，从而为下一步品牌信息的精准推送提供可能。

总之，AI 技术在消费者研究中的应用能够帮助品牌实现更好的传播效果，提高品牌在传播活动中的投资回报率（return on investment，ROI）。除了强大的算力和完整的大数据结构之外，企业能否获得更准确的消费者研究结果还与 AI 的算法息息相关。企业需要借助科学的 AI 算法，以获得强大的数据分析能力，实现更精准的消费者洞察，使品牌的整合营销传播方案更加优化。

3. 管理品牌接触点

“接触”是整合营销传播的核心概念。品牌接触点（brand contact point）是品牌与消费者发生信息接触的地方，是消费者获得品牌信息的来源，只要是可以传递品牌信息的载体都可以称为品牌接触点。品牌接触点不仅是消费者接受品牌信息的窗口，而且是品牌与消费者进行互动、消费者形成品牌体验的主要平台；品牌接触点不仅可以影响消费者的购买决策，而且会影响消费者与品牌之间的关系。

整合营销传播理论主张把企业一切的营销和传播活动，如广告、销售促进、公共关系、直销、CI、包装、售后服务等进行一元化的整合，让消费者从不同的信息渠道都能获取一致的品牌信息。为了提高品牌整合营销传播的效率、降低成本，需要在研究消费者的基础上对品牌接触点进行管理。

（1）选择品牌接触点

在选择品牌接触点之前，首先要对品牌接触点进行全面的梳理。然后，根据不同品牌接触点的潜在影响力以及企业的能力，筛选出与企业营销目标一致并且在企业预算范围之内能够实现、可以监控的关键性接触点。

①梳理品牌接触点。品牌接触点涉及的范围非常广泛，结合业界和学界的观点①②③，可以将品牌接触点分成以下几种主要的类型（见图5-3）。

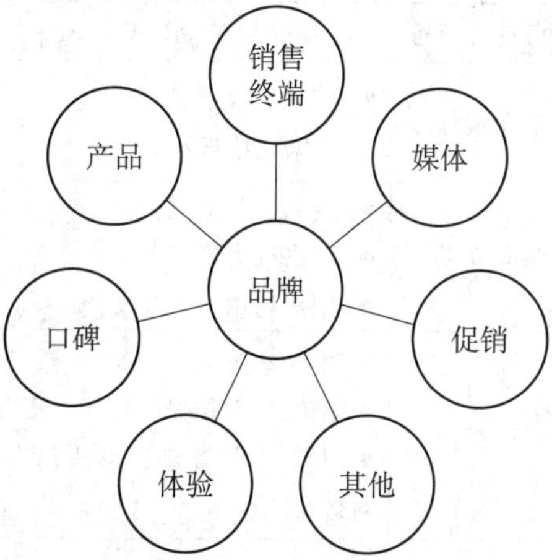

图5-3 品牌接触点的类型

第一，产品。包括产品的外观、包装、价格等。

第二，销售终端。包括实体销售终端（门店、自动售货机等）和非实体销售终端（直接邮寄、电话营销、网店、直播间等）。

第三，媒体。媒体包括非自有媒体和自有媒体。非自有媒体指的是不受企业控制和拥有的大众媒介，包括广播、电视、杂志、报纸和网络媒体。自有媒体指归企业所有并为企业直接使用的媒介，包括企业网站、企业的社交媒体账号、传单、企业内刊等。

第四，促销。包括广告、公共关系、销售促进、人员推销等。

第五，非品牌活动，主要指口碑。包括亲朋好友的评价、网络评价等。

第六，体验。指来自消费者自身的品牌体验，比如参与品牌的研发、传播、销售的

① 周亮．品牌体验要素理论分析及应用研究．北京：清华大学，2010.

② 欧清玲，陈章旺．整合营销传播视角下通信服务企业品牌接触点管理研究．质量技术监督研究，2014（4）.

③ 张宁．社会化媒体时代的品牌资产建构模式：基于品牌接触点视角的分析与整合．新闻界，2013（15）：3-9.

体验，以及购买和使用体验等。

第七，其他。其他能够传播品牌信息的载体，包括企业领导者、员工、办公环境、办公用品等。

②把握品牌接触点的变化趋势。随着信息技术的发展，品牌接触点也在不断地发生变化，这给品牌接触点的管理带来了不小的挑战。

第一，品牌接触点的数量不断增加、形态不断变革创新。互联网从 Web 1.0 发展到 Web 4.0 时代（见表5-2），网络传播工具在不断地推陈出新，品牌接触点的数量在不断增加，形态也在不断地发生变革和创新。特别是随着5G和物联网的普及，所有能联网的设备将成为品牌接触点，为消费者精准推送品牌的相关信息。随着品牌接触点数量不断增加、形态不断变革创新，企业必须具备将所有品牌接触点的数据整合、联通、分析和处理的能力，才能够提高品牌相关决策的准确性。

表5-2 Web 1.0 到 Web 4.0 的发展历程

互联网阶段	起始时间	信息交互特征	用户参与特征	典型业态
Web 1.0	1993 年前后	单向传播	● 被动接收信息 ● 网络话语权小	新浪、搜狐等门户网站；谷歌、百度等搜索引擎
Web 2.0	2004 年前后	双向互动	● 主动参与信息交流 ● 网络权力增强 ● 用户与用户双向交流	新浪博客、人人网、开心网等
Web 3.0	2010 年前后	多向交流	● 主动参与 ● 网络权力较强 ● 人人参与互动，形成消费者网络社区和生态	微博、微信、脸书、推特等
Web 4.0	2015 年前后	智慧交流	● 主动融入网络生活 ● 分享网络的智慧生活	共享单车、无人超市、车联网、新零售等

资料来源：张庆普，陈茫. Web 4.0 时代的情报学创新探究. 情报学报，2016，35（10）：1048-1061；戴鑫. 新媒体营销：网络营销新视角. 北京：机械工业出版社，2017.

第二，自发性的品牌接触点增多，消费者在品牌传播中的话语权增强。自 Web 2.0 时代以来，消费者的网络权力不断增强，网络参与的积极性也在不断提高。消费者从被动的信息接收者转变为主动的内容创造者和信息传播者，自发性的品牌接触点因此大量产生和扩散，非常容易在网络上形成病毒传播的效应。对此，企业可以通过与顾客发展价值认同、共享和共创，主动对消费者自发性的品牌传播进行引导，以形成对品牌有利的口碑。

③选择关键的品牌接触点。对品牌接触点进行梳理后，接下来就要选择关键的品牌接触点，以便下一步发展和实施具体的传播沟通策略。在选择关键的品牌接触点时，可以参考以下三个选择标准。

首先，对消费者具有重要影响力。品牌接触点的选择有很多，为使传播效果最大化，需要选择那些对目标消费者具有重要影响力的品牌接触点。对品牌接触点的影响力进行评估，应该从客户或潜在客户的视角出发，整理品牌接触点，并按照重要程度（对消费者的影响力）进行排序。其中，对消费者的影响力排名靠前的品牌接触点属于关键接触点，关键接触点既包括可以促使消费者接受品牌的接触点，也包括可以促使消费者拒绝品牌的接触点。

其次，可实现。品牌接触点的选择应该在企业的营销预算范围之内能够实现。

最后，可监控。无法监控的接触点难以纳入品牌接触点管理，会导致企业无法评估品牌传播的绩效。随着技术的进步，企业可以借助先进的技术工具对越来越多的品牌接触点实现有效的监控，掌握品牌传播活动的投资效果。比如，可以利用人工智能技术工具跟踪和过滤网络广告的虚假流量，以减少广告作弊，提高品牌的广告投资回报率。

（2）选择消费者与品牌接触的时机

与品牌接触的时机关系到消费者的信息接收以及购买转化，是一项重要的品牌决策。企业应该从消费者的角度出发，设身处地地思考用户的需求和感受，为筛选出来的品牌接触点设计合适的接触时机，即品牌应该在什么时间、什么地点、什么情景下与消费者进行沟通。

比如，当选择电视广告（TVC）作为必胜客亲子套餐的接触点时，可以设计在晚上的黄金时段（时间）、消费者的家中（地点）、消费者全家团圆的时刻（情景）发送品牌信息。

总之，品牌接触点的管理需要建立在精准的消费者洞察的基础上。以消费者调查和研究的数据为依据，选择品牌接触点和接触时机，发挥不同接触点的作用，才能够实现品牌与消费者之间的良好沟通。

4. 发展和实施传播策略

在上一步品牌接触点的管理中确定了接触点和接触时机，接下来要围绕营销目标，进一步确定品牌的传播内容和整合传播手段，发展传播策略，形成具体的整合营销传播方案并实施，让消费者在不同的界面（品牌接触点）都可以听到和看到品牌讲述的完整故事。

在发展和实施品牌的传播策略时，要特别注意以下两点内容。

首先，传播内容要符合品牌用户的偏好和消费场景。如今，通过大数据和AI技术，品牌的传播内容已经可以根据用户的喜好进行个性化定制，在品牌传播时实现“千人千面”已经不是梦想。比如，美国广告代理公司Saatchi LA. 通过培训IBM的人工智能技术平台Watson，已经成功地为丰田公司的100多个客户群体量身定制了数千份广告文案。

其次，品牌接触点之间要进行协调和整合。不管是采用哪些品牌接触点，都要确保各接触点之间能够“跨屏互联”、内容贯通、协同传播，“用一种声音说话”，以达到品牌传播1+1 > 2的效果。

5. 监测和评估绩效

在整合营销传播方案的实施过程中，要充分利用先进的技术手段对方案进行监测和绩效评估。比如，在大数据时代，可以通过数据挖掘和数据分析技术，对广告流量、广告转化情况、广告投放内容、广告投放用户等指标进行监测，帮助品牌管理人员评估广告的投放效果。

被誉为“百货商店之父”的约翰·沃纳梅克（John Wanamaker）说过一句著名的话——“我知道在广告上的投资有一半是无用的，但问题是我不知道是哪一半。”这句话也被形容为广告界的“哥德巴赫猜想”。确实，对包括广告在内的品牌传播活动的绩效监测一直是品牌传播管理中的一个重点和难点。

特别是随着品牌传播活动从传统媒体转向互联网，虚假流量已经成为品牌传播中一个不能忽视的问题，对品牌的传播方案进行监测和评估更是显得重要和必要。2017 年，优步（Uber）起诉日本电通的子公司 Fetch Media，称对方提供的数字广告服务存在流量欺诈行为，并向对方索赔 4 000 万美元；脸书因虚假广告点击量问题一直饱受各界质疑；全球最大的广告主宝洁公司曾在公开场合表达过对数字广告绩效透明度的担忧和不满，并从 2017 年开始以亿（美元）为单位削减数字广告预算，神奇的是，大幅度削减数字广告费用后的宝洁声称其业务不仅没有受到影响，反而获得了增长。可以看出，对虚假流量的识别和监测已经成为互联网时代品牌传播管理的一项重要内容。而利用先进的技术手段对品牌整合营销传播方案进行监测和评估，不仅可以识别出各个传播渠道的虚假数据，而且能够优化传播内容，提升传播效果，帮助企业拯救另一半被认为是“无用”的品牌传播预算，从而帮助品牌管理人员制定出更加科学合理的品牌整合营销传播方案。

总之，对品牌整合营销传播方案的监测和绩效评估是品牌传播管理的一项重要工作。通过对品牌整合营销传播方案执行效果的监测和评估，能够为品牌传播方案的及时修正和调整以及下一阶段整合营销传播方案的制定提供决策依据。

（二）品牌的整合营销传播原则

总的来说，整合营销传播方案可以用两个尺度去衡量——一致性和互补性。[①] 因此，一致性和互补性可以被认为是品牌进行整合营销传播的两大基本原则。

1. 一致性

一致性指不同传播手段所传递的信息的一致程度以及互相影响的程度。一个包括多种传播手段的整合营销传播方案，应该能够有效建立、保持或加强记忆中的品牌联想。因此，应该对各种传播方式进行精心设计和组合，不管使用什么媒体工具，所传递的品牌信息必须清晰一致，以建立起统一的品牌形象。

2. 互补性

互补性指不同的传播手段经过设计能够互相补缺的程度。不同的传播手段有各自的长处和短处，能够达到不同的目标。因此，理想的营销传播方案应该对不同的传播手段进行组合，并且确保所选择的传播手段能够互相加强、互相补充。这样才能通过不同传播手段的组合，帮助消费者建立完整的品牌知识结构，构建品牌资产。

---

① 凯文·莱恩·凯勒. 战略品牌管理. 北京：中国人民大学出版社，2003.

第2节 互联网时代的品牌传播策略

在互联网时代，品牌的营销和传播环境已经不同以往，新的品牌传播手段不断涌现。可供营销管理人员选择的品牌传播手段有多种，这给品牌的整合营销传播带来了挑战。如今，除了广告、公共关系、销售促进等传统的品牌传播手段之外，以社会化媒体、内容、网络口碑、影响者和品牌体验为主要传播手段的品牌传播策略也在不断发展，并在品牌的传播实践中得到了广泛的应用。

但是，对于这些品牌传播手段，不管如何进行选择和组合，都应该秉承整合营销传播的思想——“发出一个声音”，才能够建立起一个统一的品牌形象。由于以社会化媒体、内容、网络口碑、影响者和体验为主要传播手段的品牌传播策略在当下的品牌整合营销传播中发挥着越来越重要的作用，因此，下面将从品牌传播的角度，对社会化媒体营销、内容营销、网络口碑、影响者营销和品牌体验展开详细的介绍。

一、社会化媒体营销

计算机和信息技术的进步带来了社会化媒体的快速发展，如今微信、微博、QQ 等社会化媒体已经成为人们日常生活的一部分。社会化媒体不仅改变了人们的生活，也成为企业与消费者沟通的重要桥梁，基于社会化媒体平台实施的社会化媒体营销也因此成为企业的一种重要营销和传播策略。

（一）社会化媒体营销概述

1. 概念

社会化媒体也称社交媒体，是一种给予用户极大参与空间的新型在线媒体。[①] 社会化媒体提供了一个与消费者进行全方位接触的开放性平台，使消费者从单纯的信息接收者转变为信息发布者和接收者，让信息在多对多的模式下进行传播。

作为一种新的沟通技术，社会化媒体对营销方式与方法产生了巨大影响。[②] 起初，社会化媒体都是以娱乐工具的形式出现的，如社交网站脸书、即时聊天工具 MSN、个人日志即时更新工具微博等；后来，营销者敏锐地认识到社会化媒体能够极大地提高信息传播的广度和深度，并且成本很低，于是将其应用于营销信息传播，从而形成了社会化媒体营销。[③]

社会化媒体营销（social media marketing，SMM）就是运用社会化媒体，如博客、微博、社交工具、社会化书签、共享论坛等，来提升企业、品牌、产品、个人或组织的知

---

① Antony Mayfield. What is Social Media. UK：iCrossing，2006.

② 朱明洋，张永强. 社会化媒体营销研究：概念与实施. 北京工商大学学报（社会科学版），2017，32（6）：45-55.

③ 邓乔茜，王丞，周志民. 社会化媒体营销研究述评. 外国经济与管理，2015，37（1）：32-42.

名度、认可度，以达到直接或间接营销的目的。[①]

综上所述，社会化媒体的本质是一种传播策略。社会化媒体营销概念的最大亮点就是社会化媒体的应用。[②] 通过实施社会化媒体营销，品牌可以获得流量和关注，实现品牌信息的多对多传播。

2. 社会化媒体营销的分类

社会化媒体的形式多种多样，不同的社会化媒体的功能和用户特征也呈现出一定的差别。因此，在不同的社会化媒体平台上开展营销活动，企业的营销对象、营销目标以及营销活动的内容与形式等必然存在显著差异，从而形成差异化的社会化媒体营销现象。[③] 对这些社会化媒体营销现象进行归纳，可以发现社会化媒体营销可以分成以下五种常见的类型。

（1）博客营销与微博营销

博客营销和微博营销指的是利用博客、视频博客、微博（如新浪微博、推特等）等社会化媒体平台进行的社会化媒体营销。博客营销和微博营销具有信息发布及时、沟通个性化等特点。其中，随着人们碎片化时间的增加，以及专注于长消息的兴趣下降，微博在品牌传播中变得不可或缺，微博营销在品牌建设、病毒营销、提高销售额等方面发挥着重要的作用。

（2）社交网络营销

社交网络营销是指将现实中的社会关系网络转移到互联网上，利用强关系、高互动的社交网络平台创建品牌社群、进行市场调查和研究、创造高效的口碑传播效应等。国外知名的社交网络平台包括脸书、领英、Instagram 等，国内知名的社交网络平台包括微信、QQ、QQ 空间等。

（3）在线社区营销

在线社区营销是指利用知识分享网站（比如维基百科、百度百科、知乎）、视频分享网站（比如 YouTube、优酷、抖音）、图片分享网站（比如 Instagram、Flickr）、论坛等在线社区吸引用户关注和参与，达到营销目标。

（4）内容整合网站营销

内容整合网站营销是指通过简易信息聚合（really simple syndication，RSS）技术、社会化书签（social bookmark）等提供的内容订阅、分类、传递，开展针对性、定制化的营销。

（5）虚拟世界营销

虚拟世界营销是指通过网络中的虚拟社会（如虚拟游戏 Second Life，中文名称“第二人生”），为企业提供包括消费者行为研究、虚拟产品销售、新产品研发、广告宣传、树立品牌形象等在内的众多营销机会。

---

① 邓乔茜，王丞，周志民．社会化媒体营销研究述评．外国经济与管理，2015，37（1）：32－42.

② 同①.

③ 朱明洋，张永强．社会化媒体营销研究：概念与实施．北京工商大学学报（社会科学版），2017，32（6）：45－55.

3. 社会化媒体营销与传统营销的对比

社会化媒体营销是营销创造力和技术的独特组合。在技术的赋能下，社会化媒体营销具有互动及时、个性化定制体验、口碑效应显著等优点。从品牌传播的角度来看，社会化媒体营销和传统营销在以下方面存在区别（见表 5－3）。

表 5－3　社会化媒体营销和传统营销的区别

	社会化媒体营销	传统营销
传播成本	低成本	高成本
传播特点	互动沟通	单向传播
传播范围	范围广泛，可控性低	范围有限，企业引导
传播内容	用户生成内容	企业生成内容

（1）传播成本

相对于传统营销，社会化媒体营销在发布广告和促销信息、建立和维持客户关系等方面所需成本更低。

（2）传播特点

与传统营销中消费者只能被动接收信息的单向传播不同，社会化媒体营销具有互动沟通性。这种互动沟通不仅存在于企业和社会化媒体用户之间，还存在于社会化媒体用户与用户之间。

（3）传播范围

和传统营销相比，社会化媒体营销的传播范围比较广泛，营销人员往往难以预测和操纵信息流。在社会化媒体平台上，消费者了解内容、转发内容的控制权主要掌握在消费者手上。因此企业在使用社会化媒体营销时，需要付出放弃部分传播控制权的代价。

（4）传播内容

社会化媒体营销鼓励用户参与对话。当人们在某个社会化媒体平台上谈论某一个品牌时，其实就是在传播该品牌。社会化媒体营销中正面的用户生成内容（user generated content，UGC）可以产生积极的口碑效应，从而提升品牌形象；而负面的 UGC（如在线投诉）则会破坏品牌的口碑和形象。由于企业无法完全控制由用户生成的内容，因此在成功的社会化媒体营销中，与受众建立信任至关重要。

综上，社会化媒体营销具有传统营销不具备的一些优势。但是社会化媒体营销的特点也加大了品牌传播管理的难度，尤其体现在接触点和内容的整合方面。一方面，社会化媒体多对多的信息传播模式让品牌接触点显著增加。另一方面，社会化媒体营销中的传播内容主要以 UGC 为主，这也给品牌传播的内容整合带来了挑战。

（二）社会化媒体营销的实施

1. 接触点的整合

为了接触更多的目标受众、达到更好的营销效果，社会化媒体营销应该在多个社会化媒体平台上展开，利用多个品牌接触点来建立、管理与现有和潜在顾客的关系。企业需要了解和熟悉不同主流社会化媒体平台的功能和用户特征，在此基础上选择合适的社会化媒体平台作为品牌接触点。比如，同样作为国内知名的社会化媒体，bilibili 和微博的功能和用户特征是不一样的。如果品牌的目标消费者是中国的 Z 世代，那么 bilibili 无疑是一个非常适合的品牌接触点。

接下来，需要对品牌接触点进行整合。品牌接触点的整合既包括社会化媒体平台之间的整合，也包括社会化媒体平台与其他品牌接触点之间的整合。通过对多元的品牌接触点的协调和管理，来实现品牌传播的目标，达到理想的品牌传播效果。

品牌视角 5-1

bilibili：中国 Z 世代的乐园

bilibili（简称 B 站），是中国年轻人聚集的文化社区，18～35 岁用户占用户总数的 78%，号称是中国 Z 世代（90 后/00 后）的乐园。Z 世代用户是网生一代，有良好的教育背景和优越的物质条件，人文素养、创作和表达能力均较高，付费意识强。在二次元文化基础上发展而来的 B 站，引领了弹幕这种独特的社交潮流。由专业个人用户创作的 PUGV（professional user generated video）占到 B 站用户观看量的 90%，B 站月均活跃 UP 主 110 万，月投稿量 310 万，活跃的 UP 主创作生态给 B 站社区带来了源源不断的发展动力。活跃和亲和的社区氛围给 B 站带来了极高的用户黏性和忠诚度。在用户的推动下，B 站已经成为众多网络流行文化的发源地，B 站也和用户形成了共生关系。

资料来源：bilibili 官网。

2. 内容的整合

对社会化媒体营销来说，接触点的增加加大了品牌整合营销传播内容管理的难度。为了能够“发出一个声音”，在实施社会化媒体营销时应该注意内容的整合管理，并且最好能够做到以下两点。第一，传播的内容需要具备足够的吸引力并且符合营销目的、平台特征和用户偏好，以保证较好的营销效果。第二，针对不同的社会化媒体平台上用户生成的内容，需要进行挖掘、收集和传播，以便能够及时放大正面内容的口碑效应、及时处理负面内容，最大限度保证品牌呈现出“一个声音，一种形象”。

二、内容营销

（一）内容营销的概念

随着社会化媒体的盛行，内容营销（content marketing）也成为营销领域的一个热词。美国内容营销协会创办人、“内容营销”概念的提出者乔·普利兹（Joe Pulizzi）在 2001 年发现通过创作发布有价值的、有相关性的、持续性的内容，能够有效吸引目标人群，并且强化这些人群的信任，最后将这些信任行为转化为消费行为，于是他将这种现象总结为内容营销。

内容营销是一种传播策略，是一种不通过干扰或强硬兜售来与顾客沟通的艺术（Pulizzi，2011），提供有价值（相关、高质量、有教育意义、对购买决策有帮助）和有娱乐性的吸引眼球的内容是内容营销的制胜法宝（Lieb，2011）。[①]与传统的营销传播方式硬性地传递信息不同，内容营销能够减轻消费者的厌恶感，使有价值的信息更易被消费者主动接受。[②]

“内容”是内容营销概念中的关键。首先，内容营销中的“内容”有不同的表现形式，比如文本、图像、视频等。其次，“内容”必须对消费者具有一定的价值，比如内容与品牌相关、内容的质量很高、内容具有教育意义、内容对购买决策有帮助等。如果“内容”没有价值，那么内容营销就没有意义。

总之，内容营销可以通过提供有价值、有吸引力的内容来实现品牌传播的目的。与传统营销相比，内容营销的成本更低，在吸引和培养用户方面也更具优势。

（二）内容营销的实施

1. 选择内容的表现形式

内容营销中的内容表现形式多种多样，常见的主要有文本、图像、视频、声音、动画等。在内容营销的实施中，内容的表现形式要根据用户的偏好以及内容发布渠道的特征进行选择。比如，发布在知乎上的内容一般以文本为主，发布在抖音平台上的内容则需要采用短视频的形式。

2. 内容的创作

内容是品牌利用内容营销进行传播的关键。优质的内容能够争夺更多用户的注意力和碎片时间，并引起用户的自发关注和传播分享，最终形成消费行为的转化，为品牌创造收益。

为了实现更好的传播效果，内容营销的内容创作可以参考以下三点。

（1）个性化的原创内容

One Spot发布的内容营销报告《内容营销个性化势在必行》显示，45%的消费者不会在不相关的品牌内容上花时间；如果品牌所提供的内容与个人无关，42%的消费者不会对品牌的产品和服务感兴趣；88%的消费者表示个性化的相关内容改善了他们对品牌的感受；78%的消费者表示个性化的品牌内容增强了他们的购买意愿；50%的消费者则表示愿意为个性化的品牌内容提高支付额。One Spot的这份研究报告提示，如果品牌不能够提供个性化的内容，就存在着疏远消费者的危险，而且消费者更倾向于购买能够提供个性化营销内容的品牌的商品。由此可见，个性化是内容营销中内容创作的一条重要标准。

内容营销中内容创作的另一条重要标准是原创。原创是内容营销的核心竞争力，因为原创的内容能够赢得消费者的信任，减少知识产权方面的风险，让内容营销走得更远。

（2）拟人化的沟通模式

拟人化的沟通模式即采用拟人化的沟通进行内容创作。拟人化沟通指的是品牌采

---

① 周懿瑾，陈嘉卉．社会化媒体时代的内容营销：概念初探与研究展望．外国经济与管理，2013，35（6）：61－72.

② 于伯然．新十年的品牌传播：内容营销最热门．市场观察，2011（5）：38－39.

用人与人之间交流的模式与消费者进行沟通。研究显示，品牌通过拟人化沟通能够显著影响消费者在社会化媒体上的点赞和评论行为。①可见，拟人化的沟通可以拉近品牌与消费者之间的距离，促进消费者与品牌之间的互动，帮助构建和维系品牌与消费者之间的关系。比如自称“80万蓝V总教头”的海尔、用“软萌”颠覆博物院高冷形象的故宫淘宝、“萌界人气担当网红”三只松鼠……这些品牌在新浪微博、知乎等社会化媒体平台上用拟人化的沟通吸引了消费者的关注和互动，成功赢得了消费者的好感。

品牌拟人化沟通的技巧包括：在内容的创作中使用人称代词（如第一人称）和祈使动词（如“来吧”）；使用拟人化的社交头像（如海尔兄弟）；选择日常话题与消费者进行交流；等等。

（3）借势社会热点

通过借势社会热点，创作出有趣的内容引发关注，往往能实现意想不到的传播效果。常用的借势热点包括：节假日、新闻事件、自然现象、其他品牌等。

海尔和杜蕾斯就因为热衷于在新浪微博上借势社会热点抢热评和头条，被网友戏称“活跃得像个高仿号”，从而实现了良好的品牌传播效果。比如，在新浪微博上蹭各种社会热点进行借势营销，早就已经成为杜蕾斯品牌传播的日常形态。

3. 内容的发布

优质的内容需要借助合适的渠道发布才能够充分发挥作用，让品牌获得理想的商业回报。首先，内容发布渠道的选择要符合目标受众接收信息的习惯，才能有的放矢、准确地找到目标受众。其次，内容发布要多平台、多渠道覆盖，在形成传播矩阵的同时，还需根据不同传播渠道的转化情况有侧重点地进行运营。最后，内容发布后要进行实时的数据监测和分析，及时评估发布效果，以便做出相应调整，提高营销传播绩效。

品牌视角 5-2

蜜雪冰城：凭借主题曲视频火爆“出圈”

2021年，蜜雪冰城凭借一首“你爱我我爱你，蜜雪冰城甜蜜蜜”的魔性洗脑主题曲在微博、bilibili、抖音等社会化媒体上火爆“出圈”。靠着3元的冰激凌、4元的柠檬水和均价8元的奶茶，被誉为平价奶茶战斗机的蜜雪冰城一下成为茶饮界的新晋顶流。

蜜雪冰城品牌官方号首先在bilibili上传了主题曲MV，随后又上传了这个MV的中英双语版本。蜜雪冰城创作的这两条内容（主题曲视频），以魔性的旋律和简单重复的歌词一下获得了网友的关注和喜爱。在bilibili平台，这两条内容（视频）的播放量一下就突破了1 500万。

与此同时，蜜雪冰城发布的这两条内容激发了网友的UGC（用户生成内容）创作热情。网友自发地围绕蜜雪冰城的主题曲展开了二次创作，作品内容包括多语言翻唱、改编歌词、原创编舞等等。网友的二次创作作品在社会化媒体平台上再次引起狂欢，蜜雪冰城也频频上热搜。

① 余云珠，何应龙，Achaya Bannasilp. 品牌拟人化沟通在社会化媒体上的实证研究：基于微博数据. 嘉应学院学报，2018，36（10）：45-49.

这时，蜜雪冰城不仅活跃在网友的UGC作品评论区，还将网友的二创作品收集起来，在此基础上创作出新的内容——主题曲的14国20种语言合集——进行再次传播。

一时间，除了在bilibili的超高热度外，蜜雪冰城还霸屏了抖音热搜榜、微博热搜榜和知乎热搜榜，品牌热度一度居高不下。趁此机会，蜜雪冰城的部分门店顺势推出线下“唱主题曲换奶茶”的活动，又一次激发了网友的创作热情。于是，网友创作的各种“在蜜雪冰城唱歌社死”的短视频在各个社交平台上产生大量声量，话题量更是达到了1 645万。

围绕一首主题曲进行的内容创作让蜜雪冰城的品牌传播达到了火爆的效果。不得不说，这是一次非常成功的内容营销。

三、网络口碑

（一）网络口碑的概念

口碑（word of mouth，WOM）是人们关于品牌看法的非正式交流和沟通，是一种人际传播。相比其他信息渠道，在消费者的眼里，口碑的可信度更高，因此口碑被认为是影响消费者购买行为的一个重要因素。网络口碑（Internet word of mouth）又称电子口碑（eWOM），是指以网络为媒介进行的口碑传播。

网络口碑可以分为正面口碑和负面口碑两种类型。研究显示，不同的口碑类型对消费者行为的影响是有区别的。一般情况下，正面口碑能够促进购买，而负面口碑会减少购买。

（二）网络口碑的特点

口碑传播具有可信度、亲和力和感染力，能够有效地节约费用和降低成本。[①] 除了具有这些特点之外，与传统的口碑传播相比，网络口碑还具有以下特征：

1. 匿名性

网络口碑具有匿名性，这就给予人们更大的言论自由度，人们因言论而承受的舆论压力较小。但是，匿名性给企业操纵口碑提供了可能性。比如，企业可以相对容易地在网上发布虚假信息、诋毁竞争对手的声誉，从而误导消费者、影响消费者的判断。

2. 传播速度快、范围广

比起传统口碑，网络口碑的传播速度更快，传播范围也更广。网络口碑可以突破人际沟通的时空限制，并且能够实现一对多甚至多对多的病毒式传播。

3. 口碑信息有形化

网络口碑是有形的。网络口碑的信息往往能够通过文字、图片、视频等形式呈现出来。比如，消费者可以通过线上的买家评论（文字、图片、视频）收集到相关商品或品牌的口碑信息。网络口碑信息的有形化不但能够使口碑信息更加生动，而且能够

---

① 苏勇，史健勇，何智美．品牌管理．北京：机械工业出版社，2017.

使口碑信息易于保存，这些均有利于消费者对口碑信息的理解和搜索，从而增强口碑的影响力。

（三）网络口碑的实施

总的来说，要实施网络口碑的传播，企业所要做的不是口碑制造者，而是正向口碑的“放大器”，以及负向口碑的引导者。[①] 因此，网络口碑传播策略的实施有以下几个要点：

1. 增加消费者的品牌体验

如果消费者的品牌体验是积极和正面的，就会导致正面口碑的产生，消费者就有可能主动向他人推荐该品牌，帮助企业发掘潜在顾客。研究表明，来自消费者的切身经历更能够影响其他消费者的购买决策过程。因此，增加消费者的品牌体验是从源头上对网络口碑进行管理，是实施网络口碑策略的起点和基础。

2. 重视关键意见领袖管理

关键意见领袖（key opinion leader，KOL）是指拥有更多、更准确的产品信息，且为相关群体所接受或信任，并对该群体的购买行为有较大影响力的人。[②] KOL 通常是某行业或领域内的权威人士，在专业性、可信赖度、辐射人群等方面都具有重要的特质，因而 KOL 对相关群体具有更大的影响力。研究指出，在互联网平台上，消费者会更多地搜索 KOL 的评价并受到他们的影响。[③] 因此，企业在开展品牌的网络口碑传播时必须重视 KOL 的存在，并且激励他们在传播品牌的正面口碑方面发挥积极作用。

KOL 可以从企业外部引入，也可以由企业内部培养。外部引入 KOL 的模式，需要企业对 KOL 进行发掘、考察和筛选，然后与目标 KOL 建立深度的合作关系，激励他们积极地传播品牌的正面口碑。企业内部培养 KOL 的模式，在口碑传播、忠诚度、流失率等方面具有管理上的优势，但是见效相对较慢，因为 KOL 的培养需要花费一定的时间。

品牌视角 5－3

KOL 分类维度和网络口碑投放

为了便于理解和管理，可以将 KOL 分成头部、垂直类和深度用户这三种类型。其中，头部 KOL 指的是受众范围大、受关注度高的明星、社会名人、知名博主等。垂直类 KOL 指的是在特定领域具有较大影响力，粉丝黏性更高的 KOL。深度用户（key opinion consumer，KOC）的受众较少、内容更真实，多为消费者的试用评价。

在以上分类的基础上，市场逐渐采用更具有战略性的组合 KOL 投放模式，以在不同节点产生不同的品牌影响力、产品种草力以及商业转化力。一般来说，品牌会先通过头

---

① 毕继东，胡正明．网络口碑传播研究综述．情报杂志，2010，29（1）：11－16.

② 张宇强，李义菲，吴晔．社交媒体时代“意见领袖”再思考．北京邮电大学学报（社会科学版），2016，18（6）：14－18.

③ Hennig-Thurau，T.，Gwinner，K. P.，Walsh，G.，et al. Electronic Word-of-Mouth via Consumer-Opinion Platforms：What Motivates Consumers to Articulate Themselves on the Internet. Journal of Interactive Marketing，2004，18：38－52.

部 KOL 来打造认知和品牌影响力。然后，利用垂直类 KOL 来深化认知，深入种草，打造口碑。最后，利用深度用户进行引爆转化，即通过 KOC 引爆口碑、拉动营销活动节点声量，并且鼓励 KOC 晒单来增强品牌口碑。

资料来源：胜三联合微播易出版的《中国 KOL 市场营销白皮书洞察报告》。

3. 加强负面口碑管理

在网络世界，一条顾客不满意的信息可能会迅速扩散，影响到无数人。如果不对网络负面口碑进行及时处理，就可能会给品牌和企业造成致命的伤害。因此，企业应该重视网络负面口碑带来的效应，并成立专门的团队负责网络口碑的管理。具体的管理措施主要包括：对网络口碑进行有效的监测，第一时间发现负面口碑，及时分析和评估，妥善处理舆情关切，对负面口碑进行有效引导，化解舆情危机。

四、影响者营销

如今，影响者营销已经成为一种有效且具有成本效益的营销工具，因为消费者通常不会将它视为广告，并且可以广泛接触到非常投入的受众，所以许多企业利用社会化媒体影响者向目标受众推广它们的品牌。① 特别是在时尚、奢侈品、美容、旅游、食品、游戏、健身等领域，影响者营销已经得到了非常广泛的应用。

（一）影响者营销的概念

1. 什么是影响者营销

影响者（influencer）指的是“日常的普通互联网用户，他们通过对其个人生活和生活方式的文字和视觉叙述，在博客和社会化媒体上积累了相对大量的追随者，在数字和物理空间中与他们的追随者互动，并通过将‘软文广告’整合到他们的博客或社会化媒体帖子中来赚钱变现”。② 影响者最早可以追溯至博客平台，随后随着社会化媒体的蓬勃发展扩展至各大社会化媒体。根据社会化媒体的不同，影响者的称谓也有所不同，比如博主、vlogger、YouTuber、UP 主等。由于影响者拥有接触大量受众的潜力，而且他们在博客和社会化媒体上有可信度、关注度和传播积极口碑的动机，对其他人的消费决策具有重要影响，因此企业将影响者作为一种较新的营销传播工具。③ 影响者营销也由此应运而生。

影响者营销（influencer marketing）指的是通过对顾客及潜在顾客有影响力的个体实施的营销实践活动，是进入 Web 2.0 时代以后企业的一种重要品牌传播策略和营销战略。影响者营销作为信息传播的新范式，现在已经成为一种高效的新型营销

---

① Ye, G. Q., Hudders, L., De Jans, S., De Veirman, M. The Value of Influencer Marketing for Business: A Bibliometric Analysis and Managerial Implications. Journal of Advertising, 2021, 50 (2): 160-178.

② Abidin, C. Communicative Intimacies: Influencers and Perceived Interconnectedness. Ada, 2015, 8: 1-16.

③ De Veirman, M., Cauberghe, V., Hudders, L. Marketing through Instagram Influencers: The Impact of Number of Followers and Product Divergence on Brand Attitude. International Journal of Advertising, 2017, 36 (5): 798-828.

手段，在广告、品牌管理、口碑营销和顾客关系管理等营销领域都得到了关注和应用。①

影响者营销与社会化媒体营销、内容营销和口碑营销密切相关。首先，影响者营销与社会化媒体关系密切，因为社会化媒体是目前影响者营销的主要传播途径；其次，影响者的背书依托于影响者的内容创作，在社会化媒体情境下，90% 的影响力来自内容创作，专注于内容创作的影响者拥有巨大的影响力。② 最后，影响者是网络口碑中的关键意见领袖。在口碑营销中，每个人都可以以某种方式成为影响者，然而只有一小部分用户是超级分享者，这部分人可以被视为社会化媒体的影响者。③ 影响者将品牌的信息插入到其在社会化媒体账户上发布的日常叙事中，这种做法很可能会被追随者认为是高度可信的网络口碑，由此影响者得以影响他们的追随者，并通过追随者间接地影响其他人。④

综上所述，可以看出社会化媒体营销、内容营销、网络口碑和影响者营销是一组相互交叉和联系的概念。从品牌传播的角度来说，虽然社会化媒体营销、内容营销、网络口碑和影响者营销都是当下常用的品牌传播策略，但是这几种传播策略的侧重点有所不同。社会化媒体营销强调的是品牌传播使用的媒介；内容营销强调的是品牌传播的内容（信息）；网络口碑营销强调的则是品牌传播的方式（人际网络）；而影响者营销强调的是品牌传播中信息的发送者（见表5－4）。

表5－4 社会化媒体营销、内容营销、网络口碑和影响者营销的区别

传播策略	侧重点
社会化媒体营销	使用的媒介：社会化媒体
内容营销	传播的内容：信息
网络口碑	传播的方式：人际网络
影响者营销	信息的发送者：影响者

2. 影响者营销的潜在工作机制

随着影响者营销的应用越来越普遍，影响者营销也成为一个重要的营销管理研究领域，受到学术界的关注。在影响者营销的研究中，学者们试图揭示影响者营销的潜在工作机制，即影响者营销是如何工作的。以下两个视角可以帮助我们了解影响者营销的工作机制。

（1）信息来源和信息可信度视角

影响者营销的力量通常源于影响者的专业知识、受欢迎程度和/或声誉，当一个影

① 贾微微，别永越．网红经济视域下的影响者营销：研究述评与展望．外国经济与管理，2021，43（1）：23－43.

② De Veirman，M.，Cauberghe，V.，Hudders，L. Marketing through Instagram Influencers：The Impact of Number of Followers and Product Divergence on Brand Attitude. International Journal of Advertising，2017，36（5）：798－828.

③ Ye，G. Q.，Hudders，L.，De Jans，S.，De Veirman，M. The Value of Influencer Marketing for Business：A Bibliometric Analysis and Managerial Implications. Journal of Advertising，2021，50（2）：160－178.

④ 同②.

响者推荐某个产品时，似乎比传统广告更值得信任，因此消费者更有可能购买其推荐的产品。[①] 所以，在影响者营销的研究中，信息来源和信息可信度经常被用来解释影响者营销的工作机制。在影响者营销中，影响者作为信息来源，其可信度以及其发布的信息的可信度会对消费者的决策产生影响。因此，信任（trust）和可信度（credibility）在影响者营销中具有重要的地位，是影响者营销产生绩效的重要因素。

（2）类社会互动视角

类社会互动（para-social interaction）指的是媒体人物与受众之间的一种单方面的、亲密的、类似面对面的关系。[②] 影响者花费大量时间在社会化媒体上发布内容，为追随者提供了关于他们生活的日常，包括影响者的爱好、兴趣、活动、朋友、家庭等；同时，影响者通过社会化媒体与追随者进行互动，这一切会使得追随者认为自己对影响者足够了解，并对其产生亲密感，随之愿意认同和接受影响者的态度和信仰。[③] 因此，为了使影响者对追随者的购买决策产生说服力，影响者与追随者之间的类社会互动必不可少，这是影响者与追随者之间产生亲密关系的前提。因此，影响者与追随者之间的类社会互动被认为是影响者营销能够成功的一个主要原因。

此外，一些额外的中介因素，比如感知相似性、一厢情愿的认同、钦佩、对影响者的情感依恋，以及影响者的受欢迎程度等也被认为是影响者营销的关键因素，这些关键因素也能够帮助我们更好地理解影响者营销的潜在工作机制。[④] 受篇幅限制，本书不再对这些因素展开详细的介绍。

3. 影响者营销效能的影响因素

在影响者营销的研究中，学者们对影响者营销效能的影响因素进行了识别和确定。影响者营销效能的影响因素可以大致分成以下三类。

（1）影响者的特征

影响者是影响者营销的关键，影响者本身的特征会对营销效果产生至关重要的影响。影响者往往是围绕一个特定的领域吸引追随者[⑤]，比如身为美妆博主、时尚达人、健身博主、旅游达人等，所以影响者的类型、影响者的专业知识和可信度、影响者的外表吸引力和社交吸引力、关注影响者的人数以及影响者本人关注的人数、点赞的数量以及感知同质性等特征会对营销效果产生影响。[⑥]

（2）内容的特征

由于影响者主要是通过内容来吸引追随者，所以影响者发布的内容决定了影响者营销的力量。

在内容的特征方面，信息的吸引力、信息的客观性、信息的质量、信息内容的享乐

---

① Ye，G. Q.，Hudders，L.，De Jans，S.，De Veirman，M. The Value of Influencer Marketing for Business：A Bibliometric Analysis and Managerial Implications. Journal of Advertising，2021，50（2）：160－178.

② Horton，D.，Wohl，R. R. Mass Communication and Para－Social Interaction：Observations on Intimacy at a Distance. Psychiatry，1956，3：215－229.

③ 同①.

④ 同①.

⑤ 贾微微，别永越．网红经济视域下的影响者营销：研究述评与展望．外国经济与管理，2021，43（1）：23－43.

⑥ 同①.

价值以及品牌内容类型等被认为是影响消费者对影响者推广的品牌或服务做出反应的重要因素。[①]

(3) 消费者的特征

作为受众，消费者自身的特征也会对影响者营销的效能产生影响。其中，自我-影响者的一致性、动机、信息处理的参与度、虚荣心、意见领导力、时尚意识、对影响者的嫉妒、与影响者的类社会互动等相关特征都被认为是重要的影响因素。[②]

（二）影响者营销策略的实施

随着社会化媒体的不断普及，以及企业担忧消费者屏蔽和拦截互联网广告，影响者营销对品牌变得越来越重要。如今，影响者已经成为品牌与目标受众之间的重要信息中介。品牌不仅通过社会化媒体上的影响者将品牌信息传递给目标受众，而且通过影响者进一步影响目标受众的态度和行为。

为了选出合适的影响者来支持企业的产品或服务，充分发挥影响者营销的效能，营销管理人员可以遵循林、布鲁宁和斯瓦尔那（Lin，Bruning and Swarna，2018）[③] 提出的五个步骤实施影响者营销（见图5-4）。

图5-4 影响者营销的实施步骤

1. 计划：设定营销活动的目标和影响者的角色

做好计划是实施影响者营销的第一步。在计划中，营销管理人员应该明确两件事情——营销目标以及影响者的角色。

首先，设定影响者营销的目标，即品牌希望通过和影响者的合作，或者说实施影响者营销活动实现什么营销目标。影响者营销的目标应该与企业的相关营销战略和策略保持一致。而且，影响者营销的目标会决定影响者营销的具体实施，包括影响者的选择、与影响者合作关系的性质、合作持续的时间、应该向影响者提供哪些支持性的内容等等。

由于每家企业的情况不同，因此在设定影响者营销的目标时应该根据企业的实际情况进行。比如，大型的跨国企业可以与多个社会化媒体平台上的多个影响者合作，以吸引广泛的受众和增加品牌的曝光率；同时，为保持与影响者合作的稳定性，可以为这种合作关系设定多年的目标。相反，规模较小的企业可能需要将目标聚焦在更具体的地理市场上的目标受众身上，并且有针对性地选择有影响力的当地影响者传播品牌信息，还可能需要根据竞争情况的变化适度地调整或者改变目标。

其次，明确影响者在影响者营销活动中需要扮演的角色。营销管理人员可以通过以

---

① Ye, G. Q., Hudders, L., De Jans, S., De Veirman, M. The Value of Influencer Marketing for Business: A Bibliometric Analysis and Managerial Implications. Journal of Advertising, 2021, 50 (2): 160-178.

② 同①.

③ Lin, H. C., Bruning, P. F., Swarna, H. Using Online Opinion Leaders to Promote the Hedonic and Utilitarian Value of Products and Services. Business Horizons, 2018, 61 (3): 431-442.

下几个问题来帮助明确影响者在品牌的影响者营销活动中需要扮演的角色或发挥的作用。

- 企业想通过与一个或者多个影响者的合作来锁定哪个或哪些目标市场？
- 企业想从与影响者的合作关系中寻求什么成果（比如，提高品牌认知度、改善品牌态度、提高品牌销售额等）？
- 企业可以为与影响者的合作投入哪些资源（比如，资金、时间、人员、技术等）？
- 在与影响者的合作过程中，企业的营销目标是稳定的还是可变的？

基于这些问题的答案，营销管理人员就可以大致明白需要影响者在企业的影响者营销中扮演什么角色，以及期望影响者的角色在合作关系中发挥什么作用和职能。

2. 识别：识别有影响力和相关的影响者

在考虑和选择影响者时，企业需要从影响力和相关度这两个角度综合考虑和权衡各项指标，以便识别出合适的影响者。

（1）影响力

影响者的影响力与影响者营销的效果息息相关。在实践中，追随者的数量通常被认为是识别影响者影响力的重要指标，追随者的数量越多，说明影响者的影响力越大。

但是，除了追随者的数量之外，识别影响者的影响力还需要考虑其他因素。第一，影响者本人关注的账户数量。研究表明，一个拥有大量追随者但是其本人关注的账户数量却非常少的影响者可能会不太受欢迎。[①] 因为这可能暗示着这个影响者的账户可能是出于广告目的而创建的虚假账户，或者会让人觉得这个影响者账号主要是为了商业合作，从而对影响者的可信度和真实性产生不利影响，进而削弱影响者营销的效果。第二，影响者与追随者的互动情况。影响者与追随者之间的互动能够加强彼此之间的联系，有利于影响者施加影响力。第三，影响者的内容吸引力。包括影响者发布的内容的质量、内容的呈现方式、内容与受众的相关性等。

综上所述，判断影响者的影响力可以综合考虑影响者的追随者数量、影响者关注的账户数量、影响者与追随者的互动情况、影响者的内容吸引力等指标。

（2）相关度

高度受欢迎的影响者并不一定是品牌和产品类别的最佳选择，选择影响者时还应该考虑影响者和品牌之间的匹配度。[②] 首先，影响者和品牌应该拥有相同的目标受众。其次，影响者还应该在形象、价值观、目标等方面与品牌保持一致。劳斯莱斯曾经在推广旗下的库里南 SUV 时，因合作的网红在形象方面存在争议而引起客户和公众的强烈反应，并成为一次舆论事件，对品牌造成了一定程度的负面影响。可见，影响者与品牌在形象、价值观等方面的匹配度是品牌在识别影响者时必须考虑的一个重要因素。此外，影响者最好具有一定程度的产品相关经验或专业知识。否则，一个与品牌相关度比较小的影响者不仅无法对品牌期待的营销效能产生正向影响，而且有可能损害品牌和影响者

---

① De Veirman, M., Cauberghe, V., Hudders, L. Marketing through Instagram Influencers: The Impact of Number of Followers and Product Divergence on Brand Attitude. International Journal of Advertising, 2017, 36 (5): 798-828.

② Ye, G. Q., Hudders, L., De Jans, S., De Veirman, M. The Value of Influencer Marketing for Business: A Bibliometric Analysis and Managerial Implications. Journal of Advertising, 2021, 50 (2): 160-178.

自身的形象及声誉。

除了衡量影响者的影响力和相关度之外，企业在识别影响者时还要结合企业的营销目标、期待影响者扮演的角色、企业能投入的资源等企业的内部因素来综合考虑。

3. 结盟：将影响者和媒体与所推广的产品或服务相匹配

影响者可以在线上和线下扮演各种角色来影响粉丝和追随者，这些角色包括名人、专家、早期采用者、产品爱好者等，这些角色服务的职能可以大致分成两个方面：吸引力领导职能和知识领导职能。① 具有吸引力领导职能的影响者能够加深其粉丝和追随者对产品/服务的心理依恋；具有知识领导职能的影响者则能够提供关于给定产品/服务的有用信息。在与影响者结成合作伙伴关系时，应该考虑影响者服务的职能与产品/服务之间的匹配性。比如，为提升产品/服务的享乐价值而选择的影响者应服务于目标市场的吸引力领导职能；为提升产品/服务的实用价值而选择的影响者应服务于产品/服务领域的知识领导职能。当然，由于许多产品同时具有享乐性和实用性，因此在可能的情况下，影响者应该能同时提升产品/服务的享乐价值和实用价值，所以应该选择能够同时满足吸引力领导职能和知识领导职能的影响者合作，或者与能够实现不同职能的多个影响者合作。②

在选择媒体平台时，同样需要考虑所推广的产品/服务与平台的匹配程度。因此，在选择媒体平台时应该考虑以下几点：第一，所选择的媒体应该是目标消费者经常使用的。第二，媒体是否适用于帮助增加产品/服务的享乐价值或实用价值。比如，博客、视频类的媒体往往允许发布者提供更详细的信息，比较适合用来帮助增加产品/服务的实用价值；社会化媒体比较适合用来帮助增加产品/服务在享乐价值方面的吸引力；有些社会化媒体则允许嵌入链接，能把消费者连接到提供有用信息的网站，以增加实用价值。③ 因此，选择媒体时应该把媒体的性质和特点与产品/服务的匹配性纳入考虑范围。

4. 激励：使影响者的影响力最大化

在识别和选择合适的影响者之后，企业仍然面临一个巨大的挑战，即如何激活影响者，使其影响最大化。影响者分享信息的动机是多种多样的，比如为了获得关注、纯粹对产品/服务感兴趣、希望获得报酬等。但是这些出于个人原因而分享信息的动机是不会持续的，因为他们的生活、兴趣、对产品的看法、价值观等可能会发生改变，因此营销管理人员需要通过激励来保持影响者积极分享产品或服务的动机。④

首先，给影响者提供可行的、与影响者在其网络中的角色相匹配的奖励。⑤ 奖励的方式包括社会地位、产品参与度、产品/服务的“内部”信息、折扣、免费商品或者其他的货币价值资源等。这些奖励可使影响者保持对推广产品/服务的兴趣和欲望，并且确保影响者的持续真实性以保证影响者营销的效果。

---

① Lin, H. C., Bruning, P. F., Swarna, H. Using Online Opinion Leaders to Promote the Hedonic and Utilitarian Value of Products and Services. Business Horizons, 2018, 61 (3): 431-442.

② 同①.

③ Lin, H.-C., Bruning, P. F., Swarna, H. Using Online Opinion Leaders to Promote the Hedonic and Utilitarian Value of Products and Services. Business Horizons, 2018, 61 (3): 431-442

④ 同①.

⑤ 同①.

其次，与影响者发展长期合作关系。在实践中，品牌可能与影响者达成一次性的合作关系，但随着采用影响者营销策略的品牌大量增加，与影响者发展长期合作关系变得至关重要。[①] 因为影响者最了解自己的受众，与影响者的长期合作可以使品牌从影响者的内容创作才能和追随者基础中受益。比如，国货彩妆品牌花西子通过与美妆直播带货领域的头部主播长期合作，不仅实现了品牌知名度和产品销量的提升，还邀请美妆主播成为花西子品牌产品共创团队中的重要一员，帮助品牌开发出消费者喜爱的产品。可见，与影响者发展长期的合作关系，有利于最大化地发挥影响者的影响力。为了发展与影响者的长期合作关系，企业应该向影响者提供公平的报酬，包括社会地位、免费产品、财务支付等，以回报影响者在品牌的影响者营销策略中付出的各种努力，比如嵌入了品牌信息的内容创作、围绕产品/服务与受众的互动等。此外，企业还应该赋予影响者内容创作的自由，让影响者感到受重视和尊重，以激励影响者积极地在企业的影响者营销策略中发挥作用。

5. 协调：协商、监督和支持影响者

在协调阶段，营销管理人员的工作主要包括协商、监督和支持三个部分。[②]

第一，营销管理人员需要与影响者进行协商，保证影响者的活动与企业在第一个阶段设定好的营销目标保持一致。

第二，为了让影响者的活动与企业的营销目标以及商业环境保持一致，企业需要对影响者的活动进行监督。即随着时间的推移，对影响者的活动过程以及结果、品牌与影响者伙伴关系的有效性、法律法规的遵守情况等方面进行跟踪和评估，并向影响者提供反馈以及讨论对伙伴关系或活动的修改。监督是协调工作中的一个重要组成部分。

第三，为影响者提供支持，以促进和加强影响者的活动。首先，营销管理人员应该考虑可以为影响者提供哪些支持，以促进影响者分享关于产品/服务的积极信息，提高影响者的工作效率。这些支持包括产品简介、产品性能测试结果、产品信息的链接等。其次，营销管理人员应该考虑如何提供这些支持，以便影响者接受、使用和分享。

（三）影响者营销的新领域：虚拟影响者

随着计算机图像、人工智能等技术的进步，影响者营销中出现了真实人类以外的影响者类型——虚拟影响者（virtual influencer）。加尼尔和庞辛（Garnier and Poncin, 2013）[③] 认为，虚拟影响者是指在社会化媒体上具有商业目的的虚拟个体，它们拥有大量的关注者，可以影响其他个体的购买行为。虚拟影响者和真人影响者一样，在社交平台上分享内容，推销产品。除了不具备血肉之躯，虚拟影响者拥有所有真人影响者的特点。

虚拟影响者包括CGI影响者（computer generated imagery influencer）、虚拟偶像（vir-

---

① Lin, H. C., Bruning, P. F., Swarna, H. Using Online Opinion Leaders to Promote the Hedonic and Utilitarian Value of Products and Services. Business Horizons, 2018, 61 (3): 431-442.

② 同①.

③ Garnier, M., Poncin, I. The Avatar in Marketing: Synthesis, Integrative Framework and Perspectives. Recherche et Applications En Marketing (English Edition), 2013, 28 (1): 85-115.

tual idol)、人工智能虚拟偶像(artificial intelligence virtual idol)等。其中,CGI影响者指的是利用CGI(计算机生成图像)技术构建的外表与人类高度相似的超写实虚拟影响者,比如活跃在社交平台Instagram上的Lil Miquela、Imma,以及活跃在小红书上的AYAYI、柳夜熙等。虚拟偶像指的是由电脑生成的受到粉丝挚爱或崇拜的虚拟形象,比如深受国内二次元爱好者喜欢的A-SOUL、洛天依、初音未来等。人工智能虚拟偶像则指的是利用人工智能技术合成的与偶像本人形象无异或拟制成人类形象的虚拟形象,比如国内首个人工智能+虚拟养成偶像“琥珀·虚颜”。①

与真人相比,虚拟影响者具有一些明显的优势,因此虚拟影响者已经成为真人影响者的一个替代或补充。第一,虚拟影响者对千禧一代和Z世代具有相当的影响力。研究认为,虚拟影响者能够与千禧一代和Z世代产生共鸣,并对他们的购买行为产生影响。第二,虚拟影响者具有真人无法比拟的工作优势,他们的工作效率更高。因为虚拟影响者是由计算机生成、数据构建的虚拟人物,他们不会生老病死,不知道疲倦,也不需要休息,因此能够一直保持良好的工作状态。第三,虚拟影响者的人设比较稳定,行为更可控,发生丑闻的可能性较小,“塌房”(网络流行语,意思是偶像在粉丝心目中的形象坍塌)的风险更小。因此相比真人影响者(如真人明星或偶像),企业与虚拟影响者(如虚拟偶像)合作是一个更为安全的选择,能够使品牌的形象、公关、广告、销量等面临更低的风险。

正因为虚拟影响者具有以上这些明显的优势,因此有越来越多的品牌选择与虚拟影响者合作,开展影响者营销。例如,保时捷、迪奥、SK-Ⅱ等与虚拟模特Imma合作,邀请Imma担任它们的品牌大使,讲述它们的品牌故事;国民品牌100年润发和百雀羚分别邀请国风虚拟偶像翎作为品牌形象代言人以及产品推荐官;等等。

特别值得一提的是虚拟影响者的一个类型——虚拟偶像。随着Z世代在消费市场影响力的上升,受到Z世代青睐的虚拟偶像已经成为品牌影响新一代消费者的重要沟通媒介。如今,越来越多的品牌通过虚拟偶像来吸引新一代的消费者,影响他们的品牌意识和购买行为,并与他们建立良好的品牌-消费者关系。比如,在国内拥有数百万粉丝的超级虚拟偶像洛天依已经成为各大品牌的宠儿,她代言的品牌已经覆盖日用品、食品、电信、保险、银行、汽车等各大领域。毫无疑问,虚拟偶像已经成为一种新型的意见领袖,展现出强劲的影响力。虚拟偶像营销也因此成为一种新兴的社会现象,开始受到学术界的关注。

品牌视角5-4

虚拟偶像直播带货,品牌方瞄准“Z世代”钱袋

2020年5月1日晚,淘宝直播间被二次元粉丝的弹幕刷屏。国内最知名的虚拟偶像歌姬洛天依等来到淘宝直播间,开始跨界试水直播带货,销售博士伦、美的、欧舒丹等品牌产品。当晚洛天依上线后,淘宝直播在线观看人数一度多达270万,有近200万人打赏互动。

随后,洛天依以“天猫618助燃大使”的身份亮相天猫全明星直播间。据平台方透露的不完全统计信息,在这场直播中,洛天依一共带了18件货品,直播在线观看人数一

① 李晶.论人工智能虚拟偶像的法律性质.浙江社会科学,2020(9):57-63+158.

度达630多万。

国内熟悉二次元的粉丝对洛天依并不陌生。这位灰发、绿瞳的“少女”是由上海禾念信息科技有限公司在2012年推出的全世界第一款拥有VOCALOID中文声库的虚拟偶像。洛天依的人物外形设定为15岁少女，性格设定为软萌可爱、温柔天然呆，是国内的头部虚拟偶像。虽然不是真人偶像，但是洛天依的关注度和商业价值并不逊色于真人明星。洛天依不仅拥有众多粉丝，而且品牌代言不断。

让虚拟偶像参与直播带货，其实商家关注的不是直接带来多少收益，而是要借此机会扩大新生代消费群体、抢夺二次元用户，收割新品类的粉丝经济。据QuestMobile估算，2018年Z世代因偶像推动的消费规模超过400亿元，其中近一半购买爱豆或偶像代言、推荐或使用的同款产品。《2019虚拟偶像观察报告》则指出，到2020年Z世代年轻人预计将占据所有消费者的40%；全国有3.9亿人正在关注虚拟偶像和关注虚拟偶像的路上。因此，当95后逐渐成为消费主力后，Z世代将引领并掌握娱乐消费的话语权。受到Z世代喜爱的洛天依等虚拟偶像正渗透到年轻族群的日常生活中，因此虚拟偶像日益受到品牌方的青睐。

资料来源：杜蔚，温梦华．洛天依直播带货近300万人观看，虚拟偶像也来抢李佳琦的饭碗?．(2020-05-02)．http：//www.nbd.com.cn/articles/2020-05-02/1430529.html；618大促：虚拟偶像直播带货火了，洛天依们的商业前景如何?．(2020-06-19)．https：//baijiahao.baidu.com/s?id=1669869339167329177&wfr=spider&for=pc.

五、品牌体验

在品牌的整合营销传播过程中，除了关注传播渠道和传播内容，还需要关注传播过程中的消费者体验。消费者对品牌的体验涉及具体消费过程的每一个环节，发生在每一个品牌接触点上。关注消费者接收品牌信息时的感觉和感受，可以减弱消费者接收品牌信息时的抵触心理，实现更好的传播效果。

（一）品牌体验的概念

1998年，美国战略地平线（Strategic Horizons LLP）公司的两位创始人约瑟夫·派因（B. Joseph Pine Ⅱ）和詹姆斯·吉尔摩（James H. Gilmore）指出体验经济时代已经来临，并最早提出了体验营销的概念。[①]

被誉为“体验营销之父”的伯德·施密特（Bernd H. Schmitt）认为，体验是消费者的一种感受，是个体对一些刺激（如售前和售后的一些营销努力）做出的内在反应；这种由体验驱动的营销和管理模式（即体验营销）将很快取代传统的营销和经营方法。

随着对营销中“体验”的研究的深入，品牌体验（brand experience）的概念被提了出来。施密特和布拉库斯（Schmitt and Brakus，2009）认为，品牌体验指的是由品牌设计、品牌识别、包装、沟通和环境等和品牌相关的刺激物激发的主观、内部的消费者反应（包括感官、情感和认知）和行为反应。[②]

---

① 余伟萍．品牌管理．北京：清华大学出版社，2007.

② 费明胜，刘雁妮．品牌管理．北京：清华大学出版社，2014.

（二）品牌体验的维度

1. 体验的维度

随着学术界对体验的理解不断深化，学者们一直没有停止对体验维度的探究。关于体验维度的分类，迄今为止最具代表性的仍是施密特在1999年提出的五种体验维度的划分，即感官体验、情感体验、思考体验、行动体验和关联体验。其中前三项是个体独有的体验，称为“个人体验”；后两项常在人际互动中产生，称为“共享体验”。[①] 施密特认为这五个体验维度共同构成了战略体验模组（strategic experiential module，SEM）。

（1）感官体验

感官体验即通过人的视觉、听觉、嗅觉、味觉、触觉等感官获得的体验。

（2）情感体验

情感体验即消费者基于内在情感和情绪的体验。

（3）思考体验

思考体验即以智力创造新的认知或提供解决方案而获得的体验。

（4）行动体验

行动体验即与身体或生活方式有关的体验。

（5）关联体验

关联体验即与他人（事物）或社群相联系的体验，借由社会文化意义与消费者的活动，从而产生有利的体验。

2. 品牌体验的维度

在施密特提出的五种体验维度的基础上，布拉库斯和施密特等人（2009）将品牌体验划分为感官、情感、行动和智力四个维度，并提供了测量品牌体验的量表。[②]

（1）感官体验

感官体验的目的是通过消费者的感觉器官，让消费者获得相应的品牌体验。比如劳斯莱斯在杂志上刊登香页广告，通过香页上传出的劳斯莱斯真皮座椅的气味，使消费者感受到劳斯莱斯品牌的奢华。感官体验能够为消费者提供美的享受和刺激，实现品牌的差异化，增加品牌价值。

（2）情感体验

情感体验以消费者内在的感觉和情绪为诉求，比如快乐、自豪、思念等。通过唤起消费者的情感，与消费者进行心理上的沟通和情感上的交流，从而赢得消费者的信赖、偏爱和忠诚。比如，2017年999感冒灵以情感体验的方式，以一则《总有人偷偷爱着你》的广告片，唤起了人们善良和温暖的情怀，对全社会进行了一场“心灵感冒”的治愈，被誉为“年度最走心广告”，造就了现象级的刷屏传播。

---

① 贺和平，刘雁妮，周志民．体验营销研究前沿评介．外国经济与管理，2010，32（8）：42-50+65.

② Brakus，J. J.，Schmitt，B. H.，Zarantonello，L. Brand Experience：What is It? How is it Measured? Does it Affect Loyalty?．Journal of Marketing，2009，73（3）：52-68.

（3）行动体验

行动体验通过影响消费者的身体感受，向消费者展示不同的做事方式、生活方式和互动方式，丰富消费者的生活，以此鼓励和刺激消费者采取购买行动并接受品牌。比如，来自法国的迪卡侬（Decathlon）以体验式服务见长。在迪卡侬的线下门店，消费者可以随时体验各类体育用品，从户外野营帐篷到高尔夫，消费者可以尽情试玩、试穿和试用。

（4）智力体验

智力体验是施密特的 SEM 中的思考体验和关联体验，旨在引发人们的思考和想象，使消费者获得认知和解决问题的体验，同时使得个人与一个品牌中的社会文化环境产生关联，借由社会文化意义与消费者互动，产生有力的体验。

以小米为例。在创办的初期，小米通过在线论坛对发烧友强烈参与手机科技的情绪进行挖掘和引导，吸引发烧友参与小米的产品研发。通过听取发烧友的意见，小米不断地优化 MIUI 系统，并且对手机硬件展开极致的追求。在这个过程中，发烧友获得了深刻的智力体验，小米的产品也得到了用户的认可。通过智力体验，这些发烧友不仅成为小米产品的体验者和使用者，也成为第一批“米粉”以及小米品牌的口碑传播者。

（三）品牌体验的实施

重视品牌传播过程中的顾客体验，能够有效引导顾客的情绪，引发顾客产生共鸣。

品牌体验的实施主要包括体验设计、体验传播、体验让渡等过程。首先，要在消费者洞察的基础上，根据品牌接触点的特点设计体验主题和体验传播方案。其次，通过体验的不同维度搭建品牌与顾客的接触点，传递品牌信息。最后，将体验让渡给消费者，让消费者从体验中获取相应的价值。

在互联网时代，由于技术的变革以及品牌接触点的增加，消费者参与品牌体验的方式变得更加分散和多元化，给品牌体验策略的实施带来了挑战。在品牌体验策略的实施过程中，需要格外注意以下两点。

1. 加大创新技术的应用

互联网时代，技术的变革日新月异。营销管理人员需要迅速适应创新技术带来的变革，并在体验设计、体验传播、体验让渡等环节加大创新技术的应用，以打造出独特的品牌体验，强化品牌传播的效果。

比如，增强现实（AR）和虚拟现实（VR）技术能够给消费者带来沉浸式的感官体验，品牌可以利用 AR 和 VR 来进行体验的设计、传播和让渡。以美妆行业为例。如今，不管是美妆品牌如欧莱雅和雅诗兰黛，还是美妆零售商屈臣氏或天猫平台，都在通过 AR 虚拟试妆技术给消费者带来便捷、沉浸式的品牌体验。美妆数字技术公司 ModiFace 的数据显示，美妆品牌和零售商在网上使用 AR 虚拟试妆技术以后，能够使互动时间增长 117%、销售额平均增长 84%。除了美妆，家居、旅游、游戏、汽车等诸多行业都能通过 AR 或 VR 技术帮助用户优化体验，给品牌带来销售转化。

此外，人工智能（AI）技术也在品牌体验中得到越来越广泛的应用。许多品牌通过 AI 聊天机器人给用户提供耳目一新的品牌体验，比如百度的小度、小米的小爱同学、苹果的 Siri、亚马逊的 Alexa 等。还有很多品牌利用 AI 客服帮助企业与用户建立智能、快捷、有效的沟通，力求给用户提供最佳的体验。事实上，AI 技术可以与很多品牌接触点进行嵌合，在感官、情感、行动、智力等维度给消费者让渡更多的品牌体验。

除了 VR、AR 和 AI，全息投影、裸眼 3D 等创新技术层出不穷。营销管理人员对新事物要保持开放的心态，大胆尝试，加大创新技术在品牌体验中的应用。

品牌视角 5－5

新一代林肯航海家 Nautilus 亮相“小蛮腰”广州塔

在 2020 年广州国际车展上，美式豪华汽车品牌林肯拉来第三款国产车型——新一代林肯航海家 Nautilus 空降广州进行全球首秀。

在车展前，新一代林肯航海家 Nautilus 上演了一出举世无双的“表演秀”：由千架无人机组成的林肯航海家车型轮廓，围绕广州地标式建筑“小蛮腰”飞行，点燃珠江河畔的夜空。品牌运用最新的无人机矩阵表演技术，千架无人机依次排开，从“新一代林肯航海家全球首秀”字样露出，到夜空中组成的 3D 新一代林肯航海家 Nautilus，巧妙地带来了震撼感。

无人机矩阵在空间中有序变换，硕大的林肯十字星辉 icon 齐头并进，在史上最大面积的裸眼 3D 酷炫投影的加持下，三维画面悬浮在实景之中，营造了亦幻亦真的氛围，突破了时空的界限。产品与珠江河畔的梦幻联动也让投影画面有了浑然天成的感觉，演绎了一场堪比好莱坞史诗巨制的裸眼 3D 投影大秀，而广州塔犹如灯塔一般，为茫茫暗夜航行于大海的船舶指引前行的方向。

品牌打造出的极具视觉冲击力的空间表演秀，切实展现了新一代林肯航海家 Nautilus 的不俗魅力，恰到好处地为新车的全球首秀赢得了大众的眼球。线下“小蛮腰”3D 表演秀、千架无人机引燃河畔夜空、裸眼 3D 炫酷投影，新一代林肯航海家 Nautilus 亮相的满满仪式感，为全世界的林肯粉丝演绎了一场史无前例的视觉盛宴，顺势揭开了第三款国产车型新一代林肯航海家 Nautilus 的神秘面纱。

林肯这次的新车亮相，通过无人机矩阵表演技术和裸眼 3D 技术给消费者带来了震撼的感官体验，最大限度地刺激了消费者大脑皮层的记忆锚点，在用户心智中留下深刻的记忆烙印，同时也为品牌触发二次传播提供了隐性助推力。

资料来源：广州塔的夜空被燃爆！这个品牌的营销很吸睛. (2020－11－23). https：//www. digitaling. com/articles/374703. html.

2. 线上和线下体验相结合

在互联网时代，虽然线上品牌接触点的数量和形式都在变多，但是，线下的品牌接触点在品牌体验方面仍然具有无法替代的优势。因此，在实施品牌体验策略时，营销管理人员需要将线下和线上的体验相结合，只有让线上和线下的体验形成闭环，才能让品牌“发出一种声音”，树立统一的品牌形象。

以耐克为例。为了革新消费者的品牌体验，耐克利用其概念店在线上线下体验的结合方面展开了积极探索。当消费者身处耐克的概念店附近时，消费者可以通过耐克的 App 收到周边相应店面的推荐，以及店铺的最新活动和优惠信息。耐克概念店里的商品旁边都放置了一个二维码，消费者可以用App扫描，快速查阅详细的产品信息，在众多的商品中便捷地选购自己心仪的产品。消费者还可以使用耐克概念店里的快速测码服务，然后在自己的手机上收到脚型、码数等相关的数据，方便店员根据数据推荐最合适的鞋码和款式，也方便消费者日后的购买。此外，消费者还可以通过耐克App获得门店定期举办的线下活动的相关信息，并在线上报名参加。通过将线上和线下的体验紧密连接，耐克为消费者打造出了一种优质、无缝的品牌体验。

为了打造线上线下相结合的品牌体验，企业还可以通过新零售的方式将品牌体验覆盖到全部场景，做到无缝衔接。新零售是基于新一代信息技术的应用，以最大限度地满足消费者的体验需求为中心，实现全社会零售商业运转效率最大化的一种零售形态。[①] 与传统零售相比，新零售具有以下几个典型的特点。[②] 第一，线上线下深度融合。通过线上线下各种资源的深度融合，消费者的体验和商品的获得形式不再有“虚拟”与“实体”的限制和差别。第二，全渠道营销。新零售以全渠道营销来应对所需的较高的数字化水平与能力，所有的营销渠道都是开放且互相贯通的，不存在“线上”“线下”的阻隔，因此全渠道可以使消费者在整个购物过程中获得一致的购物体验。第三，智能化体验和精准化服务。新零售中的数字化和人工智能技术能够给消费者带来智能化的体验以及精准化的服务。由此可见，新零售不仅能够满足消费者个性化的体验需求，而且可以带给消费者线上线下一体化的品牌体验。

总之，在互联网时代，企业的品牌体验策略也要与时俱进。只有不断创新体验设计、实施细致的体验管理，才能够为顾客提供更完美的品牌体验。

本章回顾

1. 整合营销传播是一个制订并执行针对目标受众（顾客、公众、投资者、员工等利益相关者）的说服性营销传播计划的过程，在这个过程中通过对传播内容和传播资源的整合，实现“一种声音，一种形象”的效果，从而达到建立和积累品牌资产的目的。

2. 品牌整合营销传播的实施主要包括五个步骤：建立消费者数据库、研究消费者、管理品牌接触点、发展和实施传播策略、监测和评估绩效。

3. 品牌接触点是品牌与消费者产生信息接触的地方，是消费者获得品牌信息的来源，只要是可以传递品牌信息的载体都可以称为品牌接触点。品牌接触点可以大致划分为产品、销售终端、媒体、促销、口碑、体验和其他七种类型。

4. 品牌接触点的选择标准包括：对消费者有重要影响力、可实现、可监控。

5. 整合营销传播方案可以用两个尺度去衡量——一致性和互补性，这也是品牌进行整合营销传播的原则。

6. 社会化媒体营销就是运用社会化媒体，如博客、微博、社交工具、社会化书签、共享论坛，来提升企业、品牌、产品、个人或组织的知名度与认可度，以达到直接或间接营销的目的。

---

① 徐印州，林梨奎．新零售的产生与演进．商业经济研究，2017（15）：5－8.

② 同①.

7. 社会化媒体营销可以分为五种常见的类型：博客营销与微博营销、社交网络营销、在线社区营销、内容整合网站营销、虚拟世界营销。

8. 在品牌的整合营销传播中，社会化媒体营销的实施要侧重于接触点的整合和内容的整合。

9. 内容营销通过提供有价值、有吸引力的内容，刺激消费者产生行为，从而实现品牌传播的目的。

10. 内容的质量是内容营销成功的关键。个性化的原创内容、拟人化的沟通模式、借势社会热点可以作为优质内容创作时的参考标准。

11. 网络口碑是指以网络为媒介进行的口碑传播。

12. 实施网络口碑传播，企业并不是要做口碑制造者，而是正向口碑的“放大器”，及负向口碑的引导者。网络口碑的实施包括增加消费者的品牌体验、关键意见领袖管理和负面口碑管理等内容。

13. 影响者营销是指通过对顾客及潜在顾客有影响力的个体实施的营销实践活动，是进入 Web 2.0 时代以后企业的一种重要品牌传播策略和营销战略。

14. 影响者的特征、内容的特征、消费者的特征都会对影响者营销的效能产生影响。

15. 实施影响者营销策略，可以遵循计划、识别、结盟、激励和协调这五个步骤。

16. 在品牌传播的过程中，除了关注传播渠道和传播内容，还需要关注传播过程中的消费者体验。消费者对品牌的体验涉及具体消费过程的每一个环节，发生在每一个品牌接触点上。

17. 品牌体验指的是由品牌设计、品牌识别、包装、沟通和环境等和品牌相关的刺激物激发的主观、内部的消费者反应（包括感官、情感和认知）和行为反应。

18. 战略体验模组将体验分成感官、情感、思考、行动、关联五个维度。在此基础上，品牌体验可以划分为感官、情感、行动和智力四个维度。

19. 品牌体验的实施主要包括体验设计、体验传播、体验让渡等过程。在互联网时代，实施品牌体验策略需要加大创新技术的应用，将线下和线上的体验相结合。只有通过体验设计的不断创新，实施细致的体验管理，才能够为顾客提供更完美的体验。

基本概念

品牌传播　　整合营销传播　　品牌接触点　　社会化媒体营销
内容营销　　网络口碑　　影响者营销　　品牌体验
战略体验模组

拓展阅读

[1] 贺爱忠，蔡玲，高杰. 品牌自媒体内容营销对消费者品牌态度的影响研究. 管理学报，2016，13（10）：1534－1545.

[2] 王建军，王玲玉，王蒙蒙. 网络口碑、感知价值与消费者购买意愿：中介与调节作用检验. 管理工程学报，2019，33（4）：80－87.

阅读以上文献后思考：

1. 内容营销如何影响消费者的品牌态度？
2. 网络口碑如何影响消费者的购买意愿？

复习题

1. 什么是整合营销传播？为什么要将整合营销传播作为品牌传播的思想？
2. 实施品牌的整合营销传播，主要包括哪几个步骤？
3. 实施品牌的整合营销传播，应该遵循哪几个基本原则？
4. 从传播的角度来分析，社会化媒体营销、内容营销、网络口碑、影响者营销这几种品牌传播策略之间的区别是什么？
5. 战略体验模组中的体验维度与品牌体验维度之间有什么联系和区别？

实训练习

全新别克威朗 Pro 是一款专门为年轻人打造的运动轿车。为了配合这款新车上市，别克选择在 bilibili（简称 B 站）传递全新威朗 Pro“无处不乐”这一统一的情绪体验。

首先，别克深挖产品优势，为直击年轻人的体验，定制了赛车节目《极速快跑》。节目邀请 B 站各分区 UP 主体验他们从未尝试过的赛道驾驶。包括手工区 UP 主“手工耿”、舞蹈区 UP 主“欣小萌”、科技区 UP 主“影视飓风”、生活区 UP 主“啊吗粽”、鬼畜区 UP 主“倒悬的橘子”和美食区 UP 主“绵羊料理”在内的 6 位百大 UP 主在专业汽车区 UP 主“极速拍档”的带领下，驾驶威朗 Pro GS 开启了他们的赛车初体验。在赛道之外，节目组还飞抵各个 UP 主家中及工作室进行赛前采访，让每位 UP 主的心情与成长更可见，拉满了鲜活的体验和代入感。节目内容既充分展示了威朗 Pro 的车辆性能，又欢乐有趣。通过这个节目，别克成功地让目标消费者体验到了威朗 Pro“无处不乐”的态度。B 站数据显示，《极速快跑》节目期期冲上 B 站实时热门，总播放量近千万；同时，节目每期视频上线均带动了别克品牌指数的爆发式增长。

在《极速快跑》节目之外，别克还与美食、生活、知识、游戏、萌宠等分区的 9 位人气 UP 主跨圈合作。比如，与美食区 UP 主“拜托了小翔哥”合作，该 UP 主一家三口出动，逛吃全球最大的山姆旗舰店，创造主题为“把全新威朗 Pro 的后备厢装满花了多少钱”的优质内容。别克与人气 UP 主的跨圈合作，以多样的视角，持续扩大品牌的站内影响力，这些内容的合计播放量已超过 1 280 万。

从定制节目到跨圈合作，这些优质内容都沉淀在别克品牌召集令的长线话题中，并加持官方资源达到千万级曝光。别克的品牌召集令话题连续 15 天霸榜 B 站话题第一，浏览量超 6 680 万。此次品牌活动也带动了别克 B 站社区生态内容的发酵，站内别克相关内容新增近 1 200 万播放，别克的 B 站品牌指数排名也从第 18 位冲上行业第 5 位。

在上海、成都、长沙三个城市的地铁站点，别克还以 B 站优质内容和文化品牌为抓手，将 UP 主的快乐宣言通通上墙。可以说从 B 站到全网，从线上到线下，别克以内容破圈，跑出了一条叫好又叫座儿的新车上市新通路。

资料来源：bilibili 哔哩哔哩．别克在 B 站发新车，竟然被弹幕疯狂催更？．（2021－11－25）．https：//www. digitaling. com/articles/665664. html.

请根据以上材料，完成以下实训练习：

1. 这次别克的新车上市，运用了哪些品牌传播策略？请进行详细分析和说明。

2. 假如由你来负责别克此次的品牌传播，你会如何做？请根据本章介绍的品牌传播策略，为别克量身打造一个品牌传播方案（做什么？如何做？为什么这么做？等等）。

第6章 品牌杠杆

知识思维导图

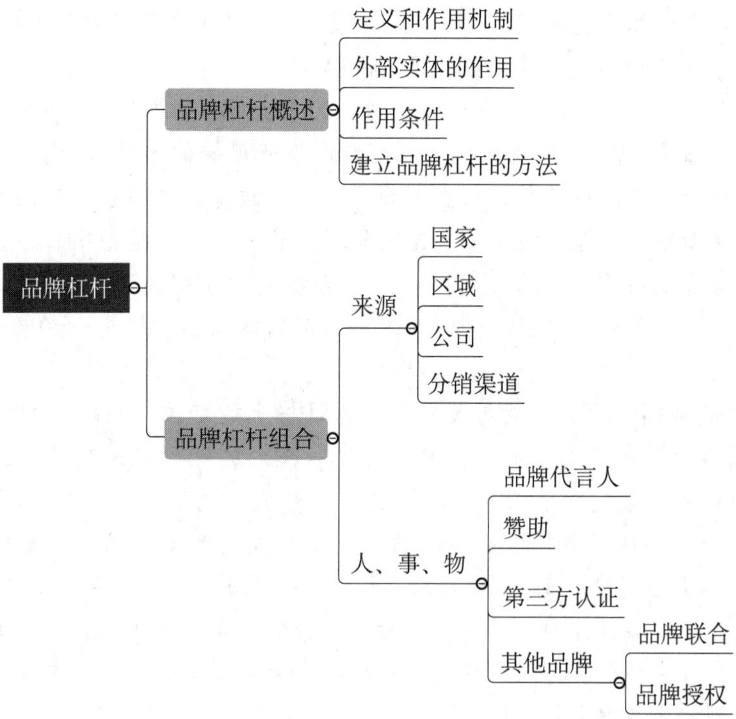

知识学习目标

- 掌握品牌杠杆的定义和构成品牌杠杆的外部实体组合。
- 理解具体的外部实体对品牌的杠杆作用；掌握如何使用具体的外部实体杠杆。

技能学习和掌握目标

- 能够观察和分析具体品牌利用品牌杠杆的现象。
- 能够具备一定的应用品牌杠杆的能力。

导读案例：简约而不简单——“利郎”男装形象代言成功

品牌成功之关键不在于请不请明星代言；做品牌是一种资源整合，广告明星也是一种资源，与企业产品形象不匹配，请谁做广告都没有用。

国内男装品牌已经认识到形象代言在服装销售过程中的作用与价值，男装品牌与代言人的联姻组合已经成为商战克敌制胜必不可少的一把利器。众多男装生产企业及其品牌不惜重金聘请明星名人为自己的品牌代言，以深化品牌文化，提升企业形象。但是，当前的服装品牌代言市场却呈现出很多乱象，如代言人形象与品牌文化、形象不符；企业对代言人的代言价值挖掘不足；代言广告表现雷同，手法陈旧；代言人领域单一；等等。

相对来说，西服是一个产品同质化现象十分严重的领域，虽然很多企业已经意识到品牌经营战略的重要性，但能够有所突破，真正创造出品牌差异化文化概念的品牌屈指可数，“利郎”商务休闲男装可以说是中国男装品牌中的佼佼者。“利郎”先后获得“中国最受消费者欢迎的休闲装品牌”“中国服装最具影响力品牌”“中国最具竞争力品牌”等多项殊荣，号称“中国商务休闲男装第一品牌”。

但是，曾几何时，“利郎”几乎陷入绝境。20 世纪 90 年代末，随着服装产品同质化程度越来越高，服装市场竞争日益激烈，利郎面临着严峻的市场形势。1995—2000 年，公司从最初的成功走向停滞不前，甚至走到了破产的边缘。如何在众多的竞争者中脱颖而出，蹚出一条新路？利郎公司高层焦虑地思考着这一问题。他们明白，在西服已经有杉杉、雅戈尔等高端品牌，休闲夹克衫有七匹狼、柒牌、劲霸等强势品牌的情况下，利郎想要进入男装市场不能硬碰硬，必须寻求一种崭新的风格和概念，走出一条差异化的道路。

2001 年，利郎痛下决心，对男装重新进行风格上的定位，在国内服装界率先提出了“商务休闲男装”的概念。随后，利郎对这一概念的理解越来越清晰，定位越来越细化。它把消费者年龄定位在 28～45 岁这一相对成熟的阶段，并提出了“简约不简单”的品牌定位。利郎商务休闲男装的简约不是单纯的删繁就简，而是提倡一种高层次的生活方式和生活态度，简约与精致同行，是一种阅尽繁华后返璞归真的风格。

当利郎确立了商务男装的品牌定位之后，选谁做形象代言人呢？一开始，利郎拟定了很多候选人，并一个个研究。当提到陈道明时，大家觉得以他的知名度和内涵修养可以很好地传递利郎的品牌内涵：简单、大气、有品位。

利郎第一次与陈道明洽谈时，发现陈道明很有涵养，而且对服装有很深的理解。在与陈道明的接触中，利郎还进一步了解到，陈道明不喜欢过分抛头露面，不喜欢哗众取宠，也不喜欢参加评奖之类的活动。《围城》一举成名后，陈道明以其独特精湛的演技给观众留下了深刻的印象。在《康熙王朝》《长征》《黑洞》《冬至》《英雄》等影视剧中，陈道明塑造了一个个打动观众的角色，捧得“飞天奖”“金鸡奖”“华表奖”“金鹰奖”等一系列大奖。

透视陈道明巨大成功的背后，让人体味出的却是那种不简单的简约风格：对媒体的淡漠，对炒作的无语，对演艺事业的兢兢业业和执着追求。陈道明简约的一言一行中都隐含着一种不平凡的智慧。这让利郎尤其欣赏和敬佩。此外，陈道明着装时尚但不张扬，这与利郎的品牌文化定位非常吻合——这是利郎选择与陈道明合作的关键所在。

在充满浮躁气息的影视圈中，陈道明是少有的淡定从容的大牌明星，与利郎服饰的品牌风格十分匹配。2002 年 1 月 1 日，陈道明正式与利郎签约，出任利郎品牌形象代言人。广告播出后，伴随着陈道明“西服也休闲，简约而不简单”的广告语，消费者领略到了利郎商务男装独特的品牌魅力，很多人都评价说这是利郎和陈道明的完美结合，利郎时装专卖店的经销商也对广告语十分欣赏。大手笔的广告投入和强势的媒体宣传，使利郎公司声名鹊起，短短几年时间，公司不仅成功实现了品牌与目标消费者的深层次对接，而且迅速提升了利郎品牌在国内市场的知名度，强劲带动了利郎产品的市场销售。在短短的 3 年内，其销售额翻了 10 倍。只要一提陈道明，消费者很容易就会想到利郎。陈道明的代言给利郎带来了丰厚的市场回报。

资料来源：简约而不简单：“利郎”男装形象代言成功案例．中国制衣，2011（3）：68－70.

思考：

1. 品牌形象代言人为什么会对品牌有影响？
2. 企业在聘请品牌形象代言人时要注意哪些问题？

第1节　品牌杠杆概述

一、品牌杠杆的定义和作用机制

品牌杠杆是一种通过整合外部资源来达到借力、省力目的的品牌资产创建新模式。①

品牌杠杆理论最早由品牌战略管理的先驱凯文·莱恩·凯勒提出。品牌杠杆理论提供了一个与传统品牌资产创建模式不一样的思路。传统的品牌资产创建模式主要依赖于品牌的内部资源，而品牌杠杆理论则强调“借用”外部实体的力量来创建品牌自身的资产，即通过与品牌外部的实体建立联系，将人们对这些实体的积极态度、印象、评价等转移到品牌上来，从而增强品牌的实力。②

品牌杠杆的基本工作原理有点类似于“爱屋及乌”。简单来说，如果在消费者心目中与品牌建立联系的外部实体是好的，那么消费者也会认为该品牌是好的。凯文·莱恩·凯勒认为，消费者的这种推理是“认识的连续性”作用的结果：如果消费者在长期的实践过程中积累了有关某一实体的知识、态度或信念，那么当一个品牌与该实体相关联时，消费者就会推论属于该实体的性质同样也属于该品牌。③

品牌杠杆的作用机制建立在信息源可信度理论、情感迁移理论、认知一致理论和分

① 王海忠，刘红艳．品牌杠杆：整合资源赢得品牌领导地位的新模式．外国经济与管理，2009，31（5）：23－29＋37.

② 同①.

③ 凯文·莱恩·凯勒．战略品牌管理．北京：中国人民大学出版社，2003.

类理论这四大理论基础之上。[①]

第一，信息源可信度理论。信息源是指信息传播的出发点，信息源可信度是指信息发出的源头（人或物）在人们心目中的专业性、客观性、可靠性。信息源可信度会对信息能否被接受产生很大的影响。在品牌杠杆模式下，消费者会根据自己对品牌来源国、品牌所属企业以及品牌零售商的信任程度来推断品牌的价值并决定资产转移程度。因此，信息源可信度理论为品牌杠杆研究提供了一定的理论基础。

第二，情感迁移理论。情感迁移模型认为，消费者会将其对外部实体的情感转移到品牌上。这种情感转移有两种模式。其一，直接迁移。当外部实体与品牌之间关联度很高时，直接迁移模式就会发挥作用。比如，当外部实体是母品牌时，消费者对延伸品牌的态度就会通过直接迁移模式发挥作用。因为延伸品牌与母品牌使用同一品牌名称，在相同条件（品牌名称）的刺激下，消费者会对延伸品牌产生类似于母品牌的情感体验。其二，间接迁移。在多数情况下，消费者对外部实体的态度和情感并不能直接迁移到品牌上，因为这种迁移要受到外部实体与品牌之间拟合度的影响。当外部实体与品牌之间的拟合度较高时，消费者对外部实体的好感能顺利地迁移到品牌上；当外部实体与品牌之间的拟合度较低时，消费者对外部实体的好感不能顺利地迁移到品牌上。外部实体与品牌之间的情感迁移更多地通过间接模式来实现，因为多数外部实体不会与品牌使用同一名称。因此，外部实体与品牌之间的拟合度或匹配度是决定品牌杠杆能否发挥作用的关键。

第三，认知一致理论。认知一致理论认为，个人在其信念/态度与其观点/自身行为发生矛盾时，往往倾向于自我调整（或改变原信念/态度，或否定其观点/行为），以达到或恢复认知上的相符和一致。认知一致理论有助于解释外部实体对品牌的杠杆作用。当品牌与外部实体相关联时，如果外部实体的形象和个性与品牌不一致，则很可能会改变品牌的形象和个性，这就会使品牌的形象和个性变得模糊，最终稀释品牌资产。

第四，分类理论。分类理论认为，当人们注意到一个新成员时，往往会在已有类别知识的基础上推断新成员的未知特质。在品牌杠杆模式下，消费者在最初接触到外部实体时，如果认为外部实体与品牌明显匹配，就会根据自己对这些实体的情感和联想来强化其品牌联想；如果觉得匹配度较低，则会根据实体与品牌的相似程度进一步细化加工，从而决定是否进行情感迁移。

"假如给我一个支点，我将撬动整个地球"，阿基米德的这句名言形容了杠杆作用的力量。在品牌管理的过程中，如果能找到一个好的支点，有效借助外部资源，就可以事半功倍地创建强势品牌。[②]

二、品牌杠杆中外部实体的作用

当消费者没有足够的知识去判断或选择品牌时，品牌外部实体（比如产地、代言人、

---

① 王海忠，刘红艳．品牌杠杆：整合资源赢得品牌领导地位的新模式．外国经济与管理，2009，31（5）：23－29＋37.

② 同①.

第三方认证等）的杠杆往往就会发挥作用，帮助消费者做出购买决定。外部实体往往会在以下几个方面对消费者的产品评价产生影响[①]：

第一，使产品本身的优点与其他实体属性中的优点相结合，对总体品牌评价产生影响。

第二，外部实体可以起到标识作用，暗示更多的产品特色。

第三，外部实体可以起到启发作用，简化消费者的产品评价过程。

第四，外部实体可以作为产品比较时的一种标准。

三、品牌杠杆的作用条件

来自品牌外部的实体如果要起到杠杆作用，需要满足以下三个基本条件。[②③]

（一）消费者对实体的认识

如果消费者对选择的实体不熟悉或者不了解，那么该实体就无法对品牌产生杠杆作用，该实体的形象和联想也就无法转移至品牌。理想的实体应该是：消费者熟悉该实体，并且对其抱有强烈的认同感，持有正面的判断和感觉。

例如，聘请名人代言品牌时，作为外部实体，该名人需要被目标消费群体了解和熟悉，并且在目标消费群体中拥有较高的认同感，只有这样名人代言才能发挥杠杆作用。

（二）实体与品牌之间的关联性

对品牌产生杠杆作用的实体与品牌之间应存在一定的关联。例如，品牌聘请的代言人需要在个性、气质、职业等方面与品牌存在一定的关联性，能够匹配，否则会给人突兀之感，从而削弱代言效果。

以金嗓子为例。金嗓子集团曾经先后聘请世界著名足球明星罗纳尔多和卡卡担任金嗓子喉片的广告代言人，由于足球明星和喉片之间的关联性比较弱，名人代言的效果没有得到充分释放。

（三）实体联想的转移性

理论上，任何联想都可以由实体转移给品牌。但是总的来说，总体联想（对实体总的看法）比具体联想（与产品意义直接相关的性质或优点）更容易转移。很多具体联想常被认为与所关联的品牌无关，或者过于强烈地依附于原先的实体，导致无法传递给品牌。

实体联想向品牌的转移很大程度上依赖于消费者心目中的品牌与这些实体相关联的强度：消费者发现的品牌和实体之间的共同点越多，将实体的特性转移到品牌上的可能性也就越大。

---

① 凯文·莱恩·凯勒．战略品牌管理．北京：中国人民大学出版社，2003．

② 王海忠，刘红艳．品牌杠杆：整合资源赢得品牌领导地位的新模式．外国经济与管理，2009，31（5）：23－29＋37．

③ 同①．

四、建立品牌杠杆的方法

品牌可以通过哪些外部实体建立起品牌杠杆呢？综合学者们的观点[①②]，可以将常见的外部实体分成两大类，它们共同构成了品牌杠杆组合（见图6-1）。

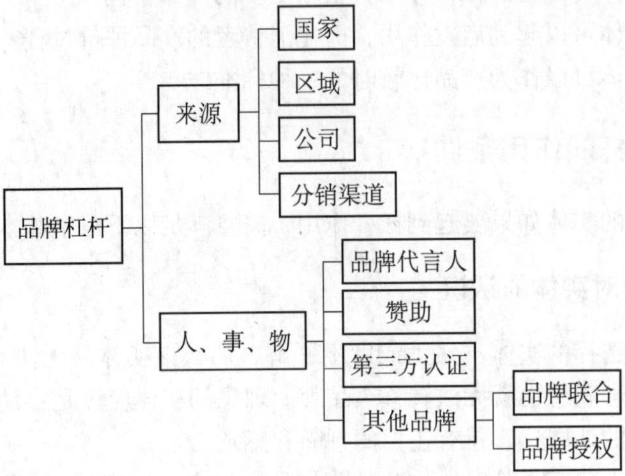

图6-1　品牌杠杆的常见组合

（一）品牌的来源

第一大类外部实体是品牌的来源。具体来说，作为品牌来源的外部实体包括国家、区域、公司和分销渠道。这些外部实体反映了品牌的源头，即品牌在哪里生产，由谁生产，在何处销售。品牌的来源会对消费者的品牌联想产生影响，一般来说，好的来源有助于提升品牌形象。

“在哪里生产？”国家和区域能够传递品牌的原产地信息，而原产地的形象和产业优势等都会影响消费者的品牌选择。

“由谁生产？”公司的形象、价值观以及对公司已有品牌的联想等能够传递给新品牌。

“在何处销售？”品牌分销渠道的形象也会通过联想传递给品牌。消费者对一个零售终端的印象会对该零售终端出售的品牌和产品产生影响。

（二）与品牌相关的人、事、物

第二大类外部实体是与品牌相关的人（比如品牌代言人）、事（比如赞助、第三方认证等）、物（指借用其他品牌力量的类别，包括品牌联合、品牌授权等）。

品牌代言人。合适的品牌代言人可以将“名气”和“形象”转移给品牌，增进消费

① 凯文·莱恩·凯勒．战略品牌管理．北京：中国人民大学出版社，2003.

② 王海忠，刘红艳．品牌杠杆：整合资源赢得品牌领导地位的新模式．外国经济与管理，2009，31（5）：23-29+37.

者的品牌认知，强化消费者的积极联想。但若品牌代言人选择不当，也会让品牌形象受损。①

赞助和第三方认证。被赞助的活动会与赞助商品牌产生关联，并提高品牌的知名度和强化联想。而权威、中立的第三方认证可以增强消费者对品牌的信任，提升品牌的形象。

其他品牌。在品牌杠杆战略中，还可以借助其他品牌的力量，通过品牌联合、品牌授权等方式，将其他品牌的资源（比如感知质量、态度、情感等）转移过来。

第2节　品牌杠杆组合

一、国家和区域

国家和区域是品牌的原产地（country of origin，COO）。以往的研究已经证明了原产地效应（COO effect）的存在，即原产地形象会影响消费者对该地区具体产品的态度、评价，甚至是购买行为。通过原产地效应，国家和区域的形象会产生杠杆作用，影响消费者的品牌信念和购买意向。

（一）国家

1. 国家的杠杆作用

消费者对品牌原产国的认识和信任可以转移给品牌，从而产生杠杆作用。在原产地效应的原理下，国家的杠杆作用主要有三方面的表现：

（1）国家形象作为外在线索影响消费者评价和购买

原产国的形象是一种重要的外在线索，影响消费者的评价和购买。当消费者拥有的内部线索（比如品牌知识、经验等）不足时，消费者就会利用原产国的形象帮助选择和评价。比如，大部分消费者不具备红酒的专业知识，当他们购买红酒时，会根据红酒的原产国来帮助判断品牌的品质。

（2）存在产品属性和类别的差异

国家对品牌产生的杠杆作用还与产品的属性和类别有关。比如，对法国的奶制品和葡萄酒来说，国家形象在品牌杠杆中会产生积极的作用，来自法国的奶制品和葡萄酒品牌往往能够得到人们较高的评价；而对于法国的电子产品，国家起到的杠杆作用相对就没有那么明显。

（3）受文化和民族差异的影响

在原产地效应中，爱国精神、民族自豪感等心理因素会引发消费者不同的产品评价和态度。研究表明，与倡导个人主义的美国相比，在倡导集体主义的日本，消费者对本

---

① 王海忠，刘红艳．品牌杠杆：整合资源赢得品牌领导地位的新模式．外国经济与管理，2009，31（5）：23－29＋37.

国产品的评价更高。[①] 因此，在不同的文化和民族背景下，国家的杠杆作用会有所区别，比如品牌的“国货”标签会引发特定文化和民族背景的消费群体对品牌的偏爱。

2. 如何利用国家杠杆

（1）企业的角度

企业可以利用消费者对原产国的认识和信任，推广自身的品牌形象，例如在广告、包装中强调原产国的信息。在有的情形下，则需要弱化原产国与品牌之间的关联，避免产生负面效应。

（2）国家的角度

国家品牌是国家“软实力”的基础，是一个国家重要的战略资本。[②] 打造国家品牌，提升国家的形象和国际影响力，对提升本国品牌的消费者评价和扩大市场份额有着重要的意义。打造国家品牌，建立积极的国家形象可以从以下方面入手：

对国家形象进行定位。每个国家都有自己的形象定位，如美国推广的形象是自由和创新，德国推广的是严谨与完美，意大利推广的是吸引力，法国推广的是浪漫与时尚，瑞士推广的是精确性，日本推广的是品质。[③] 定位是打造国家品牌的第一步。每个国家都有自己的特色，应该根据国家的历史、文化、政治等背景合理地进行国家品牌的定位。

传播和推广国家形象。将国家品牌的营销常规化，借助媒体传播、事件营销、活动营销、民间交流等各种各样的方式传播和推广国家形象。比如，在1997年亚洲金融危机之后，马来西亚政府发起了“马来西亚：真正的亚洲”（Malaysia：The Truly Asia）运动，以应对亚洲金融危机对其经济造成的严重影响。马来西亚的国家品牌发展团队给马来西亚找到了一个独特和差异化的国家形象定位——将马来西亚作为各种亚洲文化（中国文化、印度文化、马来文化和其他国家文化）的联合代表，一个便宜、安全、摩登的旅游胜地。[④] 为了向世界各地的游客传播这一独特和差异化的国家形象定位，马来西亚投入了大量的资金进行推广。其中包括拍摄以“The Truly Asia”为主题的广告宣传片，在许多国际电视频道上播放，成功地使马来西亚成为想要安心体验亚洲风景的人们的绝佳去处，马来西亚也因此成为世界十大旅游胜地之一。

倡导各方积极参与。政府、企业和个人在打造国家品牌、建立国家形象中均起到重要的作用。政府要树立良好的形象，做好购买国货的表率，全力支持本土品牌的发展。企业要有社会责任感，努力创新、追求卓越，打造一批国际知名品牌，在国际市场上树立起中国品牌的良好形象。个人要具备良好的公民素质，做好国家的形象大使。

品牌视角 6-1

韩国国家品牌委员会的启示

韩国国家品牌委员会（Presidential Council on Nation Branding）成立于2009年1月22日，是韩国总统亲自设立、直接领导的总统直属委员会，旨在提升韩国的国家形象和国

① Gürhan－Canli，Z.，Maheswaran，D. Cultural Variations in Country of Origin Effects. Journal of Marketing Research，2000，37（3）：309－317.

② 韩慧林，孙国辉．国家品牌研究述评与管理启示．现代管理科学，2014（9）：9－11.

③ 汪涛，邓劲．国家营销、国家形象与国家软实力．武汉大学学报（哲学社会科学版），2010，63（2）：249－253.

④ 马丁·罗尔．品牌战略：亚洲企业决胜全球．北京：中国人民大学出版社，2020.

际地位。早在2002年，韩国就成立了政府国家形象委员会，但仅限于每年召开一次会议，行动力和影响力有限。2008年8月15日，韩国总统在光复节贺词中提到，现在是一个品牌时代，韩国需要构筑国家品牌，这既符合时代潮流，也是绿色增长和守法精神的要求。此后，国家品牌委员会应运而生。对国家品牌的高度重视也被认为是时任政府的一大特色。国家品牌委员会成立以来，韩国的国家品牌得到了很大提升。

国家品牌委员会主要通过大力开展海外服务、发展韩国尖端技术、促进韩国科学技术的世界化、开发保护韩国文化遗产和观光资源等来提高韩国的世界影响力。其国家形象塑造主要集中在“为国际社会做贡献”“尖端技术产品”“文化与旅游”“多元文化与外国人”“全球市民意识”等五个重点领域。国家品牌委员会的工作不同于一般产品的营销，而是通过传递世界人民喜欢、信赖、支持的内容，来展现韩国的良好形象。

国家品牌委员推广国家形象的策略主要包括：建立国家形象总纲领并推出代表国家的象征物；结合“动感韩国”（Dynamic Korea）等形象标语，统一并推广韩国的国家形象；借助举办大型国际活动，如奥运会、亚运会、世界杯、核安全峰会、世博会等，凝聚国民向心力，增强韩国对世界的影响；加强有效提高国家形象的组织架构，针对各驻外机构的调查和反馈，适时调整国家形象政策走向；等等。针对不同的国家和地区，韩国国家形象的推广策略各有侧重，比如对亚洲，管理并推广韩国流行文化；对欧洲，展示韩国作为科技强国的实力和韩国独特的文化传统等。

为定量评估国家品牌价值、给包括国家品牌委员会在内的政府部门提供决策参考，韩国产业政策研究院从2001年起每年发布国家品牌价值报告。其中，国家品牌价值由“国家收入”和“国家影响力指数”两项指标定量计算得出，前者包括商品出口和服务出口两方面，后者则由“国家竞争力”“国家亲近感”“国家品牌战略”三项指标决定。“国家竞争力”按照迈克尔·波特关于国家竞争力的理论计算得出，“国家亲近感”是指人们对国家的认同度和亲密度，“国家品牌战略”则是通过对各国的国家形象发展战略评估得到。

资料来源：季萌．韩国国家品牌委员会的启示．对外传播，2012（11）：54－55＋1.

（二）区域

1. 区域的杠杆作用

和国家一样，区域的良好形象也能转移给品牌，对消费者产生影响。除了区域形象，区域的特色产业优势以及在区域特色产业优势的基础上形成的区域品牌，同样能够发挥品牌杠杆的作用。

（1）区域品牌概述

这里的区域品牌指的是基于区域特色产业优势形成的产业集群品牌，通常表现为“区域＋产业”的形式，比如“金华火腿”“新会陈皮”“阳澄湖大闸蟹”“景德镇陶瓷”“莆田鞋”等。

与产品品牌和企业品牌不同，区域品牌具有特殊的性质。首先，区域品牌具有公共性。区域品牌属于公共品牌，区域内特定行业的企业都可以从中受益。因此，区域品牌的管理主体通常包括政府、行业协会等。在区域品牌的管理中，政府在产业规划、政策支持、区域营销等方面发挥着主要作用；行业协会在促进行业有序发展、规范区域品牌的管理（比如区域品牌的注册、传播、渠道、品控、授权等）方面起到重要作用。其次，区域品牌具有区域性。区域品牌不能脱离特定的区域而存在，任何区域品牌的形成都与本区域的特色密切相关。最后，区域品牌具有产业特性。区域特色产业是区域品牌形成的基础，区域品牌的建设则是区域特色产业不断发展、成熟的结果。

（2）区域品牌的杠杆作用

①提供背书。区域品牌对地方的经济发展起到举足轻重的作用，它代表着一个地方优势产业的形象。知名度和美誉度高的区域品牌能够给区域内特定产业集群中企业的品牌提供背书，在区域品牌的光环之下形成晕轮效应，让企业的品牌获得良好形象，助力企业的品牌成长。

②降低成本。区域品牌能够辅助企业的市场营销和协同营销活动，帮助企业降低营销成本，为企业撑起区域“品牌伞”。在区域品牌良好的声誉和形象的“庇护”下，企业的品牌宣传和推广可以节省成本，达到事半功倍的效果；推出新产品时，面临的市场风险也相对较小。

同时，区域品牌能够促进市场集聚、产业资本集中、信息传递以及上下游关联产业带动发展。通过区域品牌形成的集聚效应和协同效应，企业能够降低生产成本。

2. 如何利用区域杠杆

（1）利用区域形象

企业可以在营销活动中利用区域形象建立原产地的联想，使之发挥杠杆作用。比如，将原产地作为品牌广告的主题。以农夫山泉为例。农夫山泉先后推出了《长白山水源地冬季篇》《长白山水源地春夏秋篇》的广告，通过农夫山泉的水源地——长白山——春夏秋冬四季野生动植物的实拍，淋漓尽致地展现了“什么样的水源，孕育什么样的生命”的广告主题，完美体现了“我们不产生水，我们只是大自然的搬运工”的品牌理念。农夫山泉的这两则广告通过描述品牌原产地的自然和生态环境，成功地使人们产生了农夫山泉“自然”和“安全”的品牌联想。

（2）利用区域品牌

强势的区域品牌能够起到更强的杠杆作用。为了利用好区域品牌这一杠杆，需要做到：

首先，地方要打造强势的区域品牌，让区域内的企业有区域品牌杠杆可以使用。由于区域品牌的公共性特征，区域品牌的打造需要政府、行业协会、企业等利益相关主体的共同努力。打造强势区域品牌的具体管理措施包括：将区域品牌注册成集体商标；制定品牌授权和使用方面的规章制度；实施标准化工程，保证产品质量；推动产业升级；等等。通过科学、规范的区域品牌管理，避免株连效应的发生，推动区域品牌健康有序地发展，打造出强势的区域品牌。

其次，企业应该争取得到强势区域品牌的使用授权，然后通过“区域品牌（母）+企业品牌（子）”的母子品牌战略，放大区域品牌的背书作用。

二、公司和分销渠道

（一）公司

品牌可以和公司名称或者公司已有的品牌相联系，在这种情况下，公司名称以及公司已有品牌的联想就能够传递给这一品牌。

不管是公司名称还是公司已有品牌，这些提示公司“来源”的信息能够引发消费者有关公司信誉、价值观、产品属性、利益等的联想。这些公司来源的杠杆作用能够帮助品牌建立起品牌资产。具体做法可以包括：

1. 与公司名称建立关联

在广告、包装等营销环节与公司名称建立关联。比如，海飞丝的电视广告末尾出现“P&G”“宝洁出品，优质产品”等标明公司来源的信息，将海飞丝这个品牌与宝洁公司关联起来，这样，作为全球日化巨头的宝洁公司的实力和信誉就能够转移给海飞丝品牌。

2. 与公司已有的品牌建立关联

与公司已有的品牌建立关联，使用公司品牌或者家族品牌。比如，通用汽车公司生产的雪佛兰科迈罗（Camaro）跑车，在宣传中就将科迈罗这个品牌与家族品牌（雪佛兰）和公司品牌（通用汽车）建立了关联，让人们知道了科迈罗这个品牌的公司来源。

由于消费者对公司整体形象和声誉的感知已经成为消费者购买决策中的一个重要考虑因素，因此要妥善处理好品牌与公司来源的关联。如果公司来源不利于品牌的发展（比如，品牌的定位与公司整体形象不符合），就应该弱化品牌与公司来源的关系，与公司来源保持较远的距离。比如，因定位不同，欧莱雅旗下的高端化妆品品牌赫莲娜（HR）、阿玛尼（Armani）等一直与欧莱雅公司保持距离，故意不让消费者知道旗下的高端品牌与公司的关系，避免主打中低端定位的欧莱雅对这些高端品牌产生不利影响。

（二）分销渠道

零售商出售的产品类别、定价、服务质量、店址等会在消费者心目中形成特定的印象，消费者会将这种印象与该零售商出售的品牌联系起来，对品牌联想产生影响。比如，消费者会根据品牌是哪里出售的来推断品牌的品质。20 世纪 80 年代，为拓展李维斯品牌的分销渠道，李维·斯特劳斯公司将西尔斯等大型连锁超市纳入了分销渠道，结果导致原来的分销渠道商梅西百货不愿再销售该品牌，因为梅西百货觉得李维斯品牌已经变得廉价。

分销渠道要与品牌形象相匹配，才能够通过杠杆作用提升品牌资产，否则会稀释品牌资产。早期的三星主要生产廉价产品，曾被西方消费者认为是生产“地摊货”的“山寨”企业。20 世纪 90 年代，三星实施品牌重塑战略，为了提升品牌形象，重新调整了分销渠道。比如在美国市场，三星撤出了沃尔玛、凯马特（Kmart）等连锁超市，将渠道转移至百思买（Best Buy）等注重质量和品牌的专卖店；同时在高端大牌云集的纽约第五大道开设体验店，让消费者对三星“时尚、高档、技术领先”的品牌定位产生认知。分销渠道的调整是三星品牌重塑战略的一环，高端渠道帮助提升了三星的品牌资产，促成了三星从三流品牌向一流品牌的转变。

三、品牌代言人、赞助和第三方认证

（一）品牌代言人

聘请名人代言品牌是常见的商业做法。比如，百事聘请流行乐之王迈克尔·杰克逊代言，耐克聘请篮球飞人迈克尔·乔丹代言，欧米茄聘请名模辛迪·克劳馥代言。这些名人代言都取得了巨大的成功，给代言的品牌带来了可观的收益。

品牌可以利用名人建立品牌联想，构建品牌资产。因为名人能够将众人的注意力吸引到所宣传的品牌上来，消费者在对此名人有所了解的基础上做出判断，形成品牌直觉。①

1. 品牌代言人的基本要求

（1）具有足够的知名度和良好的形象

品牌聘请的代言人在对应的目标市场上要足够有名、引人注目（有吸引力），才能够提升品牌的知名度。根据调查，有吸引力的代言人可以显著提升品牌的知名度。②

除了要具有足够的知名度之外，品牌代言人还要具有良好的形象，能够获得人们对其形象的认同。比如，品牌代言人具有一技之长、讲信用、受人喜爱等。具有良好形象的品牌代言人的信任度更高，能够增加品牌代言的有效性。

因此，品牌代言人不一定拘泥于娱乐或者体育明星，来自其他职业、有足够知名度和良好形象的个人也可以成为品牌代言人，比如企业家、专家学者、政界名人等。比如，从 2014 年开始，格力电器的董事长董明珠就接替超级巨星成龙成为格力的品牌代言人。在董明珠看来，亲自代言不仅节约了广告费，更重要的是展示了企业的诚信。因为企业家的代言能够为品牌提供背书，更容易取得消费者的信任。

（2）能够产生与品牌相关的联想

只有品牌聘请的代言人能产生与品牌相关的联想，品牌代言才能产生价值。因此，品牌代言人必须在某一方面能与品牌产生关联，与品牌存在某种共同点，比如职业相关、气质吻合、个性匹配等等。品牌代言人与品牌之间的相似特征有助于将品牌代言人和品牌形象联系起来，加深品牌在消费者心目中的印象。③

“华素”是华素制药旗下的知名口腔咽喉用药品牌，曾先后聘请歌坛实力唱将刘欢和韩红作为品牌代言人。作为歌手，两位代言人对口腔咽喉健康的追求与产品诉求完全契合；同时，两位代言人都是实力派，唱功深受人们的喜爱，这与华素片的疗效相契合。可以说，两位代言人与品牌之间存在着非常高的逻辑契合度，因此两位代言人能够帮助品牌获得非常有价值的品牌联想，代言人的知名度和美誉度也能够顺利地转移给品牌。

2. 如何利用代言人杠杆

选择品牌代言人存在着一定的风险，因为代言人引发的负面联想同样可能转移给品

---

① 凯文·莱恩·凯勒．战略品牌管理．北京：中国人民大学出版社，2003.

② 马丁·罗尔．品牌战略：亚洲企业决胜全球．北京：中国人民大学出版社，2020.

③ 同②.

牌。为了更好地利用品牌代言人这一杠杆，需要在以下几个方面特别注意。

（1）警惕代言人“一女多嫁”

许多名人因为商业价值被过度开发而“一女多嫁”，同时为多个品牌代言。这种情况会让消费者模糊品牌印象、混淆记忆，不利于品牌的认知和记忆。代言人“一女多嫁”会让消费者对代言人产生不信任感，也会使品牌失去特性。因此，选择代言人时要考虑是否存在“一女多嫁”的情形，谨慎地做出选择。

（2）做好代言人的危机管理

代言人的不当言行会影响品牌的声誉，给品牌带来风险。因此，企业需要做好预警，建立危机管理机制。当代言人出现形象风险时，及时介入，避免损失。

另外，为了降低与单一代言人相关联的风险，以及吸引更多的消费者，有些企业会聘请多个名人一起为品牌代言。从某种程度上讲，这种做法能够提高企业对品牌代言人的管理和控制能力，降低单一代言人带来的风险。聘请多个品牌代言人需要花费企业更多的成本，如果在企业的经济实力范围之内的话可以考虑，因为这也不失为一种比较好的预防代言人风险的选择。

（3）避免品牌被喧宾夺主

在聘请名人代言的广告或者活动中，名人的光芒有时候会喧宾夺主，使消费者的注意力没有集中在品牌上，导致达不到代言的效果。为了避免此类现象，实现名人代言的初衷，品牌的整合营销传播要以品牌为中心进行设计，品牌的传播活动要注意突出品牌而不是名人，不能够主次颠倒。

（4）适时更换品牌代言人

当代言人的知名度和形象不符合要求或者消费者对品牌代言人产生审美疲劳时，应该适时更换品牌代言人。

如果原来的品牌代言很成功，在品牌定位没有发生改变的情况下，品牌代言人的更换应该保持连贯性。即新的品牌代言人和原来的品牌代言人在形象、气质上应该尽可能地保持一致。

如果原来的品牌代言不成功或者品牌定位发生改变，则应该重新挑选可以更好地诠释品牌形象的代言人。

（二）赞助

企业通过赞助社会活动或者公益事业，可以提高品牌知名度，增加品牌联想，树立品牌形象，促进品牌的销售。

1. 赞助的主要对象

赞助的对象主要包括：体育事业、文化事业、教育事业、社会福利和慈善事业等。除了这几种主要的赞助对象，其他社会事业也可以成为企业的赞助对象，比如环境保护、社会基础设施建设等。

在运用赞助这一品牌杠杆时，切忌盲目选择赞助对象，一定要根据企业和品牌的实际情况做出选择。

2. 如何使用赞助杠杆

赞助的杠杆能够起到多大的作用，与所选择的赞助对象、赞助计划的设计和管理、与品牌整合营销传播方案的融合等因素有关。

(1) 赞助对象

赞助的对象需要符合匹配性的原则。被赞助的对象与品牌的目标受众需要一致，或者被赞助的对象与品牌拥有相同的价值观。只有选择与品牌相匹配的赞助对象，赞助对象与品牌之间的关联才能得到强化，才有利于品牌的发展。

(2) 赞助计划

赞助计划的管理要科学。企业要向公众公布品牌的公共关系赞助政策；将赞助列入品牌长期发展计划；视经营情况决定赞助的预算和范围；根据赞助的目标设计赞助形式、传播方式和实施方案；等等。

(3) 与整合营销传播方案相融合

作为品牌的整合营销传播方案中的一环，赞助方案要与品牌的整合营销传播方案融为一体，传递“一种声音”，这样才能够保持统一的品牌形象。

品牌视角 6-2

红牛赞助极限运动

受到泰国功能性饮料的启发，奥地利人迪特里奇·马特西茨（Dietrich Mateschitz）在20世纪80年代中期创立了红牛（奥地利红牛）。红牛不仅在西方市场开创了能量饮料这一全新的产品类别，而且通过独特的体育营销——赞助极限运动——树立了“积极向上、活力无限”的品牌形象。红牛赞助的极限运动包括高空跳伞、跑酷、自行车越野、冲浪、滑板、摩托车锦标赛等等。这些富有挑战、激情四射的体育项目与红牛倡导的激发潜能、挑战极限、追求突破和超越的品牌理念非常吻合，帮助红牛巩固了其在运动能量饮料行业的地位。时至今日，红牛已在171个国家上市销售，消费总量超过了750亿罐。

资料来源：部分内容摘自红牛官网。

(三) 第三方认证

来自第三方，比如组织、专家、重要杂志等的认可和支持，可以改变人们对某一品牌的认知和态度。[①] 因此，通过权威、中立的第三方认证，可以使品牌获得品质过硬的形象，从而增强品牌在消费者心目中的影响力。[②]

第三方认证往往被认为值得信赖。比如人们会根据米其林指南判断餐厅的服务品质，因为米其林指南会将星级授予那些特别优秀的餐厅。米其林三星代表“卓越的烹调，值得专程造访”，米其林二星代表“烹调出色，不容错过”，米其林一星则代表“优质的烹调，不妨一试”。

由于第三方认证能够产生杠杆作用，因此第三方认证常常被用于品牌的广告、包装

① 凯文·莱恩·凯勒. 战略品牌管理. 北京：中国人民大学出版社，2003.

② 王海忠，刘红艳. 品牌杠杆：整合资源赢得品牌领导地位的新模式. 外国经济与管理，2009，31（5）：23-29+37.

等。比如，获得米其林星级的餐厅会在广告和餐厅的有形展示中使用这一荣誉；牙膏、香皂等品类的品牌也喜欢在广告和包装上传递和强调诸如“中华口腔医学会”“中华医学会”等第三方认证的信息。

四、品牌联合和品牌授权

与本公司的其他品牌或者其他公司的品牌建立联系，同样可以产生杠杆作用。通过其他品牌建立品牌杠杆的方式包括品牌联合以及品牌授权等。

（一）品牌联合

品牌联合（brand alliance）是指两个或两个以上现有品牌合并为一个联合产品，或者以某种方式共同销售的品牌策略。① 比如索尼公司和爱立信公司联合生产索尼爱立信手机，碧浪洗衣粉与小天鹅洗衣机一起开展联合促销活动。

1. 品牌联合的形式

品牌联合的形式多种多样，根据品牌之间联合的紧密程度，品牌联合主要包括以下三种形式。②

（1）新产品联合

新产品联合指的是两个或两个以上公司共同投入品牌资源形成一个新的联合产品。比如埃克森美孚与保时捷在中国市场推出联合品牌机油；大白兔和美加净联合推出润唇膏；王者荣耀与彩妆品牌 M·A·C 联名推出口红；等等。

（2）要素品牌联合

要素品牌（ingredient brand），又称成分品牌，是指为产品的组成部分，比如材料、元素、部件等创建的品牌。要素品牌联合是品牌联合中的一个特例。

著名的要素品牌如杜比降噪系统、英特尔（处理器）、Stainmaster（防污纤维）、GORE-TEX（防水面料）、Teflon（不粘底涂层）等。虽然消费者不会直接购买要素品牌的产品，但是要素品牌能够唤起消费者的品牌联想，使要素品牌成为判断终端产品质量的标准。因此，在终端产品中加入要素品牌可以凸显产品某方面的属性，让消费者对产品产生足够的认知及偏好，从而提高产品的市场竞争力。

要素品牌不仅能够产生品牌联合杠杆作用，而且能够为提供要素品牌的企业增加品牌资产，是一项重要的营销战略。

品牌视角 6-3

杜邦的要素品牌战略

杜邦是一家成功的要素品牌销售公司。杜邦实施要素品牌战略，推出了许多成功的要素品牌，比如 Teflon、Dacron、Kevlar、Lycra、Tedlar、Tyvek 等。其实，在实施要素品牌战略前，杜邦走过弯路。起初，由于不懂得使用要素品牌战略，杜邦研发的第一种有

---

① 凯文·莱恩·凯勒．战略品牌管理．北京：中国人民大学出版社，2003.

② Samu, S. H., Krishnan, S., Smith, R. E. Using Advertising Alliances for New Product Introduction: Interactions between Product Complementarities and Promotional Strategies. Journal of Marketing Management, 1999, 63 (1): 57-74.

机化学纤维“Nylon”（尼龙）成为这种纤维的通用名称，杜邦因此失去了把“Nylon”注册成商标的机会，给公司造成了巨大的经济损失。从这之后，杜邦开始实施有效的要素品牌战略，并因此获得了竞争优势，包括带来了更高的溢价、提高了品牌忠诚度、提高了渠道谈判能力等。

（3）广告促销联合

广告促销联合是指若干品牌共同投入资源，一起开展促销活动。比如，食用油品牌金龙鱼与厨具品牌苏泊尔开展联合促销活动，消费者购买金龙鱼相关产品可以获得刮卡，凭刮卡可以享受苏泊尔产品的优惠，消费者购买苏泊尔相关产品则可以获得金龙鱼的赠品。

2. 品牌联合的作用

（1）获得独特的品牌定位

因为品牌联合能够使产品涉及几个品牌，从而赋予了品牌具有吸引力的差异点，使品牌的定位更独特、更有说服力。比如，使用了 GORE－TEX 这一要素品牌的户外品牌，会令消费者觉得产品在透气、防水和防风等方面的性能更胜一筹。

（2）增加销售

品牌联合能够吸引消费者目光，刺激消费者需求，增加销量。比如，优衣库与街头潮牌 KAWS 的品牌联合产品成为爆款，在发售时遭到了消费者的哄抢，相关产品创下了几秒售罄的纪录。

（3）挖掘新的消费群

品牌联合还能够帮助品牌打开新的渠道，发掘新的消费者群体。比如，五星级酒店通常会选择档次较高的床上用品、床垫和个人洗护品牌进行品牌联合，传递酒店高品质的形象。对这些联合的品牌来说，与五星级酒店的品牌联合也帮助它们打开了新的渠道，发掘了新的消费者群体。

（4）降低推广费用

品牌联合能够加速提升消费者潜在的接受意愿，降低产品推广费用。研究表明，品牌联合可以显著提升产品的感知质量，信誉好的品牌能起到质量担保的作用，其中对不知名的合作品牌的感知质量的提升作用更明显；品牌联合会使消费者对高质量合作品牌的情感向联合品牌和低质量合作品牌转移，从而有效改善消费者对联合品牌和低质量合作品牌的态度。①

3. 如何使用品牌联合杠杆

（1）合作品牌需具备基本的特质

参加品牌联合的品牌都要具备足够的品牌知名度和强有力的、良好的、独特的品牌联想，即合作品牌都要具备一定的品牌资产，这是品牌联合杠杆发挥作用的必要条件。②研究表明，合作品牌的品牌资产直接影响品牌联合的效应，合作品牌的品牌资产越高，

① 陆娟，吴芳，张轶．品牌联合研究：综述与构想．商业经济与管理，2009（3）：90－96.

② 凯文·莱恩·凯勒．战略品牌管理．北京：中国人民大学出版社，2003.

消费者对联合品牌的评价就越高。①

此外，合作品牌的感知质量、消费者对合作品牌的态度都会对品牌联合的效应产生影响。研究表明，当产品质量的可观察性较低时，合作品牌的感知质量越高，品牌联合传递出的质量信号可信度越强，消费者对联合品牌的感知质量越高；当一个不知名品牌与高质量品牌联合后，消费者对不知名品牌的评价提升程度远高于其与低质量品牌进行联合的情形；而且，联合前消费者对合作品牌的态度与消费者对品牌联合的态度呈正相关。②

可见，参加品牌联合的品牌需具备一些基本的特质才能够充分发挥品牌杠杆的积极效应。因此，在挑选品牌联合的合作品牌时，要从知名度、品牌联想、感知质量、态度等方面综合考量。

（2）合作品牌要达到逻辑上的契合

除了具备基本的品牌特质外，联合的品牌之间还需要达到逻辑上的契合，即联合匹配性，才能保证品牌联合的杠杆作用。这种逻辑上的契合主要表现在产品匹配性和品牌匹配性两个方面。③

产品匹配性是指参加联合的品牌在产品类别上的匹配性。比如碧浪和小天鹅的品牌联合，洗衣粉（碧浪）和洗衣机（小天鹅）在产品类别上能够高度匹配。研究表明，消费者对产品匹配度的评价越高，对品牌联合的评价也就越高；产品互补的品牌联合能被市场迅速接受，并达到品牌认知的最大化。

品牌匹配性是指参加联合的品牌在形象上的匹配性。研究发现品牌匹配度与消费者对品牌联合的态度呈正相关。因此，参加品牌联合的品牌最好在品牌内涵、目标受众、分销渠道等方面具备匹配性，这样品牌联合的效果才会更显著。

（3）谨慎对待品牌联合

除了能够带来积极的杠杆效应，品牌联合也存在潜在的风险，比如可能产生株连效应、削弱控制力、某方品牌参加过多的品牌联合导致品牌联想传递被削弱等。因此，对品牌联合要采取谨慎的态度，切忌盲目追捧。只有提前制订出详细的品牌联合计划，保证合作的品牌机会均等、互惠互利，才能够通过品牌联合杠杆提升品牌价值。

品牌视角6-4

百雀羚与故宫的品牌联合

创立于1931年的百雀羚，是中国历史悠久的著名护肤品牌。百雀羚讲究东方护肤的平衡和谐之道，是东方之美的品牌典范。从2017年开始，百雀羚与故宫进行品牌联合，展开跨界合作。

百雀羚将故宫深厚、独特的东方美融入产品，先后推出了“燕来百宝奁”限量礼盒、“雀鸟缠枝美什件”等人气产品。为了探讨东方美学，百雀羚还在故宫建福宫花园举办“致美东方·生活美学论坛”，邀请来自故宫博物院等机构的专家学者共同探讨东

① 陆娟，吴芳，张铁．品牌联合研究：综述与构想．商业经济与管理，2009（3）：90－96.

② 同①.

③ 同①.

方生活之美。而在故宫博物院出品的《上新了，故宫》节目中，百雀羚以特约战略伙伴的身份出现，向故宫文化致敬。

百雀羚与故宫的跨界合作堪称品牌联合的成功典范。倡导东方之美的百雀羚和拥有传统东方美学宝库的故宫，文化基因非常匹配。通过故宫这一强大的品牌杠杆，百雀羚将品牌文化的理念展现得淋漓尽致，实现了非常好的品牌传播效果。

（二）品牌授权

米老鼠成名后，一家家具公司找到迪士尼，以300美元换取了把米老鼠的形象印在其公司产品上的权利。这是迪士尼的第一次品牌授权，从此以后迪士尼开启了品牌授权的经营模式。

品牌授权（brand licensing），又称品牌许可，是指授权者（品牌拥有者或代理者）利用自身的品牌优势，以合法的协议形式允许被授权者使用品牌，在一定时间和地理范围内生产销售某类产品或提供某种服务，并向品牌拥有者或代理者支付授权费用的经营方式。① 品牌授权被认为是“21世纪最有前途的商业经营模式”。

对被授权者来说，品牌授权是一种“租借”他人品牌带动自己品牌发展的做法，是品牌发展的一条捷径。

1. 品牌授权的方式

品牌授权的方式主要包括商品授权、促销授权、主题授权、通路授权等，除了这四种授权方式外，不同的品牌授权者根据品牌特点的不同还有各自独特的授权方式。② 被授权者可以根据自身实际情况进行选择，合理使用品牌授权杠杆建立起自身的品牌资产。

（1）商品授权

商品授权指的是被授权者可以将授权品牌的商标、人物及造型图案运用在商品的设计开发上，并取得销售权。比如，奥飞娱乐股份有限公司获得了2018年3月31日至2021年3月30日期间“小猪佩奇”IP人偶、玩具车、场景类等玩具在中国的许可权，生产相关的小猪佩奇玩具。奥飞娱乐股份有限公司也因此成为“小猪佩奇”玩具授权品类的中国主要合作伙伴。

（2）促销授权

促销授权包括促销赠品授权和图案形象授权两种。

①促销赠品授权。促销赠品授权指的是被授权者可以运用授权品牌的商标、人物及造型图案，与自己的促销活动结合，规划赠品，促进公司产品的销售。比如，麦当劳获得史努比的促销赠品授权，消费者购买麦当劳开心乐园餐就可以获得赠送的史努比玩具。

②图案形象授权。图案形象授权指的是被授权者可以运用授权品牌的商标、人物及造型图案，与促销活动结合，规划主题广告、创意主题活动，以达到促销的目的。比如，深受学龄前儿童喜爱的小猪佩奇在国内热播后，一些购物中心和品牌利用小猪佩奇开展

---

① 戴维·阿克. 创建强势品牌. 北京：机械工业出版社，2012.

② 宗民. 品牌授权：21世纪最有前途的经营模式. 中国民营科技与经济，2004（8）：45-46.

以小猪佩奇为主题的促销活动，以吸引家庭消费者。

（3）主题授权

主题授权指的是被授权者可将授权品牌的商标、人物及造型图案作为主题，策划并经营主题项目。比如，全球三大主题乐园运营商之一默林娱乐集团获得了“小猪佩奇”商标的持有者娱乐壹英国有限公司（Entertainment One UK Limited）的品牌授权，在上海开办了全球首个以“小猪佩奇”IP为主题的室内家庭主题乐园“小猪佩奇的玩趣世界”。

（4）通路授权

通路授权又称渠道授权，指的是被授权者可加入授权品牌的连锁专卖店和连锁专卖专柜，统一销售授权品牌的商品。比如，在我国，胜道、滔博等知名运动品牌经销商通过获得耐克、阿迪达斯、彪马等品牌的通路授权，从而获得在国内开设专卖店或专柜销售这些品牌产品的资格。

2. 品牌授权带来的杠杆作用

（1）加快市场接受速度

一个强大的品牌能够让消费者产生清晰的识别并唤起消费者的品牌联想，进而促进消费需求。通过品牌授权，能够帮助被授权者的产品和品牌迅速获得市场认知，加快被市场接受的速度。

（2）提高利润水平

品牌授权能够提高被授权者的利润水平。得到知名品牌的授权能够让产品更受市场和分销渠道的欢迎，可以给被授权者带来更高的定价和更多的销售额。为了维持品牌的知名度，品牌授权者会不断地增加对品牌的投入，被授权者可以获得更好的销售业绩，节省市场推广成本。

（3）提高管理水平

获得知名品牌的授权后，被授权者可以学习知名品牌的成功经验和经营模式，从合作中得到成长，提高自身的管理水平，带动自有品牌的发展。

品牌视角6-5

迪士尼和其品牌授权

迪士尼公司是诸多全球著名品牌的总部，目前拥有迪士尼、皮克斯、漫威、星球大战四大系列品牌。迪士尼公司凭借丰富的动漫人物形象成为全球最大的品牌授权商。根据《全球特许》（*License Global*）杂志发布的“2021年全球最大授权商排行榜”（The Top Global Licensors 2021）指出，迪士尼公司以540亿美元的零售额排名第一。事实上，迪士尼公多年来一直凭借庞大的IP内容稳居品牌授权榜单的前列。迪士尼公司的品牌授权始于1929年，此后迪士尼公司成立了消费品部专门负责品牌授权业务。迪士尼公司的品牌授权涵盖时尚、玩具、电子产品、家具、游戏等品类。迪士尼中国曾经表示，在大中华区，每秒钟就有66件迪士尼授权商品售出。

资料来源：License Global官方网站和迪士尼中国官方网站。

综上所述，品牌杠杆是利用消费者头脑中产生联想的机制，使品牌与某些实体（与品牌有关的来源、人、事、物等）产生关联，把消费者关于这些实体的联想传递给品牌，从而建立品牌资产的方式。品牌杠杆理论是一种“借力使力”的策略，是凯文·莱恩·凯勒品牌理论体系中较为重要的一项贡献，但是品牌管理人员在使用品牌杠杆时也需要注意存在的风险。① 第一，任何实体都存在着与品牌不相关的联想，有些联想甚至对品牌是有害的。第二，对实体产生的联想会随着消费者对实体的认识程度不同而有所不同，这种变化可能会使联想对品牌无益。这些风险会导致企业部分丧失对品牌形象的控制。

本章回顾

1. 品牌杠杆是指“借用”外部实体的力量来创建品牌自身的资产，即通过与品牌外部的实体建立联系，将人们对这些实体的积极态度、印象、评价等转移到品牌上来，从而增强品牌实力的策略。

2. 能够建立品牌杠杆的外部实体可以分成两大类。第一大类是品牌的来源，包括国家、区域、公司、分销渠道；第二大类是作为人、事、物的外部实体，包括品牌代言人、赞助、第三方认证和其他品牌（品牌联合、品牌授权）。

3. 来自品牌外部的实体如果要起到杠杆作用，需要满足三个基本条件：消费者熟悉并认同该实体；实体与品牌之间存在一定关联；由实体产生的联想能够转移给品牌。

4. 消费者对品牌原产国的认识和信任可以转移给品牌，从而产生杠杆作用。为使用国家杠杆，企业可以利用消费者对原产国的认识和信任，推广自身的品牌形象；同时，通过定位、传播和推广、各方积极参与打造国家品牌，提升国家的形象和国际影响力，加强国家杠杆的作用。

5. 区域形象、区域的特色产业优势及在此基础上形成的区域品牌，也能够发挥品牌杠杆的作用。这里的区域品牌指的是基于区域特色产业优势形成的产业集群品牌，通常表现为“区域+产业”的形式。企业可以利用区域的良好形象以及强势的区域品牌，建立品牌杠杆，发展企业自己的品牌。

6. 公司名称以及公司已有品牌等与公司“来源”有关的联想能够传递给消费者。通过与公司名称或者公司的已有品牌建立关联，能够引发消费者有关公司信誉、价值观、产品属性、利益等的联想，这些公司来源的杠杆作用能够帮助品牌建立起品牌资产。

7. 消费者对分销渠道的印象会影响消费者的品牌联想。只有分销渠道与品牌形象相匹配，才能通过杠杆作用提升品牌资产，否则会稀释品牌资产。

8. 品牌代言人的杠杆作用能给品牌带来显著效益。品牌代言人要具有足够的知名度和良好的形象，并能够产生与品牌有关的联想。使用品牌代言人杠杆时，要警惕代言人“一女多嫁”的情形，做好代言人的危机管理，同时坚持以品牌为中心，避免品牌被代言人的光芒喧宾夺主。

9. 使用赞助杠杆时，赞助的对象要与品牌相匹配，赞助计划的管理要科学，赞助计划要与品牌的整合营销传播方案相融合。

10. 人们对第三方认证的信任能够转移给品牌。品牌可以利用权威、中立的第三方认证塑造品牌形象，增强品牌的影响力。

---

① 何佳讯．战略品牌管理：企业与顾客协同战略．北京：中国人民大学出版社，2021.

11. 品牌联合是指两个或两个以上现有品牌合并为一个联合产品，或者以某种方式共同销售的品牌策略。品牌联合包括新产品联合、要素品牌联合、广告促销联合等。使用品牌联合杠杆时，合作品牌需具备基本的特质，挑选品牌联合的合作品牌时，要从知名度、品牌联想、感知质量、态度等方面综合考量。合作的品牌之间还需要达到逻辑上的契合，即联合匹配性。对品牌联合不可盲目追捧，要谨慎对待、计划周详，确保机会均等、互惠互利。

12. 品牌授权又称品牌许可，是指授权者（品牌拥有者或代理者）利用自身的品牌优势，以合法的协议形式允许被授权者使用品牌，在一定时间和地理范围内生产销售某类产品或提供某种服务，并向品牌拥有者或代理者支付授权费用的经营方式。品牌授权的方式主要包括商品授权、促销授权、主题授权、通路授权等。品牌授权可以加快被授权者的产品和品牌被市场接受的速度、提高被授权者的利润水平和管理水平。

基本概念

品牌杠杆	品牌杠杆组合	国家形象	区域品牌
品牌代言人	赞助	第三方认证	品牌联合
要素品牌	品牌授权		

拓展阅读

［1］陈凯，黄子窈，廖成成，等. 赞助匹配对企业赞助溢出效应的影响研究：竞争匹配和赞助信念的调节作用. 中央财经大学学报，2020（1）：108－117＋128.

［2］刘建新，李东进. 品牌代言人丑闻对消费者品牌信任的影响：一个有调节的双中介模型. 财经论丛，2021（10）：79－90.

阅读以上文献后思考：

1. 企业赞助不仅影响赞助品牌，还可能通过溢出效应影响消费者对竞争品牌的评价，进而损害赞助品牌的权益。那么，企业在选择品牌的赞助对象时，除了匹配性之外，还应该考虑哪些影响因素，才能够提升赞助效果、减弱赞助的溢出效应？

2. 品牌代言人丑闻如何影响消费者的品牌信任？这给企业带来哪些管理启示？

复习题

1. 什么是品牌杠杆策略？在品牌杠杆策略中，常见的外部实体包括哪些？
2. 用来作为品牌杠杆的外部实体应该满足哪些基本条件？
3. 如何利用国家杠杆？
4. 如何利用区域杠杆？
5. 如何利用公司和分销渠道杠杆？
6. 如何利用品牌代言人、赞助以及第三方认证杠杆？
7. 如何以其他品牌作为品牌杠杆？

实训练习

选择一个你感兴趣的品牌，通过线上和线下搜集这个品牌的相关资料，然后完成以下实训练习：

1. 结合本章介绍的品牌杠杆理论，对这个品牌的品牌管理做法展开分析：

(1) 是否使用了品牌杠杆策略？

(2) 如果使用了品牌杠杆策略，具体使用了哪些外部实体作为品牌杠杆？

(3) 品牌杠杆的利用效果如何？

2. 假如由你来负责这个品牌的品牌杠杆策略，你会如何进行设计？请给出详细方案。

第7章 品牌形象

知识思维导图

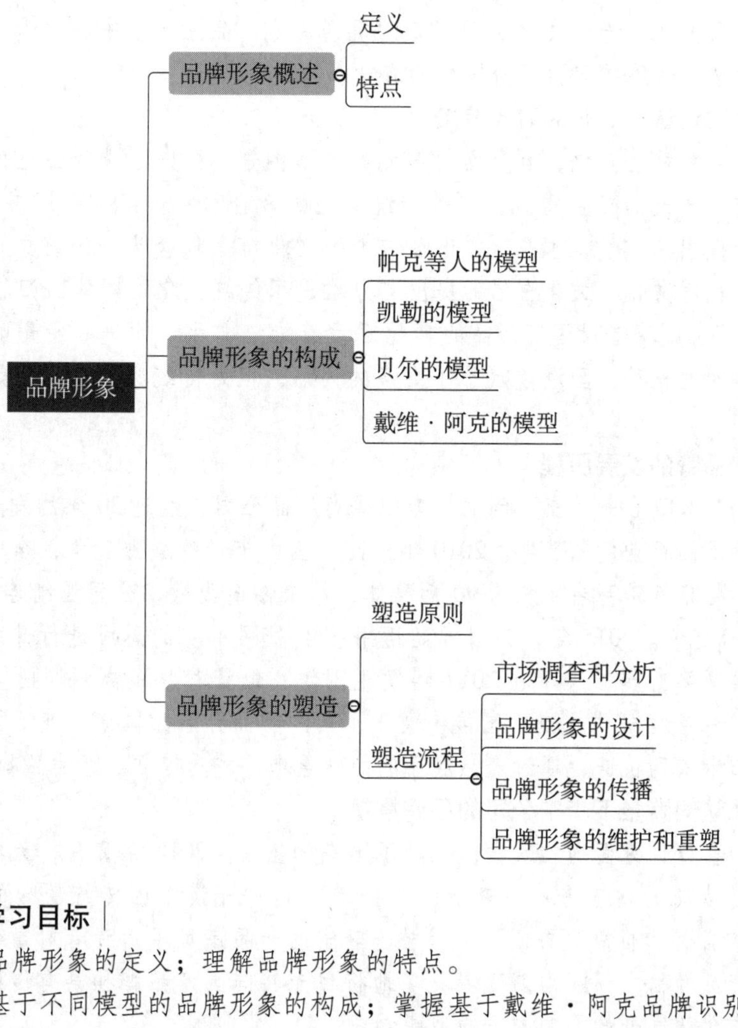

知识学习目标

- 掌握品牌形象的定义；理解品牌形象的特点。
- 了解基于不同模型的品牌形象的构成；掌握基于戴维·阿克品牌识别系统模型的品牌形象构成。

- 了解品牌形象的塑造原则；掌握品牌形象的塑造过程。

| 技能学习和掌握目标 |

- 能够观察和分析具体品牌的品牌形象。
- 能够具备一定的品牌形象塑造能力。

| 价值引领目标 |

- 坚定文化自信。通过本章导读案例，引导学生体会传统文化在品牌形象塑造中的作用，从而坚定文化自信。

导读案例：李宁利用传统文化认同重塑品牌形象

文化认同是人们对于文化的倾向性的共识与认可。传统文化认同是个人和群体对于传统文化的认同，表现为对中华优秀传统文化物质层面、规范层面和价值层面的认可和接受。当今社会，传统文化认同的回归是历史的必然，也是轰轰烈烈的“国潮”运动的底色。李宁公司抓住了传统文化认同回归的机遇，为产品注入了中国元素，从而走上了渐进型品牌重塑的道路并取得了阶段性的成功。

一、传统文化认同回归的时代背景

伴随着剧烈的社会变化，公众面对多元的价值图景，陷入了选择迷茫的困境。随着国家对精神文明建设的日益重视，优秀传统文化的教育和宣传工作有序展开。2016 年，习近平总书记提出“文化自信”，文化自信中的文化概念包含优秀传统文化、革命文化以及社会主义先进文化，文化自信的提出有力推进了传统文化认同的回归。2018 年被称为“国潮元年”，消费者对国潮产品的喜爱昭示着传统文化认同进一步影响到社会生活层面。随着时间的推移，国潮被赋予了更多的内涵，但是传统文化认同仍是其最核心的组成部分。

二、李宁品牌的发展历程

1990 年，“体操王子”李宁创立了李宁体育用品公司，经过 20 年的发展，李宁公司成为本土体育用品行业的领头羊。2010 年，面对国内市场的激烈竞争，李宁公司决定进行品牌重塑，将目标消费者定位为 90 后群体，结果惨遭失败，公司业绩连续下滑，4 年内负债高达 30 亿元。2015 年，公司开始运用“互联网 +”的思维进行升级，开拓互联网渠道，注重网络营销，终于在 2017 年摆脱困境，但是营收距离巅峰时期还有很大差距。2018 年李宁公司凭借充满中国传统文化元素的产品开启了国潮，随后紧紧抓住传统文化认同回归带来的机遇，通过产品层面的品牌重塑，成功建立了新的品牌形象。

三、文化认同背景下李宁公司的品牌重塑

李宁品牌在设计方面的初次尝试推动了国潮的出现。2018 年 2 月，天猫携李宁等品牌亮相纽约时装周的秋冬秀场，李宁以“悟道”这一充满中国传统韵味的词语作为主题，展示了“自省、自悟、自创”的精神。李宁的产品满足了消费者对富含传统文化底蕴的个性化产品的需求，国内消费者更多地将目光转向国产品牌和具有传统文化审美的产品，传统文化认同开始影响国民的消费心理。

传统文化认同回归趋势扩大，李宁公司在产品层面的品牌重塑全面展开。时装周之

后，李宁公司抓住传统文化认同回归的机遇，开始大规模推广中国李宁，推出CF溯这一主打中国元素的产品线，同时将基于中国符号的设计语言扩展到其他现有的产品类别中。李宁公司通过登上各种国际时装周，利用与故宫博物院、敦煌博物馆等国内著名文化品牌联名等方式进行营销，极大地丰富了品牌内涵，使品牌资产得到了有效的增长，在消费者群体中树立了将中国传统文化与现代运动产品相结合的品牌形象。

四、传统文化认同背景下李宁公司的品牌重塑分析

为了解决企业存在的诸多问题，李宁公司抓住传统文化认同回归的机遇，对品牌的定位及产品的设计进行调整，通过适当的营销方式，将新的品牌形象展示出来，营收大幅度增长。

（一）品牌重塑驱动力的分析

品牌资产缩减。菲利普·科特勒认为品牌与产品一样，也存在生命周期。首先，激烈的竞争环境以及断代的消费群体使品牌资产开始减少。其次，初次品牌重塑以失败告终，在此期间品牌资产遭到极大耗费。品牌在市场上的竞争力明显不足，此时李宁公司急需对品牌进行重塑。

公司内部动荡。李宁公司的初次品牌重塑对公司内部人员结构造成严重影响，张志勇时期高管频频出走，金珍君时期对公司员工的大规模替换，均造成了内部混乱。李宁公司需要一个明确的方向来凝聚员工，摆脱动荡的局面。

营销模式单一。李宁公司的营销主要集中在对体育赛事的赞助，手段单一，而且公司于2014年取消了与国家体操队长达23年的合作，赞助商由安踏替代，此消彼长之下，品牌曝光量相对不足。

（二）定位及设计理念的改变

革新品牌的定位。杰克·特劳特的定位理论认为定位就是让产品或服务占据消费者心智中的有利地位，让其代表某个类别或特性。在传统文化认同回归的背景下，李宁将传统文化元素与体育用品相结合，设定较高的价格，聚焦90后，致力于打造受年轻消费者喜爱的高端国潮代表品牌。

基于中国传统文化元素的设计理念的大规模应用。李宁公司通过对新产品线的打造以及对原有产品线的设计变革完成了产品层面的品牌重塑。首先，李宁公司推出了中国元素符号占据多数的中国李宁产品线，随后推出主打中国传统故事的CF溯产品线，推出多款头部产品。其次，以汉字对专业跑鞋进行命名，推出“大圣”系列羽毛球鞋等，将基于传统文化元素的设计思路扩展到专业运动产品方面，完成原有产品线的设计变革。

（三）营销策略的实施

利用时装周持续创造话题。李宁公司借助传统文化认同的回归进行品牌重塑起始于2018年秋冬纽约时装周，后来李宁作为国潮的开创者这一认知开始被大众接受，为李宁品牌的飞速发展奠定了基础。国潮兴起之后，本土品牌纷纷借势推出相关产品，李宁公司通过参与春夏巴黎时装周夯实了其在国潮中的地位。随后李宁积极参与各种时装周，获得大量曝光，并在这一过程中成功地向消费者传递了李宁新的品牌形象。

跨界联名传统文化IP。2019年，李宁品牌与著名文化类节目《国家宝藏》联名推出了“鱼跃”“君子”鞋类产品；同年与故宫进行跨界合作，将传统刺绣技术与运动服装紧密结合，推出宝蕴楼系列产品。2020 年，李宁联合敦煌博物馆推出了“敦煌拓”系列产品，受到广泛好评。和成熟的文化 IP 合作将传统文化内涵植入李宁产品，进一步强化了李宁品牌的文化属性。

与带有传统文化属性的明星合作。李宁公司与善于融合中国古典元素的说唱歌手联合创作单曲《万里长城》，歌曲中浓烈的中国风格契合了李宁品牌追求的传统文化底蕴。2020 年李宁联合功夫巨星成龙推出“功夫”系列服装，主打中国功夫元素，设计上极具传统韵味。与属性契合的明星合作增加了营销的娱乐属性，有效推动了品牌传播。

五、品牌重塑获得阶段性成功

从公司盈利水平和新的品牌形象的构建来看，李宁公司取得了阶段性的成功。2014—2017 年，李宁公司每年增加的营收在 10 亿元以内。进入新的品牌重塑阶段以后，营收快速增长，2018 年达到 105.1 亿元，2019 年达到 138.7 亿元，这说明该公司的品牌重塑获得了良好的效益。在品牌形象方面，李宁摆脱了刻板印象，逐渐成为年轻消费者青睐的代表时尚潮流、富有传统文化底蕴、个性化、国际化的高端品牌。

李宁品牌的成功证明了本土品牌借助传统文化认同回归的趋势进行重塑是具有可行性的。通过对李宁品牌这一案例的研究，可以得出一般性的经验，对我国本土企业如何顺应传统文化认同不断扩大的趋势，进行品牌重塑具有一定的意义。

整体看来，传统文化认同的回归与企业的品牌重塑是耦合的关系：借助中国文化元素，品牌可以丰富文化内涵，生产更具审美意趣的产品，满足消费升级的需求，最终实现品牌重塑；而蕴含传统文化元素的产品和品牌也会推动消费者对传统文化形式层面和价值层面的认同，营造良好的社会氛围。因此，本土企业要抓住传统文化认同回归的机遇，积极开展品牌重塑活动，在创造经济利益的同时，也为我国的文化自信出一份力。

资料来源：张勃森．传统文化认同背景下本土企业品牌重塑研究：以李宁品牌为例．新闻传播，2021（2）：23-25.

思考：

1. 什么是品牌形象？
2. 在传统文化认同回归的背景下，李宁重新建立了什么样的品牌形象？
3. 李宁通过哪些途径建立起这个新的品牌形象？
4. 传统文化在李宁品牌形象重塑中发挥了什么重要作用？

第 1 节　品牌形象概述

一、品牌形象的定义

“品牌形象”一词自 20 世纪 50 年代就被提出，随着实践和研究的深入，人们对品牌形象的认识不断深化，但是至今仍未形成统一的定义。20 世纪 50 年代，大卫·奥格威在帮助客户策划广告时发现，寻找产品的独特的销售主张（USP）越来越难，在产品同质化程度越来越高的背景下描绘品牌形象要比强调产品的具体功能特征更重要。大卫·奥格威因此提出了品牌形象（brand image）的概念，主张每个广告都是对品牌形象的长期投资，企业可以通过树立特别的品牌形象来达到营销目标。品牌形象的概念被提出以后，随着研究的深入，很多学者对品牌形象进行了定义。这些定义可以分为以下两大类。

（一）强调心理要素的定义

很多学者运用心理学的术语对品牌形象进行定义，如联想、知觉、态度、情绪等。这种基于消费者心理要素定义品牌形象的做法在研究中一直处于主流地位，特别是20世纪90年代以来，越来越多的学者把品牌形象看作消费者记忆中有关品牌的联想或知觉。①

这类观点中比较有代表性的定义包括：莱维（Levy，1978）认为，品牌形象是存在于人们心智中的图像和概念的群集，是关于品牌知识和对品牌的主要态度的总和。② 贝尔（Biel，1993）认为品牌形象是消费者头脑中与某个品牌相联系的属性集合和相关联想，是消费者对品牌的主观反映。③ 罗子明（2001）认为品牌形象是品牌构成要素在人们心理上的综合反应。④ 范秀成等（2002）认为，品牌形象是消费者对品牌的总体感知和看法。⑤

（二）强调其他角度的定义

除了强调心理要素的定义之外，品牌形象还有强调其他角度的定义。⑥ 第一，强调意义的定义。比如诺特（Noth，1988）认为，对于消费者而言，产品或品牌所代表的意义就是品牌的形象。第二，强调自我意义的定义。比如菲拉特和文卡特希（Firat and Venkatesh，1995）、科瓦（Cova，1996）、金（Kim，1990）、米那格汉（Meenaghan，1995）、利特温和卡尔（Litvin and Kar，2003）以及贾马勒和古德（Jamal and Goode，2001）等学者在讨论品牌形象时，强调的是品牌作为一种象征或符号所代表或传递的与消费者自我形象概念相关的意义。第三，强调个性的定义。还有少数学者将品牌形象完全等同于个性形象或人格特质，比如马蒂诺（Martineau，1957）简单、含糊地将品牌形象定义为“购买者个性的象征”。

综上所述，由于基于消费者心理要素的定义在品牌形象的定义中占据主流地位，因此本书认为，品牌形象指的是消费者对品牌的总体感知或所有联想的集合。

二、品牌形象的特点

（一）集合性

品牌形象是消费者对品牌感知或联想的集合，是消费者对品牌的总体印象。这个总

---

① 王长征，寿志钢．西方品牌形象及其管理理论研究综述．外国经济与管理，2007（12）：15－22.

② 朱立．品牌管理．北京：高等教育出版社，2020.

③ 许晓勇，吕建红，陈毅文．品牌形象的消费行为学研究．心理科学进展，2003（4）：464－468.

④ 罗子明．品牌形象的构成及其测量．北京工商大学学报（社会科学版），2001（4）：19－22.

⑤ 范秀成，陈洁．品牌形象综合测评模型及其应用．南开学报，2002（3）：65－71.

⑥ 同①.

体印象集合了消费者脑海中与品牌有关的方方面面，比如品牌名称、Logo、包装、品牌个性、产品质量、服务、企业形象等。

（二）主观性

品牌形象是消费者对品牌的一种心理感受，具有一定的主观性。消费者对品牌形象的感知或联想往往因人而异、因时而异，同一品牌在不同消费者的心目中可能会形成不同的品牌形象。

（三）相对稳定性

品牌形象在一段时间内会保持一定的稳定性。一般来说，品牌形象一旦形成就不会轻易改变，这是一种心理定式现象，消费者或出于品牌忠诚，或出于选择的惰性，或出于节约交易成本的考虑。① 因此，具有积极形象的品牌在危机中的抗风险能力相对较强。

但是，品牌形象的稳定性是相对的。因为品牌形象受到消费者的心理因素的影响，在特定条件下发生的一些事件（如负面事件）可能会使消费者的心理产生相应变化，从而导致品牌形象发生改变。

（四）可塑性

品牌形象具有可塑性。企业可以按照自己的意图塑造品牌形象，也可以在企业战略或者市场环境发生变化的时候对原有的品牌形象进行调整，重新塑造新的品牌形象。

第2节 品牌形象的构成

关于品牌形象的构成，学者们一直持不同的观点。其中，帕克（Park）等人、凯文·莱恩·凯勒、亚历山大·贝尔和戴维·阿克的观点比较具有代表性。下面就介绍一下这几位学者提出的品牌形象的构成模型（见表7－1）。

表7－1 品牌形象的构成模型

模型	年份	品牌形象的构成
帕克等人的模型	1986	包括功能、象征和体验三个维度
凯勒的模型	1993	品牌形象由品牌联想的类型、偏爱、强度以及品牌的独特性构成
贝尔的模型	1993	包括公司形象、使用者形象和产品/服务形象三个维度

① 朱立．品牌管理．北京：高等教育出版社，2020.

续表

模型	年份	品牌形象的构成
戴维·阿克的品牌资产模型	1991	包括产品品质、无形特征、消费者利益、相对价格、用途、使用者、社会名流与普通人、生活方式与个性、产品类别、竞争对手以及国家或地区等维度
戴维·阿克的品牌识别系统模型	1996	品牌作为产品、品牌作为组织、品牌作为个人和品牌作为象征符号这四种品牌识别维度，可以看作构成品牌形象的四个维度

一、帕克等人的品牌形象模型①

从严格意义上讲，帕克等人构建的理论模型并不是品牌形象模型，而是品牌概念-形象管理模型，但他们率先提出将品牌概念和形象区分为功能性、体验性和象征性三种。其中，功能性品牌用来满足消费者的功能性需求，即与消费相关的需求；象征性品牌用来满足消费者的象征性需求，即自我提升、角色定位、群体成员身份或自我认同需求；体验性品牌用来满足消费者的体验性需求，即对刺激或多样性的需求。

虽然帕克等人建议企业应该从这三种品牌概念中选择一种（而不是同时选择两种或全部），并通过长期坚持来建立品牌优势，但现实中有大量的品牌（包括一些强势品牌）同时选择了两种或三种概念，而且消费者所感知的品牌形象也并不都是"非此即彼"的。因此，功能、体验和象征实际上可以被看作品牌形象的三个构成维度。

二、凯勒的品牌形象模型②

凯勒认为，品牌形象是消费者在记忆中对某个品牌的感知，它可以通过品牌联想反映出来。具体来说，品牌形象可以被认为是由品牌联想的类型、偏爱、强度以及品牌的独特性共四个方面构成的。

品牌联想的类型。凯勒将品牌联想分为属性联想、利益联想和态度联想三种。其中，属性联想又进一步分为产品相关属性联想和非产品相关属性联想。产品相关属性指消费者所寻求的发挥产品或服务功能必不可少的因素；非产品相关属性指产品或服务的外部因素，这些因素来自营销组合与产品营销方式，比如价格、品牌个性、感觉、体验等。利益联想指的是消费者认为产品或服务能够为他们做什么，包括功能利益、体验利益和象征利益三种类型。态度是最抽象的但又是最高层次的品牌联想，是消费者对品牌的总体评价。

品牌联想的偏爱。人们对于各种品牌联想的偏爱或赞誉度是不尽相同的。一个营销计划的成功往往意味着营销人员创造出了受到偏爱或赞誉的品牌联想。比如说，当消费者认为品牌所具有的属性和利益能够满足他们的需要和欲望，从而对品牌形成正面的总

① 王长征，寿志钢．西方品牌形象及其管理理论研究综述．外国经济与管理，2007（12）：15-22.

② 凯文·莱恩·凯勒．战略品牌管理．北京：中国人民大学出版社，2003.

体态度时，就会产生偏爱的品牌联想。

品牌联想的强度。品牌联想的强度决定了消费者能够记起哪些信息，并因此影响他们的品牌决策。强有力的品牌联想只有在经过足够的量和质的强化以后才会产生，当相关信息在很长时间内持续出现时，就有可能产生强有力的品牌联想。

品牌联想的独特性。品牌联想可以与其他竞争品牌共有，比如共属于某个产品类别的联想；也可以为某品牌所独有，比如该品牌独特的卖点或销售主张。品牌定位的本质是品牌具有持久的竞争优势或独特的销售主张，这是消费者购买该品牌的主要原因。因此，对于一个品牌的成功来说，是否存在着深入人心的、受欢迎的、品牌所特有的，并且暗示了品牌独特的竞争优势的品牌联想，是非常重要的。

三、贝尔的品牌形象模型

由于上述理论模型只涉及“产品相关”的形象，有些学者进一步认为，产品层面的形象不能完整地反映出品牌的形象全貌，因此需要将品牌形象从产品层面延伸到公司、使用者和国家等层面。[①] 因此，贝尔把品牌形象分为公司形象、使用者形象和产品/服务形象三个构成维度，其中每个维度都由“硬”属性和“软”属性两方面的联想组成。硬属性是指有形或功能性属性，比如公司的历史、服务和拥有的技术，使用者的年龄、职业和友善程度，产品的技术、性能和配套服务等；软属性则是指品牌的情感特性，比如刺激、值得信赖、快乐、愚钝、阳刚和创新等。[②] 需要注意的是，硬属性不再是形成品牌差异的绝对因素；相反，软属性已经成为区分品牌越来越重要的因素。

贝尔的三维度模型认为，公司形象的构成要素主要包括革新性、历史延续性（如企业的历史、规模、实力等）和社会营销意识以及给消费者的信赖感等；使用者形象指品牌使用者的人口统计特征、个性、价值观和生活方式等；产品/服务形象包括与产品/服务本身功能或所带来的利益特征相对应的品牌特性等（见图 7－1）。这三个维度对品牌形象的贡献依据不同的产品/品牌会有所不同。

四、戴维·阿克的品牌形象模型

戴维·阿克于 1991 年提出的品牌资产模型和 1996 年提出的品牌识别系统模型都涉及品牌形象维度的区分。

（一）品牌资产模型

在品牌资产模型中，戴维·阿克把品牌形象定义为围绕某一品牌建立起来的一系列联想，分为产品品质、无形特征、消费者利益、相对价格、用途、使用者、社会名流与普通人、生活方式与个性、产品类别、竞争对手以及国家或地区共 11 种类型。这些不同的品牌联想类型分别构成了品牌形象的不同维度。[③]

---

① 王长征，寿志钢．西方品牌形象及其管理理论研究综述．外国经济与管理，2007（12）：15－22.

② 同①.

③ 同①.

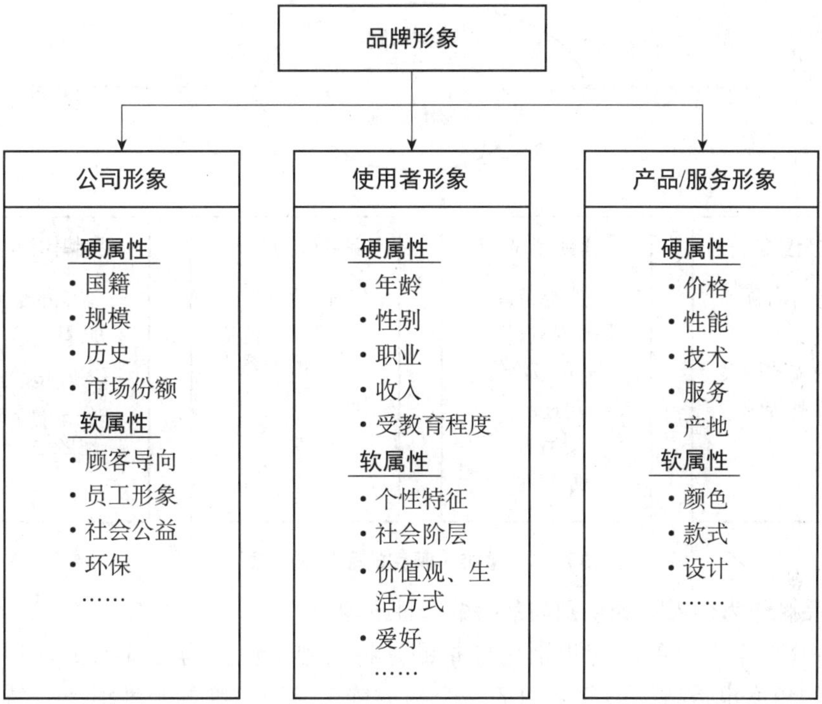

图7-1　贝尔的品牌形象模型

（二）品牌识别系统模型

在品牌识别系统模型中，戴维·阿克将品牌识别和品牌形象看作同一事物的两个方面：品牌形象反映消费者对品牌的当前感受，而品牌识别则反映战略制定者希望消费者产生的与品牌相关的感受。因此，他在该模型中提出"品牌作为产品"（品牌价值）、"品牌作为组织"（组织联想）、"品牌作为个人"（品牌个性）和"品牌作为象征符号"四个品牌识别的角度，这四个维度同样可以被当作构成品牌形象的四个维度。[①] 具体见图7-2。

1. "品牌作为象征符号"的识别与品牌的符号形象

品牌的名称、标志、包装等象征符号是消费者识别品牌的一个角度。同样，消费者可以从强烈的品牌象征符号设计中联想到品牌。比如，麦当劳的金色拱门标志能够轻易地让消费者产生品牌联想。因此，品牌的象征符号构成了品牌形象中的符号形象。

2. "品牌作为产品"的识别与品牌的产品/服务形象

产品范围、属性、品质/价值、用途、使用者、原产地等与产品/服务有关的信息是消费者识别品牌的关键，这些与产品/服务有关的联想同样是消费者感知品牌形象的重要来源。产品范围、属性、品质/价值、用途、使用者、原产地等与产品/服务相关的联想构成了品牌的产品/服务形象，品牌的产品/服务形象是品牌形象的重要构成内容，因为品牌的产品/服务形象会对消费者的品牌选择和使用体验产生重要的影响。

---

① 王长征，寿志钢．西方品牌形象及其管理理论研究综述．外国经济与管理，2007（12）：15-22.

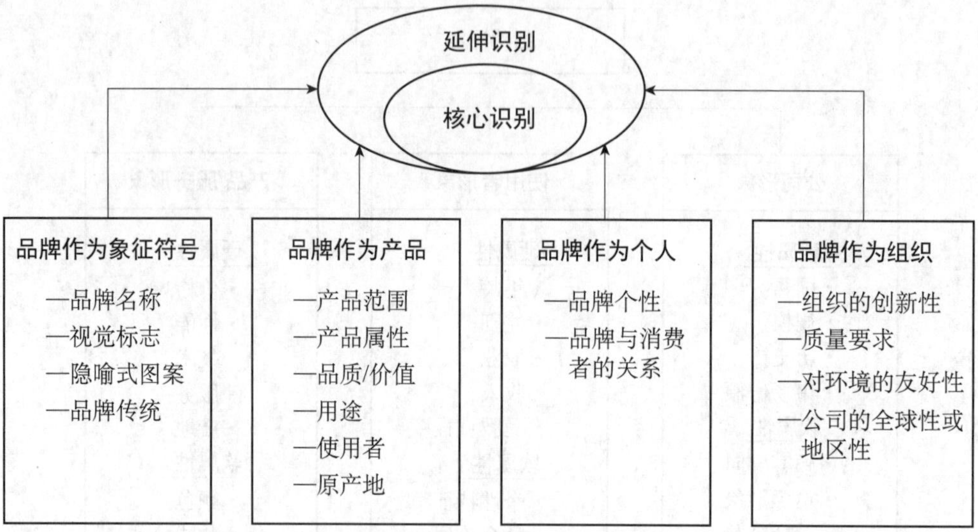

图 7-2 戴维·阿克的品牌识别系统

3. "品牌作为个人"的识别与品牌的个性形象

"品牌作为个人"的品牌识别角度指的是将品牌个性作为品牌的识别特征，这个品牌识别的角度也是品牌形象来源的一个构成维度，即品牌的个性形象。品牌的个性形象能够增强品牌形象的趣味性和丰富性，还可以帮助消费者表达个性，使他们获得自我表达利益，还能够增进品牌与消费者的沟通，有助于品牌与消费者关系的形成和维系。

4. "品牌作为组织"的识别与品牌的企业形象

消费者可以从组织的创新性、质量要求、对环保的友好性、公司的全球性或地区性等与企业相关的角度去识别一个品牌，因为这些与企业相关的因素会影响消费者对品牌的好感。

与企业相关的品牌识别角度构成品牌形象中的企业形象来源，良好的企业形象有利于增强消费者对品牌的购买信心。

通过比较戴维·阿克的品牌资产模型和品牌识别系统模型可以发现，戴维·阿克在品牌资产模型中所区分的品牌形象维度主要（或大部分）是与产品相关的形象要素，将这些要素纳入品牌识别模型之后，对它们的分类就更加清晰和合理了。①

综上所述，关于品牌形象构成的观点虽然各有不同，但是基本上可以看出品牌形象涉及与象征符号相关的形象、与产品/服务相关的形象、与使用者相关的形象、与品牌个性相关的形象、与企业相关的形象等。在这些关于品牌形象构成的模型中，戴维·阿克的品牌识别系统模型涵盖的品牌形象维度最为广泛，而且各个维度的归类都很清晰。因此，根据戴维·阿克的品牌识别系统模型，本书把品牌形象的构成分成品牌的符号形象、产品/服务形象、个性形象和企业形象四个维度。

---

① 王长征，寿志钢．西方品牌形象及其管理理论研究综述．外国经济与管理，2007（12）：15-22.

第3节　品牌形象的塑造

一、品牌形象的塑造原则

（一）独特性

品牌形象的塑造首先要符合独特性的原则。首先，树立独特的品牌形象有助于与竞争品牌形成差别。其次，在海量纷繁复杂的信息中，独特的品牌形象有助于吸引消费者的注意力。最后，独特的品牌形象还有利于品牌个性的形成，帮助品牌获得消费者的青睐，并且带来相应的品牌溢价和品牌忠诚。

（二）系统性

品牌形象的塑造是一项系统性的工程，涉及品牌的符号形象、产品/服务形象、个性形象、企业形象等四个维度，因此要进行系统的策划和设计。

（三）长期性

品牌形象的塑造是一项长期的工作，不可能在短时间内完成，而且任何危机的处理不当都有可能给品牌形象带来负面甚至毁灭性的影响。只有持之以恒地投入和维护，才能够保持积极的、相对稳定的品牌形象。

二、品牌形象的塑造流程

品牌形象的塑造流程大致可以分为市场调查和分析、品牌形象的设计、品牌形象的传播、品牌形象的维护和重塑四个阶段（见图7－3）。

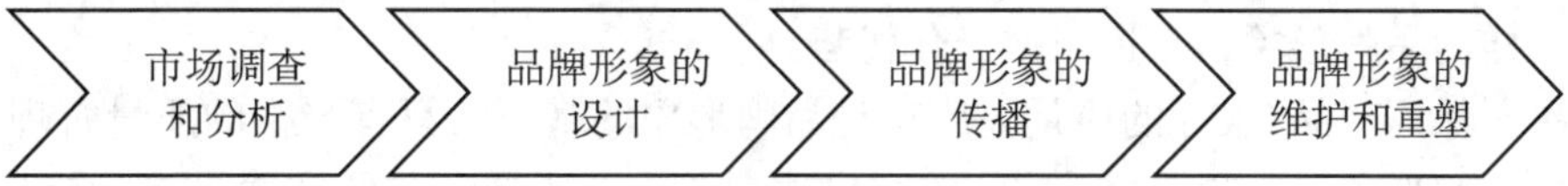

图7－3　品牌形象的塑造流程

（一）市场调查和分析

市场调查和分析是开展一切营销活动的前提，品牌形象的塑造需要建立在对品牌全面、客观认识的基础之上。在对品牌形象进行设计之前，需要对包括品牌的目标市场、竞争者、企业自身情况等在内的各方面内容进行缜密的调查和分析。

1. 目标市场

目标市场的调查和分析包括市场趋势、购买动机、尚未满足的需求、市场细分等内容。

2. 竞争者

竞争者调查和分析的内容包括竞争者的品牌形象、品牌识别、优势和劣势、战略等。通过对竞争者品牌形象的调研，可以帮助企业找到合适的品牌形象定位区间。

3. 企业自身

除了了解外部的市场情况，企业还需要对自身的条件、现状、发展规划等进行客观的分析，具体内容包括：企业希望塑造的或当前的品牌形象、品牌的核心价值、品牌的优势、组织的价值观、企业的财务状况、企业的中长期目标等。

（二）品牌形象的设计

由于品牌识别是企业希望品牌达到的状态，代表“企业希望品牌是什么”，而品牌形象是品牌在消费者心目中的感知，是“消费者觉得品牌是什么”，所以在品牌管理中品牌形象的塑造应该从品牌识别系统的建设开始。根据戴维·阿克的品牌识别系统理论，品牌的象征符号、产品/服务、个性、企业形象是消费者识别品牌的四个角度。因此，品牌管理者应该将品牌的符号形象、产品/服务形象、个性形象、企业形象的管理纳入品牌形象的管理框架之中，以塑造出完整的品牌形象。

1. 品牌的符号形象

独具匠心的符号形象有利于提高品牌的识别度和增加其吸引力。品牌的符号形象包括品牌名称、包装、广告标语等品牌要素。这些品牌要素的设计策略可以参考本书第4章品牌要素战略的相关内容。

2. 品牌的产品/服务形象

品牌的产品/服务形象是品牌形象塑造的重要环节。塑造品牌的产品/服务形象，首先要从产品的五个层次，即核心产品、形式产品、期望产品、延伸产品和潜在产品入手，以满足消费者的需要为出发点，不断完善产品/服务，并且以产品的某个（些）层次为突破口，打造竞争优势，突出产品在某个领域的领先地位。比如凉茶品牌和其正，以“瓶装更尽兴”的广告口号风靡全国，成为中国凉茶行业的一匹黑马。和其正以大容量的包装作为突破口，在形式产品层面与竞争对手形成差异，从而塑造出与王老吉等竞争对手不一样的品牌形象，打造了差异化优势。

其次，保证产品/服务的质量。质量是品牌形象的基石，只有严格的质量管理才能成就良好的品牌形象。无论是格力的“好空调格力造”，还是海尔的“真诚到永远”，都可以看出产品质量和服务品质是我国本土强势品牌成功的关键，因为产品/服务质量是消费者对品牌产生信任的根本保证。

最后，产品/服务形象的塑造还可以与用途、使用者、原产地等联系起来，塑造出独特或有竞争力的品牌形象。比如，诞生于意大利的世界顶级服装品牌阿玛尼（Armani）是世界高层主管和好莱坞影星的最爱。这个品牌的创始人乔治·阿玛尼是第一位认识到名人市场潜力的现代服装设计师。阿玛尼从来不为未成名的影星设计服装，因此阿玛尼的顾客都是名人。阿玛尼的这种市场定位决定了其品牌消费者的层次，通过品牌使用者，阿玛尼成功塑造了高贵典雅的品牌形象。

3. 品牌的个性形象

品牌个性的塑造要符合持续一致性、独特性、人性化的原则（详见本书第3章），以使品牌呈现出稳定的、独特的人格魅力，从而塑造出令人印象深刻的品牌个性形象。同时，为了让品牌的个性形象能与目标消费者产生共鸣，塑造品牌个性的时候要先洞察目标消费者的个性特点和需求，然后从品牌的核心价值出发创造品牌个性。

4. 品牌的企业形象

企业形象的设计可以通过企业形象识别系统（corporate identity system，CIS）来进行。CIS 是企业设计、展示和传播统一的、良好的企业形象的系统工程，由理念识别、行为识别和视觉识别三个部分共同组成。

理念识别（mind identity，MI）。MI 是企业形象识别系统的核心和灵魂，它是企业对当前和未来一个时期的经营目标、经营思想等所做的总体规划和界定，具体包括企业使命、企业价值观、经营理念、发展目标、社会责任等。其中，企业使命、企业价值观和经营理念是 MI 设计中的三项重点内容，因为它们分别揭示了企业存在的意义、企业的精神理念和经营哲学。

行为识别（behavior identity，BI）。BI 是 MI 活动的执行，是对企业运作方式所做的统一规划，用以规范企业员工对内和对外的各种行为。因此，BI 的设计包括对内的行为规范和对外的行为规范两个部分的内容。对内的行为规范设计包括制定组织制度、管理规范、员工教育、行为规范和福利制度等。对外的行为规范设计则包括采购、销售、广告、促销活动、公共关系等各种生产经营活动。

视觉识别（visual identity，VI）。VI 是企业理念的视觉化，它是以标志、标准字、标准色为核心展开的完整的、系统的视觉表达体系。研究表明，在人类接收的信息总和中，由视觉器官获得的占83%，因此 VI 是传递企业理念、树立企业形象的最有效、最直接的方法。VI 系统的设计包括基本要素系统设计和应用要素系统设计两个方面。其中，基本要素系统主要包括：企业名称、企业标志、标准字、标准色、象征图案、宣传口号等。应用要素系统主要包括：办公用品、生产设备、建筑环境、产品包装、广告媒体、交通工具、员工制服、旗帜、招牌、橱窗、陈列展示等。

在 CIS 中，MI 是“心”，BI 是“手”，VI 是“脸”。① 通过设计和导入 CIS，可以帮助企业塑造出完整统一的、良好的企业形象。

（三）品牌形象的传播

品牌形象是消费者对品牌的总体感知或所有联想的集合，品牌的象征符号、产品/服务、个性、企业形象等品牌识别要素只有在经过传播并且被消费者接受后，才能在消费者心目中形成相应的品牌形象。

为了塑造统一的品牌形象，只有向受众传递一致的品牌信息，才不会导致品牌形象的混乱。因此，品牌形象的传播要秉承整合营销传播的思想——“发出一个声音，树立一种形象”，围绕着品牌的核心价值，通过对品牌接触点的管理，发展传播沟通策略，表达和传递企业希望塑造的品牌形象。

---

① 余伟萍．品牌管理．北京：清华大学出版社，2007.

（四）品牌形象的维护和重塑

品牌形象的塑造是一项长期的工作，需要持之以恒地投入和维护。当企业战略或市场环境发生改变的时候，有时候需要对品牌形象进行重塑。

1. 品牌形象的维护

品牌形象的维护包括日常维护和突发状态下的维护。日常维护指的是在保持品牌的核心价值不发生改变的前提下维护好品牌形象。日常维护的具体内容包括保证产品/服务质量、不断创新、诚信经营等。突发状态下的维护指的是发生品牌危机时对品牌形象的挽回处理，这时需要遵循品牌危机处理的原则，尽量将对品牌形象的损害降到最低并进行弥补。

为了让品牌维护更加有的放矢，可以对品牌形象进行测量，看企业期望的品牌形象与实际的品牌表现之间是否存在差距，以便后续管理的跟进。品牌形象的测量有许多方法和技术，包括投射技术、焦点小组等定性测量方法，以及属性评分量表、品牌个性量表等定量测量方法，但关于哪一种方法最有效目前尚无定论。可以以戴维·阿克的品牌识别系统模型为基础，建立起品牌形象的测评模型和指标体系，对品牌形象进行测量。①

2. 品牌形象的重塑

品牌形象的重塑需要对目标市场、竞争者和企业自身的情况重新进行审视和分析，特别是需要对品牌的当前形象进行测量，以准确、清晰地掌握当前的品牌形象，为下一步品牌的重新定位、形象设计和传播等工作提供决策依据。

必须经过相当长一段时间的整合营销传播，才能够抹去目标市场对原先品牌形象的记忆，巩固新的品牌形象。正如本章导读案例中提到的李宁公司，在利用传统文化认同重塑品牌形象之后，李宁不仅组合使用了广告、公关关系等传统的品牌传播手段，而且重点使用了社会化媒体营销、内容营销、网络口碑等品牌传播策略。通过整合营销传播，李宁告别了以往的品牌形象，成功地塑造新的品牌形象，一跃成为国潮的引领者，品牌影响力在国产服装品牌中位居前列。

本章回顾

1. 品牌形象是消费者对品牌的总体感知或所有联想的集合。

2. 品牌形象具有集合性、主观性、相对稳定性、可塑性等特点。

3. 关于品牌形象的构成，学者们提出了各种观点。其中，戴维·阿克的品牌识别系统模型对品牌形象的构成维度进行了比较全面、清晰的归纳和分类。因此，根据戴维·阿克的品牌识别系统模型，本书把品牌形象分成品牌的符号形象、产品/服务形象、个性形象和企业形象四个维度。

4. 品牌形象的塑造要遵循独特性、系统性、长期性等原则。

5. 品牌形象的塑造流程可以分为市场调查和分析、品牌形象的设计、品牌形象的传播、品牌形象的维护和重塑四个阶段。

---

① 范秀成，陈洁．品牌形象综合测评模型及其应用．南开学报，2002（3）：65－71.

基本概念

品牌形象	品牌识别系统模型	品牌的符号形象
品牌的产品/服务形象	品牌的个性形象	品牌的企业形象
品牌形象的设计	品牌形象的传播	品牌形象的维护和重塑

拓展阅读

[1] 韩慧林，邹统钎，庄飞鹏．公司品牌形象对消费者购买意向的作用路径研究：基于中国跨国公司的实证分析．中央财经大学学报，2017（8）：91－99.

[2] 王军，韩笑梅．“德国制造”品牌形象重塑的经验及借鉴．宏观经济管理，2019（8）：68－74.

阅读以上文献后思考：

1. 品牌形象是否会影响消费者的购买意愿？公司品牌形象如何影响消费者的购买意愿？这给企业带来什么管理启示？

2. 19 世纪的“德国制造”假冒伪劣泛滥，山寨横行，备受世界诟病和抵制。德国人痛下决心，决定重塑德国品牌形象，经过 140 多年的努力，成功打造了德国品牌“优质高端”的形象。“德国制造”的品牌形象是如何重塑的？我国可以从中吸取哪些经验？

复习题

1. 什么是品牌形象？
2. 品牌形象由哪些维度构成？
3. 品牌形象的塑造应该遵循哪些基本原则？
4. 品牌形象的塑造流程是怎样的？

实训练习

从汽车、体育用品、服装、家电等行业中选择一个知名品牌，通过线上和线下收集这个品牌的相关资料，完成以下实训练习：

1. 根据本章介绍的品牌形象构成维度的相关知识，对这个品牌的品牌形象进行描述和分析。

2. 根据本章介绍的品牌形象的塑造流程，试着对这个品牌进行品牌形象塑造，并形成具体方案。

第8章 品牌文化

|知识思维导图|

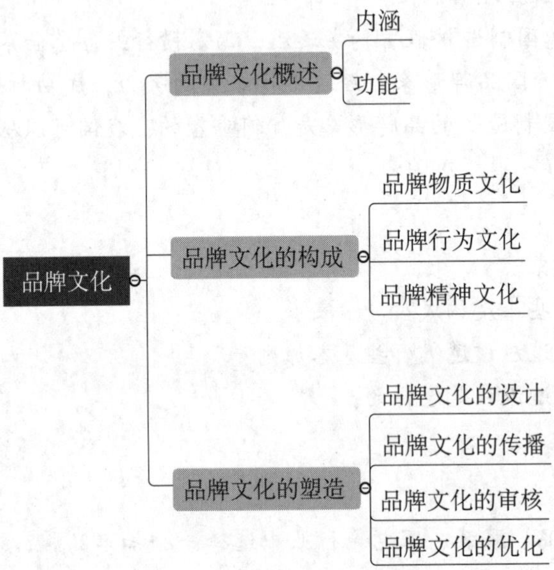

|知识学习目标|

- 掌握品牌文化的内涵；理解品牌文化的功能。
- 掌握品牌文化的构成；理解品牌物质文化、行为文化、精神文化在品牌文化体系中的地位。
- 掌握品牌文化塑造的基本流程；掌握品牌文化传播的几种常见载体。

|技能学习和掌握目标|

- 能够观察和分析具体品牌的品牌文化。
- 具备一定的品牌文化塑造能力。

|价值引领目标|

- 培育和践行社会主义核心价值观，传承和弘扬中华优秀传统文化。通过本章导读

案例，体会社会主义核心价值观和中华优秀传统文化在品牌文化塑造中的应用，引导学生培育和践行社会主义核心价值观，传承和弘扬中华优秀传统文化。

导读案例：同仁堂的品牌文化

北京同仁堂是我国中药行业著名的老字号，300 多年的历史造就了同仁堂独特而深厚的文化底蕴。同仁堂品牌文化的核心是讲求质量与诚信，在不同的历史时期体现了不同的特征。在风云变化的环境中，同仁堂铸就了一块用质量与诚信打造出来的金字招牌。翻开同仁堂的历史，浓郁的文化气息扑面而来，丰富的文化内涵悠远凝重。

同仁堂品牌始创于 1669 年（清康熙八年）。同仁堂自 1723 年（清雍正元年）起为清宫供御药，历经八代皇帝长达 188 年。1949 年新中国成立，饱经沧桑的同仁堂获得了新生。1992 年中国北京同仁堂集团公司组建并于 2001 年改制为国有独资公司，现代企业制度开始在同仁堂集团逐步建立并完善。

“同修仁德，济世养生”是同仁堂创立的初心，“全心全意为人民健康服务”是同仁堂不变的宗旨。同仁堂将“修合无人见，存心有天知”“炮制虽繁必不敢省人工，品味虽贵必不敢减物力”“但愿世间人无病，哪怕架上药生尘”等古训内化为企业行为准则，造就了同仁堂“配方独特、选料上乘、工艺精湛、疗效显著”的制药特色，奠定了同仁堂质量和诚信文化的根基。

一、同仁堂的创业宗旨：“同修仁德，济世养生”

同仁堂品牌创始人乐显扬认为，“可以养生、可以济人者，惟医药为最”，并把“同仁”二字命名为堂名，认为其“公而雅”。“同修仁德，济世养生”是对同仁堂作为中医药企业的初心、使命和精神的新概括、新总结，表达的是同仁堂人立志以服务人类健康为己任的理想和追求。

二、同仁堂的古训

（一）修合无人见，存心有天知

“修合无人见，存心有天知”是中医药行业普遍遵循的传统规则，更是历代同仁堂人的自律准则。“修”“合”二字在古典药籍中意义相近，均与“炮制”相关。“修合无人见，存心有天知”的字面意思是：在没有监管、他人不知情的情况下，在中成药炮制的过程中依然要凭良心，自觉做到药材地道、斤两足称、制作遵法。换句话说，虽他人不在场，但“上天”是知道的，讲的是不能违背良心，不能见利忘义，不能偷工减料，是对人们常说的“人在做，天在看”的有力解释。“修合无人见，存心有天知”体现的是一种道德自律和行为准则。

（二）炮制虽繁必不敢省人工，品味虽贵必不敢减物力

“炮制虽繁必不敢省人工，品味虽贵必不敢减物力”简称为“两个必不敢”，始见于 1706 年同仁堂药店创始人乐凤鸣编写的《同仁堂药目叙》，是同仁堂人恪守至今的古训。该叙载：“古方无不效之理，因修合未工，品味不正，故不能应症耳。平日汲汲济世，兢兢小心。凡所用丸散无不依方炮制，取效有年。每庭训之……遵肘后、辨地产，炮制虽繁必不敢省人工，品味虽贵必不敢减物力，可以质鬼神，可以应病症，庶无忝先君之

志也。”

“两个必不敢”的本意是：不论制作过程多么烦琐、工艺多么复杂，为确保疗效显著，不敢有半点懈怠而节省步骤；不论中药配方的成本多么高昂、药材多么稀缺，为出珍品，不敢有半点吝啬而省物料。

“两个必不敢”体现的是以诚信精神为基础的质量观。同仁堂人在此基础上总结出“诚信为本，药德为魂”的经营理念和“德、诚、信”三字企业真经等行为准则，保证了“疗效显著”，实现了“济世养生”的理想。

同仁堂认为，“两个必不敢”与社会主义核心价值观的“诚信”要求高度一致，需要大力弘扬。如今，“两个必不敢”早已家喻户晓，不但同仁堂人将其视为“传家宝”世代传承，许多企业也将其纳入经营理念。

（三）但愿世间人无病，哪怕架上药生尘

“但愿世间人无病，哪怕架上药生尘”是同治年间一位学者写给同仁堂十一世乐孟繁的一副对联，盛赞同仁堂济世养生的高尚医药道德与情怀。其字面意思是：即使摆在自家药架上的药卖不出去，蒙上一层尘土，也不愿意看到百姓生病，而自家生意兴隆。这是仁者爱人、大爱无疆的仁爱思想和“以义为上”“重义轻利”的义利观的生动体现，是“仁”“德”“善”美德的有机结合，也是同仁堂创立者乐显扬提出的“可以养生、可以济人者，惟医药为最”创业宗旨的最好诠释，它成为同仁堂“同修仁德，济世养生”企业精神和企业使命的思想来源之一。

（四）配方独特、选料上乘、工艺精湛、疗效显著

“配方独特、选料上乘、工艺精湛、疗效显著”是同仁堂的制药特色，也是历代同仁堂人对药品质量的郑重承诺和不懈追求。

配方独特：同仁堂的处方大多来源于乐家祖传、民间验方、古方及宫廷秘方，经过不断收集、整理、优化，形成了同仁堂的特色配方。《同仁堂传统配本》是其代表作。

选料上乘：同仁堂遵循古训和清宫制药标准，制定了高于国家质量标准的企业标准，采用“采其地、用其时”和“上等、纯洁、地道”的药材，确保了选料、投料一流。

工艺精湛：遵照古训，同仁堂依法炮制修合，前处理环节的20道工序50多种加工方法沿用至今，并与现代制药技术相结合，确保了同仁堂制药工艺精深精良。

疗效显著：同仁堂历来注重药品疗效，不仅悉心钻研处方配伍、精选用料、精益制造，更是把药品疗效作为同仁堂质量观的核心要求，用有疗效的药品实现“济世养生”的价值观。

同仁堂创业者尊崇“可以养生、可以济人者，惟医药为最”的信念，把行医售药作为一种养生济世、回报社会的高尚事业。历代同仁堂人恪守“炮制虽繁必不敢省人工，品味虽贵必不敢减物力”的古训，即便面对形形色色的外部冲击，同仁堂依旧保持着优良文化传统，始终坚持依大义之道取财，藉“诚信”二字发展。如今，以“德、诚、信”为核心的职业道德，以古训堂训为基本内涵的经营理念，以创新发展为基础的时代精神，“以义为上，义利共生”的经营哲学，“同心同德、仁术仁风”的管理信念，“同修仁德，济世养生”的企业精神，以及“四个善待”“四条标准”等，共同构成了同仁堂传统而现代的品牌文化。

资料来源：中国北京同仁堂（集团）有限责任公司官方网站；金永年．同仁堂：以优秀文化打造核心竞争力．中外企业文化，2006（12）：26－27.

思考：

1. 什么是品牌文化？
2. 同仁堂品牌文化的核心是什么？
3. 同仁堂品牌文化的核心与同仁堂的古训之间是什么关系？

第 1 节　品牌文化概述

一、品牌文化的内涵

（一）品牌文化

1871 年，文化进化论的代表人物、英国人类学家泰勒（Edward Burnett Tylor）在《原始文化》一书中对文化进行了定义。泰勒认为，文化是一个复杂的总体，包括知识、信仰、艺术、道德、法律、风俗以及人类在社会里所得到的一切能力与习惯。泰勒的这个观点影响巨大，在文化史的研究方面具有开先河的作用，一直到现在，泰勒对文化的定义还可以作为我们了解和认识文化的参考。① 从泰勒对文化的定义中可以看出，文化是一种复杂的社会现象，它不仅具有多种表现形式，而且是人类知识、信仰、价值观、仪式、传统等的总和。

品牌文化（brand culture）是文化的一种表现形式，是一种亚文化现象。② 因此，根据以上对文化的理解，品牌文化可以被认为是在与某一品牌有关的群体成员之间形成的一种与品牌有关的共同知识、信仰、价值观、仪式等的总和。具体来说，品牌文化可以是某一品牌的拥有者、购买者、使用者或向往者之间共同拥有的、与此品牌相关的独特信念、价值观、仪式、规范和传统等的总和。③

菲利普·科特勒曾说过，"品牌最持久的吸引力来自品牌所包含的文化，这是知名品牌深入人心的魅力所在"。没有品牌文化的品牌，不能在心理和情感上给消费者带来满足，也无法赋予消费者更多的价值和向往。优秀的品牌文化可以为顾客创造某种类似的宗教情结，在消费者心目中产生一种心驰神往的精神追求，使消费者对其产品的消费成为一种文化的自觉，成为生活中不可或缺的内容。④ 因此，品牌文化是打造强势品牌的关键，品牌需要获得消费者对自身文化的认同，才能获得成功并且保持成功。

为了进一步理解品牌文化的内涵，下面将对品牌文化和企业文化、民族文化的概念

---

① 程裕祯．中国文化要略．北京：外语教学与研究出版社，1998.
② 刘常宝．品牌管理．北京：机械工业出版社，2014.
③ 王海忠．品牌管理．2 版．北京：清华大学出版社，2021.
④ 同②.

进行辨析。

（二）品牌文化与企业文化

企业文化是企业的价值观、信念和行为方式的体现。[①] 企业文化和品牌文化是一组既有联系又有区别的概念。

首先，品牌文化不等于企业文化，但属于企业文化的范畴。[②] 品牌文化是企业文化在营销过程中的集中体现，是决定品牌构造的价值取向、心理结构、行为模式和符号表征的综合，是品牌构造的价值内核。同时，品牌文化也是品牌所反映的企业文化与消费者文化的结合，是企业和消费者共同作用下形成的对品牌的价值评判，是体现企业精神、满足消费者需求的重要内容。

其次，两者的角色和作用不同。[③] 企业文化是对内的，属于企业员工。企业文化的本质是企业通过建立一种共同的价值观，形成统一的思维方式和行为方式，凝聚员工人心，提升员工的执行力，增强团队的战斗力。因此，企业文化的作用主要是明确企业生存与发展的指导原则，并形成一套以价值观、理念为核心的制度和规范体系，以提升企业的管理水平。而品牌文化是对外的，是属于消费者的。品牌文化的本质是影响和引导消费者的消费取向，获得消费者对品牌的信赖和忠诚，使企业获取源源不断的利益。因此，品牌文化的作用是打造强势品牌。

总之，品牌文化是企业文化的主要部分，是企业文化的外化，品牌文化要体现企业的价值观和管理理念，将企业精神贯穿于品牌塑造的全过程。强大的企业文化能够激励员工，保证员工行为的一致性，从而增强品牌的稳定性，为品牌树立良好的形象，使品牌表现得到改善。[④]

（三）品牌文化与民族文化

民族文化是品牌文化的根基。正如同仁堂的品牌文化不可能形成于他国，任何品牌文化都会被深深打上本民族文化的烙印。品牌自创建之日起就与特定的社会价值标准息息相关，与当时经济社会的总体文化趋势相一致。作为亚文化，品牌文化是当时社会经济文化在品牌上的反映和结晶，是特定民族文化特质在品牌上的沉淀。所以说，品牌总是根植于历史的土壤，吸收着民族文化的养分，带着民族精神的基因。[⑤]

不同国家有不同的文化传统和民族精神，因此民族文化能够塑造品牌的差异性，给品牌注入新的活力和竞争力。[⑥] 将优秀的民族传统文化融入品牌文化，更容易让大众产生共鸣。[⑦] 因此，打造强势的自主品牌，可以将中华民族的优秀传统文化融入品牌文化塑造。

中华民族的优秀传统文化源远流长、博大精深，凝聚了中华民族的智慧，能够为我

---

① 刘常宝. 品牌管理. 北京：机械工业出版社，2014.

② 朱立. 品牌文化战略研究. 武汉：中南财经政法大学，2005.

③ 梁东，连漪. 品牌管理. 北京：高等教育出版社，2012.

④ 同②.

⑤ 同③.

⑥ 同③.

⑦ 同①.

国的自主品牌提供深厚的文化底蕴，获得消费者的高度认同。其中，中华优秀传统文化中蕴含的天下为公、民为邦本、为政以德、革故鼎新、任人唯贤、天人合一、自强不息、厚德载物、讲信修睦、亲仁善邻等思想，是中国人民在长期生产生活中积累的宇宙观、天下观、社会观、道德观的重要体现，同科学社会主义价值观主张具有高度契合性。[①]

习近平总书记在党的二十大报告中指出，我们既要"坚定文化自信"，也要"坚持守正创新"，"创新才能把握时代、引领时代"。[②] 将中华民族的优秀传统文化融入品牌文化，除了要充分挖掘中华优秀传统文化元素之外，还要赋予其新的时代内涵，使中华民族的优秀传统文化与现代文明、时代精神相融合，让品牌文化为目标消费者所认同、所追求，引起目标消费者的精神共鸣，以打造出中国特色的强势品牌。

二、品牌文化的功能

品牌文化不仅能够满足消费者的物质需求和精神需求，而且能够帮助品牌实现深层次的差异化，还能够感染包括消费者在内的与品牌相关的群体，提高品牌的竞争力。

（一）满足消费者的物质需求和精神需求

品牌文化能够给消费者带来物质需求和精神需求的满足。根据行为科学的代表人物梅奥（Mayo）和罗特利斯伯格（Roethlisberger）提出的"社会人"概念，人类除了物质需求之外还有社会心理方面的需求。品牌文化的建立，不仅能够让消费者享受商品所带来的物质利益[③]，还能够让消费者得到精神方面的满足。

比如，诞生于 1903 年的哈雷戴维森（Harley Davidson）是世界上最受认可的摩托车品牌之一。哈雷戴维森塑造出了独特且极具魅力的品牌文化——凝聚生命激情、自由、勇于挑战的骑行文化。对哈雷戴维森的车主来说，哈雷戴维森的品牌文化不仅满足了他们对纯金属的坚硬质地、炫目的色彩、大排量及大油门摩托车的需求，还满足了他们对激情、自由、勇于挑战的精神追求。哈雷戴维森在 1983 年成立了哈雷车主会，利用其强大的品牌文化将顾客聚合在一起。哈雷车主会经常组织骑行活动，在浓厚的品牌文化氛围中促进车主之间的交流，也因此成为迄今为止最成功的品牌社区之一。

（二）帮助品牌实现深层次的差异化

当企业在产品、价格、销售渠道等方面越来越难以制造差异来获得竞争优势时，品牌文化正好提供了一种解决之道。[④] 也许符号、产品、行为等品牌外在的表现形式能够被竞争对手所模仿甚至超越，但是品牌文化却能够筑起竞争的壁垒，因为根植于品牌精神文化内核中的差异才是形成品牌差异的关键。品牌文化具有差异性，每一个品牌都拥有专属的、个性化的品牌文化。而强势品牌与一般品牌的区别往往不在于独特的产品、持

---

① 习近平．高举中国特色社会主义伟大旗帜 为全面建设社会主义现代化国家而团结奋斗——在中国共产党第二十次全国代表大会上的报告（2022 年 10 月 16 日）．新华社，2022－10－25.

② 同①.

③ 刘常宝．品牌管理．北京：机械工业出版社，2014.

④ 苏勇，史健勇，何智美．品牌管理．北京：机械工业出版社，2017.

之以恒的优良品质，而是在于品牌文化。因此，建立起强大品牌文化的品牌能够展现出与竞争对手之间的巨大差异，并赢得竞争优势。

比如，哈雷戴维森的魅力并不来源于拥有金属质地、炫目的色彩、大排量和大油门的摩托车，而是来源于其强大的品牌文化。所以对目标消费者来说，哈雷戴维森不仅是一个摩托车品牌，更是一种文化符号与精神象征。同理，与百事相比，可口可乐的竞争优势并不是建立在产品的基础上，而是建立在品牌文化上。

（三）提高品牌竞争力

品牌文化能够吸引和打动消费者，并潜移默化地影响消费者，引导消费者的消费行为，让消费者对品牌形成忠诚。尤其是当品牌文化获得消费者的认同之后，就会与消费者产生共鸣，从而获得消费者的情感和行动支持。比如，哈雷戴维森的品牌文化不仅吸引和打动了追求激情、自由和挑战的消费者，而且对他们产生了深刻的影响。为了表达品牌忠诚，哈雷戴维森的车主喜欢穿戴印有哈雷戴维森品牌标识的服装和配饰，他们中的一些人甚至会在身上文上哈雷戴维森的品牌标识以示热爱。

此外，品牌文化不仅能够影响消费者，还能够影响与品牌相关的其他利益群体。在卓越和强大的品牌文化的感染下，员工、经销商、供应商等与品牌相关的利益群体会共同促进品牌的健康发展，提高品牌的竞争力。比如，哈雷戴维森的品牌文化不仅深刻改变了目标消费者的梦想和价值观，而且将哈雷戴维森的员工、经销商和供应商密切地联系在一起，使他们共同以更好的方式服务客户，从而为品牌创造了强劲的业绩回报。

第2节 品牌文化的构成

品牌文化是在品牌的建设过程中不断发展积淀下来的，由品牌物质文化、品牌精神文化和品牌行为文化三个部分构成（见图8-1）。[①②] 其中，品牌物质文化属于表层文化，消费者对品牌的认识首先来自品牌的物质文化；品牌行为文化属于中层文化，是品牌精神的贯彻和体现，是品牌在生产、营销、传播等过程中展现出来的文化；品牌精神文化是品牌文化的核心，属于核心文化，它是有关品牌精神和品牌价值观方面的内容，它决定了品牌将成为什么样的品牌。

一、品牌物质文化

品牌物质文化是品牌文化思想的实物体现，由产品、品牌名称、标识、包装等品牌的各种物质表现方式构成。品牌物质文化是品牌理念、价值观、精神面貌的具体反映；是品牌文化的最外层，集中表现了一个品牌在社会中的外在形象；是消费者认识一个品

---

① 庞守林，张汉明，丛爱静．品牌管理．北京：高等教育出版社，2017.

② 朱立．品牌文化战略研究．武汉：中南财经政法大学，2005.

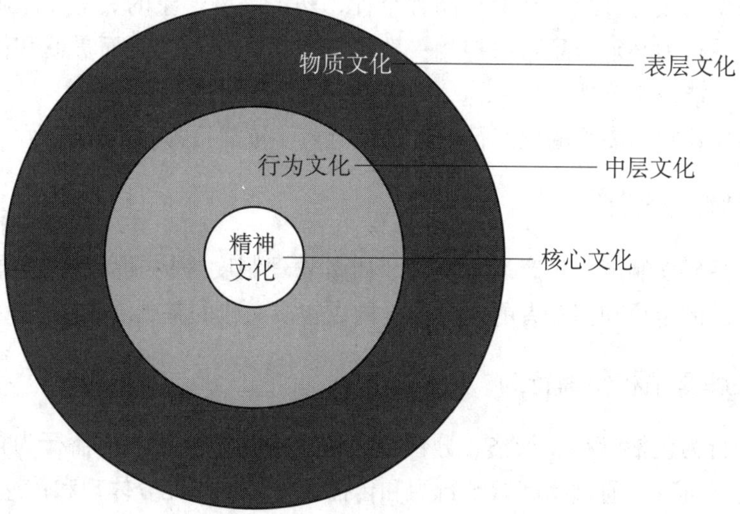

图 8－1　品牌文化的构成

牌的起点。

根据品牌的物质构成要素，可以将品牌物质文化分为产品特质和符号集成两个方面。

（一）产品特质

产品特质主要包括产品的设计艺术和产品具备的功能要素。

1. 产品的设计艺术

符合人们审美观念的产品设计要素能够给予人们美的享受。产品的设计要素既包括产品外观的艺术设计，也包括技术耦合的艺术设计。比如对苹果手机的粉丝来说，苹果手机既给他们带来了外观艺术设计上的享受，也给他们带来了技术耦合艺术设计产生的美好使用体验。

2. 产品的功能要素

产品的功能要素能够满足消费者对产品的基本需求，包括产品的功能和品质等。

（二）符号集成

符号集成是多种品牌识别要素的统称，它们包装和完善品牌，为消费者提供功能价值之外的需要。符号集成通常包括：

视觉部分。比如品牌名称、标识、产品外观、颜色、标志色、标准字等。

听觉部分。比如品牌音乐、品牌广告曲。

触觉部分。比如材料和质地。

嗅觉和味觉部分。比如气味和味道。

二、品牌行为文化

品牌行为文化是品牌营销活动中的文化表现，是品牌价值观、企业理念的动态体现。品牌的价值在于品牌的市场营销，在于品牌与消费者之间的互动，而品牌行为是建立品牌－消费者关系的核心过程，是彰显品牌个性、塑造品牌形象的关键。品牌行为决定品牌的命运，品牌行为必须与品牌精神相一致。只有当品牌行为全面贯彻和体现品牌精神时，品牌文化才能真正落地。

品牌行为文化包括品牌的生产行为、营销行为、传播行为和个人行为。

（一）品牌生产行为

品牌的产品研发制度、生产运营制度、质量管理制度等构成品牌的生产行为。生产行为决定着产品的定位和消费者的定位，是构成物质文化的基础。

（二）品牌营销和传播行为

品牌营销行为包括产品、价格、分销、促销、服务等。品牌传播行为包括广告、公共关系、销售促进等。通过品牌营销行为和传播行为，能够充分体现和传递品牌文化。

（三）品牌个人行为

品牌是多种身份角色的市场代言人，企业家、员工和股东等的行为构成了品牌个人行为，而品牌行为又代表着他们的行为。

三、品牌精神文化

品牌精神文化是品牌在市场营销中形成的一种意识形态和文化观念。品牌精神文化包括品牌精神、品牌价值观、品牌愿景、品牌目标、品牌行为规范等。品牌精神文化决定品牌个性、品牌形象、品牌态度，以及品牌在营销活动中的行为表现。

在品牌精神文化的构成要素中，最重要的是品牌精神和品牌价值观，品牌精神和品牌价值观构成了品牌文化的精髓，掌控着品牌文化的发展方向。品牌精神是品牌在长期的营销和传播沟通过程中形成的，反映企业的理念、宗旨、目标和价值观，是突出企业和品牌特点与优势的精神。而品牌价值观是结晶在品牌产品生产、销售、服务等价值链活动中的价值观念形态的整合，是品牌承诺的反映。其中，价值观是人们判断是非的标准，不同的价值观决定不同的文化风格，并将深刻影响企业和品牌的各个方面，因为每种价值观都会产生一套明确的行为含义，行为都是由价值观指导的。所以，品牌价值观决定着品牌的个性特质，决定着品牌将成为什么样的品牌，是品牌精神文化中的核心。

以中华老字号胡庆余堂为例。胡庆余堂秉承“戒欺”的祖训，以“戒欺”作为品牌的核心价值观，建立起“真不二价”的诚信经营方针。以“戒欺”为核心的品牌价值观构成了胡庆余堂品牌文化的精髓，深刻影响着胡庆余堂的经营活动，贯穿胡庆余堂品牌营销的每一个环节。在百年“戒欺”的品牌文化影响下，胡庆余堂成为享有盛誉的“江南药王”。

品牌物质文化、品牌行为文化、品牌精神文化共同构成品牌文化，它们是一个文化系统，彼此互相影响、互相渗透。品牌精神文化是品牌行为文化和物质文化产生的基础，品牌行为文化是品牌物质文化和精神文化的动态反映。

第3节　品牌文化的塑造

品牌文化的塑造大体可以分为设计、传播、审核和优化四个流程（见图8-2）。

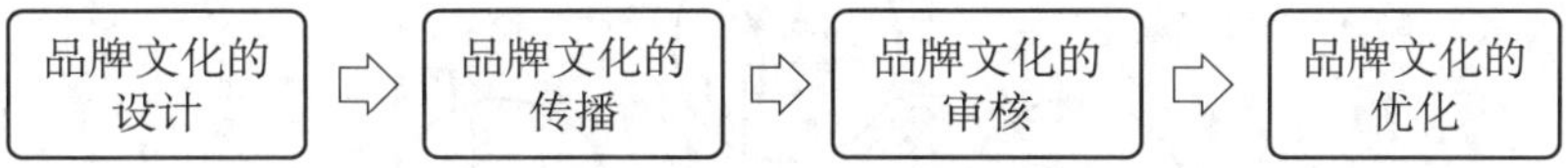

图8-2　品牌文化的塑造流程

一、品牌文化的设计

品牌文化由品牌精神文化、品牌行为文化和品牌物质文化共同构成，其中，品牌精神文化是品牌行为文化和物质文化产生的基础，而品牌价值观是决定品牌精神文化的核心。因此，品牌文化的设计首先应该根据品牌的资源和战略定位，提炼和明确品牌价值观。然后，在此基础上建立起对应的品牌行为文化和品牌物质文化，最终建立一个完整的品牌文化体系。

二、品牌文化的传播

因为品牌文化是在与某一品牌有关的群体成员之间形成的一种与品牌有关的共同知识、信仰、价值观、仪式等的总和，所以品牌文化关乎品牌的各个利益相关者。

为了让品牌文化能够得到品牌各个利益相关者的认同，设计好的品牌文化需要通过各种载体传递给品牌的利益相关者，让品牌的利益相关者能够潜移默化地接受品牌文化，并且让品牌文化能够在品牌的利益相关者之间共享。因此，我们可以通过品牌的象征符号、品牌仪式、品牌人物、品牌故事、品牌博物馆、品牌社区等载体来传播品牌文化（见图8-3）。

（一）象征符号

品牌名称、品牌标识、产品包装、品牌形象代表、品牌广告曲等品牌要素可以成为品牌文化的象征符号，将品牌文化传播给品牌的利益相关者，并且植根于消费者的心智之中。

1. 品牌名称

品牌名称可以成为品牌文化的象征符号。比如，在中国，百度已经成为互联网搜索的代名词，人们常常会用“百度一下”来代替“搜索一下”，这说明“百度”这个品牌名称不仅已成为互联网搜索文化的象征符号，而且很好地将百度的核心价值观——“简单可依赖”传递给了广大消费者，成为百度品牌文化的象征符号。

2. 品牌标识

品牌标识已经成为品牌文化的象征符号。哈雷摩托车的车主不仅喜欢各种印上了哈

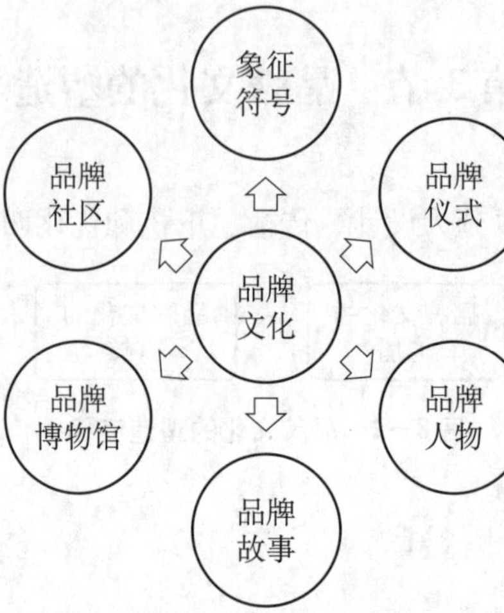

图 8-3 品牌文化的传播载体

雷戴维森品牌标识的服装和配饰，有的车主还喜欢在身上文上哈雷戴维森的品牌标识。对于哈雷摩托车的车主而言，哈雷戴维森的品牌标识就是凝聚了激情、自由、勇于挑战的品牌文化的象征。

3. 产品包装

作为品牌要素的一个重要构成部分，产品包装是传播品牌文化的一个很好的载体。

比如，农夫山泉的天然矿泉水之运动盖装系列，以英国著名插画师布雷特·赖德（Brett Ryder）创作的代表长白山水源地春夏秋冬四季的图案作为瓶身图案；其天然矿泉水之玻璃瓶装系列，瓶身设计模仿下落中的水滴，分别以四种长白山典型的动物、三种植物、一种典型的气候特征作为瓶身图案。这些产品系列的包装折射出农夫山泉对大自然的敬意，很好地体现了农夫山泉尊重自然、保护自然、与自然生态相和谐的品牌文化。

4. 品牌形象代表

品牌形象代表是一种特殊的品牌标识，和品牌标识一样，品牌形象代表也能够成为传播品牌文化的载体。比如，米老鼠是迪士尼公司著名的品牌形象代表，作为迪士尼品牌文化的使者，米老鼠已经成为广大消费者心目中欢乐天真的象征符号。

5. 品牌广告曲

品牌广告曲的旋律一般朗朗上口，能够加强品牌宣传和品牌联想的效果、增强品牌的感染力，因此品牌广告曲是一个传播品牌文化的良好载体。

（二）品牌仪式

仪式是一种既能表达价值和意义，又有重复模式、规律的系列动作。① 仪式本身就是文化，也是一种文化传播行为。仪式具有强烈的象征意义和心理暗示作用，能够传递思想、精神和价值观。因此，品牌可以通过打造特定的品牌仪式来传播品牌文化。品牌仪

---

① 冉雅璇，卫海英．品牌仪式如何形成?：基于扎根理论的探索性研究．经济管理，2017，39（12）：108-121.

式指的是一系列围绕品牌活动的正式的、具有可重复模式、能表达价值和意义的活动。①打造品牌仪式的常见做法包括：

1. 将产品的购买过程仪式化

品牌可以将产品的购买过程变成一场仪式，通过充满仪式感的购买过程传播品牌文化。比如，求婚钻戒品牌 DR 将产品的购买过程变成一场印证真爱的仪式：首先，DR 严格限制男士一生仅能定制一枚求婚钻戒，经官网查询验证后才可以购买；其次，男士凭身份证定制求婚钻戒，赠予此生唯一挚爱的女士；最后，购买时双方需签订真爱协议，签下名字，承诺终生不可更改。通过将购买过程仪式化，DR 成功地传递了"一生·唯一·真爱"的品牌文化，DR 也成功地成为追求一生唯一真爱的人们求婚时的首选钻戒品牌。

2. 将产品的消费场景仪式化

通过将产品与特定的场合紧密联系在一起，将产品的消费场景仪式化。比如，中国有着几千年的福文化，金六福利用中国深厚的福文化底蕴，将"长寿福、富裕福、康宁福、美德福、和合福、子孝福"融入品牌内涵，塑造出以"福"为核心的品牌文化。金六福通过"幸福时刻喝福酒"的整合营销传播，使"有喜事喝福酒"的想法深入人心，将产品的消费与"幸福时刻"和"有喜事"的场景紧密联系起来，传递品牌的"福"文化。通过将产品的消费场景仪式化，金六福奠定了其在白酒市场上的独特地位，成为老百姓办喜事、吃团圆饭、走亲访友首选的白酒品牌之一。

3. 将产品的消费过程仪式化

诞生于 1912 年的奥利奥（Oreo）别出心裁地创造出奥利奥饼干的吃法——扭一扭，舔一舔，泡一泡。扭、舔、泡这三个动作成为奥利奥饼干的消费仪式，增加了人们在吃饼干时的趣味性和娱乐性，将奥利奥"好吃""好玩"的品牌文化根植于消费者心智中，有人甚至把奥利奥的这个"标准吃法"称为"奥利奥综合征"。奥利奥也因为打造出了这个独特的消费过程仪式而成为卡夫食品的超级明星和美国最畅销的夹心饼干。

（三）品牌人物

与品牌密不可分的人物是诠释、传播品牌文化的最佳载体之一。与品牌密不可分的人物主要包括品牌领袖和品牌代言人。

1. 品牌领袖

品牌领袖指的是在品牌创立、发展过程中决定品牌命运，为品牌注入精神、灵魂、理念和个性等内涵的人。② 品牌领袖的个性、品格、价值观等个人因素会对品牌文化造成深远的影响，他们往往也是品牌文化的决定者。对消费者来说，品牌领袖的言行代表了品牌的言行，他们更有权威性和公信力。因此，品牌领袖是传播品牌文化、帮助建立文化认同的最佳载体。

---

① 冉雅璇，卫海英．品牌仪式如何形成?：基于扎根理论的探索性研究．经济管理，2017，39（12）：108－121.

② 庞守林，张汉明，丛爱静．品牌管理．北京：高等教育出版社，2017.

品牌领袖主要有两种类型。一种是品牌创始人，比如马云、任正非、张瑞敏。另一种是在品牌的发展过程中，带领品牌创造辉煌的企业家，比如董明珠、杰克·韦尔奇等。

2. 品牌代言人

品牌代言人也可以成为传播品牌文化的理想载体。将品牌代言人作为品牌文化的传播载体需要满足一个前提，那就是代言人与品牌之间能够达到比较高的逻辑契合程度，即匹配性。品牌与代言人之间的匹配性可以体现在个性、气质、精神等方面。

比如，耐克通过其品牌代言人——被誉为“篮球飞人”的迈克尔·乔丹成功地传递了拼搏争胜的品牌文化，迈克尔·乔丹身上那种拼搏、锲而不舍的竞技精神与耐克品牌非常匹配。

（四）品牌故事

品牌故事不仅可以增进消费者对品牌的了解，还可以促进品牌与消费者之间的情感沟通。通过品牌故事对消费者的感染或冲击，可以让品牌赢得消费者的信任及喜爱。品牌故事娓娓道来，能够在潜移默化之中渗透品牌文化。常见的品牌故事包括以下三种：

1. 品牌的创业故事

品牌的创业故事往往带有艰辛的色彩，能够传递特定的品牌文化。湾仔码头的品牌故事讲述了品牌创始人臧健和艰辛创业的历程。20 世纪 70 年代末，臧健和（人称臧姑娘）带着两个幼女来到香港，为了抚养女儿，臧姑娘在绝境中起步，开始在湾仔码头卖水饺，经过艰苦创业最终成就一番事业，成为“水饺皇后”。由湾仔码头品牌故事传递出的在逆境中勤奋坚韧、不向命运屈服的精神打动了无数消费者，湾仔码头也成为家喻户晓的品牌。

与湾仔码头类似，许多品牌在讲述品牌故事时都会强调创业过程的艰辛和锲而不舍。埃弗里等（2011）将这种讲述自己卑微的出身、资源匮乏以及与逆境抗争的决心的品牌传记称为“示弱的品牌传记”（underdog brand biography）。[①] 埃弗里等人证明，示弱的品牌传记能够增加购买意愿、现实选择和品牌忠诚度。他们同时也指出，一个“示弱的品牌传记”需要具备两个基本的维度：第一，外部劣势；第二，热情和决心。也就是说，“示弱的品牌传记”不能仅强调逆境和劣势，更为重要的是，要强调品牌在逆境中始终保持创业的热情和决心，要传递出在逆境中砥砺前行的精神，要给人奋发图强、自强不息的力量。只有这样，“示弱的品牌传记”才能够拥有“弱势者效应”。

2. 品牌的重大事件或转折故事

品牌发展过程中的重大事件或转折故事对品牌有重要的影响，这些故事中往往蕴含了励志、鼓舞人心的精神力量。比如，张瑞敏砸冰箱是海尔品牌发展中的一次重大事件。随着“砸冰箱”品牌故事的广为传播，海尔也将追求卓越的文化理念传递给了广大消费者。

3. 品牌的历史故事

历史悠久的品牌往往拥有深厚的文化积淀，能够给品牌文化的塑造提供丰富的资源。

---

① Paharia Neeru, Anat Keinan, Jill Avery, & Juliet B. Schor. The Underdog Effect: The Marketing of Disadvantage and Determination through Brand Biography. Journal of Consumer Research, 2011 (5): 775 - 790.

从这些丰富的文化资源中提炼出来的品牌历史故事，能够让品牌文化更有感染力。

茅台酒参加巴拿马万国博览会“碎瓶夺金振国威”的品牌历史故事至今仍被人津津乐道。1915 年，巴拿马万国博览会评酒会即将结束，包装简陋的茅台酒一直未能引起评委的重视。我国代表急中生智，拿起一瓶茅台酒佯装失手掷于地上，顿时石破天惊，浓郁的酒香征服了评委，最终茅台酒获得金奖。在国运不济、饱受欺凌的旧中国，茅台酒拿到国际金奖大涨国人的志气。茅台酒“碎瓶夺金振国威”的故事不仅体现出品质优良、传承久远的品牌优势，而且将“为国争光”的精神传递给了消费者，茅台也因此成为消费者心目中的国酒。

实践证明，成功的品牌都很擅长讲故事。当然，品牌故事需要经过精心的设计，故事内容要能与消费者产生共鸣，这样品牌文化才拥有打动消费者的力量，品牌文化的传播才能够达到理想的效果。

（五）品牌博物馆

品牌博物馆是传播品牌文化的一个良好载体，因为品牌博物馆可以把品牌文化变成可视、可听、可触的实物，而实物的展示和陈列往往比语言和文字的描述更直观、更可信、更有震撼力。

国内外许多知名的品牌，比如海尔、红旗、同仁堂、可口可乐、宝马、古驰等都建立了品牌博物馆，给消费者提供了体验品牌文化、感受品牌魅力的平台。

品牌视角 8-1

青岛啤酒博物馆

青岛啤酒博物馆于 2003 年 8 月 15 日青啤百年华诞之际正式对外开放，是世界一流、中国首家专业啤酒博物馆。博物馆总投资 5 000 多万元，展出面积 6 000 多平方米，分为文化历史探秘、品味百年酒香、畅享欢聚时刻三个展区。展馆以百年历史为基脉，以啤酒工艺为依托，以城市文化为包容，展现了多元融合的文化谱系，见证了百年青啤与百年青岛一起历经沧桑而走向辉煌的不平凡的历史进程，给人们带来深刻难忘的啤酒文化体验。

青岛啤酒博物馆不仅是展示企业和品牌历史、文化的场所，而且是青岛工业旅游的重要线路。青岛啤酒博物馆现为首家全国工业旅游示范点、国家 4A 级旅游景区和全国重点文物保护单位。

资料来源：青岛啤酒官方网站。

（六）品牌社区

品牌社区（brand community）指的是一种建立在品牌崇拜者之间一套结构化的社会关系基础上的、无地理界限的专门化社区，具有共享的群体意识、仪式和传统以及道德责任感。①

① Muniz, A. M., O' Guinn, T. C. Brand Community. Journal of Consumer Research, 2001, 27: 412-432.

品牌社区里的成员都是因品牌而聚集在一起，他们拥有共享的群体意识；品牌社区里的成员具有共享的仪式、传统和道德责任感，他们对品牌文化有共鸣并且拥有与品牌契合的价值观。因此，企业可以通过品牌社区的创建搭建一个沟通的平台，来强化品牌与顾客、顾客与顾客之间的联结和关系。通过这种联结和关系，企业不仅能够向用户传递和渗透品牌文化，还能通过品牌文化的感染建立品牌忠诚。

品牌社区的创建可以是在线下，也可以是在线上。比如1983年，哈雷戴维森创建了线下的品牌社区——哈雷车主会。如今，随着互联网的发展，越来越多的企业选择在线上创建虚拟品牌社区（virtual brand community），比如小米的MIUI论坛、海尔的智家社群、华为的花粉俱乐部等。虚拟品牌社区不仅拥有与线下品牌社区同样的功能，而且能够使沟通跨越空间和时间的障碍，因此受到企业和用户的普遍欢迎。

三、品牌文化的审核

罗马不是一日建成的，品牌文化的建立也需要一定的时间。在塑造品牌文化的过程中，需要形成品牌文化的审核制度，对品牌文化的实施进行全面监控，确保品牌文化得到正确落地和传播。

四、品牌文化的优化

品牌文化的优化指的是在品牌文化的形成过程中，企业根据市场和顾客的需要，不断检验品牌文化的定位和延伸，在此基础上进行品牌文化的创新或整合的过程。[①]

在塑造品牌文化的过程中，企业需要关注并满足消费者不断升级的物质和精神需求，只有根据市场的需要和企业的实际，不断审视现有的品牌文化体系，对品牌文化进行完善和创新，才能够让品牌文化拥有打动消费者的力量。

本章回顾

1. 品牌文化指的是在与某一品牌有关的群体成员之间形成的一种与品牌有关的共同知识、信仰、价值观、仪式等的总和。品牌文化不等于企业文化，但属于企业文化的范畴，而民族文化是品牌文化的根基。

2. 品牌文化不仅能够满足消费者的物质需求和精神需求，而且能够帮助品牌实现深层次的差异化，还能够感染包括消费者在内的与品牌相关的群体，提高品牌的竞争力。

3. 品牌文化由品牌物质文化、品牌精神文化和品牌行为文化三个部分构成。其中，品牌物质文化属于表层文化，品牌行为文化属于中层文化，品牌精神文化属于核心文化。品牌物质文化、品牌精神文化和品牌行为文化构成了一个完整的品牌文化体系，它们彼此互相影响、互相渗透。品牌精神文化是品牌行为文化和物质文化产生的基础，品牌行为文化是品牌物质文化和精神文化的动态反映。

4. 品牌物质文化是品牌文化思想的实物体现，由产品、品牌名称、标识、包装等品

① 庞守林，张汉明，丛爱静．品牌管理．北京：高等教育出版社，2017.

牌的各种物质表现方式构成。品牌物质文化是品牌理念、价值观、精神面貌的具体反映；是品牌文化的最外层，集中表现了一个品牌在社会中的外在形象；是消费者认识一个品牌的起点。品牌物质文化分为产品特质和符号集成两方面。

5. 品牌行为文化是品牌营销活动中的文化表现，是品牌价值观、企业理念的动态体现。品牌行为文化包括品牌生产行为、营销和传播行为以及个人行为。

6. 品牌精神文化是品牌在市场营销中形成的一种意识形态和文化观念。品牌精神文化决定品牌个性、品牌形象、品牌态度，以及品牌在营销活动中的行为表现。品牌精神文化包括品牌精神、品牌价值观、品牌愿景、品牌目标、品牌行为规范等。其中，品牌价值观决定着品牌的个性特质，决定着品牌将成为什么样的品牌，是品牌精神文化中的核心。

7. 品牌文化的塑造大致可以分为四个流程：品牌文化的设计、品牌文化的传播、品牌文化的审核和品牌文化的优化。

8. 传播品牌文化的常见载体包括：品牌的象征符号、品牌仪式、品牌人物、品牌故事、品牌博物馆、品牌社区等。

基本概念

品牌文化	企业文化	民族文化	品牌物质文化
品牌行为文化	品牌精神文化	品牌文化的塑造	品牌仪式
品牌人物	品牌故事	品牌博物馆	品牌社区

拓展阅读

[1] 沈正舜，李怀斌．示弱还是示强？品牌传记与消费者品牌态度：移情的中介作用．外国经济与管理，2019，41（6）：138－152.

[2] 陈立彬，赵雅蓉，江林．从品牌文化到品牌购买行为：一个认知过程的视角：基于扎根理论的分析．商业经济研究，2020（7）：79－81.

阅读以上文献后思考：

1. 品牌传记对消费者的品牌态度的影响机制是怎样的？劣势者品牌传记与优胜者品牌传记是否都能够改善消费者的品牌态度？相关研究结论能够给我国的企业带来哪些启示？

2. 品牌文化作为品牌价值的核心要素，正日益成为消费者选择品牌时关注的重点。那么，品牌文化对消费者品牌购买行为的作用机制具体是怎样的？

复习题

1. 什么是品牌文化？如何理解品牌文化与企业文化、民族文化之间的关系？

2. 品牌文化具有哪些功能？

3. 品牌文化由哪些部分构成？如何理解品牌文化的各构成部分在品牌文化体系中的地位和作用？

4. 如何理解品牌文化的塑造流程？

实训练习

请选择一个感兴趣的本土品牌，通过线上和线下的方式搜集相关的资料，采用定性和定量的方法完成以下实训练习：

1. 请对这个品牌的品牌文化展开分析，然后完成对这个品牌的品牌文化体系的评估。

2. 如果由你来负责塑造这个品牌的品牌文化，你会如何做？请给出具体的方案。

第9章 品牌扩张

知识思维导图

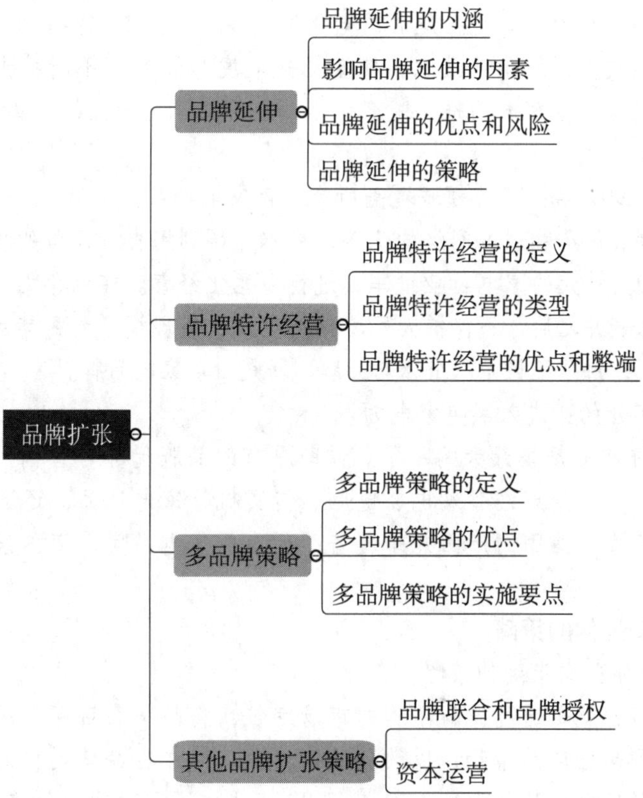

知识学习目标

- 掌握品牌延伸的内涵；了解品牌延伸的影响因素；理解品牌延伸的优点和风险；掌握品牌延伸的策略。
- 掌握品牌特许经营的定义和类型；理解品牌特许经营的优点和弊端。
- 掌握多品牌策略的定义；了解多品牌策略的优点；理解多品牌策略的实施要点。
- 理解品牌联合、品牌授权、资本运营在品牌扩张中的作用。

技能学习和掌握目标

- 能够观察和分析具体品牌的扩张策略。
- 具备一定的设计品牌扩张方案的能力。

导读案例：海尔的品牌延伸

海尔集团创立于1984年，是全球领先的美好生活解决方案服务商。海尔始终以用户体验为中心，2019—2021年连续3年作为全球唯一物联网生态品牌蝉联Brand Z全球百强，连续13年稳居欧睿国际世界家电第一品牌，旗下子公司海尔智家位列《财富》世界500强。

一、海尔品牌延伸的阶段分析

（一）1984—1991年：只生产一种产品——电冰箱

1984年，海尔前身青岛电冰箱总厂开始引进德国利勃海尔的冰箱生产设备，学习其制造技术，进行生产和销售。而在此后的七年里，海尔一直专注生产电冰箱这一种产品，并不断改进管理方式，创新生产技术，使企业知名度和影响力不断扩大。截至1991年，海尔牌电冰箱不仅是中国家电的唯一驰名商标，还形成了全国性的销售网络和服务网络，品牌家喻户晓。

（二）1992—1997年：经营领域覆盖所有白色家电产品

借助全国性销售网络和服务网络的优势，海尔开始利用自身品牌的技术优势和市场资源向与自身产品相关性大的家电行业进军，进行多元化经营。在六年的时间内，海尔经过了内部扩张、外部兼并之后，不仅扩大了冰箱的生产销售规模，还将其品牌延伸到了所有的白色家电。至此，海尔不再是一个冰箱品牌，而是白色家电品牌。

（三）1997年开始：进入黑色家电领域

1997年是海尔扩张规模最大的一年。借助原有的品牌优势与营销网络，海尔开始进军黑色家电领域，不仅生产经营彩电、电脑、传真机等家电产品，还进入整体厨房等家具设备领域。如今海尔集团的产品几乎覆盖了所有的家电品类，海尔家电王国的形象已经深入人心。

二、海尔品牌延伸的策略

（一）垂直延伸：向上延伸策略

向上延伸策略，就是通过提高品牌的市场定位，将品牌的目标市场从原有的低档产品市场向上延伸到高档产品市场，以改善品牌形象。海尔在品牌延伸的过程中，正是通过向上延伸塑造了良好的品牌形象。20世纪80年代末，国内冰箱价格战打得如火如荼，海尔（当时的名字是“琴岛－利勃海尔”）却没有随波逐流，将全部产品提价10%以提高市场定位，不仅避免了与其他厂家的价格大战，还将海尔冰箱提到了一个“高质量、高档次”的水平，形成了自己的顾客忠诚度。近些年来，即使海尔各类产品的价格不下降，销售量依然名列前茅，也从侧面反映了其向上延伸的成效。

（二）主副品牌延伸策略

主副品牌延伸策略，就是指企业在销售的过程中，所有的产品都使用同一个品牌，但根据每种产品的个性特征使用不同的名称。这是海尔最具特色且最有成效的策略。纵观海尔几十年的发展历程，从单一的冰箱品牌到全方位的家电王国，使用单一的“海尔”品牌只能表现其产品的共性，难以展现每种产品的个性。为了更好地展现产品的特色，海尔开始采用主副品牌延伸策略。比如，冰箱系列，海尔推出了“海尔-小王子”“海尔-大王子”等产品；洗衣机系列，海尔相继推出了“海尔-神童”“海尔-小小神童”等产品。海尔采用的主副品牌延伸策略，既能体现出海尔家电的高品质，又能满足消费者的个性需求，扩大了海尔的市场影响力。

（三）服务流延伸

作为生产厂家和服务商家，海尔与其他品牌在观念上存在差异：海尔不但重视售后服务的质量，还特别重视售前、售中的服务效果。海尔所有产品都已经达到了国际星级服务标准。在海尔的服务理念中，产品的服务不只包括维修、安装，还要提前洞察消费者对产品的需要，并根据市场需求及时给出反馈，改进现有产品的特性、开发符合消费者需求的新产品。海尔公司成立了很多灵活的团队，每个团队都可以根据市场需要及时改进自身产品，提高市场竞争力。在几十年的发展历程中，海尔始终以客户为中心，树立了“用户永远是对的”的企业文化，形成了“真诚到永远”的全方位承诺，并不断提高服务要求，使其成为海尔的无形财富和动力源泉。比如，很多消费者开始是使用海尔冰箱，后被海尔的服务理念所折服，认可海尔这个品牌，又去购买海尔洗衣机、海尔电视等系列产品。

三、海尔品牌延伸的原则

（一）以一定的品牌优势为基础

品牌优势是品牌延伸策略成功的重要前提。海尔利用七年的时间，一心一意做好冰箱这一种产品，并不断进行技术创新和管理改进，不仅打造了一支技术过硬的人才队伍，还形成了一套科学的管理模式与完整的销售网络，在消费者心目中树立了良好的品牌形象。凭借这些资源优势，海尔可以轻松地进入其他领域，实现企业的规模扩张，并在多元化发展中扩大品牌影响力。以原有品牌优势为基础，可以凭借品牌影响力和消费者影响力，快速、低成本地打开市场，使更多消费者认可海尔的新产品。延伸产品在得到原有消费者认可的同时，还得到了一批新消费者的认同。而这些新的消费群体也会尝试海尔品牌的原有产品，从而扩大原有产品的消费市场，最终对整个品牌系列产品产生积极的影响。

（二）延伸产品与原产品在技术、销售、产品类别上具有较大的相关性

相关性能够提高企业扩张成功的可能性。海尔在品牌延伸中虽然涉及了很多新产品，但基本上都与现有的家电产品有一定的相关性。比如，海尔一开始的扩张领域是白色家电；在白色家电领域技术成熟、营销成功后，才开始进军小家电领域，并以个性独特的设计优势提高其市场占有率；在小家电领域取得成功后，海尔才开始涉足黑色家电领域，并将黑色家电领域的信息化技术运用到白色家电领域，使其更好地满足消费者的需求。目前，海尔各个领域的产品已经实现了信息产品家电化、家电产品信息化，两者相互促进、相得益彰。

（三）延伸产品具有较好的市场前景

延伸产品必须具有较好的市场前景，发展到一定规模后，能在同类产品中位居前三名。与一些企业的冒进主义不同，海尔在每进入一个新的领域之前，都要进行严谨的市场调研和专业性的市场论证，进入后则利用其品牌、技术、管理等优势提供服务，使新的产品市场得以稳固并扩大。正是凭借稳中求进的扩张策略，海尔在进行品牌延伸的同时使市场份额不断扩大。截止到 2018 年，海尔的冰箱、洗衣机两个系列产品的市场占有率在全球排名中继续蝉联第一名。而按品牌份额统计，海尔冰箱系列产品以 17.3% 的市场份额第十次蝉联世界第一；海尔洗衣机系列产品以 17.4% 的市场份额第九次蝉联世界一。

品牌延伸是企业进行市场扩张、增加企业利润的“加速器”。它不仅能够充分开发和利用原有的品牌优势，还能够延长品牌寿命，提高品牌价值，扩大市场份额。海尔正是坚持了正确的品牌延伸原则，采取了正确的品牌延伸策略，才一步步地实现了品牌的发展壮大。

资料来源：海尔官方网站；臧姗．海尔的品牌延伸策略．现代交际，2019（7）：75－76.

思考：

1. 什么是品牌延伸？
2. 海尔采用了哪些品牌延伸策略？
3. 品牌延伸策略与海尔品牌的壮大之间有什么关系？

为让品牌进一步发展和壮大，企业可以通过一些品牌策略实现品牌扩张。从企业的商业实践来看，为实现品牌扩张而采用的品牌策略主要包括：品牌延伸、特许经营、多品牌策略，以及品牌联合、品牌授权、资本运营等。

第 1 节　品牌延伸

一、品牌延伸的内涵

品牌延伸的系统研究起源于 20 世纪 70 年代末。1979 年，爱德华·陶伯（Edward Tauber）发表了《品牌授权延伸，新产品得益于老品牌》的学术论文，首次提出品牌延伸的思想。此后，品牌延伸不仅受到学术界的重视，而且成为企业推广新产品的常用策略。

品牌延伸（brand extension）是指利用已经取得成功的品牌推出新产品的做法。中山大学卢泰宏教授认为，品牌延伸是借助原有的已建立的品牌地位，将原有品牌转移使用于新进入市场的其他产品或服务（包括同类的和异类的），以及运用于新的细分市场之中，以达到以更低的营销成本占领更大的市场份额的目的。[①] 由此可见，品牌延伸应该满

① 卢泰宏，谢飙．品牌延伸的评估模型．中山大学学报（社会科学版），1997（6）：9－14.

足以下几个基本条件：

第一，进行品牌延伸的品牌必须已经建立起一定的品牌地位。进行品牌延伸的品牌必须已经取得一定的成功，没有声誉的品牌进行品牌延伸是没有意义的。

第二，推出的新产品可以是同类，也可以是异类。其中，推出同类产品的延伸属于产品线延伸（line extension），大部分品牌延伸都属于产品线延伸。产品线延伸的结果通常是产生了品牌不同的口味、不同的成分构成、不同的形式、不同的大小、不同的用途等。[①] 比如，海飞丝通过产品线延伸推出了清爽去油、丝质柔滑、无硅油、防脱、止痒、幽香馥郁等不同功效的洗发水。推出异类产品的延伸属于类别延伸（category extension），指品牌从原来的产品类别进入不同的类别。类别延伸能够扩大品牌覆盖的产品范围，进入不同的市场。比如阿迪达斯从体育用品进入男性护肤品领域，推出了阿迪达斯洗面奶、润肤霜、沐浴露、洗发水等产品，这种情况就属于类别延伸。产品线延伸和类别延伸是品牌延伸的两大类型。

第三，品牌延伸的目的是以降低营销成本的形式进入新的细分市场和扩大品牌的市场份额。

二、影响品牌延伸的因素

在现实中，有些企业的品牌延伸取得了成功。比如海尔从冰箱开始，将海尔品牌成功延伸到了洗衣机、空调、电视机等多种家用电器上。然而，有些企业的品牌延伸却没有取得理想的效果。比如，派克笔一直以价高质优著称，是上层人士的身份象征，后来为扩大市场延伸到了低端市场，生产3美元以下的大众钢笔，导致其丧失了部分高档笔市场，品牌形象受到严重影响。

那么，品牌延伸的成功率究竟会受到哪些因素的影响？根据文献，可以把影响品牌延伸的因素分成以下五类（见图9-1）。

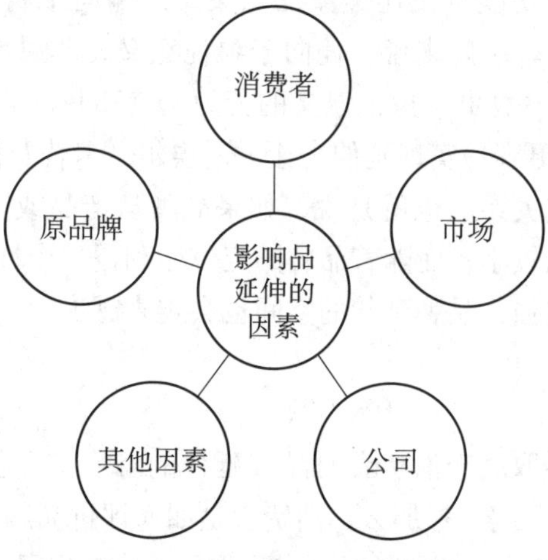

图9-1　影响品牌延伸的因素

① 凯文·莱恩·凯勒．战略品牌管理．北京：中国人民大学出版社，2003.

（一）原品牌

原品牌，即进行品牌延伸的品牌，会对品牌延伸的效果产生重要的影响。原品牌对品牌延伸的影响可以细分为以下几种：

1. 品牌优势

原品牌已经取得一定的市场地位，即具有一定的品牌优势是品牌延伸的先决条件。品牌优势体现在积累了广泛的知名度和较高的忠诚度、构建了一定规模的市场渠道、树立了良好的品牌形象等。一般而言，原品牌的品牌优势越明显、品牌越强势，那么品牌延伸的成功率就越高。

2. 相似性

延伸产品与原品牌之间的相似性也是品牌延伸成功的关键因素。一般来说，延伸产品与原品牌之间的相似性越高，品牌延伸成功的可能性就越大。相似性可以分成两大类。

（1）与产品有关的相似性

与产品有关的相似性包括三种。第一种是产品的关联度，即原品牌产品与延伸产品在价值链上是否存在关联关系，如共享核心技术、共享营销渠道等。比如海尔从海尔冰箱延伸到海尔冷柜、海尔空调。第二种是产品的互补度，即延伸产品与原品牌产品具有互补关系。比如华为从华为手机延伸到华为耳机。第三种是可替代性，即原品牌产品与延伸产品是否可替代。

（2）与产品无关的相似性

与产品无关的相似性，主要指超出技术、资源等物理局限，遵循的是形象、价值等无形的、与产品本身无关的相似性。比如，卡特彼勒（Caterpillar）从掘土机成功延伸到工装靴就是因为延伸产品保持了品牌“户外、坚韧”的形象和核心价值。

3. 品牌定位

原品牌的定位偏向于功能意义还是象征意义，或偏向于属性定位还是非属性定位，对延伸结果亦有直接影响。一般来说，偏向于象征意义、非属性定位的品牌更有利于品牌延伸。[①] 比如，偏向于“尊贵”象征意义的劳力士（Rolex）手表，比偏向于功能定位的天美时（Timex）手表更容易实现延伸。让·诺埃尔·卡普费雷尔曾指出，品牌延伸的空间与品牌内涵存在对应关系。也就是说，如果品牌从产品或专有技术的角度定位，那么品牌延伸的空间就会比较小；而随着品牌的定位往利益、个性、价值理念的方向发展，品牌的延伸能力会越来越强，品牌延伸的空间也会越来越大。

（二）消费者

品牌延伸的成败最终取决于消费者对品牌延伸的态度和评价，因此消费者是影响品牌延伸结果的另一个重要因素。[②] 那么，消费者是如何评价品牌延伸的呢？戴维·阿克和凯文·莱恩·凯勒（1990）对此进行了一项研究，并提出了一个模型（简称 A&K 模

---

① 卢泰宏，谢飙. 品牌延伸的评估模型. 中山大学学报（社会科学版），1997（6）：9-14.

② 同①.

型)，见图9－2。A&K模型的基本思想是，消费者对品牌延伸的态度取决于三个因素：消费者对原品牌的感知质量，原产品与延伸产品的契合度，以及延伸产品的设计、制造难度。

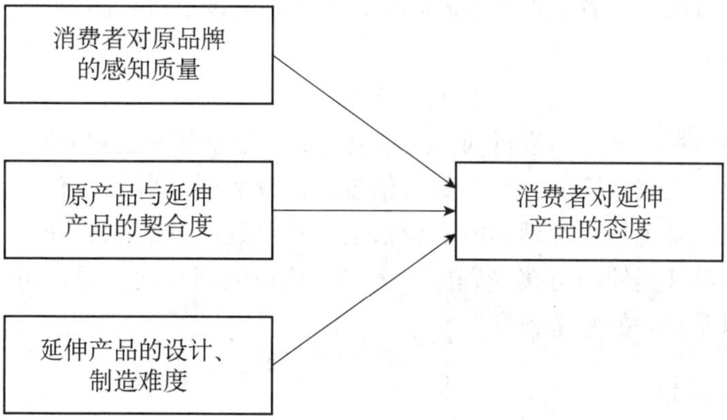

图9－2　A&K模型

A&K模型包含四个基本假设：第一，消费者对原品牌的感知质量越高，那么对延伸产品的接受程度就越高，反之就越低。第二，原产品与延伸产品的契合度越高，原产品的高品质特征越容易转移给延伸产品，反之这种转移效应将受到限制。第三，原产品和延伸产品的契合度越高，消费者对品牌延伸的评价就越高，反之则越低。第四，延伸产品设计、制造难度越大，消费者对品牌延伸的评价就越高，反之则越低。

我国学者符国群（2001）运用残差中心化方法对A&K模型进行了再次检验，结果证明消费者对品牌延伸的态度受到A&K模型中提出的三个主变量（消费者对原品牌的感知质量，原产品与延伸产品的契合度，延伸产品的设计、制造难度）的影响。①由此可见，质量、契合度、设计与制造难度这三个因素会影响消费者对品牌延伸的评价。

（三）市场

影响品牌延伸的市场因素主要有：

1. 竞争因素

品牌延伸会受到市场竞争因素的影响。当市场上存在强势品牌时，进行品牌延伸的难度相对较大；当市场容量大但品牌竞争格局尚未稳定时，说明还存在延伸的空间，品牌延伸也比较容易成功；当消费者的需求发生变化，或是出现市场变革时，意味着市场的竞争结构会发生变化，品牌也就拥有延伸的机会。比如5G技术给手机市场带来变革，拥有技术优势的品牌可以趁机进行品牌延伸，重新定义市场竞争格局。

2. 生命周期

延伸产品处于不同的生命周期，会使品牌延伸的结果不同。一般来说，如果产品处于导入期，消费者接受这一新产品需要一个过程，那么品牌延伸也存在风险，一旦延伸

① 符国群．消费者对品牌延伸的评价：运用残差中心化方法检验Aaker和Keller模型．中国管理科学，2001(5)：63－68.

失败，会极大地损害原品牌的形象和信誉；在成长期、成熟期，竞争者之间的力量对比可以达到某种程度的平衡，品牌延伸的成功概率较大，但延伸的费用相对较高，特别是成熟期，一般机会较少，除非有市场空隙或者市场发生变化；对处于衰退期的产品，由于消费者已经没有需求或者需求在不断减少，因此不应该再进行品牌延伸。①

（四）公司

品牌延伸是由哪一家公司进行的，这家公司的背景及状况会影响延伸的结果。② 公司因素的影响主要反映在：第一，公司的可信度。研究表明，对公司专业水平和可信度即公司信誉的印象，是进行品牌延伸时有价值的联想。这些联想能够降低消费者感知到的风险，从而增加品牌延伸的可接受程度。第二，公司的相关度。即公司与延伸的产品之间是否相关，以及关联的紧密程度。

（五）其他因素

品牌延伸时，其他营销组合因素的配合也会对品牌延伸的效果造成影响，比如延伸产品的定价、销售渠道的状况、促销组合的搭配及力度等。

三、品牌延伸的优点和风险

（一）品牌延伸的优点

经过精心策划并且得到良好实施的品牌延伸具有许多优点，主要包括：

1. 对新产品来说

（1）增加新产品的可接受性

消费者会根据自身掌握的原品牌知识，对延伸的新产品品质形成预期，从而降低对新产品的感知风险。因此，具有正面形象的知名品牌，其品牌延伸的新产品比较容易得到消费者和渠道商的认可，从而增加新产品的可接受性。

（2）降低营销成本

以品牌延伸的方式引入新产品，不需要为新产品建立知名度，只需要建立原品牌与新产品之间的联系即可，因此可以通过较低的促销费用达到宣传和推广的效果。同时，还可以节省其他方面的营销开支，比如渠道开拓费用，开发新品牌所需要的调研、包装、广告等开支。

（3）满足消费者的多样化需求

品牌延伸通过低成本和有效的方法，能够给消费者提供不同的产品、满足消费者的多样化需求。比如，海飞丝在主打去屑功效的产品之外，通过品牌延伸推出了具有不同功效的洗发水，满足了不同细分市场的需求。

---

① 庞守林，张汉明，丛爱静．品牌管理．北京：高等教育出版社，2017.

② 卢泰宏，谢飙．品牌延伸的评估模型．中山大学学报（社会科学版），1997（6）：9－14.

2. 对原品牌来说

（1）丰富原品牌的形象

成功的品牌延伸可以加强、改善原品牌现有的品牌联想，提升消费者对企业的信誉感知，使原品牌的形象更丰满。

比如，耐克从跑鞋延伸到其他品类的运动鞋、运动服饰以及运动配饰等，使“运动”“卓越表现”的品牌形象更丰满。

（2）扩大市场覆盖面

不管是产品线延伸，还是类别延伸，成功的品牌延伸均能够扩展原品牌的市场覆盖面，提高品牌的经济效益。

比如，娃哈哈从最初的儿童营养液延伸到蛋白饮料、包装饮用水、碳酸饮料、茶饮料、果蔬饮料、咖啡饮料、植物饮料、特殊用途饮料等产品领域，摆脱了儿童品牌的局限性，进入和覆盖了更多的细分市场，从而建立起娃哈哈品牌的饮料王国。

（二）品牌延伸的风险

1. 损害原品牌形象

当品牌延伸失败时，或者是品牌延伸家族中的一种产品出现质量问题时，会损害原品牌的形象，并且产生株连效应，影响其他产品的销售。

比如，皮尔卡丹一度以高贵的品质与香奈儿、路易威登齐名，后来皮尔卡丹将品牌延伸到廉价的日用品上，严重损害了品牌原先高贵的形象，从此皮尔卡丹难以再回到品牌的巅峰时期。

2. 冲淡原品牌的内涵

当延伸产品在某些属性上与消费者关于原品牌在这些属性上的信念相抵触时，就会冲淡原品牌的内涵。举例来说，某品牌具有“高品质”的品牌形象，如果延伸到一种低品质的产品上，消费者对其代表高品质的信念将会逐步淡化。

特别是当品牌过度延伸时，容易摧毁消费者建立起来的品牌认知，模糊甚至混淆消费者的记忆，从而冲淡原品牌在消费者心目中的形象。比如，古驰在全盛时期象征着“豪华、地位、优雅和高品质”，但在 20 世纪 80 年代，古驰出现过度延伸，其产品线包含了 22 000 多个产品项目，经由各种百货商店分销，有些产品项目根本不符合古驰的品牌形象。古驰过度的品牌延伸带来了一系列问题，再加上管理层古驰兄弟之间出现家庭纠纷，古驰的品牌形象被冲淡，失去了光彩。直到后来古驰削减产品线，才使品牌形象得到恢复。

3. 造成消费者心理冲突

当延伸的产品在用途、性能等方面与原品牌产生矛盾或不相符时，会造成消费者的心理冲突。

比如，三九集团的“三九胃泰”在消费者心目中留下了深刻的印象，品牌定位非常成功。后来三九进行品牌延伸，推出三九啤酒。“九九九冰啤酒，四季伴君好享受”，虽然投放了大量广告，但是三九啤酒并没有得到消费者的广泛认可，因为胃药和啤酒造成了消费者的心理冲突，最终导致品牌延伸不被消费者接受。

4. 产生跷跷板效应

艾·里斯提出，一个名称不能同时代表两个完全不同的产品，当一种产品的销量上升时，另一种产品的销量就会下降，出现跷跷板效应。有时，延伸产品的成功是因为消费者从原品牌的产品转移到延伸产品。也就是说，延伸产品会挤占原品牌产品的市场份额，使原品牌产品的销售萎缩。

比如，与可口可乐口感几乎完全相同，但是具有低卡路里特点的健怡可口可乐，会吸引一部分普通可乐的饮用者，挤占普通可乐的销售市场。

四、品牌延伸的策略

品牌延伸可以从不同的角度来进行，据此可以把品牌延伸策略分成品牌名称角度的品牌延伸策略、产品质量角度的品牌延伸策略、产业链角度的品牌延伸策略这三大类。

（一）品牌名称角度的品牌延伸

1. 统一品牌式延伸

统一品牌式延伸指的是直接使用原品牌的名称进行延伸。比如，从灯泡开始，飞利浦公司的所有产品（照明、家用电器、医疗科技等）都统一使用“PHILIPS”品牌。使用与原品牌统一的名称的延伸策略可以降低新产品的宣传费用，也有助于显示企业实力、塑造企业形象。但是，当延伸失败时容易产生株连效应，影响原品牌和其他产品的声誉。而且，统一品牌式延伸会出现容易混淆、难以区分产品质量档次等令消费者感到不便的情况。

2. 主副品牌式延伸

主副品牌式延伸是指品牌延伸时在原品牌后面再加上一个副品牌的做法。比如，比亚迪在汽车领域采用主副品牌式延伸的策略，推出“比亚迪唐”“比亚迪宋”“比亚迪汉”等产品。主副品牌式延伸能够在利用原品牌优势的同时，突出产品的差异性特征，而且能够在一定程度上减弱株连效应。

（二）产品质量角度的品牌延伸

1. 水平延伸

水平延伸指延伸的新产品与原产品处于同样的质量档次。比如，海飞丝在基础去屑产品的基础上不断延伸出同等质量档次的香氛去屑、专研去屑等产品系列。同一行业内的水平延伸可以满足消费者的不同需求，原品牌的优势也容易转移到新产品上。

2. 垂直延伸

延伸的新产品与原产品处在不同质量档次的延伸称为垂直延伸。根据延伸质量档次的不同，垂直延伸又可以分为：

（1）向上延伸

向上延伸指在产品线上增加高质量档次的产品，使品牌进入更高档的市场。比如，20 世纪进入美国摩托车市场的本田公司，将产品排量从低于 125CC 增加到 1 000CC，从而进入质量档次更高的市场。向上延伸对企业的能力提出了更高的要求，而且可能会引起消费者对新产品质量的怀疑。

（2）向下延伸

向下延伸是指在产品线中增加质量档次较低的产品。向下延伸具有较大的风险，因为容易冲淡原品牌的内涵，影响原品牌的形象。前面提到的派克笔从高端市场延伸至大众市场就是向下延伸导致失败的案例。

（3）双向延伸

双向延伸指原来定位在中端的品牌向上下两个方向延伸，同时推出高端产品和低端产品。比如，丰田汽车在中档产品“卡罗拉”的基础上，为高档市场增加了“凯美瑞”，为低档市场增加了微型车品牌“小明星”。双向延伸也可能会模糊原品牌清晰的市场定位。

综上，垂直延伸比水平延伸的风险大得多，企业应该根据行业的特点、自身的条件以及其他市场环境，综合分析后选择合适的品牌延伸策略。

（三）产业链角度的品牌延伸

从产业链的角度来看，品牌延伸可以向产业链的上游或下游延伸，也可以向上下游同时延伸。产业链角度的延伸策略能够在原材料、销售渠道等方面给原品牌提供保障，使原品牌获得更多竞争优势。比如，京东作为电商，向下延伸成立了京东物流，充分保障了京东的物流覆盖范围和配送效率，有力地巩固了自己的竞争地位。

第2节　品牌特许经营

现代特许经营模式起源于19世纪的美国，成立于1851年的胜家（Singer）缝纫机公司被认为是现代特许经营模式的鼻祖。当年为了打开销路、获得强大的分销网络和设立众多服务门店，胜家通过特许经营的模式在美国各地建立起销售网络，获得了巨大成功。此后，品牌特许经营成为许多行业进行品牌扩张的制胜法宝。在我国，随着肯德基于1987年在北京开设第一家门店，品牌特许经营开始在我国获得快速发展。

一、品牌特许经营的定义

根据国际特许经营协会（International Franchise Association，IFA）的定义，特许经营（franchise/franchising）指的是一种分销产品或服务的方法，涉及特许人和受许人，特许人建立品牌的商标或商号和商业系统，受许人为在特许人的名义和商业系统下经营业务而支付特许权使用费。

刘凤军（2001）认为，特许经营是一种以契约方式构筑的，特许人与受许人共同借助同一品牌在同一管理制度（体系）的约束下实现品牌扩展、市场扩展，进而实现双赢或多赢的营销方式，在契约关系下，特许人为受许人提供包括产品、分销和促销在内的一套模式化的营销方法，受许人为此而向特许人支付一定的费用。[①]

李虹和黄成明（2005）认为，特许经营是一种从事商业活动的方法，即受许人被赋

---

① 刘凤军．特许经营的实质及其“克隆”意义．学术研究，2001（3）：22－24.

予在由特许人设计的营销模式下提供、销售或分销产品或服务的权利，特许人允许受许人使用其商标、名称和广告。①

根据我国在2007年颁布的《商业特许经营管理条例》，特许经营（商业特许经营）是指拥有注册商标、企业标志、专利、专有技术等经营资源的企业（特许人），以合同形式将其拥有的经营资源许可其他经营者（受许人）使用，受许人按照合同约定在统一的经营模式下开展经营，并向特许人支付特许经营费用的经营活动。

从以上定义可以看出，品牌特许经营是特许人以合同形式将其拥有的品牌经营资源许可给受许人使用，受许人在特许人设计的模式下开展品牌的经营活动，并且向特许人支付一定费用的商业模式。

二、品牌特许经营的类型

（一）按照特许内容分类

按照特许经营标的物的不同，特许经营可以分成两种类型：产品商标型特许经营和经营模式特许经营。②

1. 产品商标型特许经营

产品商标型特许经营（product and trademark franchising）有着比较长的历史，被称为“第一代特许经营”。在这种模式中，特许人向受许人授权对特许产品或商标进行商业开发的权利。③ 制造商喜欢采用这种特许经营模式，常见于汽车经销商、加油站、饮料灌装和销售等领域。

对汽车制造商来说，由于流水生产线等管理措施带来了生产效率的提高和产量的激增，采用产品商标型特许经营的模式不仅能够扩大销售规模，并且能够对经销商的日常业务进行管控，保证汽车品牌的服务质量。比如，福特公司要求其特许经营商必须按照公司规定的销售方式和服务标准出售福特汽车。

对饮料行业来说，产品商标型特许经营能够解决生产和消费环节之间的空间距离问题，因此，以可口可乐、百事为代表的饮料公司基本上都通过产品商标型特许经营的方式授权给当地的公司进行装瓶生产和组织销售。以可口可乐为例。正是通过产品商标型特许经营，可口可乐才实现了全球范围内的快速扩张。在产品商标型特许经营模式下，可口可乐如今已经彻底去除了生产环节，成为一家只提供浓缩液和品牌运作的公司。在可口可乐的特许经营运作体系中，可口可乐授权给当地企业（受许人）在限定区域内生产和销售可口可乐系列产品，在合同中规定浓缩液的价格和特许年限；可口可乐负责安排所有产品的宣传和广告，受许人负责执行；可口可乐和受许人协同进行品牌的维护和发展。在中国，可口可乐将装瓶业务特许给了中粮集团和太古集团这两家企业。

2. 经营模式特许经营

经营模式特许经营（business format franchising）又称为“第二代特许经营”。在这种

---

① 李虹，黄成明．国外特许经营研究的理论综述．经济纵横，2005（2）：77-79.

② 刘金义．中国特许经营发展的理论研究与实践分析．成都：西南交通大学，2004.

③ 同②.

模式中，特许人授予受许人的不仅仅是产品的销售权和商标使用权，而是整个商业模式的经营权。[①] 第二次世界大战以后，美国服务业的快速发展使得经营模式特许经营在餐饮、洗衣、房屋中介等行业迅速推广。现在，经营模式特许经营已经成为特许经营的主导模式，许多品牌通过经营模式特许经营实现了品牌的快速发展。

得益于建立了一套比较完善的经营模式特许经营体系，肯德基迅速地在全世界繁衍，成功地成为一个全球性的品牌。在肯德基的特许经营体系中，肯德基为受许人提供完善的运营管理和支持、强大的市场策划和宣传、统一的采购和配送、产品开发和食品安全管理机制、人员招募和训练支持，以及主要经营者的专业培训。受许人除了需要承担餐厅的营建或购入费之外，还需要承担加盟初始费用，以及在经营期间的特许经营持续费、系统支持服务费和广告基金等。

（二）按照授予特许权的方式分类

1. 单体特许

单体特许是指特许人赋予受许人在某个地点开设一家加盟店（即特许网点）的权利。特许人与受许人直接签订特许合同，受许人亲自参与店铺的运营。单体特许适用于在较小的区域内发展特许网点。单体特许的模式对受许人的投资能力没有限制，品牌网点的发展速度相对较慢。

2. 区域开发特许

区域开发特许指的是特许人赋予受许人在规定区域、规定时间开设规定数量的加盟网点的权利。受许人投资、建立、拥有和经营加盟网点，不得再转让特许权。这种模式适用于在一定的区域（如一个地区、一个省乃至一个国家）发展特许经营网络，有助于受许人发挥投资开发能力、实现规模效应，有利于特许人的品牌扩张。

3. 二级特许/分特许

二级特许又称为分特许，指特许人赋予受许人在指定区域授予他人特许经营权的权利。这是开展跨国特许的主要方式之一。在这种模式下，品牌的扩张速度快，而且二级特许人可以根据当地市场的特点改进特许体系，但是特许人的管理权和特许收入都会被分流，特许人的控制能力会在一定程度上被削弱。

4. 代理特许

在代理特许中，受许人经过授权作为特许人的一个服务机构，代表特许人招募加盟者，为加盟者提供指导、培训、咨询、监督和支持。代理特许也是开展跨国特许的主要方式之一。

三、品牌特许经营的优点和弊端

（一）品牌特许经营的优点

1. 对特许人

对特许人来说，品牌特许经营带来的最大好处主要体现在：

---

① 刘金义．中国特许经营发展的理论研究与实践分析．成都：西南交通大学，2004.

(1) 不受资金限制，可迅速扩展品牌规模

通过受许人的资金和投入，特许人能够不受资金限制，以比较快的速度发展业务，在短时间内实现品牌的规模发展。

(2) 获得不菲的固定收入

按照合同，特许人每年可以获得受许人支付的特许经营权利使用费及合同约定的其他费用。对特许人来说，这是一笔不菲的固定收入。

2. 对受许人

(1) 降低经营风险

对受许人来说，加入有实力的特许人的特许经营体系，能够借助其品牌形象、管理模式和其他支持系统（比如人员培训、选址、市场分析、统一广告等），使经营风险大大降低。

(2) 节省宣传费用

受许人可以使用特许人的商誉和品牌形象，从而节省了宣传费用。

(3) 分享规模经济效益

通过品牌特许经营，受许人可以分享采购、广告、经营、技术开发等方面的规模经济效益。

（二）品牌特许经营的弊端

1. 对特许人

对特许人来说，品牌特许经营最大的弊端就是株连效应的产生。随着品牌特许经营规模的扩大，难以保证特许人的产品和服务质量保持统一的标准。标准的降低会产生株连效应，品牌的声誉和形象会因个别受许人不符合标准的操作被牵连，造成一损俱损。

2. 对受许人

(1) 失去一定程度的经营自主权

对受许人来说，需要严格遵照约定的特许经营合同进行经营，从某种程度上来说，其失去了一定程度的经营自主权。比如，受许人不能根据本地市场的情况提供非标准化的产品和服务。

(2) 受到牵连

受许人会受到特许人决策失误、品牌价值下降，以及被其他特许人株连等因素的影响，从而需要承担相应的后果。

第3节 多品牌策略

多品牌策略是企业品牌运营中的重要策略之一。

一、多品牌策略的定义

多品牌策略指的是企业为一种产品设计两个或者两个以上品牌的做法。通过科学的

市场细分和品牌的精准定位，多品牌策略可以使不同的品牌面向不同的细分市场，让不同的品牌满足不同细分市场的需求。

比如，多品牌策略的倡导者宝洁公司为旗下的洗发水设计了飘柔、潘婷、海飞丝、沙宣、伊卡璐等品牌。其中，飘柔主要针对消费者"柔顺头发"的需求，潘婷主要针对消费者"营养头发"的需求，海飞丝针对的消费者需求是"去屑"，沙宣满足的是消费者对"专业护理"的需求，伊卡璐针对的消费诉求则是"草本精华"。通过实施多品牌策略、满足不同细分市场的需求，宝洁公司实现了良好的市场效益。

二、多品牌策略的优点

多品牌策略具有很多优点，比如：能够满足不同消费者群体的不同需求，提高产品的市场占有率；激发企业内部的活力，提高效率，强化企业的竞争能力；打击竞争对手，保护自己；降低品牌运营风险，提高企业抗风险的能力等。①

从品牌扩张的角度来说，多品牌策略也具有一些显而易见的优点，有助于实现品牌的扩张。

第一，多品牌策略能够避免统一品牌策略引发的株连效应，有利于企业旗下各品牌的独立发展。

第二，多品牌策略能够让企业在分销中锁定更多的货架空间，对竞争品牌形成联合围堵，为旗下品牌抢占市场份额建立渠道优势。

第三，企业可以通过实施多品牌策略、设立侧翼品牌对企业的主力品牌形成保护，从而助力主力品牌的发展。侧翼品牌又称为斗士品牌，其角色和作用是创造与竞争品牌更多的相似之处，以保护主力品牌的理想定位。② 在理想的情况下，企业实施多品牌策略可以侵占竞争对手的市场份额，而不是"窝里斗"，造成企业内部品牌间的竞争内耗。因此，通过实施多品牌策略，设立侧翼品牌，有利于企业主力品牌的发展和扩张。

三、多品牌策略的实施要点

多品牌策略的实施要注意以下几个要点：

（一）做好市场细分和品牌定位

科学的市场细分和准确的品牌定位是多品牌策略成功的基础。多品牌策略的目的是通过满足不同细分市场的需求，提高企业的市场占有率。消费者的需求千差万别、复杂多样，企业需要做好消费者洞察，只有通过科学的市场细分和准确的品牌定位，才能够满足不同消费群体的不同需求。

（二）企业应具备相应的实力

多品牌策略需要对每一个品牌进行独立的管理和投入，因此对企业的人力、物力、

---

① 雷燕．浅谈多品牌策略．商业研究，2003（13）：71－72.

② 凯文·莱恩·凯勒．战略品牌管理．北京：中国人民大学出版社，2003.

财力等都提出了比较高的要求。实施多品牌策略的企业需要具备一定的财务实力和品牌管理能力，才能够保证多品牌策略的成功。

1. 财务实力①

在市场竞争日益激烈的今天，发展一个新品牌投入大、周期长、风险较高。国际研究机构认为，在欧美市场成熟的环境下，创建一个新品牌，一年至少需要两亿美元的广告投入，且成功率不到10%。北京名牌评估事务所在研究了中国最有价值的品牌的广告投入后指出，要在中国维持一个在全国已经有较大市场的品牌的影响力，每年平均要投入6 000万~8 000万元，而要在中国创建一个新品牌，则一年要投入1亿~2亿元。因此，企业不能不顾自身实力盲目地实施多品牌策略，否则非但不能培育出优势品牌，还会由于企业资源的过度分散而丧失原有优势。

2. 品牌管理能力

实施多品牌策略后，企业需要管理的不再是单一的品牌，而是品牌组合。对企业来说，多品牌比单一品牌的管理难度要大很多。②

首先，涉及品牌组合内多个品牌之间关系的管理。在合理的品牌组合中，每个品牌都应该有自己的角色，能够在企业的品牌战略中发挥不同的作用。因此，在多品牌策略中，同一产品大类下的各个品牌的定位要清晰，应该避免定位模糊或者重复，从而最大限度地保证企业内部多品牌之间的合理竞争与错位经营；同时，在研发、采购、渠道等环节，品牌之间应该实现良好的资源整合和共享机制；此外，还需要明确各品牌在品牌组合中扮演的角色（主力品牌或侧翼品牌、高档品牌或低档品牌）、在企业整个战略中的作用，以及对其他品牌的影响，只有这样才能避免品牌的角色冲突，才能充分发挥每一个品牌的作用，实现企业品牌收益最大化。③

其次，涉及品牌组合的优化管理。品牌组合并不是一成不变的，品牌组合内的品牌数量需要根据企业内外部环境进行动态的管理，这样才能够让品牌组合达到优化的状态，企业才能够实现良好的经济效益。品牌组合的优化管理主要包括品牌组合的扩大和精简。品牌组合的扩大指的是在品牌组合中增加新的品牌。企业可以通过自己创建、收购、合作或合资等途径来增加新的品牌。品牌组合的精简指的是对品牌组合中的品牌数量、产品线等进行删减。那么，什么时候需要对品牌组合进行扩大或精简呢？凯文·莱恩·凯勒认为，对于一条产品线来说，如果可以通过删减品牌数目来增加利润的话，那么这一品牌组合就太大了；而如果可以通过增加品牌数目来增加利润的话，那么这一品牌组合就不够大，也就是说，任一品牌都应该与其他品牌有明显的区别，并且能够吸引一个有足够容量的细分市场，以弥补营销和生产成本；如果某一产品线内品牌间的区别不清晰，那就需要进行适当的“修剪”。④ 比如，为了改善业绩水平的停滞状态，宝洁公司一直在优化其旗下庞大的品牌组合。一方面，削减业绩不佳的品牌，专注于具有增长潜力的核心品牌。特别是在2017年前后，宝洁砍掉了超过100个表现不佳的品牌，将其品牌组合

---

① 杨菁，葛松林．关于多品牌策略的几点思考．商业研究，2003（12）：14－15.
② 雷燕．浅谈多品牌策略．商业研究，2003（13）：71－72.
③ 姜文君．多品牌策略中的品牌关系管理研究．商业时代，2006（30）：30－31.
④ 凯文·莱恩·凯勒．战略品牌管理．北京：中国人民大学出版社，2003.

的品牌数量从超过200个减少到65个左右。另一方面，宝洁仍在积极寻找收购对象，希望能够找到可以增强技术能力，对现有产品线起到补充作用的潜在收购目标。

总之，多品牌策略的实施对企业的财务实力和品牌管理能力都提出了比较高的要求，尤其是企业的品牌管理能力。只有通过科学的品牌组合管理，多品牌策略才能够发挥其应有的成效。

品牌视角9-1

欧莱雅的品牌组合

总部位于法国巴黎、成立于1909年的欧莱雅集团是全球第一大化妆品集团。欧莱雅的全球品牌舰队由四个互补的部门组成，它们共同构成了欧莱雅的品牌组合，每个部门都针对各自的市场发展特定的美容愿景。这四个部门分别是：高档化妆品部、大众化妆品部、活性健康化妆品部和专业美发产品部。

高档化妆品部。欧莱雅集团高档化妆品部致力于为消费者提供卓尔不群的优质产品和品牌体验。这个部门的品牌组合由26个品牌组成，其中17个是全球品牌，比如兰蔻、圣罗兰、阿玛尼、科颜氏、碧欧泉、HR赫莲娜、植村秀、羽西等。

大众化妆品部。这个部门致力于将非凡品质推向大众，让更多消费者享受优质的护肤、彩妆、护发和染发产品。这个部门拥有世界领先的美妆品牌欧莱雅巴黎、彩妆品牌美宝莲纽约、天然品牌卡尼尔以及专业彩妆品牌NYX等四个全球品牌，以及其他别具个性的品牌（比如Essie、Stylenanda 3CE等）。

活性健康化妆品部。这个部门的使命是帮助每个人追求健康和美丽的皮肤。作为世界领先的皮肤化妆品部门，拥有由健康护理专业人士推荐的系列国际护肤品牌，包括薇姿、理肤泉、修丽可、思妍丽等。

专业美发产品部。欧莱雅集团专业美发产品部旨在支持美发师，以惠及大众的可持续性方式推动美发行业的发展。这个部门旗下包括巴黎欧莱雅沙龙专属、巴黎卡诗、丽得康等6大全球品牌。

欧莱雅作为全球第一大化妆品集团，通过其旗下的36个全球品牌在150个国家和地区的销售，实现了299亿欧元的销售额（2019年），欧莱雅的品牌组合管理能力可见一斑。

资料来源：欧莱雅集团官方网站。

（三）资源分配要权衡品牌权重

实施多品牌策略必定会涉及企业内部资源的分配问题。企业的资源是有限的，企业的资源分配要权衡各品牌的权重，应该将有限的资源向少数有高盈利能力的品牌重点倾斜。比如，作为全球最大的化妆品集团，欧莱雅拥有36个多元而互补的国际品牌，但这36个品牌不全是各自细分市场的佼佼者。欧莱雅集团将资源和精力集中在最富有潜力的细分市场和优势品牌上，创下了骄人的业绩，由此集团得以实现持久的盈利增长，进一步巩固了其在美妆市场的领导地位。

（四）避开数量和速度误区

实施多品牌策略要避开数量和速度的误区。首先，实施多品牌策略并不意味着品牌越多越好。企业要根据自身的条件和品牌组合规划以及细分市场的规模，决定是否推出多品牌以及推出多少个品牌。其次，实施多品牌策略不能急功近利，要稳步推进。每一个品牌的推出都需要经过缜密的斟酌和规划，并且需要时间来得到市场的认可。而且，同时推出几个品牌会给企业带来资金、人力等资源压力，影响多品牌策略的成功率。

第4节 其他品牌扩张策略

除了以上品牌扩张手段之外，企业还可以通过品牌联合、品牌授权、资本运营等手段实现品牌的发展和扩张。

一、品牌联合和品牌授权

品牌联合是指两个或两个以上现有品牌合并为一个联合产品，或者以某种方式共同销售的品牌策略。通过与其他知名品牌进行品牌联合，能够赋予品牌有吸引力的差异点，增加销量，挖掘新的消费群，降低推广费用，品牌联合带来的这些益处均有助于品牌的发展。

品牌授权（又称品牌许可），是指授权者（品牌拥有者或代理者）利用自身的品牌优势，以合法的协议形式允许被授权者使用品牌，在一定时间和地理范围内生产销售某类产品或提供某种服务，并向品牌拥有者或代理者支付授权费用的经营方式。获得知名品牌的品牌授权能够加快企业自身的品牌被市场接受的速度，提高企业的品牌定价和销售额，同时，让企业从中学习到知名品牌的成功经验和经营模式。因此，得到知名品牌的授权也是帮助品牌发展和扩张的一种常用策略。

综上，与知名品牌进行品牌联合、获得知名品牌的品牌授权都能帮助品牌进一步发展和壮大。关于品牌联合和品牌授权的详细内容，可以参考本书第6章品牌杠杆相关章节的介绍。

二、资本运营

让·诺埃尔·卡普费雷尔（2000）认为，品牌规模扩张可以通过自身积累、负债经营和资本运营等多种途径来实现，当企业现有规模达到一定程度时，应坚持以资本运营为主的发展方式。[①] 资本运营能够扩大品牌影响、推动品牌资产升值。通过资本运营的方式实现品牌扩张的手段主要包括融资和并购等。

---

① 陆娟．企业品牌发展阶段战略研究．财经论丛（浙江财经学院学报），2003（3）：80－85.

（一）融资和品牌扩张

融资能够帮助企业筹集资金，使企业获得充足的现金流，保障品牌发展的资金供应。比如，自2012年成立以来，滴滴出行相继获得金沙江创投、腾讯、中信产业基金、淡马锡、中国平安、阿里巴巴、苹果等明星资本的战略投资。通过多轮融资，滴滴获得了充足的现金流，从而得以在和竞争对手的“烧钱补贴大战”中一路坚挺，不断扩大市场份额，最终成为行业的领导者。

另外，知名的投资方能够帮助提高品牌的知名度，增强市场和公众对品牌的信心，给品牌的扩张提供背书。比如，被誉为“股神”的知名投资人沃伦·巴菲特在众多投资者不看好的情况下力排众议，在2008年通过旗下附属公司MidAmerican认购了比亚迪公司2.25亿股的股份，随后巴菲特还亲自来中国参观比亚迪，并在多个场合表达了对比亚迪的信心和支持。在“巴菲特效应”的加持下，市场和公众增强了对比亚迪的信心，比亚迪也因此迎来了品牌发展的黄金期。

（二）并购和品牌扩张

并购也是品牌扩张的一种常用手段。通过并购，企业可以利用被并购品牌的资源（技术、市场、渠道、信誉等）实现品牌扩张，比如扩大生产规模、进入新的市场、加快市场扩张的速度等。

以联想为例。2005年联想并购了IBM的PC业务，从而一举成为全球第三大PC供应商。并购完成后，原来负责IBM ThinkPad笔记本电脑和ThinkCentre台式机的工程师、制造团队、销售代表、商业合作伙伴等都加入了联想的团队。除了得到IBM的授权可以在一定时期内继续使用IBM品牌之外，联想通过这次并购还获得了IBM的研发力量、全球销售渠道、市场份额，以及IBM建立起来的品牌声誉，极大地推动了联想的品牌国际化进程。

本章回顾

1. 为实现品牌扩张而采用的品牌运营手段主要包括：品牌延伸、特许经营、多品牌策略，以及品牌联合、品牌授权、资本运营等。

2. 品牌延伸是指利用已经取得成功的品牌推出新产品的做法。品牌延伸借助原有的已建立的品牌地位，将原有品牌转移使用于新进入市场的其他产品或服务（包括同类的和异类的），以及运用于新的细分市场之中，以达到以更低的营销成本占领更大的市场份额的目的。

3. 品牌延伸的成功率会受到原品牌、消费者、市场、公司以及其他因素的影响。

4. 成功的品牌延伸能够增加新产品的可接受性、降低营销成本、满足消费者的多样化需求、丰富原品牌的形象、扩大市场覆盖面。失败的品牌延伸则会损害原品牌形象、冲淡原品牌的内涵、造成消费者心理冲突，以及产生跷跷板效应。

5. 从品牌名称的角度，可以采用统一品牌式延伸或主副品牌式延伸策略。从产品质量的角度，可以采用水平延伸或垂直延伸（向上延伸、向下延伸、双向延伸）策略。从产业链的角度，可以选择向产业链的上游、下游延伸或上下游同时延伸的策略。

6. 品牌特许经营，是指特许人以合同形式将其拥有的品牌经营资源许可给受许人使用，受许人在特许人设计的模式下开展品牌的经营活动，并且向特许人支付一定费用的商业模式。

7. 按照特许内容，品牌特许经营可以分成产品商标型特许经营和经营模式特许经营两种。按照授予特许权的方式，品牌特许经营可以分成单体特许、区域开发特许、二级特许/分特许和代理特许。

8. 特许经营的优点：对特许人来说，品牌特许经营能够不受资金限制，迅速扩大品牌规模，获得固定收入；对受许人来说，品牌特许经营能够降低经营风险、节省宣传费用，同时分享规模经济效益。

9. 特许经营的弊端：对特许人来说，株连效应是品牌特许经营的最大弊端；对受许人来说，品牌特许经营会使其失去一定程度的经营自主权，而且有受到牵连的风险。

10. 多品牌策略指的是企业为一种产品设计两个或两个以上品牌的做法。通过市场细分和品牌的精准定位，多品牌策略可以使不同的品牌面向不同的细分市场，让不同的品牌满足不同细分市场的需求。

11. 从品牌扩张的角度来说，多品牌策略能够避免统一品牌策略引发的株连效应，有利于各品牌的独立发展；可以使企业在分销中锁定更多的货架空间，对竞争品牌形成联合围堵，为旗下品牌抢占市场份额建立渠道优势；通过多品牌策略设立侧翼品牌，可以对企业的主力品牌形成保护。

12. 实施多品牌策略，要做好市场细分和品牌定位；企业应具备相应的实力；进行资源分配时要根据品牌权重进行权衡；同时要避开数量和速度的误区。

13. 通过资本运营的方式实现品牌扩张的手段主要包括融资和并购等。

基本概念

品牌扩张	品牌延伸	统一品牌式延伸	主副品牌式延伸
水平延伸	垂直延伸	产业链延伸	品牌特许经营
产品商标型特许经营	经营模式特许经营	单体特许	区域开发特许
二级特许/分特许	代理特许	多品牌	品牌联合
品牌授权	资本运营	融资	并购

拓展阅读

[1] 吴锦峰，常亚平，侯德林. 传统零售商的线上品牌延伸：追求“线上－线下”还是“线上－原型”一致性. 南开管理评论，2017，20（2）：144－154.

[2] 孙国辉，梁渊，李季鹏. 品牌延伸类型选择：不同品牌概念下契合度和真实度对延伸产品态度的影响研究. 管理评论，2019，31（3）：102－115.

阅读以上文献后思考：

1. 面对新顾客减少、老顾客流失的严峻形势，将零售渠道从线下向线上延伸已成为传统零售商应对网上商家竞争的唯一途径。从实践来看，零售经理人面临着如何在“线上-原型”一致性和“线上-线下”一致性两种线上营销导向之间进行抉择的困惑。其中，“线上-原型”一致性导向指的是传统零售商参照原型（主流）线上商店确定其线上商品的价格和经营范围；“线上-线下”一致性导向则是指传统零售商参照其线下实体店确定其线上商品的经营范围与价格。那么，在两种导向中管理人员应该如何进行选择，才能够改善顾客对零售品牌的态度呢？

2. 借助原品牌推出延伸产品以实施跨界业务突围是当下企业发展的大势。对于不同概念的品牌（功能型概念品牌 vs. 象征型概念品牌），哪一种品牌延伸类型更能够影响消费者对延伸产品的态度？

复习题

1. 品牌扩张的常用策略/手段包括哪些？

2. 什么是品牌延伸？哪些因素会影响品牌延伸的效果？品牌延伸的策略具体包括哪些？

3. 什么是品牌特许经营？品牌特许经营主要有哪些类型？品牌特许经营对特许人和受许人分别有什么优点和弊端？

4. 什么是多品牌策略？从品牌扩张的角度来说，实施多品牌策略有什么优点？实施多品牌策略时要注意哪些要点？

5. 为什么说品牌联合和品牌授权能够帮助品牌实现扩张？

6. 为什么说资本运营是品牌扩张的一个手段？

实训练习

在新茶饮中，喜茶是品牌热度最高的公司，也最受资本追捧。2020 年 3 月，高瓴资本和蔻图资本联合领投 D 轮。喜茶完成 D 轮融资后，2021 年估值飙升至 600 亿元。伴随喜茶融资次数和估值一同走高的是其门店扩张速度。喜茶官方公布的 2020 年年度报告显示，喜茶在全球 61 个城市共有 695 家门店，其中 2020 年新进入 18 个城市，新开 304 家门店；2021 年中时，喜茶门店数量已达 815 家。

除了门店扩张，喜茶和很多品牌进行了商业合作。喜茶与其他品牌进行商业合作的次数和频率非常高，似乎“万物皆可喜茶”。据统计，2017 年至 2020 年 6 月期间，喜茶就联合了 54 个品牌。从联动的品类来看，食品饮料是喜茶联动次数最多的，达到 20 个。其次是国潮服饰、文创、生活用品、化妆品。除此之外，喜茶还与不少互联网大厂“惺惺相惜”，比如和 QQ 音乐一起捆绑销售麻薯和绿钻卡，卖茶的同时也卖和爱奇艺的联名杯套，甚至和美团推出环保周边。2021 年，喜茶还推出了与清洁品牌“威猛先生”合作的四款油柑产品。对此，喜茶宣称与“威猛先生”一起组成反油联盟，一“柑”到底，拒绝油腻。

资料来源：杨继云．喜茶即将完成新一轮融资 估值600亿．(2021-06-24)．https://baijiahao.baidu.com/s?id=1703433277641539191&wfr=spider&for=pc；张倍笛．疯狂联名的背后，藏着喜茶多大的商业野心?．(2020-06-25)．https://m.thepaper.cn/baijiahao_7959437.

请根据以上材料，完成以下实训练习：

1. 喜茶采用了哪些品牌扩张策略？请结合材料，分别对这些品牌扩张策略进行详细说明。

2. 在喜茶与“威猛先生”的这次商业合作中，喜茶采用的是哪一种品牌扩张策略？

3. 你觉得喜茶与“威猛先生”的商业合作能否成功？谈谈你的看法。

04

第 4 篇

品牌长青

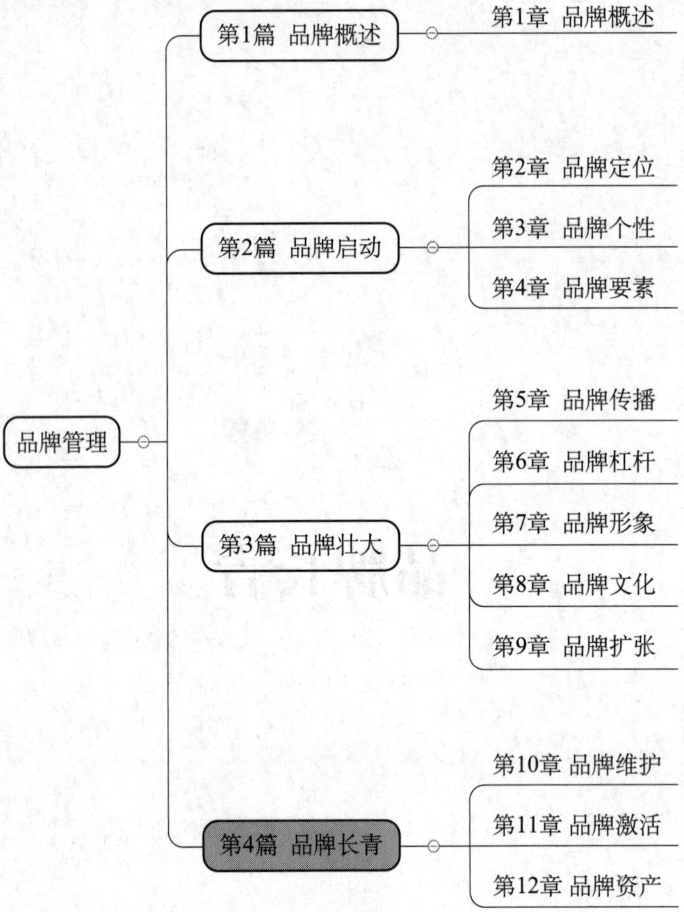
品牌管理
第1篇 品牌概述
第1章 品牌概述
第2篇 品牌启动
第2章 品牌定位
第3章 品牌个性
第4章 品牌要素
第3篇 品牌壮大
第5章 品牌传播
第6章 品牌杠杆
第7章 品牌形象
第8章 品牌文化
第9章 品牌扩张
第4篇 品牌长青
第10章 品牌维护
第11章 品牌激活
第12章 品牌资产

第10章 品牌维护

知识思维导图

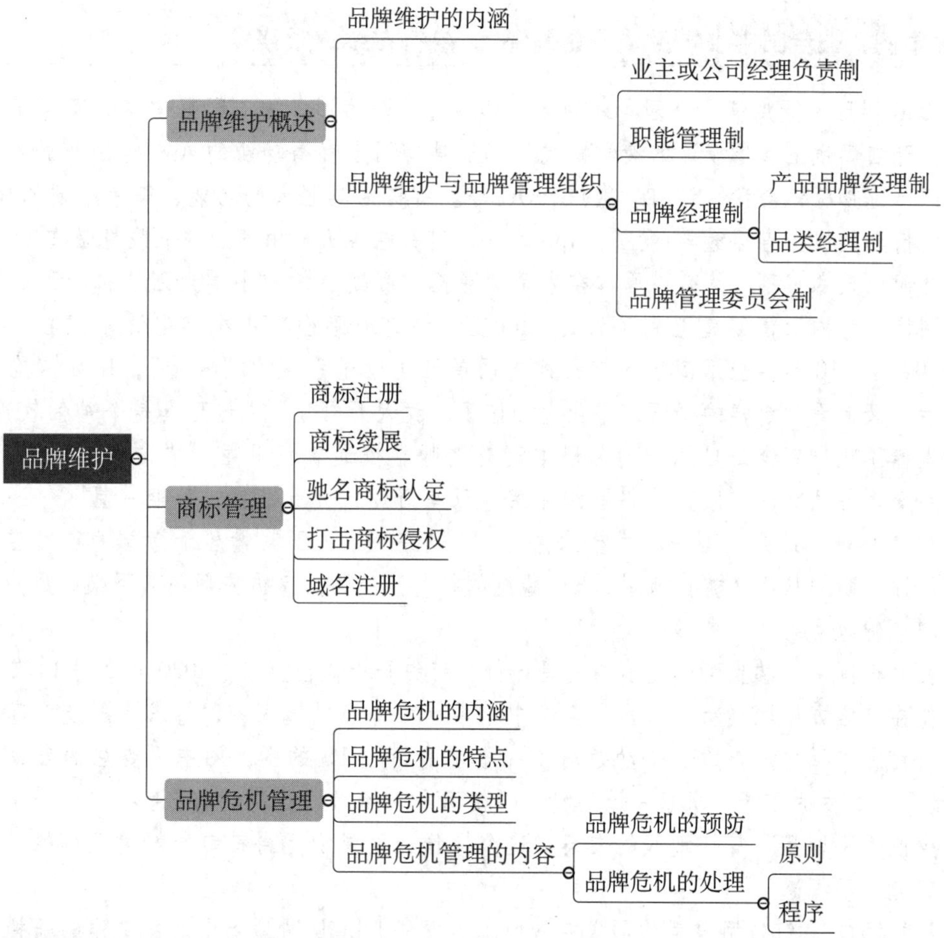

知识学习目标

- 掌握品牌维护的内涵；理解品牌管理组织的不同形式。

- 掌握商标管理的内容。
- 掌握品牌危机的内涵和类型；了解品牌危机的特点；掌握品牌危机的预防和处理。

|技能学习和掌握目标|

- 能够观察和分析具体品牌的品牌维护策略。
- 具备一定的处理品牌危机的能力。

|价值引领目标|

- 树立法治观念。通过对商标管理部分的学习，教育引导学生牢固树立法治观念，深化对相关法律概念的认知，增强运用法治思维和方式维护商业权利、化解商业矛盾纠纷的意识和能力，帮助学生了解商标领域的法律法规和相关政策。
- 职业理想和职业道德教育。通过对品牌管理组织部分的学习，引导学生树立远大的职业理想，遵守职业道德和规范，培养遵纪守法的职业品格。

导读案例：被全国中小学生“一星差评”，钉钉在线“求饶”

2020年因新冠疫情，全国各地的学校都通过网课的形式响应国家“停课不停学”的号召，开启了线上直播授课的教学模式。一批具有网上直播功能的App也因此进入公众的视野，比如腾讯会议、钉钉、微信、QQ等。钉钉因其强大的功能、简单方便的操作，成为疫情期间线上直播教学的主流App之一，钉钉在各大应用商店的下载量激增。

然而令人意想不到的是，原本在家享受漫长“假期”的中小学生因“被迫”下载钉钉上网课，将内心情绪宣泄到了钉钉App上。钉钉遭到全国中小学生的“疯狂一星报复”。00后、10后在应用商店的钉钉评论区展开了段子手般的“吐糟”，比如“有了钉钉以后我又能看到慈祥的老师，作业也加倍了，我太开心了”“这可真是个神仙软件呢，简直太棒了吧！完全是自愿下的，根本没有老师学校逼着我下呢”“这个软件真不错，让生活变得井然有序，假期变得更加充实，五星好评！分五期付，每期一星”……伴随着各种“吐槽”的是全国中小学生海量的“一星暴击”，下载量居于榜首的钉钉在应用商店的评分瞬间从4.9被拉低到1.3。尴尬的钉钉不但面临着被应用商店下架的风险，而且品牌口碑也受到了严重影响。

面对全国中小学生组团打出的一星评价，钉钉马上做出反应。2020年2月14日，钉钉首先在其官方微博更新动态，向全国中小学生可怜巴巴地求饶，恳求小朋友们高抬贵手。钉钉官方微博发布的这个动态用了一张由表情包PS的图，图中用委屈的表情配上“我还是个5岁的孩子，求求手下留情”“相识是一场缘，不爱请别伤害”“讨个生活而已，少侠手下留星”等接地气的文案。这个操作让网友们觉得钉钉又好笑又可怜，瞬间对钉钉充满了好感。

2月15日，钉钉用自黑的形式在微博上转发了bilibili网站上由网友制作的吐槽钉钉的视频《你钉起来真好听》，再次向全国中小学生喊话“五星一次求付清，请问大佬行不行”，引发网友们的围观和同情。

2月16日，钉钉干脆用中小学生喜欢的二次元风格制作了《钉钉本钉，在线求饶》

的视频，发布在bilibili和微博上，又一次向小朋友们喊话："钉钉本钉，在线求饶。"钉钉在视频中用魔性的配乐和歌词，请求"各位少侠，跪求五星一次性付清"。这个视频在网上吸引了大量的关注。仅仅两天时间，这个视频在bilibili网站就播放433万次，弹幕达到5.3万条，成为钉钉品牌传播的高光时刻。

钉钉通过这波"求饶"的公关操作，不仅成功扭转了品牌的"差评"，而且趁机获得了大量的品牌曝光，还收获了一大批粉丝，属于一次成功的品牌危机公关操作。

从钉钉应对"一星差评危机"的整个过程，可以看出钉钉的这波公关操作有以下几个特点：

一、主动第一

客观地说，此次钉钉被打一星差评并不是钉钉本身的过错。但是，面对全国中小学生的情绪宣泄，"躺枪"的钉钉没有视而不见，也没有避重就轻，而是选择了主动"求饶"。钉钉主动"承担责任"的态度赢得了网友的好感和信任，使得"一星差评危机"得以快速化解。

二、快速反应

从时间线可以看出，钉钉在此次品牌危机中反应迅速，应对非常及时。比如，钉钉对bilibili网站上引起大家关注的吐槽视频做出快速反应，不但在官方微博第一时间转发，而且隔天就制作和上传了自家的二次元视频，从而使钉钉的"求饶"操作得到了更广泛的传播，有效阻止了品牌形象和声誉的进一步下滑。

三、真诚沟通

面对全国中小学生，钉钉并没有使用一本正经的"官方声明"发布公关稿，而是根据中小学生群体的特点，使用他们的语言（二次元、鬼畜、短视频），去他们的平台（bilibili和微博），采用他们喜闻乐见的形式（自黑）与他们沟通。因此，钉钉此次危机公关不但没有引起公众的反感，反而让大家感受到了钉钉的真诚，为钉钉赢得网友的好感、顺利渡过品牌的差评危机创造了条件。

资料来源：钉钉官方微博和钉钉bilibili官方账号。

思考：

1. 品牌危机对品牌有什么影响？
2. 当品牌遇到危机时，要如何处理？
3. 通过钉钉的此次品牌危机公关事件，我们能够从中得到什么启示？

第1节　品牌维护概述

一、品牌维护的内涵

品牌维护，是指企业针对外部环境的变化给品牌带来的影响，所进行的维护品牌形象、保持品牌的市场地位和品牌价值的一系列活动的统称。[①]由此可见，品牌维护涵盖的

① 庞守林，张汉明，丛爱静．品牌管理．北京：高等教育出版社，2017.

内容比较广泛，只要是与维护品牌形象、保持品牌的市场地位和品牌价值有关的活动都属于品牌维护的范畴。这些活动既包括日常状态下的品牌维护管理，比如商标管理、品牌监测、客户沟通等，也包括突发状态下的品牌维护管理，比如品牌危机的处理和应对。

品牌维护是品牌管理的一项重要工作，贯穿品牌管理的整个过程。事实上，从品牌启动、品牌壮大到品牌长青，品牌经历的每一个阶段都离不开精心的品牌维护。品牌维护是品牌获得可持续发展的重要基石，当品牌进入长青阶段时，企业尤其要重视品牌维护。因为品牌维护不仅有利于保持和增强品牌的生命力，而且有利于品牌抵御竞争，巩固市场地位，还有利于品牌预防和化解危机。本书认为，为了实现品牌长青的目标，企业尤其要重视商标管理和品牌危机管理这两个方面的品牌维护工作。因此，本章关于品牌维护的内容将重点围绕商标管理和品牌危机管理来展开。

二、品牌维护与品牌管理组织

品牌维护是品牌管理的一项重要工作，也是一项日常工作。因此，企业要根据自身的实际和需要建立起科学的品牌管理组织，以对品牌的运营进行监测、与消费者保持密切的沟通、维持顾客对品牌的忠诚度，使品牌价值得到保持甚至提升。

从企业的实践来看，品牌管理组织主要包括以下四种形式。

（一）业主或公司经理负责制

业主或公司经理负责制是一种高度集权的品牌管理组织形式，在这种品牌管理组织形式中，与品牌有关的决策和具体活动的组织实施均由业主或公司经理（高层）负责。

这种品牌管理组织形式的优点是决策迅速、易于协调，同时，企业家个人的理想、信念、情怀、价值观等精神因子会注入品牌之中，对品牌的核心价值观产生影响。但是，由于高度集权，业主或公司经理（高层）的主观性决策可能会不利于品牌的发展，并且不利于调动下属的积极性和创造性。

一般来说，业主或公司经理负责制比较适合产品和品牌种类比较少且规模不大的企业。

（二）职能管理制

职能管理制是指在企业的统一领导、组织和协调下，品牌管理的职能主要由企业各职能部门分别承担，各职能部门在各自的权责范围内行使权利、承担义务的品牌管理组织形式。这种品牌管理组织形式曾经在20世纪20—50年代的西方盛行。

职能管理制通过各职能部门的专业化分工，有利于品牌得到专业化的管理，使品牌管理的效率得到提升。但是，职能管理制会增加部门之间协调沟通的成本，甚至可能出现部门矛盾、冲突和相互推诿；在具体的工作中，各职能部门往往会从部门利益出发考虑问题，这样并不利于品牌获得长久发展。

（三）品牌经理制

品牌经理制由宝洁公司在 1931 年首创，后来成为各行业广泛采纳的品牌管理组织形式。随着时代的变化，品牌经理制也在不断创新发展，先后出现了产品品牌经理制和品类经理制这两种主要的形式。

1. 产品品牌经理制

产品品牌经理制指的是企业为每一个产品品牌配备一名经理，由这位经理全权负责市场研究、产品概念、新产品上市、广告传播、促销推广、终端销售、产品利润等与品牌有关的全部市场营销活动。简单来说，产品品牌经理制就是让“一人负责一个品牌”，由产品品牌经理负责并协调这个品牌的各项活动。

由于产品品牌经理制产生了切实的品牌管理效果，因此从宝洁开始，产品品牌经理制在美国得到推广。据统计，到 1967 年，美国有 84% 的主要耐用品企业采用了产品品牌经理制；到了 20 世纪 80 年代中期，这一品牌管理组织形式已经在美国的消费品制造业得到全面普及。

与业主或公司经理负责制、职能管理制相比，产品品牌经理制的优点十分明显，主要体现在：第一，专人负责有利于某个品牌的长期规划和发展；第二，品牌经理会从品牌整体利益出发协调各职能部门，有助于企业形成合力；第三，产品品牌经理制能够充分历练企业的管理人才，有助于企业优秀管理人才的培养。

虽然产品品牌经理制在企业实践中取得了很大成功，并且得到了业界的普遍认可，但是如果管理不善的话，产品品牌经理制容易暴露出以下问题。第一，竞争有余而合作不足。产品品牌经理之间为了争夺企业内部有限的资源可能会各自为战，这样不仅会造成资源浪费，而且不利于品牌之间形成合力。第二，不利于企业的整体品牌规划和发展。各产品品牌之间缺乏协调，不利于企业的整体品牌规划和发展。第三，产生腐败。产品品牌经理制赋予了产品品牌经理极大的权力，如果缺乏有效的监管机制，很容易滋生腐败。比如，2001 年宝洁就发生了轰动一时的玉兰油品牌经理的腐败事件，由于涉嫌巨额贪污，涉案的玉兰油品牌经理被宝洁公司立即开除。

品牌视角 10-1

品牌经理制的由来

品牌经理制源于宝洁公司。1931 年，宝洁旗下有两个香皂品牌——象牙（Ivory）和佳美（Camay）。其中，象牙是宝洁公司的知名品牌，销量一直很好；而佳美自推出后业绩却一直都不理想。

当时负责佳美香皂促销的尼尔·麦克尔罗伊（Neil McElroy）在 1931 年 5 月 13 日向宝洁的总裁杜普利（Deupree）提交了一份长达三页的备忘录，提出了“一人负责一个品牌”的构想。这份备忘录虽然不符合杜普利关于备忘录不能超过一页的要求，但是并没有遭到冷遇，杜普利认真阅读后采纳了相关建议。品牌经理制就此诞生，尼尔被任命为佳美的品牌经理，他的工作取得了巨大的成功。1948 年，尼尔被任命为宝洁公司的总裁。

2. 品类经理制

由于产品品牌经理制暴露出一些缺陷，20 世纪 80 年代末 90 年代初，宝洁公司开始推出品类经理制，即按照产品的类别设置品类经理一职，由其负责该类别下各产品品牌经理的管理。比如，宝洁公司在个人清洁护理品类、美发护理品类、织物护理品类等产品类别下分别设置了品类品牌经理和品类品牌总监等职位。

品类经理制促进了企业内部的协调和沟通，能够减少不必要的竞争内耗和资源浪费；同时，品类经理制能够提高渠道谈判能力，有助于企业效益的提升。

随着社会的发展，不少企业会根据自己的业务实际在品类经理制的基础上增加一些职位以便更好地进行品牌管理，比如设置企业层面的品牌经理，负责企业所有品牌的运营和发展。由于企业层面的品牌经理负责企业所有品类的品牌，因此可以将其看成企业层面的大品类经理。

以品牌经理制的开创者宝洁公司为例。宝洁公司在 2014 年直接将市场部改为品牌管理部，市场总监改为品牌总监，全球首席营销官也改名为全球首席品牌营销官。在宝洁（中国）的品牌管理部，宝洁从低到高设置了助理品牌经理、品牌经理、品牌副总监、品牌总监四级职位（见图 10－1）。其中，助理品牌经理接受的是品牌营销战略发展的系统训练，负责拍商业广告片、公关活动、消费者关系的建立、市场项目管理和统筹等；品牌经理（即产品品牌经理）全权负责品牌销售与利润、品牌战略制定和市场计划等；品牌副总监（即品类经理）负责管理整个产品品类；品牌总监（企业层面）则负责整个大中华区多品类的市场运营和发展。

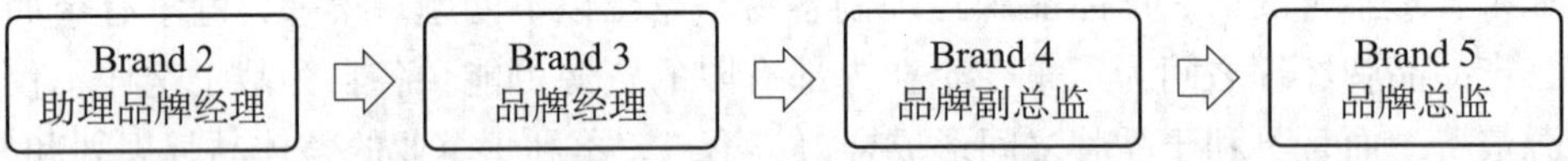

图 10－1　宝洁品牌管理部的职业发展规划

资料来源：宝洁官方微信平台“宝洁招聘”公众号。

（四）品牌管理委员会制

品牌管理委员会制是一种将品牌管理上升到战略层面的品牌管理组织形式。品牌管理委员会制将品牌管理纳入最高管理层的决策，品牌管理委员会的主要职责是从企业的高度建立企业整体的品牌体系和发展规划。品牌管理委员会一般由企业的高层直接担任负责人，各职能部门负责人担任委员。包括中国石油天然气集团有限公司、三星、惠普等在内的许多大型企业采用的都是品牌管理委员会这种品牌管理组织形式。

品牌管理委员会制向企业内外传递了企业重视品牌战略的信息，树立了品牌在企业发展中的地位。品牌管理委员会制能够保证企业各职能部门之间协调和沟通的效率，有利于品牌对市场的变化做出快速的反应。此外，品牌管理委员会制能够保证由企业的最高决策层来协调品牌关系和规划品牌发展，有利于企业统一形象的树立。

品牌视角 10－2

中国石油天然气集团有限公司与品牌管理委员会

实践证明，没有一流品牌，就不可能真正成为世界一流企业。为此，中国石油天然气集团有限公司（简称中国石油）坚持把品牌作为战略性、系统性、基础性工程来抓。2004年以统一标识为起点，成立品牌管理委员会，全面加强基础管理，构建公司品牌架构，发布企业形象识别系统，自上而下合力打造统一品牌形象，最大限度地发挥品牌协同效应。

在品牌管理委员会的部署下，中国石油秉承铸就“百年老店”的信念与追求，深入持久实施品牌战略；立足创新提升品牌含金量，努力为全社会提供更好的产品和服务；着力打造国际知名石油品牌，在更宽领域更高层次开展合作与竞争；践行社会责任，提升品牌感召力，充分展示优秀企业公民的良好形象。经过十多年的努力，中国石油“宝石花”品牌在国内外市场和客户中已享有较高的知名度、美誉度、忠诚度，品牌影响力日益增强。中国石油在2019年《财富》世界500强排行榜排名第四，在《石油情报周刊》2018年全球最大50家石油公司中位居第三，中国石油品牌在“Brand Finance”全球品牌价值500强排名第33位，行业排名第二。

资料来源：王宜林．央企一把手谈品牌之四：中国石油打造具有中国特色和国际竞争力的世界一流品牌．(2020-06-08)．http：//www.sasac.gov.cn/n4470048/n13461446/n14717310/n14807629/c14808113/content.html.

第2节 商标管理

商标管理属于品牌的法律维护，主要包括商标注册、商标续展、驰名商标认定、打击商标侵权、域名注册等方面的内容。

一、商标注册

（一）及时注册

品牌是市场概念，商标是法律概念。品牌只有在注册成为商标以后，才能获得商标专用权，受到法律的保护。因此，企业应该及时对品牌进行商标注册，这样才能够在经营活动中获得法律的保护、维护品牌的正当权益。

企业应该增强商标注册的意识，要以战略发展的眼光进行商标注册的布局。早些年我国有许多企业曾经因为商标注册意识淡薄、缺乏战略发展的眼光，从而遭遇品牌在境外被抢注的情况，自身严重受损。比如，海信和王致和商标在德国被抢注，同仁堂和狗不理商标在日本被抢注，新科和康佳商标在俄罗斯被抢注，五粮液商标在韩国被抢注。据《人民日报》2005年报道，当时国内有15%的知名商标在国外被抢注，其中超过80个商标在印度尼西亚被抢注，近100个商标在日本被抢注，近200个商标在澳大利亚被抢注；每年商标国外抢注案件超过100起；在2004年世界品牌实验室公布的“中国500个最有价值的品牌”中，有46%未在美国注册，50%未在澳大利亚注册，54%未在加拿大注册，而在欧盟的未注册比率高达76%。虽然海信、王致和、同仁堂、狗不理、五粮液等品牌通过旷日持久的努力和法律诉讼在海外商标维权成功，但是品牌的发展却受到严重阻碍，企业也遭遇严重损失。因此，企业需要充分吸取教训，要以战略发展的眼光对待商标注册，及时在境内外注册商标。

品牌视角 10-3

阿里巴巴与“双十一”商标

作为“双十一”购物节的创始方，阿里巴巴的商标布局意识非常超前。2009 年，阿里巴巴首次将“双十一”运用于线上促销活动，并投入大量人力、物力进行推广，将每年的 11 月 11 日打造成为全球知名的网购狂欢节。

从 2011 年开始，阿里巴巴注册了“双十一”“双十一狂欢节”“双十一网购狂欢节”“双十一狂欢季”“双十一购物狂欢季”“双 11”“双 11 狂欢节”等一系列与双十一有关的商标，做好了“双十一”的商标布局。

时至今日，“双十一”已经超越美国“黑色星期五”，成为全球规模最大的购物狂欢节。“双十一”系列商标蕴含了巨大的经济价值。从 2014 年开始，阿里巴巴开始对“双十一”商标进行维权，认为其他电商企业在媒体广告中使用“双十一”的行为涉嫌商标侵权。

资料来源：祝剑禾．阿里注册“双十一”商标 电商大战开始“咬文嚼字”．(2014-10-31). http://politics.people.com.cn/n/2014/1031/c70731-25945724.html.

（二）保护和防御性注册

保护和防御性注册指的是为防止他人恶意抢注相同或近似的商标，在现有注册商标的基础上，将商标注册范围覆盖到其他类别，或者在同一类别上注册若干相似的商标。比如，为了保护“阿里巴巴”这一核心商标，阿里巴巴集团对“阿里巴巴”商标进行了全类别注册；此外，还注册了“阿里爸爸”“阿里妈妈”“阿里爷爷”“阿里奶奶”“阿里哥哥”“阿里姐姐”等系列防御商标，防止他人侵犯企业的商标权益。

在市场活动中，常常有人利用知名品牌的影响力注册相同或者相近的商标，以获取不正当的利益。为了防止他人恶意竞争，以及降低品牌被复制的风险和商标权的维护成本，如今，主动进行保护和防御性的商标注册已经成为很多企业的共识。许多企业除了扩大核心商标的注册范围之外，还注册了许多与核心商标类似的商标，以维护自身的商标权益。比如，小米科技有限责任公司为了保护“小米”商标，注册了“大米”“红米”“紫米”“黑米”“蓝米”“橙米”“玉米”等“米”字家族商标；拥有“大白兔”商标的上海冠生园食品有限公司注册了“大黑兔”“大花兔”“大灰兔”“大红兔”等“兔子”家族商标；等等。

品牌视角 10-4

网红奶茶花 1 个亿打假

2022 年 2 月 16 日，央视财经的一则报道《网红奶茶花 1 个亿打假》引起了多方关注，“网红奶茶花 1 个亿打假”的话题也冲上微博热搜第一。报道中提到的奶茶品牌鹿角巷随后发布声明，表示对商标注册细则不详，让假店钻了法律空子，导致品牌消费者喝到假鹿角巷，并造成市场混乱，对此深表歉意。

据央视财经报道，鹿角巷自2017年初开了第一家店后，在当年的9月份开始申请注册餐饮服务类商标。在这期间，山寨鹿角巷门店的开店速度远远超过正版店铺的开店速度。最夸张的时候，这个奶茶品牌在全国只有114家直营店，假的门店却达到7 000多家。由于鹿角巷山寨林立，并且真假难辨，为此不断有加盟商上当受骗。有加盟商因加盟到山寨鹿角巷一年赔了130万元。鹿角巷的品牌方在取得商标以后，开始进行肃清侵权门店的打假行动，为此投入的打假经济成本达到了1亿元左右。

除了被山寨奶茶店侵权，鹿角巷还面临着大量冲泡类山寨产品的冲击。商标共有45大类，需要分类别进行注册和保护。然而，鹿角巷一开始只注册了第43类餐饮服务商标，忽略了第30类方便食品与第32类啤酒饮料的注册。因此，在清理了7 000多家山寨门店后，市场上又出现了大量的山寨鹿角巷冲泡类奶茶，鹿角巷不得不再次面临新一轮的维权过程。

因商标注册管理的失误，鹿角巷付出了沉重的代价。在商标被侵权的过程中，鹿角巷的品牌形象和品牌声誉都遭到了严重打击，鹿角巷也因为商标维权耗时耗力，在新茶饮赛道中失去了先发的竞争优势。

资料来源：央视财经．鹿角巷回应7 000多家山寨店：深表歉意．（2022－02－17）．https：//baijiahao.baidu.com/s？id＝1725005272510084790&wfr＝spider&for＝pc.

二、商标续展

商标续展是品牌维护中一项重要的工作。《中华人民共和国商标法》第三十九条规定，注册商标的有效期为十年，自核准注册之日起计算。同时，第四十条规定，注册商标有效期满，需要继续使用的，商标注册人应当在期满前十二个月内按照规定办理续展手续；在此期间未能办理的，可以给予六个月的宽展期。每次续展注册的有效期为十年，自该商标上一届有效期满次日起计算。期满未办理续展手续的，注销其注册商标。

我国商标法对没有及时续展的商标给予了一定保护期，《中华人民共和国商标法》第五十条规定：注册商标被撤销、被宣告无效或者期满不再续展的，自撤销、宣告无效或者注销之日起一年内，商标局对与该商标相同或者近似的商标注册申请，不予核准。但是《中华人民共和国商标法》第五十二条规定“将未注册商标冒充注册商标使用的”，“由地方工商行政管理部门予以制止，限期改正，并可以予以通报，违法经营额五万元以上的，可以处违法经营额百分之二十以下的罚款，没有违法经营额或者违法经营额不足五万元的，可以处一万元以下的罚款”。因此，为了避免商标失效带来不必要的麻烦，当商标有效期临近时，要及时进行续展。

三、驰名商标认定

根据我国《驰名商标认定和保护规定》，驰名商标指的是在中国为相关公众所熟知的商标。为相关公众所熟知的商标可以申请驰名商标认定。驰名商标起源于《保护工业产权巴黎公约》（简称《巴黎公约》），我国是《巴黎公约》的成员国。根据《巴黎公约》的相关规定，驰名商标的专用权跨越国界（在《巴黎公约》成员国范围内得到保护）；驰名商标的注册权超越优先申请原则（即使驰名商标未注册，也在《巴黎公约》成员国内受到法律保护）。此外，《中华人民共和国商标法》对驰名商标也有特殊保护，比如关于注册商标的无效宣告中，第四十五条规定“已经注册的商标，违反本法第十三条第二款和第三款、第十五条、第十六条第一款、第三十条、第三十一条、第三十二条规定的，自商标注册之日起五年内，在先权利人或者利害关系人可以请求商标评审委员会宣告该注册商标无效。对恶意注册的，驰名商标所有人不受五年的时间限制”。可见，相比普通商标，驰名商标能够获得更高级别的法律保护。因此，符合条件的商标要及时申请驰名商标的认定。

根据我国《驰名商标认定和保护规定》，以下材料可以作为证明商标驰名的证据材料。

第一，证明相关公众对该商标知晓程度的有关材料。

第二，证明该商标使用持续时间的有关材料，包括该商标使用、注册的历史和范围的有关材料。

第三，证明该商标的任何宣传工作的持续时间、程度和地理范围的有关材料，包括近三年广告宣传和促销活动的方式、地域范围、宣传媒体的种类以及广告投放量等有关材料。

第四，证明该商标作为驰名商标受保护记录的有关材料，包括该商标曾在中国或者其他国家和地区作为驰名商标受保护的有关材料。

第五，证明该商标驰名的其他证据材料，包括使用该商标的主要商品近三年的销售收入、市场占有率、净利润、纳税额、销售区域等有关材料。

四、打击商标侵权

法律维护是品牌维护最强有力的手段，为维护品牌形象和企业利益，企业要积极运用法律武器打击商标侵权的行为。

根据《中华人民共和国商标法》第五十七条，有下列行为之一的，均属于侵犯注册商标专用权：第一，未经商标注册人的许可，在同一种商品上使用与其注册商标相同的商标的；第二，未经商标注册人的许可，在同一种商品上使用与其注册商标近似的商标，或者在类似商品上使用与其注册商标相同或者近似的商标，容易导致混淆的；第三，销售侵犯注册商标专用权的商品的；第四，伪造、擅自制造他人注册商标标识或者销售伪造、擅自制造的注册商标标识的；第五，未经商标注册人同意，更换其注册商标并将该更换商标的商品又投入市场的；第六，故意为侵犯他人商标专用权行为提供便利条件，帮助他人实施侵犯商标专用权行为的；第七，给他人的注册商标专用权造成其他损害的。同时，《中华人民共和国商标法》第五十八条还规定：“将他人注册商标、未注册的驰名商标作为企业名称中的字号使用，误导公众，构成不正当竞争行为的，依照《中华人民共和国反不正当竞争法》处理。”

五、域名注册

本书第 4 章提到，域名具有商标的属性（先申请先注册、排他性、受法律保护等），是互联网时代一项重要的品牌要素。在互联网时代，域名如同企业在互联网上的“商标”。通过域名，人们能够在互联网上方便地找到特定的企业和品牌。

对企业来说，将域名与企业的品牌名称相统一，有利于消费者在互联网上识别和接触品牌，也有利于品牌的网络宣传和推广。若与品牌名称相同的域名被他人抢注，将对品牌建设造成重大影响。因此在互联网时代，域名注册也是企业商标管理中不可忽视的一项重要内容。

第 3 节　品牌危机管理

一、品牌危机的内涵

品牌危机指的是由于企业外部环境的变化或企业自身运营管理中的失误而导致的品牌形象受损，市场地位降低，甚至危及企业生存的窘困状态。[①]

不管对于哪一个企业来说，品牌危机都是不可能绝对避免的。而一旦爆发，品牌危机会影响消费者对品牌的信任和声誉评价，使消费者对品牌产生负面联想。因此，品牌危机管理是品牌维护中一项重要的工作。

二、品牌危机的特点

（一）突发性

虽然品牌危机的发生有其诱因，但是人们无法提前预测品牌危机何时发生、怎样发生、在什么地方发生，以及发生的形式、强度、规模、危害程度等。所以说，品牌危机具有突发性的特点，一旦发生往往容易令企业陷入混乱。

（二）危害性

品牌危机会给企业的经济利益和声誉造成不同程度的危害。品牌危机越严重，其危害性就越大。因此，企业平时就应该充分重视危机管理工作，防患于未然，尽量将品牌危机的危害性降到最小。

（三）舆论关注性

品牌危机容易成为社会公众关注的焦点。特别是知名度越高的品牌，舆论的关注性就越强，极易引发媒体的争相报道。当品牌危机成为舆论焦点时，公众不仅关注危机本

---

① 费明胜，刘雁妮．品牌管理．北京：清华大学出版社，2014.

身，也关注企业的处理态度和行动；媒体的态度和报道的内容也将影响公众对品牌危机事件的看法。因此，企业应该采取科学的应对措施，积极引导舆论，化解危机。

三、品牌危机的类型

品牌危机有很多种类型。下面从引发危机的主导因素和品牌危机的形态这两个角度对品牌危机进行分类。

（一）根据引发品牌危机的主导因素划分

由于产品质量往往是引发品牌危机的最主要因素，因此可以把品牌危机分成以下两类：

1. 产品/服务质量问题引发的危机

产品/服务质量问题引发的危机往往关系到消费者的切身利益，会直接引发消费者对品牌的不信任和不购买，导致品牌销量下降、企业经营陷入困境。

2. 非产品/服务质量问题引发的危机

非产品/服务质量问题引发的危机包括企业内部非产品/服务质量因素引发的危机，以及企业外部因素引发的危机两种。

（1）企业内部非产品/服务质量因素引发的危机

企业内部非产品/服务质量因素引发的危机包括：企业决策失误、资金问题、人员变动、法律诉讼等引发的品牌危机。

（2）企业外部因素引发的危机

企业外部因素引发的危机包括：第一，由不可抗力引起的事件，比如自然灾害、经济危机、经济萧条、战争等；第二，由不法分子故意造成的事件，比如造谣、诽谤、破坏、假冒商标生产伪劣产品等；第三，由公众的误解引发的事件，比如公众因信息缺乏或听信一面之词，对品牌的产品质量、生产工艺、营销方式、竞争策略等产生的误解。

与产品/服务质量问题引发的危机相比，非产品/服务质量问题引发的危机对品牌的影响相对较小，受关注的程度相对较低。

（二）根据品牌危机的形态划分

根据品牌危机的形态，可以把品牌危机分成突发型和渐进型两种。

1. 突发型危机

突发型的品牌危机主要包括形象类、产品质量类和服务类。

（1）形象类的突发型危机

形象类的突发型危机通常由媒体报道引发。当媒体报道不利于品牌的实情，或者对品牌进行歪曲报道时，都会损害品牌的形象和声誉。

比如，在20世纪90年代，耐克被媒体揭露其在印度尼西亚、越南等东南亚国家开设血汗工厂和使用童工。这些媒体报道对耐克的声誉和品牌形象造成了严重影响，引发了消费者、耐克员工、社会组织等对耐克的强烈抗议，导致耐克的销量一度锐减。

（2）产品质量类的突发型危机

质量是品牌的根本。当产品质量出现问题时，可能会给品牌带来无法挽回的损失。

比如，2016 年三星发布 Galaxy Note 7 手机，这款新机发布一个多月后就在全球发生了多起因手机电池缺陷导致的爆炸和起火事故。为了保障航空运输安全，很多国家甚至将 Galaxy Note 7 列为航空危险品。事后，三星决定永久停止生产和销售 Galaxy Note 7，并实施产品召回。受此次产品质量事件的影响，三星手机开始跌落神坛，三星手机在中国手机市场也不再具有市场份额优势。

（3）服务类的突发型危机

服务类的突发型危机是由服务质量造成消费者不满而引发的危机。Salesforce 发布的调查显示，客户服务不佳是消费者放弃品牌的最大原因，在受访者中，有 73% 的人表示放弃品牌是因为客户服务差。在品牌维护的阶段，企业更要充分重视服务意识和服务质量，避免因服务质量问题对品牌声誉造成不良影响。

比如 2019 年，西安一消费者花 66 万元在奔驰的 4S 店里购买了一辆奔驰，提车当天新车就出现漏油，而奔驰一直没有给客户提供令人满意的解决方案，结果车主大闹 4S 店维权。这起奔驰维权案迅速成为网络舆论热点，车主得到网友的声援，市场监管部门也介入调查。在这起由客户服务引发的品牌突发危机中，奔驰的产品质量、金融服务费等问题都被推到风口浪尖，给奔驰的品牌声誉造成了严重的负面影响。在这起事件中，产品质量问题是导火索，但真正引发危机的其实是服务质量。如果奔驰 4S 店一开始就拿出诚意给客户解决问题、提供令人满意的售后服务，也不至于引发危机。

2. 渐进型危机

渐进型的品牌危机是在企业的经营过程中逐渐形成的，一旦爆发会造成比较严重的后果。渐进型的品牌危机主要包括：

（1）企业战略决策失误造成的危机

这类危机是由企业战略决策失误造成的。以手机行业曾经的霸主诺基亚为例。诺基亚在手机操作系统、智能手机研发等战略上的一连串决策失误，导致其塞班操作系统受到 Android 和 iOS 的挤压，并且错失了智能手机开发的良机。因企业战略决策失误造成的危机，导致诺基亚最终走向衰落，品牌价值一落千丈。

（2）品牌策略制定或执行失误造成的危机

品牌策略制定或执行失误造成的危机包括：品牌延伸不当造成的危机；不重视创新导致品牌被市场和时代淘汰的危机；不重视法律权益保护导致的品牌危机（比如商标被假冒仿冒，配方、技术、专利等被盗取或失传等）；等等。

四、品牌危机管理的内容

品牌危机管理的内容主要包括品牌危机的预防和品牌危机的处理两个方面。

（一）品牌危机的预防

虽然品牌危机的发生无法预测，但是通过预防不仅可以降低品牌危机的发生概率，而且在危机发生时有助于企业迅速采取措施、尽快渡过危机。因此，在品牌危机的管理中，危机预防是首要任务。品牌危机的预防主要包括以下内容：

1. 加强危机意识，建立有效的危机预防系统

《左传·襄公十一年》曰："居安思危，思则有备，有备无患。"企业应该加强全员危机意识的灌输和渗透，做到未雨绸缪，这样才能防微杜渐、防患于未然。与此同时，要建立起有效的危机预防系统，做好危机的预警和预控。

首先，组建专门的品牌危机管理小组。确保有一批受过训练的专业人员负责处理品牌危机，避免企业在遇到突发型危机时自乱阵脚、仓促应对。

其次，做好危机预警。平时要加强品牌有关信息的收集和分析，及时对品牌危机进行预测，尽早发现和捕捉品牌危机征兆，对潜在的品牌危机制定应对的方案。

最后，做好危机预控。第一，事先制定预防危机的方针、政策和机制，确保危机发生时有章可循，危机处理行动运行顺畅。第二，根据潜在的品牌危机类型，事先制订好危机处理应急计划，提前制定好危机处理程序和应对策略的预案，包括受影响公众分析、媒体联络、选择发言人、危机处理措施等。第三，进行危机预演。通过预演，对危机处理进行训练和模拟。一方面，预演可以让品牌危机管理小组积累危机处理工作经验，提高危机处理的水平；另一方面，预演可以对品牌危机管理的各项工作进行评估，以便修正。

2. 规范经营管理，树立良好的品牌形象

一方面，规范经营管理有助于企业降低品牌危机发生的概率。企业要秉承用户至上的经营理念，严把质量关，向市场提供高品质的产品和服务；在宣传促销中要诚实守信、不夸大其词。

另一方面，良好的品牌形象有助于企业化解品牌危机。规范经营管理，企业能够从日常经营中逐步累积企业和品牌信誉，树立良好的品牌形象。拥有良好形象的品牌比较容易获得消费者的信任和忠诚，有助于品牌在危机中得到消费者的支持和谅解。

3. 做好品牌规划，促进品牌创新

品牌规划是品牌建设的"指导纲要"，品牌规划为品牌建设设立目标、方向，为品牌建设战略和策略的制定和执行提供指导。

做好品牌规划，品牌建设才有清晰的方向。特别是在品牌维护阶段，清晰的品牌规划有助于品牌的战略和策略尽量保持在一个正确的方向，这样品牌才能够不断地通过创新保持活力。也就是说，品牌规划能够使品牌维持良好的运营态势，减小渐进型品牌危机发生的可能性，实现品牌价值的不断提升。

（二）品牌危机的处理

虽然品牌危机的预防能够帮助企业未雨绸缪、防患于未然，但是品牌危机还是有可能会发生。当发生品牌危机时，只要能够掌握正确的处理原则和程序，就能够尽快地消除不良影响、恢复品牌形象。

1. 品牌危机的处理原则

（1）主动出击

品牌危机发生后，如果企业对此采取鸵鸟政策，回避问题任其发展的话，那么品牌危机有可能会愈演愈烈、一发不可收拾，最终造成不可挽回的损失。相反，如果企业在品牌危机中采取主动态度，将有助于公众了解实情，能够避免谣言的产生和发酵；也有助于树立企业勇于承担责任的形象，赢得公众的信任和好感，从而有利于危机的迅速化解。

因此，当品牌危机出现后，企业应该主动出击，直面问题，积极主动地与各利益相关群体沟通，阻断不实信息的传播和扩散，控制事态的进一步发展。

（2）快速反应

俗话说，好事不出门，坏事传千里。特别是在互联网时代，信息传播的范围广、速度快。因此，品牌危机发生后，企业要快速反应，第一时间查明事实，并尽快采取应对措施，这样才能够将企业和品牌的形象与声誉损失降到最低。

（3）真诚沟通

事实证明，歪曲事实或者掩盖和隐瞒事情的真相只会增加公众的怀疑和不满，导致企业和品牌失去公众的信任。因此，用真诚的态度与公众坦诚沟通，不回避问题，勇于承担责任，才能够降低品牌危机带来的负面影响，才有可能化危为机。

品牌视角10-5

雪莲冰块，化危机为机遇

近年来，天价雪糕成为一个热门话题。网友们把那些隐藏在冰柜里面，看着其貌不扬但去付钱的时候会用高价刺你一下的雪糕称为“雪糕刺客”。在“雪糕刺客”的争议声中，消费者越来越怀念小时候好吃不贵的平价雪糕。2022年6月，定价5毛钱、一包只赚几分钱的雪莲冰块火了，不但被网友称为“雪糕护卫”，更衍生出了“雪糕文学”。

事情源于一则网友爆料。有网友爆料一款雪糕的生产车间脏乱不堪，冰块任意散落地面。因其包装酷似“雪莲”，被传“雪莲塌房了”。为此，雪莲冰块连夜注册社交平台账号进行回应：“净化车间内已全自动生产，5毛钱的情怀，安全食品，没有塌房。”并晒出车间照片，力证清白。6月30日，雪莲冰块发布公告，称目前市场上销售的众多商标的雪莲冰块，并不都是散乱差的作坊生产，食品安全关系到每一位消费者的身心健康，请广大消费者识别自己当地的雪莲冰块是否能达到安全食品标准。该公告还强调，将追诉商标侵权的企业，也请大家理性消费，避免铺张浪费。

雪莲冰块的官方回应得到了网友的支持。网友开始自发地在各大社交媒体平台上发言力挺，“保卫”雪莲。网友们纷纷套用名著名言或是台词、歌词等造句，比如“我家门前有两包莲。一包是雪莲，另一包还是雪莲”“爱你孤身走暗巷，爱你不贵的模样——孤糕者”，“雪莲文学”横空出世。“雪莲5毛一包的定价13年没涨”“雪莲我吃定了”等话题词也接连登上微博热搜榜。

注意到品牌危机后，雪莲冰块主动并且迅速地在网络平台发声，通过及时发布生产车间的照片和公告与公众真诚沟通，同时不忘强调自己“平民解暑利器”的品牌形象，成功引起广大网友的童年回忆和情感共鸣，品牌也顺利地化危为机，一炮而红。

此次危机事件之后，部分平台的销售数据显示，7月以来，雪莲外卖平台销量暴涨199%。“雪莲冰块”的社交媒体账号自2022年6月29日注册以来，截至7月11日已有83.4万粉丝，并获赞162.7万个。雪莲冰块的负责人表示，对公司而言，此次雪莲的走红是个机遇，计划去河北、河南等地建设生产车间，寻求新的发展，“之前我们也没有多余的利润能支持我们开发新的厂区。现在知道雪莲的人多了，也给公司带来了新机遇”。

资料来源：“雪糕护卫”走红网络 这次的雪莲能火多久．(2022-07-12)．https：//baijiahao. baidu. com/s? id = 1738134823597644259&wfr = spider&for = pc.

(4) 统一性

处理危机时，企业要上下一心，保持一致的口径，以品牌危机管理小组为主，有序地展开行动。如果在危机处理的过程中，企业高层或员工擅自对外发表意见，会造成更大的混乱，不利于危机的快速解决。

(5) 权威证实

品牌危机发生后，公众对企业和品牌的信任度会有所下降。为化解公众的不信任情绪，提高危机处理的效果，企业可以争取权威机构的支持，借助第三方权威机构的力量为品牌发声。权威机构往往具有较大的公信力，比如政府机关、行业协会等，发布的信息比较客观和公正。权威机构的背书有助于消除公众对企业和品牌的不信任，帮助企业快速解决品牌危机。

2. 品牌危机的处理程序

(1) 采取紧急措施，防止事态发展

当品牌危机特别是突发型的品牌危机发生时，为了避免事态进一步发展，企业应该紧急行动，采取措施防止事态蔓延、危机升级。

比如，2005 年肯德基在中国销售的新奥尔良烤翅、新奥尔良烤鸡腿堡等产品被发现含有致癌成分苏丹红。肯德基在第一时间采取了紧急措施，要求全国餐厅停止售卖问题产品，同时启动内部流程将所有问题调料进行回收、集中保管并销毁，防止问题调料重新回流到消费渠道。这些紧急措施有效地防止了大规模伤害消费者权益事件的发生。

(2) 主动与各方真诚沟通

品牌危机发生后，企业要主动、真诚地与各利益相关群体沟通。这些利益相关群体包括企业的内部员工，以及企业外部的消费者、媒体、政府主管部门、业务往来单位、其他公众等。

与企业内部员工的沟通。向内部员工通报情况，号召大家团结一心、共渡难关。主动真诚地与企业内部员工沟通，让员工及时掌握危机的相关情况，能够避免企业陷入内部混乱、人心惶惶的局面，从而有利于企业有条不紊地开展危机处理的各项工作。

与企业外部各利益相关群体的沟通。对利益被损害的相关群体，比如消费者、社区公众等，要第一时间与他们沟通，表示诚挚的歉意，并且保证会采取令人满意的处理措施。对媒体，要积极主动地进行沟通，及时向媒体提供危机处理的相关信息，引导媒体客观公正地进行报道。对政府主管部门、业务往来单位（如供应商、渠道商、融资机构等），要主动通报信息，争取得到它们的理解和支持，尽量减小品牌危机对利益相关群体造成的冲击和危害，从而有助于企业快速回归危机前的经营状态。

(3) 调查真相

为了采取针对性的处理措施顺利解决危机，需要展开调查，查明危机的发生原因、后果、范围等，从而为危机处理的决策提供具体依据。

查明真相是危机处理的关键所在。在前面提到的肯德基苏丹红事件中，肯德基在采取紧急措施后，启动调查，对所有可能涉及的调料进行全面检测，查清并确认了问题调料的来源，为下一步危机的解除提供了决策方向。

（4）针对不同利益相关群体，确定对策

在查明真相的基础上，企业要有的放矢，针对不同的利益相关群体，确定具体的对策以解决品牌危机。

对利益受到损害的群体（如消费者、社区公众等）。要主动接触，认真倾听对方的诉求，表达共情，诚恳道歉，承担应该承担的责任，满足合理的赔偿要求。

对政府主管部门。要及时汇报相关情况，积极主动地配合政府主管部门的监督和管理。必要时，还可以请求政府主管部门的指导和支持。

对媒体。要以开放的姿态接受媒体的采访，不隐瞒真相，真诚沟通，通过媒体向公众介绍情况和处理措施，最大限度地减小谣言的生长空间。

对内部员工。根据调查结果，对业务流程进行检讨，制定补救措施；如果是人为原因造成品牌危机，要对相关责任人员进行处罚，以平息事端和以儆效尤。

我们再次以肯德基苏丹红事件为例。在此次事件中，肯德基在调查清楚问题调料的来源和产品影响范围之后，从媒体、消费者、企业内部、政府主管部门、供应商等角度给出了不同的应对措施，最大限度地降低了此次危机事件对品牌的负面影响。首先，肯德基积极配合媒体的采访，保证了公众的知情权；同时通过媒体向公众表示一旦苏丹红对人体有害得到科学论证和法律确认，集团将承担相应法律责任并对消费者进行赔偿。其次，肯德基马上更换调料，并主动将替代调料送交国家认可的专业机构进行全面检测；在确认所有相关调料不含苏丹红成分后，又配合北京市食品安全协调办公室的要求，将新调料再次送到权威机构检测，在检测结果未出之前，停止销售相关产品。最后，加强供应链的食品安全管理，肯德基不仅对供应商提出了更高的食品安全标准和要求，同时决定加大投资以增强肯德基自身的食品安全检测能力。

（5）总结评价，恢复品牌形象

品牌危机处理后，要及时进行工作总结和评价。一方面，要对品牌危机发生的原因进行深刻分析，从中总结经验和教训，以杜绝此类危机再次发生。另一方面，要对品牌危机管理工作进行评价，针对危机处理中暴露出的问题和不足，提出改进措施，以提高企业处理危机的能力。

此外，品牌危机处理的后续工作中还包括重要的一步——品牌形象的恢复。品牌危机势必会对品牌形象造成不同程度的伤害，危机化解后，企业要立即启动品牌形象的恢复工作。

第一，诚实守信，认真履行在危机中做出的承诺。信守承诺是维护品牌声誉的基本前提，只有认真履行企业在危机中做出的承诺，才能向公众展示品牌负责任的形象，才能重新赢得公众对品牌的信任。

第二，提高经营管理水平。从品牌危机中汲取经验和教训，以此为契机提高企业的经管管理水平，培育强势品牌。

第三，举办公关活动，加大品牌的正面宣传。公共关系专题活动是塑造品牌形象、扩大品牌影响、提高品牌声誉的有效途径。通过举办公共关系专题活动，比如赞助、庆典、展览、对外开放参观等，可以推动品牌的正面宣传，有助于危机后品牌形象的重塑。

本章回顾

1. 品牌维护，是指企业针对外部环境的变化给品牌带来的影响所进行的维护品牌形象、保持品牌的市场地位和品牌价值的一系列活动的统称。为了实现品牌长青，企业尤其要重视商标管理和品牌危机管理这两个方面的品牌维护工作。

2. 企业要根据自身的实际和需要建立科学的品牌管理组织，负责品牌维护等品牌管理工作。品牌管理组织的形式主要包括：业主或公司经理负责制、职能管理制、品牌经理制（产品品牌经理制和品类经理制）、品牌管理委员会制。

3. 商标管理属于品牌的法律维护，主要包括商标注册、商标续展、驰名商标认定、打击商标侵权、域名注册等方面的内容。

4. 品牌危机指的是由于企业外部环境的变化或企业自身运营管理中的失误而导致的品牌形象受损，市场地位降低，甚至危及企业生存的窘困状态。

5. 品牌危机具有突发性、危害性和舆论关注性的特点。

6. 根据引发品牌危机的主导因素，可以把品牌危机分成产品/服务质量问题引发的危机和非产品/服务质量问题引发的危机；根据品牌危机的形态，可以把品牌危机分成突发型危机（形象类、产品质量类和服务类）和渐进型危机（企业战略决策失误造成的危机、品牌策略制定或执行失误造成的危机）。

7. 品牌危机管理主要包括危机预防和危机处理两方面的内容。

8. 品牌危机预防的内容主要包括：第一，加强危机意识，建立有效的危机预防系统；第二，规范经营管理，树立良好的品牌形象；第三，做好品牌规划，促进品牌创新。

9. 品牌危机的处理要遵循主动出击、快速反应、真诚沟通、统一性、权威证实等原则。

10. 品牌危机的处理一般包括五个主要步骤。第一，采取紧急措施，防止事态发展；第二，主动与各方真诚沟通；第三，调查真相；第四，针对不同利益相关群体，确定对策；第五，总结评价，恢复品牌形象。

基本概念

品牌维护　品牌管理组织　业主或公司经理负责制　职能管理制
品牌经理制　产品品牌经理制　品类经理制　品牌管理委员会制
商标注册　商标续展　驰名商标　商标侵权
品牌危机

拓展阅读

[1] 李峰，靖广强．品牌危机类型和应对诉求匹配性对消费者购买意愿的影响．工

业技术经济，2018，37（8）：139－146.

［2］周光，周念华，余明阳，等．品牌危机水平对企业绩效的影响：基于中国品牌 100 强的危机报道的面板分析．经济与管理研究，2020，41（3）：117－132.

阅读以上文献后思考：

1. 在修复品牌危机时，企业有不同的应对诉求方式（能力诉求 vs. 温情诉求）。当面对不同的品牌危机类型时，企业在这两种应对诉求方式中应该如何选择才能够提升消费者的购买意愿？

2. 研究指出，品牌危机水平对企业绩效存在负面作用，而品牌危机类型在这一影响机制中具有调节作用。相关研究结论能够给企业的品牌危机应对和处理带来哪些管理启示？

复习题

1. 什么是品牌维护？品牌维护主要包括哪些内容？
2. 品牌管理组织主要包括哪些形式？
3. 商标管理的内容主要包括哪些？
4. 品牌危机管理的内容主要包括哪些方面？

实训练习

1. 选择一个感兴趣的品牌，通过线上和线下收集资料，观察并分析这个品牌的品牌维护策略。

2. 选择一个舆论影响比较大的品牌危机案例：

（1）对涉事品牌的危机处理进行分析和点评。

（2）假如由你来负责处理此次的品牌危机，你会如何做？请结合本章知识，给出一个详细的品牌危机处理方案。

第11章 品牌激活

知识思维导图

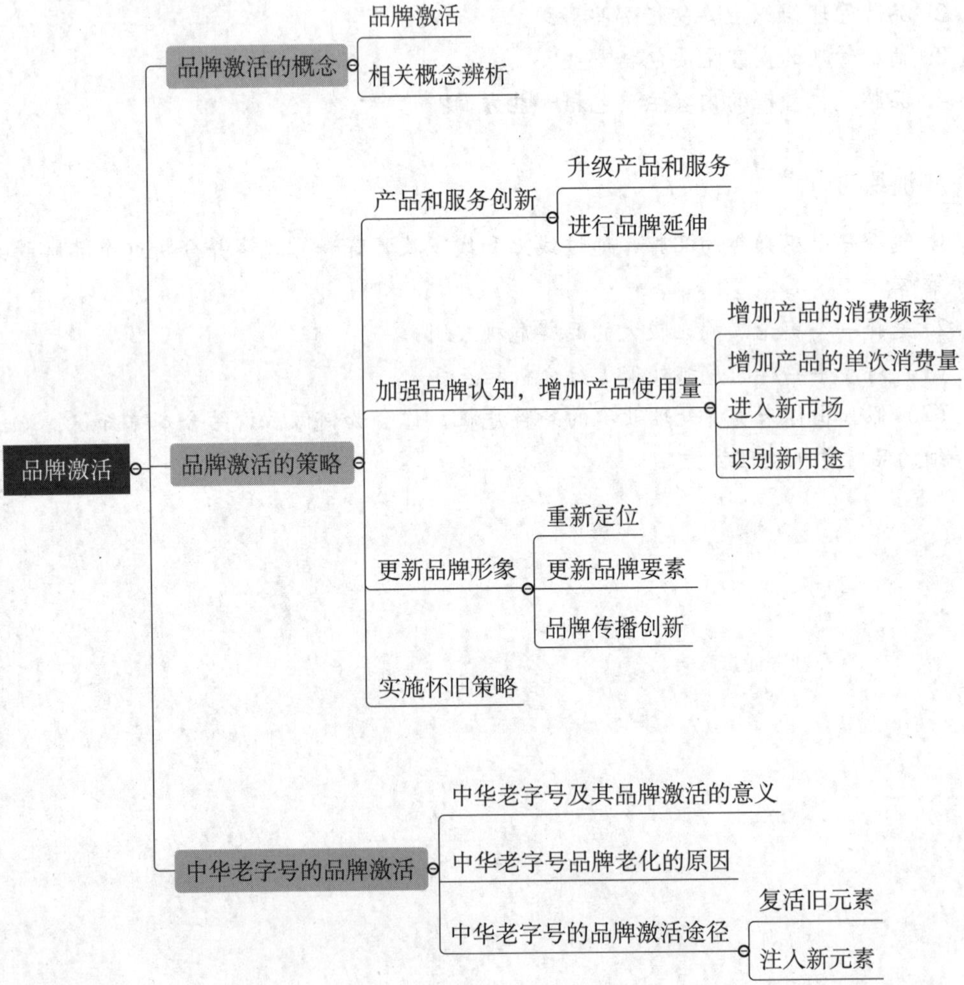

|知识学习目标|

- 掌握品牌激活的含义。
- 掌握品牌激活的四种常用策略。
- 了解中华老字号的含义以及其品牌激活的意义；理解中华老字号品牌老化的原因；掌握中华老字号的品牌激活途径。

|技能学习和掌握目标|

- 能够观察和分析具体品牌的品牌老化或品牌激活的现象。
- 具备一定的品牌激活方案的设计能力。

|价值引领目标|

- 理解中华优秀传统文化和民族精神。通过对中华老字号品牌激活部分的学习，引导学生理解中华老字号品牌精髓中蕴含的中华优秀传统文化和民族精神。

导读案例：瑞蚨祥，百年品牌的营销创新之路

中华老字号“瑞蚨祥”是拥有百年积淀的纺织品零售品牌，北京城流传的歌谣“头顶马聚源，身穿瑞蚨祥，脚踩内联升”就是对瑞蚨祥名满京城的生动写照。1862 年（清同治元年），创始人孟传珊以“瑞蚨祥”三个字创建字号，祈福瑞气吉祥，财源茂生，为品牌增添了美好的寓意，体现了深厚的中华文化积淀。瑞蚨祥始终秉持着“至诚至上、货真价实、言不二价、童叟无欺”的品牌宗旨，与时俱进，在创新中传承中华优秀的服饰文化。

一、创建品牌管理团队，进行品牌定位

瑞蚨祥创建品牌管理团队后，明确的第一件事就是进行品牌定位，无论是在过去还是现如今，中式服装定制业务是瑞蚨祥的品牌核心竞争力。考虑到定制原料成本高昂，以及百年字号传统技艺、手工打造等高附加价值等因素，瑞蚨祥明确其品牌定位，不再经营中低档布匹布料，专心瞄准中高端旗袍定制和婚庆礼服定制两大市场，通过对高端定制业务的传承创新，提升了品牌的定位，着力打造高级定制的中国服装领导品牌。

二、品牌要素创新

基于这一品牌定位，瑞蚨祥推出第二代品牌标识设计图。第二代品牌标识在保留独特的青蚨图案设计精髓之外，将红绿色的色彩基调改变为以黑白色为基调，不仅引发了人们的怀旧情感，而且庄重、沉稳、大气，也更贴合简约时尚的现代气息。品牌标识上还有红白、金白两个色彩标识作为辅助配合使用。英文名称“REFOSIAN”和品牌创始时间“1862”是第二代品牌标识的新添元素。品牌标识中含有英文，是瑞蚨祥品牌国际化的第一步；同时，这种标识方法还暗含着它是一种全球性品牌，有助于营造高品质、高地位的声望。Logo 中标注创始时间，表明瑞蚨祥悠久的历史积淀和品牌信誉，和西方“老品牌”表达方式接轨，省去了“老字号”的翻译。伴随新标识，瑞蚨祥还提出了品牌口号——“值得等待的奢华”。“奢华”一词直接反映出品牌定位于高级市场，“值得等待”则是一种说服性的信息短语，暗示消费者瑞蚨祥的定制业务虽然制作周期略长，但为了更奢华精致的成品，一切等待都是值得的。通过简短却富有张力

的七个字，向消费者传递了瑞蚨祥整体品牌的高端形象，同时使目标顾客对瑞蚨祥产生期待。

三、创新产品设计，中式技艺时尚化

瑞蚨祥作为中式服装老字号品牌，在成衣、旗袍、丝巾等产品的设计中一直走在中式服装潮流的前列。除了百年传承的传统技艺外，瑞蚨祥紧跟时代脚步，不断创新产品设计与制作手法工艺。在独领风骚的旗袍定制中，有镶边、绲边、嵌条、荡条、盘扣、刺绣六大技艺，通过精确的剪裁，对襟形、领形、袖形以及裙摆四大旗袍细节进行协调搭配，最后达到凸显女性形体娉婷、演绎别样东方韵味的目的。旗袍的设计样式结合了现代时装设计的特点，对传统保守的旗袍进行创新，例如收拢腰身、前短后长的裙摆、去袖、露背等等，新潮的改良使中国传统服饰文化焕发了新的生机。在成衣和丝巾、家纺方面，瑞蚨祥除了聘请国内顶尖服装设计师成立自己的时装设计团队外，还积极与海内外优秀的现代时装设计师合作，定期推出与时俱进的款式和图样，引领新中式服装的时尚化风标。

四、店铺全面升级，打造优质服务

2015 年，瑞蚨祥入驻金源新燕莎 MALL，在四层的老字号一条街开设直营店面，彰显北京老字号技艺的传承悠久，加之金源新燕莎提供的总体体验式服务和连带促销策略，对于推广老字号品牌也具有积极作用。瑞蚨祥在金源新燕莎 MALL 新店面的开业抛弃了陈旧的卖场式销售，兼顾了具有时尚感的实体展示设计和体验式的购物模式，是瑞蚨祥店铺升级计划的一次尝试。

在店铺装潢设计方面，采用现代与古典相结合的装潢设计方案，符合瑞蚨祥既传承古典又融合现代的理念。店内的区域设计分为产品展示区、试衣区、柜台区、休憩区和网络购物区。其中，产品展示区根据产品类别分为旗袍展示区、礼服展示区、中式成衣展示区、配饰展示区（丝巾）和床品展示区，各展示区域又根据颜色、布料等差异进行产品排列，形成多而不乱的店内陈列层次感。

优质的购物体验不仅包括舒适美观的店铺设计，还包括无微不至的服务。根据高端定制的品牌定位，瑞蚨祥提出了“一个团队为一个人服务”的服务理念，由专属助理、形象顾问、量体师、制版师、剪裁师、缝纫师、整烫师、盘扣技师、刺绣技师九大专业人才组成的定制团队分工合作。专属助理全程伴随顾客提供一对一服务，形象顾问根据每个顾客不同的形象、气质、性格等提供旗袍款式、面料等建议，量体师为顾客精确测量 20 多个人体部位，超过 50 个制衣数据为旗袍的独特韵味提供保障，制作过程环环相扣，为顾客制作独一无二的旗袍礼服。

五、涉足电子商务，促进品牌优化和产业升级

一方面，瑞蚨祥通过开发高端定制 App 软件，打造 O2O 商业闭环。线下通过店铺升级、服务升级来创造全新的体验式购物实体店；线上通过 App 的开发，使得消费者足不出户，就能够获得量体服务、个性化搭配，购买到专属于自己的定制产品。

另一方面，瑞蚨祥在互联网电子商务领域还采取了 B2C 模式，直接面向消费者销售产品和服务。瑞蚨祥通过自建的官方网站平台、京东商城平台和天猫旗舰店平台，采取线上线下同价的定价，来销售中式成衣、旗袍、丝巾等产品。

六、改进传播渠道，巧用大众媒体

瑞蚨祥虽然是中华老字号品牌中的佼佼者，但如今的消费主体已是80后、90后，年轻一代的消费者对中华老字号品牌的了解少之又少。因此，瑞蚨祥为了能够进入当今消费主体的视线，改变了其主要依靠口碑相传的传播模式，在口碑营销的基础上，将大众媒体和新媒体结合起来进行品牌宣传推广，用年轻人喜欢的方式赢得了新一代消费者的喜爱。

瑞蚨祥加大了软性广告传播。以瑞蚨祥为题材拍摄电视剧《一代大商孟洛川》，《瑞蚨祥》京剧巡演，参与出版包括瑞蚨祥品牌内容介绍的图书刊物，参与湖南卫视《天天向上》、北京电视台《这里是北京》等节目的录制……瑞蚨祥没有选择大众化的商业广告传播路线，而是另辟蹊径，选择上述带有文化传播色彩的电视剧、综艺节目、报刊图书的方式来“讲故事”，生动形象地把瑞蚨祥的百年历史、精湛技艺、现代创新等方方面面的品牌内容向消费者娓娓道来，让消费者在轻松愉悦的环境中，不知不觉地就吸收了瑞蚨祥的品牌知识；同时，“讲故事”的方式能够让消费者更了解瑞蚨祥，提升了其品牌价值。瑞蚨祥还根据新时代品牌传播渠道的特点，先后开设了新浪微博和微信公众号，通过移动终端向目标顾客提供别出心裁的品牌信息。这类自媒体微传播方式适应了碎片化的信息消费方式，鼓励消费者参与互动，通过忠诚客户对微博或者微信的转发带来新消费者的关注，增强了口碑传播的指数效应，增加了用户黏性。

综上所述，瑞蚨祥这一百年老品牌在新时代并没有停止创新的脚步，通过品牌定位、品牌要素更新、产品和服务创新、传播创新等手段，使老字号紧随时代变化焕发出新的活力。

资料来源：张景云，东佳祺．“瑞蚨祥”：百年品牌营销的创新之路．对外经贸实务，2016（4）：70－72.

思考：

1. 重新激活品牌的生命力对于品牌有什么意义？
2. 中华老字号如何才能够重新焕发生机和活力？

厂房会锈蚀倒塌，包装会过时，产品也会被淘汰，但是伟大的品牌却可以永生。[①] 包括西门子（诞生于1847年）、雀巢（诞生于1866年）、可口可乐（诞生于1886年）、福特（诞生于1903年）等在内的许多品牌似乎已经证明了这一点。但是，也有很多曾经成功的品牌在时光流逝、世事变迁中逐渐衰退，被消费者遗忘，甚至消失不见。确实，每个成功的品牌都会经历一个产生、发展和壮大的过程，如果管理不善的话，它将会逐步走向衰老死亡，因为随着时代的变迁、经济的发展以及新技术的出现，老品牌不可避免地与消费者需求脱离。[②] 因此，品牌老化成为品牌长期管理中需要解决的问题[③]，而品牌激活是解决品牌老

① Cobb-Walgren, C. J., Ruble, C. A., Donthu, N. Brand Equity, Brand Preference, and Purchase Intention. Journal of Advertising, 1995, 24 (3): 25－40.

② 何佳讯，李耀．品牌活化原理与决策方法探窥：兼谈我国老字号品牌的振兴．北京工商大学学报（社会科学版），2006（6）：50－55.

③ Keller, K. L. Managing Brands for the Long Run: Brand Reinforcement and Revitalization Strategies. California Management Review, 1999, 41 (3): 102－124.

化、增加品牌资产价值的基本途径。①

在市场环境的变迁中，如何通过品牌激活使品牌永葆青春，缔造不老的品牌神话，是本章将要探讨的问题。

第1节 品牌激活的概念

一、品牌激活

（一）品牌激活的定义

品牌激活（brand revitalization），又称为品牌活化，是指运用各种可利用的手段来扭转品牌的衰退趋势并帮助其重振雄风。②③

有学者认为，品牌老化问题可以通过推出新品牌来解决，但是研究发现用推出新品牌的方法来解决品牌老化的问题会使企业面临更高的成本和风险。研究显示，在美国市场引入一个新品牌的成本高达7 500 万美元到1 亿美元，而且有一半可能会遭遇失败；而在日本，软饮料新品牌推出一年的失败率高达99%。④

除了成本问题之外，学者们认为品牌激活是一种具有持续吸引力的营销战略，原因主要在于：第一，技术进步和模仿很快就会消除先行者优势，但依靠消费者对老品牌的信任和忠诚却能获得竞争优势；第二，在越来越不稳定的环境中，人们的怀旧情绪会不断加重，因此从长期品牌管理的角度看，可以充分利用消费者的怀旧偏好，通过相似的口号或者包装，调用品牌传统，唤起消费者对以前美好事物的回忆，达到唤醒老品牌资产的效果。⑤⑥

综上所述，比起推出新品牌，品牌激活是品牌长期管理中解决品牌老化问题的更好方法。

（二）品牌老化的原因

为了采取适当的品牌激活策略，首先需要明确品牌老化的原因。让·马克·勒于（Jean-Marc Lehu，2004）通过对企业高级管理人员和广告主管的深度访谈，发现产品/服务、目标市场以及品牌传播是导致品牌老化的主要可能原因，并提出可以围绕这三个方面采取相应的品牌激活策略。⑦

---

① 卢泰宏，高辉．品牌老化与品牌激活研究述评．外国经济与管理，2007（2）：17－23.

② 同①.

③ 费明胜，刘雁妮．品牌管理．北京：清华大学出版社，2014.

④ 同①.

⑤ 同①.

⑥ 何佳讯，李耀．品牌活化原理与决策方法探窥：兼谈我国老字号品牌的振兴．北京工商大学学报（社会科学版），2006（6）：50－55.

⑦ Jean-Marc Lehu. Back to Life! Why Brands Grow Old and Sometimes Die and What Managers then Do：An Exploratory Qualitative Research Put into the French Context. Journal of Marketing Communications，2004（2）.

1. 产品/服务

产品或服务不能满足消费者的需求是导致品牌老化的主要原因。这方面的问题主要表现为：过时的消费者满意承诺；产品调研和开发滞后；创新缓慢；专利数量日益减少；生产设备陈旧；产品或服务丧失竞争力；技术明显落后；生产方法不能达到目前的要求水准；款式、设计和颜色过时；品牌分类存在问题。

2. 目标市场

目标市场的变化也有可能导致品牌老化。这方面的问题主要表现为：消费者人数减少；目标市场没有更新换代；消费者的平均年龄逐年增加；不成功的新品发布以及研究显示它们不符合消费者的需求；品牌在年轻消费群体中知名度不高或不为人所知。

3. 品牌传播

品牌有时是由于传播不利而趋于老化的。由于品牌传播而导致的品牌老化问题主要表现为：随着时间的推移，品牌的传播预算减少；品牌提及率降低；包装过时；传播创造力减弱；媒体计划缺乏针对性；传播内容过时；因频繁修改导致核心信息模糊；代言人形象“老化”或适应性差；忽略了时尚因素，却被竞争对手抓住并巧妙地利用。

（三）品牌激活的条件①②

当面对品牌老化时，企业可以根据品牌老化的原因采取针对性的措施重新激活品牌，但是，并不是所有的品牌都可以或值得被激活。布莱恩·汪辛克（Brian Wansink，2001）就曾经指出，虽然品牌激活的成本要比推出新品牌低很多，但也要仔细权衡相关的付出和回报。一些品牌只需改变产品尺寸、强度、原料、形式、口味、颜色或质量等就可激活，而另一些品牌可能要付出很多才能被激活，因此应该选择那些可以激活并且值得激活的品牌。经过调研，布莱恩·汪辛克发现被成功激活的品牌都具备一些典型的特征，这些特征可以被认为是品牌激活的条件：

1. 中高价位

被成功激活的品牌提供的产品或服务的价格，与竞争对手相比处于中间的位置。在布莱恩·汪辛克调研的品牌中，被成功激活的品牌无一是大打折扣的品牌或廉价商品的品牌。因此，溢价品牌似乎比廉价品牌更容易激活。

2. 媒体宣传和促销

被成功激活的品牌的媒体宣传和促销明显少于竞争对手，或者低于行业的平均水平。93% 成功激活的品牌被认为是“安静”的品牌，潜在忠诚度高，因此只需要提醒消费者，就能够激活品牌。

3. 分销范围大

被成功激活的品牌的产品销量必须很大，而且知名度比较高。这些品牌的分销范围很大，只是被陈列在货架的最底层，因此只要改变陈列位置，就有希望激活品牌。

---

① 何佳讯，李耀．品牌活化原理与决策方法探窥：兼谈我国老字号品牌的振兴．北京工商大学学报（社会科学版），2006（6）：50－55.

② 卢泰宏，高辉．品牌老化与品牌激活研究述评．外国经济与管理，2007（2）：17－23.

4. 历史悠久

被成功激活的品牌往往具有悠久的历史，有着较丰厚的品牌遗产，而且在某些方面能够唤起消费者的共鸣。在布莱恩·汪辛克的调研中，被成功激活的品牌平均有53年的历史，而且87%的品牌至少在核心顾客的脑海中留下了深刻的品牌记忆，这些核心顾客在相关品牌激活初期起到了重要的促进作用。

5. 特点明显

被成功激活的品牌与竞争对手相比，在产品、传播、包装、风格等方面具有差异化的竞争优势，特点明显。

二、相关概念辨析

（一）品牌更新[①]

王海忠教授认为，品牌更新（brand updating）是指通过对品牌实施一系列新的营销战略和策略，使品牌持续提高市场影响力和市场业绩。

品牌更新的总体目标是使品牌永葆活力，通过让市场对品牌产生更新颖、更具时代感的印象，从而提升品牌市场业绩和无形资产。

实施品牌更新的背景主要包括：第一，品牌定位不能跟进时代的发展；第二，原来的品牌定位无效；第三，品牌原来的目标市场界定狭窄、规模小；第四，品牌执行趋于疲惫。

品牌更新的策略包括：第一，增加产品的使用量，即让现有顾客不断增加品牌的产品使用量。增加产品使用量的具体措施包括定位于更广泛的使用场景、建立积极的使用情境联想、提高使用便利性、实施轰动性促销方案等。第二，进入新市场。这个策略可以通过开辟新的目标市场或进入新的地理市场来实现。第三，更新品牌要素。可以借助品牌名称、标识或符号、品牌口号（广告语）等品牌要素的更新，传递新的品牌信息，表明品牌新的含义。

（二）品牌创新

关于品牌创新，学者们存在不同的看法。

庞守林等学者认为，品牌创新是指品牌以技术进步为支撑，以市场的需求为导向，以企业发展为目标而开发新的产品、新的用途、新的创意，开辟新的市场的过程，以便克服品牌老化，延续品牌活力；品牌创新包括产品创新、名称创新、标志创新和产品包装创新。[②]

朱立等学者认为，品牌创新是指企业以市场为导向，以培育和发展竞争力强的知名自主品牌为目标，根据国家发展战略、市场竞争压力和自身持续发展的需要，在维护品牌特性的基础上创造新的品牌、创造品牌新的应用，以实现品牌价值增值的管理过程。

---

① 王海忠．品牌管理．北京：清华大学出版社，2021.

② 庞守林，张爱明，丛爱静．品牌管理．北京：高等教育出版社，2017.

品牌创新的维度包括品牌观念创新，品牌表征（名称、术语、标记、符号、设计、包装或其组合）创新，品牌基础（产品、服务、技术）创新，品牌价值（企业的经济价值、战略价值、管理价值和顾客的功能价值、情感价值）创新，品牌传播创新，品牌管理创新等。①

苏勇等学者认为，品牌缺乏创新是品牌老化的原因之一，品牌创新的概念有广义和狭义之分。狭义的品牌创新，是指围绕品牌视觉系统、品牌名称、品牌延伸、品牌理念、品牌形象、品牌战略与策略等的创新行为；广义的品牌创新，是指通过运用新的技术，采用更科学的生产和服务方式，借助新市场的开拓和新型组织形式的引入，新的品牌延伸、新的品牌理念的融入，或者品牌的重新定位，抑或新的品牌战略的实施，来增强品牌的核心竞争力以及对品牌内外部资源的控制力，从而达到厚积品牌资产的各种创新行为。②

虽然学者们对品牌创新的理解不尽相同，但是可以看出：品牌创新强调要通过新的品牌管理手段，比如产品创新、品牌要素创新、传播创新、品牌延伸等，阻止品牌价值下降和品牌资产流失，以实现品牌资产的保值或增值。

综上所述，品牌激活、品牌更新和品牌创新是一组存在紧密关联的概念。

首先，目的相同。不管是品牌激活、品牌更新还是品牌创新，最终的目的都是保持品牌的活力，以实现品牌资产价值的保值和增值。

其次，策略重合。为了保持品牌活力，实现品牌资产价值的保值和增值，不管是品牌激活、品牌更新还是品牌创新，采用的策略重合度比较高，基本上都是围绕以下几点来进行：

第一，产品和服务创新。比如进行品牌基础（产品、服务、技术）的创新、品牌延伸等。

第二，增加消费的数量或频率。比如进入新市场、识别新用途等。

第三，创新品牌形象。比如重新定位，对品牌名称、标识、品牌口号、包装等品牌要素进行更新，进行品牌传播创新等。

本书认为，品牌老化是品牌长期管理中不可忽视的一项重要内容，要实现品牌基业长青，必须通过相应的策略来保持品牌活力，避免品牌走向衰亡。根据牛津词典，“revitalization”的意思是“使恢复生机、使新生、使再兴”；“updating”的意思是“使现代化，更新”；“innovation”的意思是“革新、改革、引入新事物，或新方法、新技术、新思想等”。而根据《辞海》（第六版），“激活作用”描述的是从“无活性或低活性转变为有活性或高活性的过程”；“更新”的意思是“革新，除旧布新”；“创新”的意思是“抛开旧的，创造新的”。由此可以看出，品牌激活（brand revitalization）是“使品牌恢复生机、使品牌新生、使品牌再兴”的意思，描述的是品牌从“无活性转变为有活性或从低活性转变为高活性的过程”。因此，品牌激活更加符合品牌老化这一管理情境。另外，从中国知网的指数统计来看，“品牌激活”是与“品牌老化”同时出现次数最多的关键词，使用“品牌激活”这个概念的文献数量相对较多。因此，在探讨品牌长期管理

---

① 朱立，贺爱忠．品牌管理．北京：高等教育出版社，2015.

② 苏勇，史健勇，何智美．品牌管理．北京：机械工业出版社，2017.

中的品牌老化问题时，本书采用品牌激活的概念展开论述。

本书给出如下定义：品牌激活，又称品牌活化，是指在品牌长期管理中，为了克服品牌老化，使品牌保持活力，避免品牌资产流失或贬值而采用的品牌管理手段。

第2节 品牌激活的策略

学者们认为，与产品一样，品牌也存在生命周期，也不可避免地要经过产生、发展、成熟和衰亡的过程；当品牌进入成熟期成为成名品牌时，就要不断地对其进行活化，以保持品牌的年轻化。①

在关于如何激活品牌的问题上，西方较早开展了相关研究，我国学者也提出了各种不同的观点。根据何佳讯教授的归纳，西方品牌激活原理的研究可以分成两个视角——基于认知心理学的视角和基于社会心理学的视角。②

基于认知心理学视角的品牌激活主要从消费者的认知心理入手，强调通过一系列的营销活动增强品牌意识，重塑品牌形象，最终达到重建品牌资产的目的。③ 比如，认知学派的代表人物凯文·莱恩·凯勒认为可以从两个方面进行品牌激活：一是拓展品牌意识，即挖掘与扩展品牌认知的深度与宽度（提高消费的频率、增加每次使用量）；二是改善品牌形象，即改变品牌联想和对品牌进行重新定位，重新构建品牌资产所依赖的基础。④ 戴维·阿克也提出，可以通过增加使用量、开发新用途、进入新市场、对品牌进行重新定位、增加产品或服务的种类、放弃已经过时的品牌、延伸品牌等策略来激活品牌。⑤ 让·马克·勒于认为，针对产品/服务导致的品牌老化，可以对所提供的产品或服务进行更新、延伸或者扩充；针对目标市场导致的品牌老化，可以更改目标市场或者扩大目标市场；针对品牌传播导致的品牌老化，可以加强或者改变品牌传播。⑥

基于社会心理学视角的品牌激活则主要从品牌本身的意义、内涵、本质等方面出发，强调通过品牌故事、品牌社群、怀旧性的广告等，唤醒消费者的怀旧情结以及消费者对该品牌的社会心理联结，最终达到建立或恢复消费者与品牌之间的亲密关系的目的。⑦

认知心理学视角强调引入新的元素来激活品牌，主要包括新产品（用途）、新市场、新定位和新形象；而社会心理学视角则强调挖掘老的元素来进行品牌激活，这两种理论虽然存在差别，但是也存在一定的联系。⑧ 例如，认知心理学派认为在改变品牌形象的同

---

① 李岩岩．品牌活化研究综述．科技创业月刊，2007（7）：67－69.

② 何佳讯，李耀．品牌活化原理与决策方法探窥：兼谈我国老字号品牌的振兴．北京工商大学学报（社会科学版），2006（6）：50－55.

③ 同②.

④ Keller，K. L. Managing Brands for the Long Run：Brand Reinforcement and Revitalization Strategies. California Management Review，1999，41（3）：102－124.

⑤ David A. Aaker. Managing Brand Equity. New York：Free Press，1991.

⑥ Jean-Marc Lehu. Back to life！Why Brands Grow Old and Sometimes Die and What Managers then Do：An Exploratory Qualitative Research Put into the French Context. Journal of Marketing Communications，2004（6）.

⑦ 同②.

⑧ 同②.

时，也要注意保留品牌精髓（即品牌的核心价值）；社会心理学派认为在充分利用怀旧情结的同时也要保持产品的不断更新，以满足消费者的现实需要。比如，唐娜·布朗（Donna Brown，1992）提出，品牌激活应该确保品牌形象不断更新（比如及时更换广告、包装和代言人）；要采用符合品牌形象的促销方式；要小心谨慎地进行品牌延伸；要改变品牌联想，但同时也要保留原有品牌的积极联想。[①] 让·马克·勒于在讨论因产品/服务导致的品牌老化时，也提到可以将怀旧效应和复古策略作为激活品牌的措施，提醒消费者品牌拥有的悠久历史和技术，以及真实性。[②]

因此，在品牌激活的过程中，应该把两种理论视角有机结合起来，既要积极开拓新资产，如不断更新产品和服务（认知心理学视角），又要挖掘自己的独特资产，如引入能够引发消费者怀旧的因素（社会心理学视角）。[③] 综上所述，可以将常见的品牌激活策略概括为以下四个方面。

一、产品和服务创新

品牌老化与品牌的实际年龄之间其实并没有直接的关系，当品牌给消费者提供的产品或服务丧失竞争力、不能使消费者满意时，品牌就会逐渐被消费者忽视和遗忘。所以不断进行产品和服务创新，给消费者提供满意的产品和服务，是保持品牌吸引力和活力的重点。产品和服务的创新既包括不断升级产品和服务，也包括增加产品/服务的种类、改善产品/服务组合。其中，增加产品/服务的种类、改善产品/服务组合可以通过品牌延伸来实现。

（一）升级产品和服务

产品的升级指的是通过技术创新不断提高产品的质量、改善产品的性能。比如，在抓住市场和客户需求的基础上，华为通过坚持不懈的技术创新，不断升级 P 和 Mate 两大系列手机的芯片、摄像头、机身材质、存储容量、电池等零组件，使手机的品质和性能越来越卓越，用户的认可度越来越高。正是通过产品的不断升级，华为成为国际一流的高端手机品牌。

服务的升级主要指的是升级服务设施、模式，提高服务水平。自创立以来，海尔一直致力于追求创新，除了产品创新，也高度重视家电服务的创新。在传统的家电服务模式下，家电服务都是“人工派单”，当用户遇到服务不到位的情况时，要么无处申诉，要么只能通过拨打投诉电话或者发布到网上求关注，非常影响用户的综合体验。为了给客户带来更好的服务体验，海尔不断升级服务模式，在行业内率先推出“服务兵抢单”代替传统的“人工派单”，即通过用户评价、用户付薪的全新机制，驱动服务兵（服务人员）主动与用户交互、主动提升服务技能，从而为用户创造更好的服务体验。接着海

---

① Brown Donna. Breathe New Life into Your Old Brand. Management Review，1992（8）.

② Jean-Marc Lehu. Back to life！Why Brands Grow Old and Sometimes Die and What Managers then Do：An Exploratory Qualitative Research Put into the French Context. Journal of Marketing Communications，2004（6）.

③ 同①.

尔又通过海尔服务微信号和App打造“人人服务、人人创业、智能互联、共创共赢”的服务模式，为用户提供一站式、全流程的最佳体验交互平台。通过不间断的服务创新，海尔给用户提供了良好的品牌体验，海尔也成为中国家电服务领域的开拓者和领导者。

客户需求在不断变化，市场环境在不断发展，科学技术在不断进步，产品与服务必须与时俱进，只有通过创新不断升级，才能牢牢抓住用户的心。

品牌视角11-1

红旗汽车：“又潮又飒”，创新焕新生

总部位于吉林省长春市的中国第一汽车集团有限公司（简称“一汽”）被誉为“新中国汽车工业摇篮”，新中国的第一辆汽车就是从这里下线。如今，面对新冠疫情严重冲击和全球汽车市场不景气等诸多不利因素，一汽旗下的红旗这个老品牌却实现了产销逆势上扬，风景这边独好。

如今的红旗品牌，家族产品越来越多，颜值越来越高，市场拓展也更接地气。红旗品牌的努力换来了良好的市场表现。数据显示，红旗品牌2021年销量突破30万辆，4年增长60多倍。

红旗汽车能“又潮又飒”，自主创新功不可没。数据显示，一汽2021年研发总投入达214.2亿元，同比增长3.9%，占营收比重3%；取得63项关键核心技术突破，完成专利申请4 757项。在一汽总部中厅，红旗品牌汽车家族和2021年最新突破的“零碳、零污染”排放氢能发动机等核心技术成果被一并展示，是来访嘉宾必打卡的地方。一汽创新技术研究院院长介绍，近年来一些核心技术攻关成果已在红旗等产品上搭载应用，一汽已制定“十四五”专题技术发展规划，全力实现核心技术自主掌控。

研发在创新，制造领域的创新也马不停蹄。走进刚投产的红旗繁荣工厂，在宽敞明亮的自动化车间，一辆辆红旗E-QM5正有序下线。这个工厂运用了最新的智能制造技术，标准产能24万辆/年，主要生产新能源车型。厂房内，随处可见集成机器人按行程轨迹工作，超声波检查设备正对产品进行精准测量，安装座椅、拧螺丝、涂胶等不少传统工人工位已被“一丝不苟”的机器人取代。据介绍，这个工厂冲压生产线全过程自动化率达到71.4%，焊装生产线的628台机器人实现自动化率100%，总装生产线拥有28台机器人和95台自动导航运输车（AGV），能够实现从A级到D级的全平台柔性生产，为红旗汽车的质量保驾护航。

资料来源：张建. 红旗汽车“又潮又飒”一汽让老品牌焕新生.（2022-06-10）. http://www.s? id = 173122766650736700&wfr = speder&for = PC.

（二）进行品牌延伸

产品和服务的创新还可以通过品牌延伸来实现。品牌延伸可以增加产品/服务的种类，改善现有的产品/服务组合。品牌延伸不仅能够带来市场扩张，增加利润，同时还能够保持品牌活力、延长品牌寿命。

海尔从冰箱开始，通过品牌延伸将产品从冰箱延伸到全屋家电，从低档产品延伸到高档产品。通过品牌延伸策略，“海尔家电”变成“海尔智家”，海尔的产品种类越来越丰富，市场份额不断扩大，品牌实现从追赶到赶超、再到引领的蜕变。世界权威市场调查机构欧睿国际（Euromonitor）的数据显示，14 年来，海尔保持世界家电第一品牌的地位，力压 LG、三星、惠而浦等国际知名品牌。

二、加强品牌认知，增加产品使用量

如果品牌的销量出现长期下降趋势，说明品牌的吸引力在逐渐减弱，品牌面临老化的风险。换个角度来说，如果能够不断加强消费者对品牌的认知，增加产品的使用量，那么品牌自然能够保持活力。

加强品牌认知，增加产品使用量的具体做法包括增加产品的消费频率、增加产品的单次消费量、进入新市场、识别新用途等。

（一）增加产品的消费频率

通过加强广告宣传或者增加更多的消费场景，可以增加产品的消费频率。

比如，诞生于 1879 年的李施德林漱口水，在被竞争对手 Scope 漱口水贴上“满嘴药味”的口味不佳标签时，在广告中提出“你痛恨的味道，一天两次”，不仅用“药味重、杀死细菌效果强”有效反击了对手，而且强调“一天两次”的使用频率，加强了消费者对漱口水的认知，增加了产品的消费频率。此外，李施德林还特意推出喷雾以及便携包装的产品设计，增加更多的产品消费场景，让消费者能够随时进行口腔清洁。

（二）增加产品的单次消费量

企业可以通过价格、包装等策略来增加产品的单次消费量。

比如，当消费者去星巴克购买咖啡时，服务员会向顾客推荐“加 3 元升大杯”，不少消费者会觉得 3 元升杯很划算，于是欣然同意。这无形中就增加了产品的单次消费量，星巴克也因此达到了增加营业收入的目的。

此外，改变包装也是增加产品单次消费量的常用方法。比如放大牙膏的管口、将牛奶的小包装换成大包装等。据说，高露洁牙膏在最初投产上市时销路一直打不开。为了拓展销路，高露洁悬赏 10 万美元征集方案。最终的获奖方案很简单——将牙膏的管口放大 50% 。这样的话，消费者每次使用牙膏时用量就会增加一半，牙膏的销量自然就会激增。

（三）进入新市场

进入新市场既包括开发新的用户群体，也包括进入新的地理市场。

开发新的用户群体。比如在消费品领域专注于婴儿群体的强生，以“宝宝用好，您用也好”作为宣传口号，积极开发成年人用户群体，扩大了品牌的目标市场。

进入新的地理市场。包括中国、俄罗斯、印度、巴西、南非“金砖五国”在内的新兴市场以及“一带一路”沿线国家蕴含巨大的市场潜力，进入这些地理意义上的新市场将给品牌带来增长机会。宝洁、联合利华、可口可乐等公司就是通过进入中国、印度等新的地理市场，使品牌重新获得了增长的活力。“一带一路”沿线国家人口众多、市场广阔，随着“一带一路”倡议的不断推进，“一带一路”沿线国家的商贸往来将更加频繁，这将给我国的自主品牌带来发展的新机遇。

（四）识别新用途

识别产品的新用途，能够增强消费者对品牌的认知，提高产品的销量。在医药工业界，许多老药就是因为在临床的实践过程中被发现了新的用途，从而给产品带来新的销量，品牌也得以保持活力。以阿司匹林为例。德国拜耳（Bayer）公司在19世纪推出的阿司匹林，最初只是作为解热镇痛药使用，通过拜耳公司的有力推动，阿司匹林在临床中的新用途被不断地识别出来。现在，阿司匹林不仅是一种解热镇痛药，还被广泛应用于心血管疾病治疗，甚至在抗癌、生殖等领域都有应用。截至目前，阿司匹林的临床应用已经超过百年，通过识别新用途，阿司匹林已经成为拜耳最重要的产品以及医药史上的经典药物之一。

三、更新品牌形象

通过重新定位，更新品牌名称、标识、口号、包装等品牌要素，以及进行品牌传播创新等手段，可以帮助老化的品牌焕发新的形象，重新激发品牌活力。

（一）重新定位

当品牌不适合市场环境下新的发展而陷入困境时，可以考虑通过重新定位的方式更新品牌形象，以建立起积极的品牌联想。

率先发明了第一台黑白电视机的美国无线电公司（Radio Corporation of America，RCA）曾在电视机市场中居主导地位长达40年。然而，随着电子消费市场的不断扩大，RCA面临着被高科技产品淘汰的风险。为了激活品牌，RCA将品牌重新定位为娱乐供应商。这一新的品牌定位更新了RCA原先在消费者心目中“生产科技含量较低、大规模、中等档次电视机的制造商”的形象，同时又保持了现有顾客与公司产品之间的一致性。

品牌视角11-2

波司登：重新定位，“羽皇”回归

波司登成立于1976年，最开始是做贴牌羽绒服起家的。创始人高德康在觉察到羽绒服市场的巨大商机之后，创立了自己的羽绒服品牌“波司登”，并凭借优秀的制作工艺快速发展。到1995年，波司登已经以当年68万件的销量成为全国销量第一的羽绒服品牌。随后，波司登在1998年接连获得国家登珠峰、南北极科考的赞助资格。2007年，波司登通过港股上市，成为羽绒服第一股。

羽绒服在淡季和暖冬时会有大量库存积压，不仅增加销售成本，也降低了货品周转效率。基于此，波司登在2009年提出了“多品牌化、四季化和国际化”的转型战略。通过频繁收购多个品牌和打造自身品牌，波司登将旗下产品扩张至男装、女装、休闲服饰、童装、潮流服饰等多个领域。波司登不再聚焦于自身最有优势的羽绒服业务，而是希望扩张多个业务线，改变公司营收结构，降低因气候带来的运营风险。

然而大刀阔斧的转型并没有带来理想的成效。多元化的业务不仅没能改变营收格局，还让波司登原本专注羽绒服的品牌形象遭到稀释，原有的市场份额也遭到了新入局品牌的挤压。从 2011 年开始，受金融危机、电商冲击以及国外品牌入侵等多种因素的影响，波司登的业绩开始遭遇寒冬，品牌逐渐老化。

为了重振品牌活力，波司登开始了“二次创业”，对品牌进行了重新定位：聚焦中高端羽绒服市场。2017 年 11 月，波司登重新确立了“全球热销的羽绒服专家”的品牌战略定位，再次聚焦羽绒服领域，并于 2018 年确立“聚焦主航道、聚焦主品牌”的战略方向，开启中高端转型，业绩终于一挽颓势，开始高速增长。

重新定位之后，波司登开始了向高端化进军的道路。首先，扭转消费者心智中波司登是“中老年人”专用的形象，让旗下产品年轻化、时尚化。为此，波司登在设计层面做出了明显的改变。从 2018 年开始，波司登花重金请来了包括纪梵希设计师、前 Karl Lagerfeld 创意总监等在内的多位设计界大咖，并邀请到国际明星安妮·海瑟薇、奥斯卡影后妮可·基德曼等，身着波司登羽绒服在品牌亮相的时装周上站台；2018 年 9 月，波司登登上纽约时装周，以“牖”为系列主题，运用窗格、水墨古画等中国元素和形式，在羽绒服设计中融入中国神韵；2019 年 9 月，波司登成为第一个登上米兰时装周的中国羽绒服品牌，在时装周上展出了“星空”“极寒”“地衮”三个系列羽绒服；2020 年 2 月，波司登以独立品牌身份参加伦敦时装周，成为首个亮相伦敦时装周的中国羽绒服品牌。其次，进一步进行品质升级，在营销中强化质量过硬的形象。在羽绒服制作工艺上，波司登早在 1995 年就率先将含绒量逐步提升到 90%，并针对羽绒服钻绒跑绒的难题，实施技术攻关，钻研出了放跑绒新技术。按照国家标准羽绒服含绒量不低于 50%，而波司登羽绒服每一件含绒量都达到了 90%。另外，国家标准要求羽绒服蓬松度达到 480，而波司登的采用标准是最高可达 1 000 蓬松度的 5A 级羽绒。波司登羽绒服内部填充中使用的鹅绒，均是奢侈品级，有瑞士蓝标认证，并且是源自中国、波兰、匈牙利这些全球鹅绒产地，通过国际 RDS 认证、可控可追溯的全球认可安心绒。目前，波司登已经参与了 23 项国际标准、11 项国家标准、4 项行业标准的制修订工作，制定各类企业技术标准 218 项，拥有专利 231 项。此外，波司登还借势国潮崛起，树立了民族品牌的形象。

通过重新定位，波司登重新聚焦品牌的核心优势，回归羽绒服主业，重新激活了消费者对其羽绒服专家的认知。

资料来源：45 岁的波司登，高端化形象立住了吗？.（2021－11－11）. https：//xw. qq. com/cmsid/20211111A05S1S00.

（二）更新品牌要素

品牌要素的更新可以直观地传递出品牌形象更新的信号。

一般来说，作为最重要的品牌要素，品牌名称是最难改变的。但是为了让品牌更具有竞争优势，比如更容易产生积极的品牌联想、更容易发音、更容易被记忆等，品牌名称也可以进行更新。比如，2014 年阿里巴巴旗下的事业群阿里旅行，将旅行品牌“去啊”更名为“飞猪”。阿里旅行品牌名称的改变，首先提高了品牌的辨识度；其次，由于阿里旅行 80% 的用户为年轻群体，新的品牌名称能够强化年轻的概念，强化了品牌面向年轻消费者的品牌定位。对企业来说，品牌名称的改变肯定会带来各种挑战和不便，企业需要权衡利弊，谨慎决策。

除了品牌名称，品牌标识（Logo）、品牌形象代表、品牌口号、包装等品牌要素相对容易改变。许多品牌通过品牌标识、品牌形象代表、品牌口号和包装的更新，树立了新的品牌形象。比如2010年，创建于1989年的李宁为了重塑品牌，不仅更新了品牌标识（见图11－1），而且更新了品牌口号，用新的品牌口号“Make The Change”取代了原来的口号“一切皆有可能”。

品牌标识更新前　　　　品牌标识更新后

图11－1　李宁的品牌标识更新

综上所述，当现有的品牌要素不能传递理想的品牌形象时，为了重新拥有令人满意的品牌联想力度、赞誉度和独特性，可以适时地进行品牌要素的更新。但是值得注意的是，更新品牌要素时，不宜将一切推倒重来，应该采取适度和渐进式的更新，并且注意保留品牌要素中最突出的部分，以便保留一部分品牌已建立起来的认知和联想。

（三）品牌传播创新

品牌形象的塑造离不开品牌传播，同时，与时俱进的品牌传播也能够帮助品牌保持活力，防止品牌形象老化。品牌传播的创新主要可以通过传播内容的创新和传播媒体的创新两个途径来实现。

1. 传播内容的创新

（1）内容创意

在广告、公共关系以及其他的品牌传播活动中，新颖、独特的传播内容总是能够带给人新鲜的感觉，并且令人印象深刻。因此，要充分重视品牌传播中的内容创意，通过别出心裁、巧妙构思的内容，给品牌传播营造变化，塑造出新的品牌形象。

比如2020年林肯在航海家新车发布会上使用的“无人机表演＋广州塔灯光秀＋楼宇3D投影”的内容创意不仅产生了非常好的品牌传播效果，而且改变了消费者对林肯这一创建于1917年的品牌“加长的礼宾车”的刻板印象，给林肯这个百年品牌注入了“酷炫”“科技”“时尚”“动感”的元素。

（2）更换代言人

在品牌传播的创新中，更换品牌代言人是一个常用且相对容易操作的方法。更换品牌代言人不仅能够让品牌形象耳目一新，而且当品牌的目标受众发生迭代更替时，新的代言人能够让品牌与年轻世代的消费者开启成功的对话。

以肯德基为例。一直在品牌年轻化道路上不断努力的肯德基，为了让品牌保持年轻的形象，通过不断地更换代言人以迎合中国年轻的消费者，除了演艺界艺人，甚至选择来自二次元的顶级虚拟偶像洛天依。肯德基通过代言人的频繁更换，牢牢抓住了中国年轻消费者的眼球，也成功抓住了中国年轻消费者的心。

2. 传播媒体的创新

技术的发展不断给传播媒体带来新的变化，品牌传播的载体数量越来越多，形式也越来越丰富。采用新的传播媒体以及媒体组合，也是品牌传播创新的一个重要方向。

如今，以抖音、快手为代表的短视频平台已经成为我国互联网信息传播的主流渠道。当短视频刚开始兴起时，就有许多勇于创新的品牌在第一时间利用短视频平台开展品牌传播，效果显著。比如，阿迪达斯就是第一批入驻抖音的品牌之一，阿迪达斯经常在抖音平台发布其明星代言人的视频，鼓励用户与其明星代言人互动；同时，阿迪达斯多次通过挑战赛的形式在抖音上发起活动，吸引用户创作用户生成内容（user generated content，UGC）来参与品牌的传播。通过抖音这一互联网新媒体，阿迪达斯树立起品牌的年轻化形象，收获了大量新粉丝。

四、实施怀旧策略

以上品牌激活策略都是通过创新实现的，属于创新型的品牌激活策略。除了创新型的品牌激活策略之外，企业还可以通过实施怀旧策略来激活品牌。因为品牌本身所具有的独特历史文化资源和忠实消费群体等“旧资产”同样不容忽视，值得加以开发利用。①

怀旧（nostalgia）是对过去的渴望或对昨日的向往，是一种正常的人类反应。② 怀旧可以分为个人怀旧（personal nostalgia）和集体怀旧（communal nostalgia）两种。个人怀旧与个人的生命周期有关，随着年龄的增长，人们会习惯性地回忆年轻时的美好时光；相反，集体怀旧发生在一个社会层面，在战争、革命、入侵、经济混乱或环境灾难所引发的划时代变化之后。③ 个人怀旧和集体怀旧通常紧密地交织在一起，特别是在市场营销中。一个老品牌不但能够使人们想起过去的时代，也会让人们想起过去的自己。④ 因此，实施怀旧策略能够加强消费者与品牌之间的情感连接，从而激活品牌。通过怀旧策略激活品牌的具体做法包括：

第一，打造复古品牌。通过怀旧来激活品牌要注意将现代标准和消费者需求相结合，把过去的样式和现代的功能技术完美融合在一起。⑤ 只有这样，才能够在实现怀旧效应的同时，保证品牌能够满足现在的消费者需求。因此，打造复古品牌是一个合适的选择。复古品牌（retro brand）不是对过去品牌的直接复制、简单地重新生产老产品，而是强调老样式和新功能的结合，是对过去和现在的协调统一。⑥ 比如，北冰洋是我国北方著名的

---

① 何佳讯，等．创新还是怀旧？长期品牌管理“悖论”与老品牌市场细分取向：一项来自中国三城市的实证研究．管理世界，2007（11）：96－107＋149.

② 吴水龙，黄小宁，周运锦．“老字号”品牌资产的激活：机理与路径．现代管理科学，2009（4）：73－75.

③ Brown，S.，Kozinets，R. V.，Sherry，J. F. Teaching Old Brands New Tricks：Retro Branding and the Revival of Brand Meaning. Journal of Marketing，2003，67（3）：19－33.

④ 同③.

⑤ 何佳讯，李耀．品牌活化原理与决策方法探窥：兼谈我国老字号品牌的振兴．北京工商大学学报（社会科学版），2006（6）：50－55.

⑥ 卢泰宏，高辉．品牌老化与品牌激活研究述评．外国经济与管理，2007（2）：17－23.

汽水品牌，在20世纪90年代，随着竞争的加剧以及人们消费习惯的改变，曾经年产值超过1亿元的北冰洋汽水的销量持续下降，品牌甚至一度从市场上消失。2011年，停产近15年的北冰洋以复古品牌的身份重新回归。北冰洋通过几十次的技术研讨和上百次的配方调整，重新确定了符合经典记忆、广为人们喜欢的“新味道”，并且根据当下消费者的需求，开发了橙子味、无糖系列的汽水以及苏打水，此外还重新设计了更时尚的包装和品牌形象，重新上市的北冰洋汽水投产2个月后就实现了盈利。

第二，实施具有怀旧效应的品牌传播。品牌传播是让老化的品牌重新焕发活力的最常用手段，因为它能够迅速产生效果。[①] 因此，品牌可以在广告、包装、口号等传播环节植入怀旧元素，比如具有时代意义的时间、事件、场景、人物等，来唤起消费者的回忆和情感，从而激活品牌。比如，六神花露水曾经发布了一则视频广告《花露水的前世今生》，里面植入了由凉席、电风扇、花露水等营造出来的怀旧场景，唤起了80后和90后关于童年和夏天的记忆，成功地拉近了品牌与消费者的情感距离。

总而言之，品牌激活要求品牌管理人员以市场为导向，突破品牌创新思想以及管理制度的障碍，主动适应市场环境的变化，使品牌在消费者心目中保持青春活力。在采取具体的品牌激活策略之前，品牌管理人员首先应该明确品牌老化的程度并了解导致品牌老化的原因；然后要对品牌进行审计，以确保该品牌值得被激活；最后，再根据品牌的具体情况选择和实施适当和有效的品牌激活策略。[②]

第3节 中华老字号的品牌激活

一、中华老字号及其品牌激活的意义

中华老字号（China Time－honored Brand）是指历史悠久，拥有世代传承的产品、技艺或服务，具有鲜明的中华民族传统文化背景和深厚的文化底蕴，得到社会广泛认同，有着良好信誉的品牌。[③] 中华老字号既是我国商业文明的辉煌成果，也是中华民族传统文化的瑰宝。

在几千年的历史发展过程中，我国形成了众多老字号品牌，比如同仁堂、胡庆余堂、茅台、老凤祥、瑞蚨祥、六必居、王致和、全聚德、东来顺、狗不理、张小泉。随着时代和市场环境的变迁，一些中华老字号通过改革和创新使品牌重新焕发出青春，活力不减；也有一些中华老字号在激烈的竞争中勉强维持、惨淡经营；还有一些中华老字号没有经受住残酷竞争的冲击，失去了品牌魅力，被消费者遗忘，品牌也随之消失。

中华老字号作为中国自主品牌的代表，不仅拥有得天独厚的历史文化底蕴，而且蕴含着巨大的商业价值和社会价值，承载着中国传统文化传播与市场经济繁荣的双重使

---

① Jean-Marc Lehu. Back to Life! Why Brands Grow Old and Sometimes Die and What Managers then Do：An Exploratory Qualitative Research Put into the French Context. Journal of Marketing Communications，2004（6）.

② 同①.

③ 中华人民共和国商务部《“中华老字号”认定规范（试行）》（2006年4月10日）.

命。[1] 因此，国家高度重视中华老字号的品牌激活。商务部从 2006 年开始就在全国实施“振兴老字号工程”，旨在引导具有自主知识产权、优秀民族文化和独特技艺的老字号加快创新发展，发挥老字号在经济和社会发展中的重要作用。2017 年，商务部等 16 个部门联合印发《关于促进老字号改革创新发展的指导意见》，旨在促进老字号顺应消费需求新变化和“互联网 +”新趋势，加快改革创新发展，进一步弘扬优秀文化，拓展品牌价值，充分发挥老字号在稳增长、促消费、惠民生中的积极作用。2022 年，为了进一步推动老字号创新发展，充分发挥老字号在建设自主品牌、全面促进消费、坚定文化自信方面的积极作用，更好满足人民美好生活需要，商务部等 8 部门又发布了《关于促进老字号创新发展的意见》，以解决老字号发展过程中存在的创新能力不够、发展水平不高等突出问题。

具体来说，激活中华老字号，对于促进我国自主品牌、民族企业和商业的发展，以及弘扬中华优秀传统文化和民族精神均具有重要的现实意义。

（一）促进自主品牌发展

中华老字号是我国工商业发展中孕育的优秀自主品牌，承载着独特的技艺、精深的服务理念和商业文化精髓，在全国人民、海外华人和国际友人中具有深远影响，是我们国家和民族宝贵的无形资产。激活中华老字号对我国自主品牌的发展、提升我国自主品牌的社会影响力和竞争力具有积极意义。

（二）促进民族企业发展

中华老字号绝大多数植根于中小民族企业。民族企业是国家建设和发展、国民经济增长的引领者、压舱石和生力军。激活中华老字号能够充分发挥老字号的品牌和文化优势，这对于促进民族企业做精做强，提升民族经济的国际竞争力具有重要战略意义。

（三）促进我国商业发展

“历史悠久、特色鲜明、诚信至上、货真价实、童叟无欺”是中华老字号的共同特点，是中华老字号在长期发展中形成的独具特色的传统商业文化。中华老字号的激活，能够让我国独具特色的传统商业文化得到保留、继承和发扬，有利于引导企业诚信经营，构建诚信、规范的市场秩序，推动诚信兴商的商业氛围的形成，促进我国商贸服务业的健康发展。

（四）弘扬中华优秀传统文化和民族精神

中华老字号不仅仅是一个商业品牌，更是蕴含着深厚民族情感的文化符号。[2] 中华老字号的品牌精髓中蕴含着“仁义礼智信”“和合同”“真善美”等丰富的中华优秀传统文

---

① 陆瀚．数字时代中华老字号品牌传播的创新．青年记者，2020（8）：17－18.

② 余东代表：保护中华老字号，引领“国潮”新消费．（2021－03－09）．https：//baijiahao. baidu. com/s? id = 1693739911401373137&wfr = spider&for = pc.

化，以及爱国爱民、实业兴邦、勤劳勇敢、自强不息等伟大的中华民族精神。

在中华优秀传统文化的浸润下，中华老字号基本上都奉行以仁义为本、诚信至上、求实戒欺为代表的经营理念，以及坚毅执着、精工细作的匠人精神。比如，被誉为“江南药王”的胡庆余堂一直恪守百年“戒欺”的经营理念；同仁堂则一直遵循古训中“炮制虽繁必不敢省人工，品味虽贵必不敢减物力”的精工细作精神。

中华老字号历史悠久，它们是中国历史的见证者与参与者，是以爱国主义为代表的中华民族精神的发扬者。例如，在抗日战争期间，众多老字号或停产、或关闭相关店铺、或内迁、或转行，它们以自己力所能及的形式对侵略者的暴行展开反抗，身体力行地践行着实业救国和抗日爱国。①

因此，中华老字号不仅能够反映中华优秀传统文化，而且能够折射出中华民族伟大的民族精神，激活中华老字号有利于中华优秀传统文化和伟大民族精神的弘扬。

二、中华老字号品牌老化的原因

自2006年商务部启动“振兴老字号工程”以来，中华老字号的品牌影响力不断提升，一批老字号企业发展势头良好，但也有部分老字号市场竞争力不强，难以适应经济社会的快速发展，品牌陷入老化衰退的态势。

品牌视角 11－3

老字号整体生存堪忧

目前，中华老字号振兴计划系列活动在京启动，老字号创新发展成为专家热议的话题。老字号生存面临怎样的困境？如何让老字号焕发新的生机？对此，记者进行了调查。

稻香村、东阿阿胶、全聚德、同仁堂……这些人们耳熟能详的老字号承载着厚重的文化底蕴。然而，由于体制落后、与市场实际需求脱轨、传承人才断档等多重原因，老字号企业发展状况普遍堪忧。

目前，全国由商务部认定的中华老字号共1 128家，其中73家为上市公司。在这些老字号中，诸如同仁堂、东阿阿胶、稻香村这样不断发展壮大的，占比只有20%～30%；多数老字号经营情况欠佳。不少老字号甚至处于“僵尸”状态，空有品牌，已无产品上市。相比之下，国外的很多老字号通过强强联合、产品创新等途径，把百年老店变成了享誉全球的品牌。在连续多年发布的世界品牌100强榜单中，欧美日上榜品牌超过半数，其中很多都是老字号企业。

“作为承载中华文明，传承匠心精神，体现诚信经营的重要载体，中华老字号更应该肩负起新时期的历史使命，以崭新的姿态和风采进行改革创新，让老字号有‘新内容’‘新亮点’‘新优势’，焕发生机，重放光彩。”在国务院参事室特约研究员姚景源看来，振兴老字号意义重大。

资料来源：李慧．老字号如何破解“僵尸”困局．光明日报，2016－10－13（5）．

---

① 弘扬老字号品牌，讲述中国故事．（2020－05－07）．https：//baijiahao. baidu. com/s？id＝166599182634756906 9&wfr＝spider&for＝pc.

导致中华老字号老化的原因集中在以下几个方面。

（一）营销观念

中华老字号历史悠久，产品具有工艺独特、正宗、货真价实等优点。由于具有产品上的优势，许多中华老字号因此形成了保守的营销观念，信奉产品观念，缺乏“以消费者为中心”的现代市场营销观念。

“以消费者为中心”的现代市场营销观念要求贯彻“顾客至上”的原则，中华老字号如果没有树立“以消费者为中心”的营销观念，往往做不到“想顾客所想，急顾客所急”，最终会导致产品和服务的顾客满意度较差，让老字号在市场竞争中失去竞争力。有学者在研究中指出，与肯德基、麦当劳等执行标准严格的服务规程、时刻准备为顾客服务的企业相比，老字号的服务质量相差较大：一方面，有些老字号店大欺客、自恃百年而不注重服务；另一方面，有些老字号服务的随意性大，在可靠性、可信性等方面表现较差，服务质量没有标准化，严重影响顾客的心理感受。①

观念决定行动，行动决定绩效，观念的缺失使老字号不能正确处理企业与外部环境、顾客之间的关系，不能正确指导企业及员工的行为。② 只有放下曾经优越的身段，主动适应需求环境、竞争环境、技术环境等市场环境的变化，坚决贯彻“以消费者为中心”的营销观念，给消费者提供令人满意的产品和服务，中华老字号才能重拾青春、焕发活力。

品牌视角11-4

狗不理的网友差评风波

2020年9月，一网络知名博主发布了以“我在大众点评上找到一家评分最低的餐厅（北京王府井/东四地区），带你去看看究竟有多差”为主题的视频。在视频中，博主探访了狗不理包子北京王府井总店，花60元购买了一笼8个酱肉包，又花38元买了一笼8个猪肉包，并总结称酱肉包特别腻，没有用真材实料；而猪肉包则是皮厚馅少，面皮粘牙。此外，他还对该店的服务、价格等进行了点评。

视频发出后不久，新浪微博账号“王府井狗不理店”发布了一则声明，称该视频所有恶语中伤言论均为不实信息，并要求立即停止侵权行为，并在国内主流媒体公开道歉，餐厅将依法追究相关人员和网络媒体的法律责任。此举引发了舆论关注，网友几乎一边倒地站在了“王府井狗不理店”的对立面，指责狗不理“店家难吃价贵还不让说”。由于“王府井狗不理店”的举动严重损害了狗不理集团的名誉，造成了恶劣的社会影响，最终狗不理集团发表声明解除与狗不理王府井店加盟方的合作关系。

近年来老字号餐饮面临的问题并不少，专家表示，“老字号”在一定程度上代表着企业文化、城市文化，更渗透着中华文化，但不意味着可以安于守旧、一成不变，也必

---

① 黄桂红，谢军．“老字号”品牌激活的策略研究．赣南师范学院学报，2008（1）：104-107.

② 付勇，刘秀兰．激活中华“老字号”的观念：传统民营企业制度障碍剖析．西南民族大学学报（人文社科版），2005（10）：82-85.

须要适应市场发展的需求，适应消费者整体口味和需求的变化。

资料来源：被博主吐槽难吃，北京王府井狗不理声称报警！差评行为是否侵权?.（2020-09-12）. https：//baijiahao. baidu. com/s？ id=1677625112152858913&wfr=spider&for=pc.

（二）品牌定位

品牌定位决定了品牌在消费者心智中的位置，决定了品牌个性和品牌形象。许多中华老字号没有明确的品牌定位，导致目标市场模糊；或者是原先的定位不能适应市场需求的变化，从而造成品牌的没落。对中华老字号来说，品牌定位是其能否继续吸引消费者以及拥有差异化竞争优势的关键。特别是面对老字号消费者年龄结构老化的严峻事实，中华老字号只有拿出清晰的、有竞争力的品牌定位，才能够吸引年轻的消费者，提高品牌在年轻消费群体中的知名度，才能完成品牌目标市场的更新换代，实现品牌激活。

品牌视角 11-5

始于1931年的百雀羚，品牌定位后重回“少女”时代

创立于1931年的百雀羚是中国历史上最为悠久的著名护肤品牌。与许多中华老字号一样，百雀羚也曾在时代的变迁中面临品牌“老化”和“疲态”的困境，一度举步维艰。

由于百雀羚的消费群体已经成为“奶奶”级别，百雀羚在年轻一代心目中的品牌形象老化严重。为摆脱传统老式国货品牌的形象，2008年百雀羚重新进行了品牌定位——草本护肤。百雀羚“草本护肤”的定位消除了人们对老国货护肤品香味浓郁、质地油腻的固有印象，迎合了现代年轻人的护肤喜好和需求。重新进行品牌定位以后，百雀羚受到了年轻消费者的欢迎，不仅品牌形象成功转型，而且完成了消费群体的更新换代。

因为成功的品牌定位，“奶奶”级别的百雀羚重回“少女”时代，在天猫等平台创造了多个销售奇迹，并成为东方之美的品牌典范，多次被国家领导人作为国礼赠予外国友人。老字号品牌百雀羚不仅重新焕发了生机，而且通过不懈的创新与努力发展，成长为中国护肤领导品牌。

（三）产品/服务

产品/服务问题是导致许多中华老字号品牌老化的主要原因。具体表现包括：

1. 生产技术落后

许多中华老字号由于资金、体制等原因，无法及时更新生产技术，导致产品失去竞争力。

以王麻子为例。“北有王麻子，南有张小泉”，始创于1651年（清顺治八年）的王麻子是刀剪行业与张小泉齐名的中华老字号。由于设备严重老化，产品的生产技术落后，导致产品缺乏创新，再加上内部管理、市场竞争方面的问题，从20世纪90年代开始，王麻子开始走下坡路，企业效益一直下滑。截至2002年5月底，王麻子剪刀厂的资产负债率达到216.6%，最终被法院裁定宣布破产。破产后的“王麻子”商标由北京栎昌王麻子工贸有限公司接收，由于持续亏损，2020 年 5 月老字号王麻子不得不再度易主，“王麻子”商标最终花落广东阳江刀剪行业的一家龙头企业。新东家表示未来将推动自身的资本和技术优势与百年老字号品牌以及非物质文化遗产工艺相结合，进一步提升王麻子品牌在国内市场的竞争优势。

2. 对质量的重视不如从前

产品质量是中华老字号最重要的品牌优势。过去，中华老字号凭借考究的原料、精湛的技艺、精细的制作、让顾客满意的服务，获得了消费者的信任和喜爱。然而随着时代的变迁，一些中华老字号对质量的重视大不如前。一旦产品发生质量问题，将给中华老字号的品牌信誉和形象造成严重危机。

以冠生园为例。冠生园是 1915 年到上海经商的广东人冼冠生创办的老字号名牌。1925 年前后，上海冠生园在重庆、昆明、南京等地开设了分店。2001 年，南京冠生园被中央电视台曝光了其用陈馅做新月饼的丑闻，举国震惊。此次事件不仅在月饼市场引发了空前震荡，而且使上海冠生园等冠以“冠生园”名称的企业深受连累，“冠生园”的品牌声誉遭受严重打击。南京冠生园也因“月饼陈馅”事件宣告破产。

产品质量是中华老字号引以为豪的根基。拥有中华老字号的企业不能存在唯利是图、急功近利的思想，要珍惜中华老字号的品牌荣誉以及消费者的信任，拿出精益求精的工匠精神严格把控产品质量，坚决杜绝偷工减料、粗制滥造、滥竽充数等现象。只有坚持用品质擦亮中华老字号的招牌，中华老字号才能基业长青，赢得不同时代消费者的青睐。

3. 产品/服务老化

因产品/服务老化而不能满足现在的消费者需求，是中华老字号失去市场，特别是年轻用户市场的主要原因。面对激烈的市场竞争，产品/服务因循守旧、故步自封势必会加剧中华老字号的衰亡。

以中华著名老字号全聚德为例。因菜品单一且创新不足，全聚德 2017—2019 年的业绩呈现连续下滑，老字号陷入经营尴尬的境地。从“吃饱”“好吃”，到“吃得健康”“吃得多元化”“吃得舒适”，我国餐饮市场的需求在不断地发生变化。与此同时，以 90 后、00 后为代表的新生代消费群体开始兴起，他们更加注重大健康的消费理念以及时尚和创意。在此市场背景下，全聚德传统烤鸭的油腻似乎与人们追求健康的理念背道而驰，全聚德陈旧的菜单也很难吸引年轻消费者。由于产品/服务老化导致品牌老化的中华老字号不止全聚德一家，面对不断变化的市场需求，中华老字号只有不断地推陈出新，通过改进产品/服务、研发和推出新品等手段创新产品和服务，才能够避免客户流失及市场份额下滑。

（四）品牌传播

由于存在“酒香不怕巷子深”的想法，一些中华老字号缺乏品牌传播的意识，或者传播的力度不够，导致品牌知名度不断减弱，最终被消费者遗忘。此外，由于品牌传播策略没有与现代的消费者群体之间实现很好的衔接，导致品牌传播效果不理想，这也是一些中华老字号无法与年轻的消费者群体拉近距离的一个原因。

创立于 1921 年的五芳斋是我国首批“中华老字号”。与许多中华老字号不同的是，五芳斋这个百年品牌通过成功的品牌传播策略，成为老字号中的“网红”，获得了年轻消费者的喜爱。在2009年以前，五芳斋与许多老字号一样，认为老字号有积淀、有名气，所以根本不做品牌传播。但在拓展全国市场时，五芳斋发现，在90后或者00后的认知中，老字号是“父母或祖辈才会去买的”“显得老土”。为了改变新世代的消费者群体对老字号的印象和认知，2009年五芳斋确定了未来的发展战略，开始改变品牌的营销策略和传播方式。在传播方式和内容的选择上，五芳斋采用“消费者在哪里，我们就到哪里去；他们喜欢什么，我们就用什么样的语言去跟他们进行沟通”的策略。通过KOL、短视频、H5、快闪店等新颖的传播方式，以及年轻人喜欢的沟通语言，五芳斋的品牌传播与当下消费者的喜好进行了紧密的结合，品牌传播朝着年轻人喜欢的方向推进。这不仅使品牌成功地触达更多年轻的消费者，而且使五芳斋这个百年品牌成功地迈向年轻化。

名牌没有终身制。市场竞争优胜劣汰，中华老字号企业不能“倚老卖老”，一味“吃老本”。只有坚持以市场为导向、打造差异化的品牌定位、注重产品/服务的质量和创新、实施能与消费者成功沟通的品牌传播策略，坚持科学的品牌管理，不断地给品牌注入活力、增强品牌的竞争力，中华老字号才能基业长青。

三、中华老字号的品牌激活途径

中华老字号具有鲜明的中华民族传统文化背景和深厚的文化底蕴，因此中华老字号的品牌激活要把握好“变”与“不变”的关系，要在传承中创新、在传承中发展。这意味着中华老字号的品牌激活比普通品牌的激活要多一层考虑。

何佳讯和李耀（2006）认为，中华老字号的激活要用“两条腿”走路，而不是单一的途径，即既要挖掘自己的独特资产，又要积极开拓新资产。① 具体的措施包括：首先，实施怀旧策略，利用情感诉求建立消费者关系；其次，重估品牌精髓和意义，加强对品牌故事的宣传；再次，在“新”上下功夫，“表”“里”并重，以拓展品牌意识、改善品牌形象，这里的“表”是指包装、外形、款式等外在的东西，“里”是指产品的质量、技术含量等，“新”包括新产品、新服务、新技术、新用途、新市场、新的分销渠道等；最后，实行联合品牌经营战略，积极进行品牌延伸等，以充分发挥无形资产的价值。

吴水龙、黄小宁和周运锦（2009）认为，老字号老化衰退的本质在于其品牌资产的下降，因此可以通过对老字号品牌的旧元素加以复活，并为老字号品牌注入新元素这两条关键路径来激活老字号的品牌资产。② 其中，复活旧元素的目的在于拓展和加深消费者针对老字号形成的品牌知识，主要可以采用怀旧、品牌故事和品牌社区等策略。激活老字号品牌资产的另一条重要途径是老字品牌注入新元素，改变消费者对老字号品牌形成的负面认知和联想，从而形成全新的品牌知识，改善老字号的品牌形象。注入新元素的主要途径有品牌重新定位、品牌联盟和加强品牌传播等。

由此可见，中华老字号的品牌激活可以从“新”和“旧”两条途径入手，既要复活

---

① 何佳讯，李耀．品牌活化原理与决策方法探窥：兼谈我国老字号品牌的振兴．北京工商大学学报（社会科学版），2006（6）：50－55.

② 吴水龙，黄小宁，周运锦．“老字号”品牌资产的激活：机理与路径．现代管理科学，2009（4）：73－75.

和传承中华老字号一些“旧”的元素，比如品牌精髓、品牌独特的历史资源、忠实的消费者群体等；也要给中华老字号品牌创造一些“新”的元素，比如新的产品/服务、新的目标市场、新的品牌传播等。中华老字号的品牌激活不能一味地“求新”，一味地“求新”意味着抛弃中华老字号辛苦建立起来的品牌资产，抹去中华老字号的历史文化底蕴；也不能一味地“守旧”，一味地“守旧”意味着故步自封，与时代脱节，那么中华老字号最终将难逃被市场抛弃的命运。只有将“新”“旧”两条途径相结合，中华老字号才能够在传承中创新和发展。

综上所述，本书认为中华老字号的品牌激活包括复活旧元素和注入新元素两条途径，并且同时推进。其中，复活旧元素的策略主要包括怀旧、品牌故事等；注入新元素的策略则主要包括创新产品和服务、更新品牌形象等等（见图 11－2）。

图 11－2　中华老字号的品牌激活途径

（一）复活旧元素

中华老字号拥有悠久的历史、深厚的文化底蕴和良好的商业信誉。对消费者来说，中华老字号不仅代表着品牌本身，还代表着一份时代记忆与一种情怀。历史赋予中华老字号的这些基础和积淀，都是中华老字号独有的品牌优势。通过复活中华老字号中的旧元素（比如老字号的品牌精髓，老字号的人文、历史资源，老字号的商业信誉等），充分发挥历史赋予中华老字号的这些品牌优势，可以唤起消费者对中华老字号独特市场价值的认识。复活中华老字号的旧元素，主要可以通过怀旧和品牌故事来实现。

1. 怀旧

中华老字号拥有厚重的历史底蕴和丰富的文化内涵，因而具有独特的怀旧价值。中华老字号唤起的怀旧情结能够给人以舒适感和亲切感，让消费者联想起以前的时代和自我；而对于一些有阅历或者体验的消费者来说，这种怀旧情结令人难以割舍。① 而且，对于中华老字号来说，历史悠久、品质优良、风味独特、信誉卓越以及消费者对中华老字号的怀旧情结，这些都是非常宝贵的旧元素。② 因此，中华老字号可以通过怀旧策略来唤醒人们的怀旧情结，达到与消费者建立关系的目的。

研究证明，强化广告唤起的怀旧情感会导致更好的广告态度和品牌态度，提高品牌的购买意向。③ 除了广告以外，产品的包装和款式等也可以唤起消费者的怀旧情感。在利用产品唤起消费者的怀旧情感时，有两种做法。一种是简单地重新生产老产品，即打造怀旧品牌；另一种是生产老样式、新功能的产品，即打造复古品牌。由于怀旧品牌不能

---

① 吴水龙．品牌激活策略研究：以“老字号”为例．现代管理科学，2008（1）：49－51.

② 吴水龙，黄小宁，周运锦．“老字号”品牌资产的激活：机理与路径．现代管理科学，2009（4）：73－75.

③ 同②.

够满足今日苛刻的性能或品味标准①，因此为了更好地适应市场需求的变化、拥有更大的市场空间，中华老字号应该打造复古品牌，即只有生产老样式、新功能的产品，才能够利用消费者的怀旧情感实现品牌激活的目的。

2. 品牌故事

在消费者与品牌的互动中，品牌故事是经常出现的一种互动形式，而且品牌故事会在消费者之间相互流传。② 因此，可以通过品牌故事实现中华老字号与消费者之间以及消费者与消费者之间的互动和沟通，增进消费者对中华老字号的认知和情感，从而实现中华老字号的激活。

中华老字号具有悠久的历史，几乎每一个中华老字号的背后都有一个动人的品牌故事。这些中华老字号的品牌故事往往传承着中华优秀传统文化，比如仁义诚信、爱国爱民、实业兴邦、勤劳勇敢、工匠精神等，反映出中华老字号的品牌精髓。这些中华优秀传统文化具有强大的精神力量，能够引起消费者的共鸣。在中华老字号的品牌激活中，要重新挖掘和整理老字号品牌故事中的这些中华优秀传统文化因子，讲好中华老字号的品牌故事。

好的品牌故事可以沉淀中华老字号的品牌精神和文化，可以使中华老字号的品牌传播达到事半功倍的效果，还可以增强中华老字号与消费者之间的情感纽带。中华老字号的品牌故事应该以反映老字号品牌精髓的核心价值观为主题，从创始人的创业经历、老字号的经营理念、发生在老字号商业过程中的故事等方面进行挖掘和打磨，再用当下消费者愿意接受的叙事方式娓娓道来。

品牌视角 11－6

百年“张裕”情，世纪“实业兴邦”志——张裕葡萄酒的品牌故事

“白茅台，红张裕。”茅台是白酒中的经典，张裕是红酒中的典范。在人民大会堂金色大厅举行的国宴上，配餐的就是张裕百年酒窖干红和张裕爱斐堡酒庄霞多丽干白。国宴用酒很有讲究，不仅有着深刻的含义，也是一个国家文化的缩影。

1841年，爱国侨领张弼士出生于广东梅州大埔县。家境贫寒的他17岁时背井离乡，只身闯荡南洋。凭借勤劳的双手、睿智的头脑与敢为人先的胆识，张弼士毕生创办了40余家企业，涉及葡萄酿酒、工业制造、铁路交通、农牧垦殖、矿业开采、金融保险等领域，成为南洋富甲一方的客家侨领。无论是艰难求生还是钟鸣鼎食之时，张弼士始终心怀赤诚之心，热衷办实业、传文化、做慈善，秉承“唐人是了不起的，只要发奋图强、后来居上，祖家的产品都能成为世界名牌”的信念，为振兴祖国工业奉献了毕生精力。

1892年，张弼士斥资300万两白银，购下烟台东部和西南部两座荒山，雇用2 000劳工开辟了1 200亩葡萄园，又在市区近海处购地61亩，建起一座两层的生产工作楼。至此，张裕——中国第一座带有现代工业色彩的葡萄酿酒公司初现格局。张裕的诞生开创了中国工业化酿造葡萄酒之先河，在全球葡萄酒版图中填补了“中国造”的

① 卢泰宏，高辉．品牌老化与品牌激活研究述评．外国经济与管理，2007（2）：17－23.

② Keller，K. L. Managing Brands for the Long Run：Brand Reinforcement and Revitalization Strategies. California Management Review，1999，41（3）：102－124.

空白。

在企业的经营中，张弼士始终秉持品质才是硬道理的理念。在张裕创办初期，他倾注了大量资金与心血，只为酿造出国际水准的产品。终于在1915年，在美国旧金山举办的巴拿马万国博览会上，作为中国唯一一家葡萄酒企业，张裕首次参展，一举获得四项金奖和最优等奖状，一鸣惊人，为中国葡萄酒赢得了世界声誉。

张弼士是中国近代史上实业救国的先驱，他以一己之力推动中国葡萄酒产业实现零的突破，并带领中国葡萄酒站上历史的舞台。这就是中华老字号张裕葡萄酒背后的品牌故事。

资料来源：文彦，张元立．百年“张裕”情，世纪“实业兴邦”志：张裕葡萄酒．老字号品牌营销，2020（2）：5－6；李劼．张裕：赓续百年酒业华章．南方日报，2021－05－25（5）．

（二）注入新元素

注入新元素是指通过创新给中华老字号带来变化，使中华老字号能够适应新的市场环境，从而实现中华老字号的品牌激活。给中华老字号注入新元素的策略包括：

1. 创新中华老字号的产品和服务

创新产品和服务是品牌满足日益变化的市场需求的一个基本要求。中华老字号可以通过品牌延伸、品牌联合等策略进行产品和服务的创新；同时，要利用先进的技术，不断提升产品和服务的质量，这样才能够给消费者提供满意的产品和服务，保证中华老字号品牌的竞争力和生命力。

2. 更新中华老字号的品牌形象

在保持品牌精髓的基础上，中华老字号的品牌形象也要随着消费者的需求和喜好进行适当的更新。如前文所述，为实现品牌激活，品牌形象的更新可以通过重新定位、更新品牌要素和传播创新等策略来实现。中华老字号的品牌形象更新也可以围绕品牌定位、品牌要素、品牌传播三个层面来进行。

（1）确定能适应时代发展、凸显竞争优势的品牌定位

为了改变老化的品牌形象，中华老字号要根据市场需求的变化、自身的特点以及竞争的情况，确定一个能够适应时代的发展并能够凸显自身竞争优势的定位。

以中华老字号同仁堂为例。为了适应时代的发展，同仁堂坚持以中医中药为主攻方向，品牌定位从“服务疾病治疗为主”向“守护人民健康为主”进行转变，经营格局上形成以制药工业为核心，以健康养生、医疗养老、商业零售、国际药业为支撑的五大板块，构建了集种植（养殖）、制造、销售、医疗、康养、研发于一体的大健康产业链条。同仁堂品牌定位的调整，既坚持了老字号的传统、发挥了自身的优势，又能与时俱进、甩掉疲态，推动百年老字号昂首阔步、充满活力地继续向前发展。

品牌视角11－7

351岁同仁堂用中药养生咖啡打开了年轻人的流量入口

2020年，始创于1669年（清康熙八年）的同仁堂开设了名为“知嘛健康”的健康体验店，提供甘草拿铁、枸杞拿铁、益母草玫瑰拿铁、罗汉果美式、山楂陈皮美式、肉

桂卡布奇诺等中药养生咖啡。同仁堂的中药养生咖啡在小红书、新浪微博等社交平台上迅速走红，吸引了无数年轻人前去“知嘛健康”打卡，百年老字号同仁堂顿时变身为时尚潮流馆。

除了中药养生咖啡，“知嘛健康”还提供养生食品、诊疗咨询、针灸、按摩等服务，业态非常丰富。在“健康”这一品牌定位下，同仁堂通过“知嘛健康”这一健康新零售业务，将传统中医药精华和现代健康养生相结合，集健康餐饮、养生医馆、社交文娱于一体，满足了年轻一代消费者的消费需求以及国民不断升级的健康消费体验。

资料来源：彭水萍，赵云．枸杞拿铁、肉桂卡布奇诺……同仁堂推中药咖啡冲上热搜！你喝得惯吗？.（2020－11－13）. http：//www. nbd. com. cn/articles/2020－11－13/1547966. html.

（2）更新品牌要素

中华老字号可以通过品牌标识、包装、口号等品牌要素的更新，对品牌形象进行升级。中华老字号承载着中华民族的民族精神和优秀传统文化，在中华老字号的品牌要素更新过程中要注意保留中华老字号的“原汁原味”，做到“尊古不泥古，创新不失宗”，不能失去中华老字号本身的民族和传统文化特色。

1880 年诞生于广州的百年老字号陶陶居被誉为“月饼泰斗”。为了改变人们对老字号“老旧、传统”的刻板印象、抓住年轻一代的消费者，陶陶居的产品包装开始朝年轻化、时尚化、新国潮的方向发力。通过将传统岭南文化与新派设计进行融汇呈现，并与知名 IP 进行跨界品牌联合，陶陶居重新设计的产品包装抓住了年轻一代消费者的心。以陶陶居与颐和园联合推出的“颐和一盒”月饼为例，包装图案源自颐和园乐寿堂内的粤绣百鸟朝凤屏风，并采用了现代插画的表现手法。整个月饼包装不仅设计唯美，而且汲取传统文化精粹、寓意美好，一经推出便受到年轻消费者的青睐。不仅要好吃，还要好玩、好看，百年老字号陶陶居通过包装的固本创新，让中华老字号焕发出了新的生机和活力。

（3）品牌传播与时俱进

随着传播技术和环境的变化，中华老字号的品牌传播要与时俱进，以弥合中华老字号所代表的传统文化与现代文化之间的鸿沟，拉近老字号与年轻消费者的心理距离。

中华老字号的传播创新包括传播渠道的创新、传播方式的创新以及传播内容的创新等。新兴的数字媒体、新颖的传播方式层出不穷，中华老字号要紧贴消费者的需求，根据消费者的媒体使用习惯和喜好，使用消费者喜闻乐见的语言和方式，加强与消费者的沟通和交流，以增进年轻消费群体对中华老字号的了解和认知，促进品牌好感的形成，从而产生购买行为。

比如老字号百雀羚，通过冠名《中国好声音》《快乐大本营》等娱乐节目，引爆社交媒体的《四美不开心》《包公的渴望》以及一镜到底的长图《一九三一》等广告，成功摆脱了老龄化的标签，树立起年轻化的品牌形象。百雀羚所采用的娱乐营销和内容营销都是当下年轻消费者喜闻乐见的品牌传播方式，非常值得众多中华老字号参考和借鉴。

本章回顾

1. 品牌激活，又称品牌活化，是指在品牌的长期管理中，为了克服品牌老化，使品牌保持活力，避免品牌资产流失或贬值而采取的品牌管理手段。

2. 常见的品牌激活策略主要包括以下四个方面。第一，产品和服务创新，具体做法包括升级产品和服务以及进行品牌延伸。第二，加强品牌认知，增加产品使用量，具体做法包括增加产品的消费频率、增加产品的单次消费量、进入新市场、识别新用途等。第三，更新品牌形象，具体做法包括重新定位，更新品牌名称、品牌标识、品牌口号、包装等品牌要素，以及品牌传播创新等。第四，实施怀旧策略，具体做法包括打造复古品牌、实施具有怀旧效应的品牌传播等。

3. 中华老字号是指历史悠久，拥有世代传承的产品、技艺或服务，具有鲜明的中华民族传统文化背景和深厚的文化底蕴，得到社会广泛认同，有着良好信誉的品牌。

4. 激活中华老字号，对于促进我国自主品牌、民族企业和商业的发展，以及弘扬中华优秀传统文化和民族精神均具有重要的现实意义。

5. 营销观念、品牌定位、产品/服务、品牌传播等方面出现问题是导致中华老字号品牌老化的主要原因。

6. 和普通品牌的激活相比，中华老字号的品牌激活有其特殊性。中华老字号的品牌激活途径包括复活旧元素和注入新元素两个方向，并且同时推进。其中，复活旧元素的策略主要包括怀旧、品牌故事等；注入新元素的策略则主要包括创新产品和服务、更新品牌形象等。

基本概念

品牌激活	品牌更新	品牌创新	品牌老化
怀旧策略	中华老字号		

拓展阅读

［1］刘德文，姚山季．调节聚焦对老字号品牌激活策略效果的影响：品牌认同的中介效应．财经论丛，2018（10）：86－95.

［2］刘红．论新华书店的品牌活化策略．出版科学，2017，25（6）：66－69.

阅读以上文献后思考：

1. 不同的品牌激活策略（怀旧型 vs. 创新型）是否会对消费者的购买意愿产生不同的影响？在怀旧型和创新型这两种品牌激活策略中，哪一种会激发消费者更高水平的购买意愿？

2. 新华书店是我国图书文化事业中的老字号品牌。为了让新华书店这一品牌长青，可以采用哪些品牌激活策略？

复习题

1. 什么是品牌激活？品牌需要激活的原因是什么？

2. 如何理解品牌激活是品牌长期管理中一项不可忽视的重要内容？

3. 常见的品牌激活策略包括哪些？

4. 什么是中华老字号?
5. 如何理解激活中华老字号的意义?
6. 导致中华老字号品牌老化的原因主要包括哪些?
7. 中华老字号的品牌激活可以如何进行?
8. 中华老字号的品牌激活与普通品牌的品牌激活有什么不同?

实训练习

请选择一个感兴趣的中华老字号，通过线上和线下收集这个中华老字号的相关资料，并完成以下实训练习:

1. 对所选择的中华老字号进行品牌老化方面的状态评估。
2. 根据上一步的评估结果，为这个中华老字号设计针对性的品牌激活方案。

第12章 品牌资产

知识思维导图

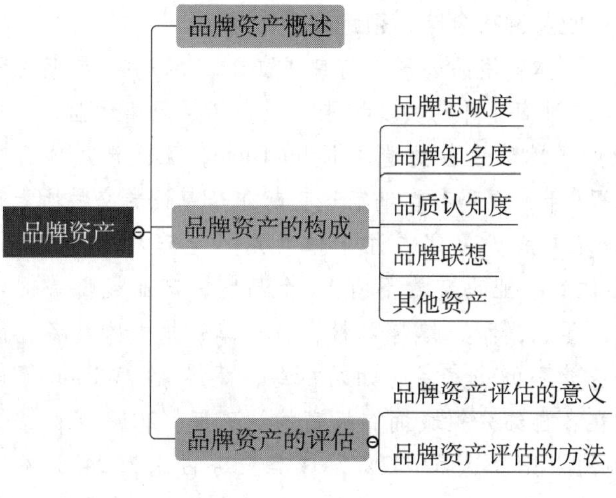

知识学习目标

- 掌握品牌资产的定义和特征。
- 掌握品牌资产的构成。
- 了解品牌资产的不同评估方法。

技能学习和掌握目标

- 能够观察和分析现实生活中的品牌价值评估现象。

导读案例：安踏溢价并购亚玛芬

2018 年 12 月 7 日，安踏体育正式发布公告称，与方源资本（FV Fund）和 Anamered Investments Incorporation（由 Lululemon 的创始人兼前董事长奇普·威尔逊（Chip Wilson）所有）组成投资者财团，以 40 欧元每股的现金要约价收购亚玛芬体育（Amer Sports）全部已发行的流通股份。总收购价约为 46.6 亿欧元，折合人民币约 366.7 亿元，本次收购是中国鞋服业金额最大的一笔对外收购。该要约收购已于 2019 年 3 月 29 日截止，最终要约人共收购了亚玛芬体育 98.11% 的股份（包含投票权），标志着安踏成功并购了亚玛芬体育集团。

一、并购方安踏体育：业绩高速增长，稳居国内前列

安踏品牌始创于 1991 年，2007 年安踏体育在香港联交所挂牌上市。经过 20 多年的发展，目前从总市值、营收、净利润、毛利率等数据来看，安踏稳坐国产体育用品品牌的头把交椅。但是与国际巨头耐克相比差距较大，2018 年上半年，安踏的营收只有耐克在中国市场营收的 1/3 多一点。想要赶超耐克，安踏还有很长的路要走。截至 2019 年 1 月 9 日，安踏的市值为 823.1 亿元，位列全球运动品牌行业第四，前三位分别是耐克、阿迪达斯和 Lululemon；安踏的市值是李宁市值的近 5 倍，特步市值的近 9 倍，361°市值的近 27 倍，同时是三者市值总和的 3 倍多，将其他国产体育品牌远远甩在身后。近年来，安踏集团实施“单聚焦、多品牌、全渠道”的发展战略，持续大力拓展国内市场的潜力。目前安踏旗下的品牌包括安踏、斐乐、迪桑特、小笑牛等。

二、被并购方亚玛芬体育：业务遍布全球，领跑细分市场

亚玛芬体育是全球著名的芬兰体育用品公司，前身成立于 1950 年，早期主营烟草制造和分销。20 世纪 60 年代公司通过商业并购实现扩张，业务拓展至船运业、印刷出版业等行业。1974 年亚玛芬集团收购了冰球设备制造商 Koho-Tuote，正式涉足体育行业，并在 1989 年成立了体育分部。1977 年，亚玛芬在纳斯达克赫尔辛基证券交易所上市。后来通过不断的并购，亚玛芬逐渐发展成为一家专注于体育用品生产和营销的跨国公司，2005 年公司正式更名为亚玛芬体育。亚玛芬旗下有 13 个品牌，产品线覆盖网球、羽毛球、高尔夫、高山滑雪、越野滑雪、滑板、健身器材、自行车、越野跑装备、徒步装备及潜水等多种运动项目。亚玛芬旗下的当家品牌如始祖鸟、萨洛蒙、Wilson 等虽不如耐克、阿迪达斯知名度高，但均在各自细分领域拥有极高的认可度。2018 年，按销售收入计，亚玛芬体育户外运动业务的占比高达 62.22%，球类业务占比为 24.33%，剩下的 13.45% 则为健身业务。亚玛芬的销售遍布 34 个国家，拥有约 8 600 名员工。2018 年其毛利达 94 亿元，税前盈利达 12.9 亿元。截至 2019 年 1 月 9 日，亚玛芬体育的市值约为 351 亿元。

三、并购方式：要约收购 + 全现金

由安踏体育牵头组成的投资财团通过公开要约收购的方式收购亚玛芬体育在芬兰纳斯达克赫尔辛基证券交易所所有已发行股和流通股，以取得亚玛芬体育的共同控制权。安踏的公告显示，本次收购采用全现金的形式，收购价格为 40 欧元每股，总价约为 46.6 亿欧元，折合人民币约 366.7 亿元。要约价较原披露日期亚玛芬体育股份的收市价溢价 39%。

四、安踏的并购动因分析

（一）扩宽产品品类，覆盖多层次消费者

随着消费者的消费层次和产品需求不断扩展，体育用品向更为多元化和专业化的方向发展。2015 年，安踏集团董事局主席丁世忠认识到多元化的消费趋势，决定带领集团转型实施多品牌战略，进军高端市场。近几年安踏陆续通过收购斐乐、迪桑特、可隆等外国品牌，涉猎运动时尚、专业运动和户外运动等多个细分领域。这些品牌初步针对不同年龄段、不同收入水平的客户打造了差异化的定位。纵观亚玛芬体育旗下的品牌和产品，既满足了安踏想要走中高端路线的需求，又符合其对于体育产品差异化和专业化的要求。相信并购亚玛芬可以进一步拓展安踏对不同层次消费者的覆盖。同时通过引入亚玛芬的核心技术以及依托旗下始祖鸟、萨洛蒙、阿托米克等全球顶级户外运动品牌固有的影响力和强大的产品力，可以强化安踏的专业形象，帮助其打造在全球体育用品市场的竞争力。

（二）进军海外市场，打造世界级体育用品公司

安踏于 2017 年分别在美国、日本和韩国成立了三大设计中心，为迎合消费者需求的变化，从产品设计、面料选择及运动科技的应用等方面进行创新。2018 年安踏正式开启全球化战略，规划从美国、欧洲等体育用品市场发达的地区起步，进军海外市场。虽然以 2017 年的财报来看，安踏 95% 的营收还是来自国内，但是安踏未来十年的发展目标是成长为一家全球性的体育用品公司，代表中国品牌走向世界。彭博社也发过相关报道称，安踏未来十年的海外发展目标是将国际市场的营收提高至集团总营收的四成左右。从主营市场来看，亚玛芬一直深耕 EMEA（欧洲、中东、非洲）和美洲市场。2018 年亚玛芬收入的 43% 来自 EMEA 地区，42% 来自美洲。加之亚玛芬旗下众多品牌在海外的细分市场拥有很高的认可度，收购亚玛芬可以很好地帮助安踏打开海外市场。

资料来源：王勇，李子颐，刘梦楚．安踏并购亚玛芬，勇敢迈出全球化步伐？．清华管理评论，2019（11）：108－114.

思考：

1. 安踏并购亚玛芬体育的目的是什么？

2. 安踏为什么愿意溢价 39% 收购亚玛芬体育？

3. 亚玛芬体育旗下包括始祖鸟在内的众多强势品牌在这次企业并购中起到什么作用？

4. 在以品牌为主要标的的企业并购中，如何对品牌进行价值评估，以确定买卖双方认可的市场价格？

将品牌作为无形资产体现在企业的总资产中，能够促进企业强化对品牌重要性的认识，将品牌建设作为一项长期的工作；同时也能够促进企业提高品牌管理的水平，打造出长青的强势品牌，为企业带来丰厚的利润回报。

第 1 节　品牌资产概述

一、品牌资产概念的由来

品牌资产（brand equity）是品牌管理中的一个重要概念，这个概念源于 20 世纪 80 年代西方的广告学界，20 世纪 90 年代引入我国。

在20世纪80年代，西方许多国家都面临经济不景气的局面，企业为了降低成本、提高利润，将降价和促销作为营销的主要方式。这种做法虽然在短期促进了销售的增长，但是损害了品牌的形象和企业的长期利益。为此，美国的广告学界提出品牌资产的概念，旨在提醒企业重视品牌对企业长期发展的重要作用，避免价格促销对品牌所造成的负面影响。①

与此同时，全球发生了几起以品牌为标的的金额巨大的并购案。比如，菲利普·莫里斯公司（Philip Morris）以129亿美元的价格收购了卡夫食品（Kraft），在当时，这个价格超出卡夫食品注册的有形资产的4倍多。这等于说，菲利普·莫里斯公司花大价钱收购的其实是卡夫食品的品牌资产。

由于并购要求对品牌进行资产评估，以确定买卖双方认可的市场价格，因此这些金额巨大的并购案使人们认识到了品牌资产的存在，以及正确评估品牌资产的重要性。除此之外，由于为建立和强化品牌资产而进行的各种投资需要有实际的定量的经济论证为基础，股东也需要了解包括品牌资产在内的公司总资产的准确信息，因此，来自企业财务方面的需求以及股东的压力也要求将品牌资产的价值予以测评。②

在此背景下，品牌资产成为国内外营销管理和研究中的一个热点。

二、品牌资产概念的争鸣

在探索品牌作为资产的本质以及品牌价值来源的过程中，国外文献中先后出现了包括brand asset、brand equity、brand value等在内的相关概念。在我国，brand asset和brand equity的翻译存在分歧，brand asset被译成品牌资产或品牌财产，而brand equity被译成品牌权益或品牌资产，特别是对brand equity一词的理解分歧大、影响面广，早期围绕brand equity形成了以范秀成（2000）为代表的“品牌权益说”和以卢泰宏等（2000）为代表的“品牌资产说”。③ 其实，不管是在国内还是在国外，品牌资产概念的使用均一度存在混乱和争议。正如凯文·莱恩·凯勒所说，品牌资产概念的提出既有利也有弊，有利的一面在于这个概念提高了品牌在营销战略中的地位，不利的一面在于这个概念被人们用不同的方式来定义，引起了概念上的混淆。④

随着研究的推进，学术界围绕品牌资产概念的争鸣的结果逐步清晰，概念混用的局面得到好转。

一方面，由于brand asset是一个基于会计学的财务概念，含义较窄，因此在国外的相关文献中基本被brand equity代替。⑤⑥

另一方面，在brand equity的中文翻译中，“品牌权益”从字面上看较强调以自我利

① 于春玲，赵平. 品牌资产及其测量中的概念解析. 南开管理评论，2003（1）：10-13+25.

② 同①.

③ 龚艳萍，谌飞龙. 品牌价值评估的理论演进与实践探索. 求索，2014（3）：24-30.

④ 凯文·莱恩·凯勒. 战略品牌管理. 北京：中国人民大学出版社，2001.

⑤ 卢泰宏，黄胜兵，罗纪宁. 论品牌资产的定义. 中山大学学报（社会科学版），2000（4）：17-22.

⑥ 同③.

益为中心，并不符合品牌资产理论的概念内涵，没有体现出品牌的实质是品牌与消费者的关系，难以用于品牌的具体管理；而“品牌资产”既能体现品牌的财务价值，又能体现品牌会成长增值的特性，还能强调品牌管理者的责任。[①] 因此相对于“品牌权益”，“品牌资产”在研究和实践中得到更多认同和使用，并逐渐成为主流。

另外，自从凯文·莱恩·凯勒提出从顾客的角度来探讨品牌资产，并提出基于顾客的品牌资产（customer-based brand equity，CBBE）理论，明确了品牌资产是一个基于顾客（消费者）的概念之后，品牌资产和品牌价值（brand value）的关系开始得到厘清，并结束了品牌资产和品牌价值概念混用的局面。总的来说，品牌价值是品牌资产的产物，是从财务会计角度对品牌资产的一种衡量；也就是说，品牌价值来源于基于顾客的品牌资产，是品牌资产的货币化形式和市场结果。[②]

综上所述，人们对品牌资产概念的认识从模糊到清晰，有利于结束品牌资产研究“盲人摸象”的局面，也有利于相关研究和实践的进一步深入和推进。

三、品牌资产的定义

在早期的品牌资产研究中，由于人们对品牌资产概念的认识还比较模糊，因此人们基于不同的目的，从不同的角度对品牌资产进行了理解和解释。卢泰宏教授将这些不同的定义归纳为三种概念模型：财务会计概念模型、基于市场的品牌力概念模型以及基于品牌－消费者关系的概念模型（见表12－1）。[③④]

表12－1　不同角度的品牌资产定义

角度	定义内涵	定义的特点
财务会计概念模型	品牌资产本质上是一种无形资产，因此必须为这种无形资产提供一个财务价值；一个强势品牌是非常有价值的，应该被视为具有巨大价值的可交易资产。	优势 ● 把品牌资产货币价值化，迎合了公司财务人员把品牌作为资本进行运作的需要。 不足 ● 过于关心股东的利益，集中于短期利益，很可能导致公司短期利益最大化，从而牺牲品牌的长期增长； ● 过于简单化和片面化，因为品牌资产的内容十分丰富，绝不是一个简单的财务价值指标所能概括的； ● 会计财务概念模型对于品牌管理没有任何帮助，它只能提供品牌的一个总体绩效指标，却没有明确品牌资产的内部运行机制。

① 龚艳萍，谌飞龙．品牌价值评估的理论演进与实践探索．求索，2014（3）：24－30.

② 同①.

③ 卢泰宏，黄胜兵，罗纪宁．论品牌资产的定义．中山大学学报（社会科学版），2000（4）：17－22.

④ 卢泰宏．品牌资产评估的模型与方法．中山大学学报（社会科学版），2002（3）：88－96.

续表

角度	定义内涵	定义的特点
基于市场的品牌力概念模型	一个强势的品牌应该具有强劲的品牌力，在市场上是可以迅速成长的；财务的方法只是在考虑品牌收购或兼并时才很重要，财务价值只应是评估品牌价值的第二位指标，除此之外更重要的是着要眼于未来的成长；品牌资产的大小应体现在品牌自身的成长与扩张能力上，如品牌延伸能力。	● 为顺应品牌的不断扩张和成长而提出； ● 重心在于品牌的长期发展潜力； ● 学者开始比较深入地研究品牌与消费者之间的关系，并第一次把品牌资产与消费者态度、品牌忠诚度、消费者行为等指标联系起来。
基于品牌-消费者关系的概念模型	如果品牌对于消费者而言没有任何意义（价值），那么它也不可能向投资者、生产商或零售商提供任何价值，因此品牌资产的核心是如何建立和发展消费者-品牌关系。	● 品牌资产基于品牌-消费者关系； ● 主张品牌资产主要体现于品牌与消费者关系的程度，把消费者看作品牌资产形成和评估的焦点； ● 品牌资产的核心是如何建立和发展消费者-品牌关系，评估品牌资产即要解决如何评估与消费者的关系的问题。

如表 12－1 所示，虽然早期人们对品牌资产有不同的理解，但是迄今为止，绝大部分学者都是从消费者角度来定义品牌资产，他们意识到：如果品牌对于消费者而言没有任何意义（价值），那么它对于投资者、生产商或零售商也就没有任何意义。[①] 因此，品牌资产是一个基于消费者的概念，是消费者品牌知识专有化并不断累积的结果。[②]

正如凯文·莱恩·凯勒所言，顾客拥有的品牌知识是建立品牌资产的关键，以顾客为本的品牌资产是指因顾客的品牌知识导致的对品牌营销的差别化效应。[③] 凯文·莱恩·凯勒对品牌资产的定义清晰地指出：首先，品牌资产来自顾客反应的差异；其次，这种反应上的不同来源于顾客对品牌的认知，因此尽管受到公司营销活动的影响，品牌资产最终还是取决于顾客对它的认知程度；最后，构成品牌资产的顾客的不同反应，表现在与该品牌营销活动各方面有关的顾客观念、喜好和行为中（如品牌的选择、对广告的回想、对促销活动采取的相应行动或对品牌延伸建议的评价）。

综上所述，品牌资产是一个基于顾客（消费者）的概念，它源自顾客对品牌知识的差异而引起的对该品牌营销活动的不同反应。因此，本书将品牌资产定义为：品牌资产是与顾客（消费者）紧密联系的、能给企业带来收益的无形资产。

---

① 卢泰宏，黄胜兵，罗纪宁．论品牌资产的定义．中山大学学报（社会科学版），2000（4）：17－22.

② 龚艳萍，谌飞龙．品牌价值评估的理论演进与实践探索．求索，2014（3）：24－30.

③ 凯文·莱恩·凯勒．战略品牌管理．北京：中国人民大学出版社，2003.

四、品牌资产的特征

作为一种特殊的企业资产，品牌资产具有以下几个方面的特征：

（一）无形性

品牌资产是一种无形资产。虽然品牌资产是客观存在的，但它毕竟是超越生产、商品、厂房、设备等一切有形资产之外的资产，是一种无形资产。① 作为一种重要的无形资产，品牌资产越来越受到企业管理人员的重视，并且把它反映在企业财务之中，以无形资产的形式出现在企业的会计账目上。②

（二）难以准确测量

品牌资产的评估是一项复杂的工作，品牌资产难以被准确测量。首先，影响品牌资产的因素众多，而且需要根据一系列的指标进行综合评价，整个过程复杂，有些指标不易被计量。其次，品牌资产具有不确定性，会随着市场环境以及企业经营的变化不断发生变化。这些因素都会对品牌资产的测量精度造成影响。

（三）具有波动性

品牌资产具有波动性。品牌资产是企业品牌管理的成果，品牌资产不是一成不变的，它会随着企业品牌管理的效果发生波动。这意味着，如果企业的品牌管理工作做得比较好，那么品牌资产就可能会增值；反之，品牌资产就可能会缩水。

（四）是营销绩效的衡量指标

如上所述，品牌资产是企业品牌管理的成果，企业的每一个营销活动都会对品牌资产的变化产生影响。因此，企业品牌资产的大小是企业各种营销策略综合作用的结果，品牌资产在很大程度上反映了企业营销的总体水平，是企业营销绩效的主要衡量指标。

第 2 节　品牌资产的构成

关于品牌资产的构成，学者们提出了不同的看法，并构建了不同的模型来归纳，比如凯文·莱恩·凯勒提出的基于顾客的品牌资产（CBBE）模型、戴维·阿克提出的“五星”模型等。

在凯文·莱恩·凯勒提出的基于顾客的品牌资产（CBBE）模型中，品牌知识是创建品牌资产的关键。凯文·莱恩·凯勒认为，品牌知识由两个部分组成，分别是品牌知名

---

① 梁东，连漪．品牌管理．北京：高等教育出版社，2012.

② 张有绪．品牌资产模型与测度方法研究．大连：东北财经大学，2009.

度和品牌形象，它们共同构成了品牌资产的来源。其中，品牌知名度由品牌认知和品牌回忆构成，品牌形象则包括品牌联想的类型（属性、利益、态度）和特征（强度、赞誉度、独特性）。[①] 虽然凯文·莱恩·凯勒从消费者的角度对 CBBE 模型进行了详细阐述，但是模型的结构较为庞大和复杂，涉及的变量比较多，所以使用起来相对不够灵活，操作较为复杂。[②] 后来，凯文·莱恩·凯勒在 2001 年进一步提出了品牌资产的金字塔模型，指出构建品牌资产需经过四个相互关联的有序步骤：先建立品牌识别，然后创建品牌内涵，接着引导正确的品牌反应，最后缔造品牌与消费者关系。这四个步骤分别对应品牌资产的不同构成维度，其中，品牌显著度（brand salience）对应品牌识别；品牌表现（brand performance）和品牌形象（brand imagery）对应品牌内涵；消费者评判（consumer judgment）和消费者情感（consumer feeling）对应品牌反应；消费者共鸣（consumer resonance）对应品牌关系。虽然金字塔模型提出了之前的品牌资产模型所没有的形成品牌资产的逻辑顺序，并且打破了以往品牌资产模型那种平行的模式，但是凯文·莱恩·凯勒并没有进一步探讨各维度之间的关系，也没有进行实证检验。[③]

戴维·阿克则认为，品牌资产由品牌忠诚度、品牌知名度、品质认知度、品牌联想和其他资产五个部分构成（见图 12－1）。[④] 与其他品牌资产的构成模型相比，戴维·阿克提出的"五星"模型把品牌资产的组成模块化，模型的结构简单明晰，涵盖较为全面，有利于品牌资产的管理。[⑤] 因此，戴维·阿克在前人研究的基础上提炼出来的"五星"模型被认为具有较强的代表性，被学者和品牌管理人员广为接受。

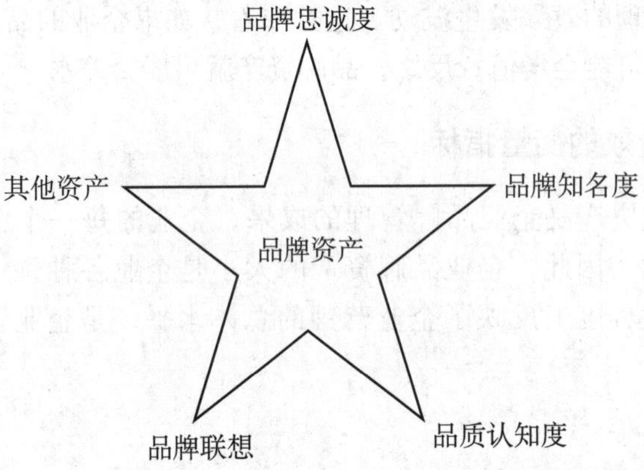

图 12－1　品牌资产"五星"模型

接下来，本书将以戴维·阿克提出的品牌资产"五星"模型作为基础，对品牌资产的构成展开讨论。

---

① 凯文·莱恩·凯勒．战略品牌管理．北京：中国人民大学出版社，2003.

② 张有绪．品牌资产模型与测度方法研究．大连：东北财经大学，2009.

③ 同②.

④ David A. Aker. Managing Brand Equity. New York：The Free Press，1991.

⑤ 卢泰宏，黄胜兵，罗纪宁．论品牌资产的定义．中山大学学报（社会科学版），2000（4）：17－22.

一、品牌忠诚度

（一）品牌忠诚度的含义

品牌忠诚度（brand loyalty）是品牌资产的核心。如果没有忠诚于品牌的消费者，品牌不过是一个仅用于识别的符号。[①] 作为营销领域的一个研究热点，国内外许多学者从不同角度对品牌忠诚度进行了定义。比如，泽塞莫尔、贝里和帕拉休拉曼（Zelthaml，Berry and Parasuraman，1996）认为，品牌忠诚度是顾客通过一系列行为表现出的极力与目标品牌保持一种关系的企图，包括分配较高的钱包份额给特定的品牌提供商，并从事良好口碑的传播和重复购买。[②] 奥利弗（Oliver，1999）认为，品牌忠诚度是一种对偏爱的产品和服务的深度承诺，在未来都持续一致地重复购买和光顾，因此产生了反复购买同一个品牌或一个品牌系列的行为，而不管情境和营销力量的影响，不会产生转换行为。[③] 裘晓东和赵平（2002）认为，品牌忠诚度是消费者对品牌感情的量度，它反映出消费者对某一品牌的购买频率。[④]

虽然品牌忠诚度至今仍未有统一的定义，但是学术界普遍认为品牌忠诚度应该包括两个方面的内容：行为忠诚度和情感忠诚度。行为忠诚度是指消费者在实际行动上能够持续购买某一品牌的产品，这种行为的产生可能源于消费者对这种品牌内在的好感，也可能是由于购买冲动、促销活动、消费惯性、转换成本或者市场覆盖率高于竞争品牌等其他与情感无关的因素促成的；而情感忠诚度是指某一品牌的个性与消费者的生活方式、价值观念相吻合，消费者对该品牌已产生了感情，甚至引以为豪，并将此作为自己的朋友和精神寄托，进而表现出持续购买的欲望和行为。[⑤]

总之，品牌忠诚度是一项重要的品牌资产，它可以帮助企业创造多项价值，包括降低营销成本、增强渠道谈判能力、吸引新顾客、减缓竞争威胁等。

（二）品牌忠诚度的层级

戴维·阿克根据消费者对品牌忠诚度的大小，将品牌忠诚度分为五个不同的层级（见图12－2），每一个层级的品牌忠诚度都代表着不同的营销挑战，以及不同类型的品牌资产的管理和利用。

1. 无品牌忠诚者

无品牌忠诚者（no brand loyalty）对品牌漠不关心，他们认为每一个品牌都适合自己，在购买时不断转换品牌，品牌名称在购买决策中几乎起不到任何作用。无品牌忠诚者对价格很敏感，价格（打折）和便利性往往是影响他们购买的主要决定因素。

---

① 计建，陈小平．品牌忠诚度行为－情感模型初探．外国经济与管理，1999（1）：27－30＋40.

② Zelthaml，Berry，Parasuraman. Consumer Behavior and Marketing Strategy. McGraw-Hill Book Co. 1996：523.

③ Oliver. Whence Consumer Loyalty. Journal of Marketing，1999，63：33－44.

④ 裘晓东，赵平．品牌忠诚度及其测评研究．现代财经-天津财经学院学报，2002（10）：8－10.

⑤ 同①.

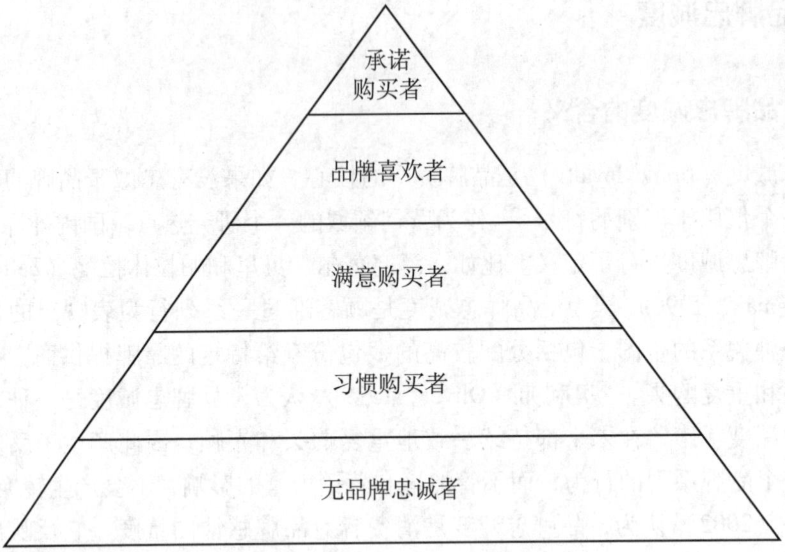

图 12－2 品牌忠诚度层级

2. 习惯购买者

习惯购买者（habitual buyer）是那些对产品满意或至少没有不满意的消费者。基本上，这类消费者的购买是出于习惯而不是忠诚，尤其是当改变购买习惯需要付出时间和精力时，他们更愿意保持原有的品牌购买习惯。但当品牌的竞争者提供一些显而易见的利益时，习惯购买者会很容易受到影响。

3. 满意购买者

满意购买者（satisfied buyer）是对品牌相当满意的消费者，他们对品牌已经产生了品牌转换成本，即当他们转换品牌时，会面临时间、金钱、效益等方面的风险，比如新品牌可能在特定的使用情境下无法正常使用，因此他们不愿意转换品牌。为了吸引这类消费者，帮助他们克服转换品牌的成本，竞争对手需要提供能够促使其转换的诱因或者足够多的利益来作为消费者转换品牌的补偿。

4. 品牌喜欢者

品牌喜欢者（likes the brand）已经真正喜欢上了品牌，他们把品牌视为朋友，并对品牌产生了情感上的依恋。

5. 承诺购买者

承诺购买者（committed buyer）是品牌忠诚度层级最高的消费者，他们以成为某品牌的用户而自豪。这个品牌无论是在功能上还是作为一种个人的自我表达，对他们来说都非常重要。他们会充满自信地向别人推荐这个品牌。

品牌忠诚度的这五个层级描述了品牌忠诚度的不同状态。但是，这五个层级的品牌忠诚度并不总是以单纯的形式出现。例如，有的消费者的忠诚度可能是几种忠诚度的组合，购买者既喜欢某一个品牌同时又具有品牌的转换成本。

（三）品牌忠诚度的测量

1. 品牌忠诚度的分析模型

品牌忠诚度包括行为忠诚度和情感忠诚度，那么品牌忠诚度的测量也自然包含行为忠诚度和情感忠诚度这两个测量维度。

学者计建和陈小平（1999）认为，根据消费者重复购买率、品牌转换率等统计结果，可以对行为忠诚度加以量化；而对情感忠诚度，则可以通过对品牌认知、品牌联想、品牌个性与生活方式的契合程度等方面的综合分析，预测消费者未来重复购买的概率，进而加以量化。[①] 在此基础上，计建和陈小平（1999）从行为和情感两个角度入手，将行为忠诚度和情感忠诚度分成高、中、低三类，构建起品牌忠诚度的分析模型，如图 12－3 所示。其中，高度忠诚指有超过 50% 的概率会重复购买同一品牌产品；中度忠诚指有 10%～50% 的概率会重复购买同一品牌产品；低度忠诚指有 0～10% 的概率会重复购买同一品牌产品。

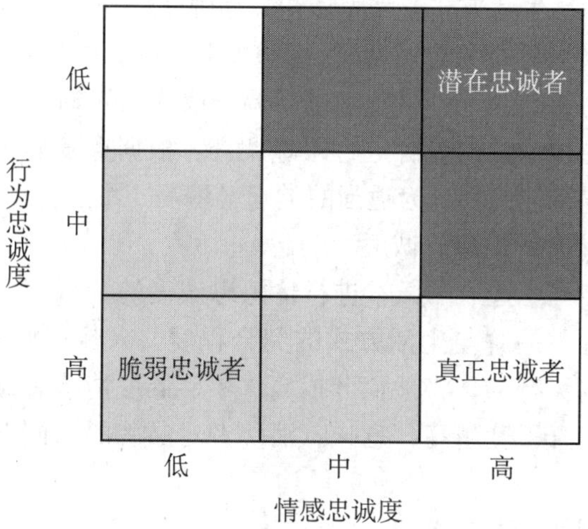

图 12－3　品牌忠诚度的分析模型

这个模型将消费者的行为和情感按照高、中、低三类忠诚度进行划分，一共分成九个区域。其中，情感忠诚度高于行为忠诚度的消费者被定义为“潜在忠诚者”，这类忠诚者对品牌的忠诚主要来自内在良好的情感、态度，因而更具有持久性，并且容易向真正忠诚者转变。情感忠诚度低于行为忠诚度的消费者则被定义为“脆弱忠诚者”，由于他们对品牌的忠诚更多地来自外在因素的影响，所以他们的品牌忠诚度不太稳定，比较容易成为中、低度忠诚者，甚至彻底转变为其他的真正忠诚者。而在模型的右下区域，行为忠诚度和情感忠诚度都高的消费者被称为“真正忠诚者”，这类忠诚者倾向于对这一品牌持续忠诚，这种忠诚既包括情感上的认同感，又包括购买行为的持久性，因此他们会长久关心并持续购买这一品牌。一个健康的品牌必须拥有较高比例的真正忠诚者。

① 计建，陈小平．品牌忠诚度行为－情感模型初探．外国经济与管理，1999（1）：27－30＋40.

对于大多数品牌而言，如果其潜在忠诚者远多于脆弱忠诚者，说明该品牌已经建立起鲜明、独特的品牌个性，并且获得了多数消费者在情感方面的认同（即使消费者尚未购买），因而，这种品牌具有良好的市场发展前景和抗竞争冲击能力。如果潜在忠诚者远少于脆弱忠诚者，说明品牌的使用者并没有对该品牌产生认同感，即使该品牌目前风光一时，占有较高的市场份额，其市场地位其实也是非常脆弱的，这会对品牌今后的竞争、壮大造成严重的不利影响。而真正忠诚者既包括对品牌情感上的认同，又包括购买行为的持久性，是企业梦寐以求的“上帝”，维持他们的忠诚度，品牌必然能保持甚至不断提高市场份额，成为市场上的“常青树”。

2. 品牌忠诚度的测量步骤

在使用上述模型进行品牌忠诚度的测量时，可以按照以下步骤来进行。①

（1）建立消费者数据库

收集、积累丰富的消费者资料，建立消费者数据库是进行消费者忠诚度分析的前提。消费者数据库应该包括以下内容：消费者的基本信息（年龄、收入等）、购买习惯、重复购买率、品牌转换率、生活方式、品牌认知、品牌联想等。

（2）调查分析消费者的行为忠诚度

在消费者数据库的基础上，对消费者进行调查取样，先抽取能够较准确反映总体的样本，然后对样本中的每一位消费者进行跟踪调查。根据重复购买率、购买频率、购买量、品牌转换情况等，将他们划分为适当的类别（即高、中、低度行为忠诚者）。

（3）调查分析消费者的情感忠诚度

接下来，对上个步骤中选取的样本进行情感忠诚度的分析。可以根据他们的品牌认知情况、品牌联想情况、品牌与生活方式的契合程度、兴趣爱好等信息进行综合分析，预测他们未来可能的购买行为，将他们分成高、中、低度情感忠诚者三类。比如，品牌与消费者的生活方式契合程度越高，意味着消费者对品牌的认同感就越强，相应的情感忠诚度也会更高。

（4）建立品牌忠诚度分析矩阵

根据行为忠诚度和情感忠诚度构成的品牌忠诚度分析模型建立分析矩阵，计算每一区域所代表的忠诚者的绝对数以及占样本总量的相对比例，统计出真正忠诚者、潜在忠诚者以及脆弱忠诚者各自所占的比例。

（5）根据品牌忠诚度分析结果，制定品牌管理措施

根据上一步的品牌忠诚度分析结果，制定有针对性的品牌管理措施。如果潜在忠诚者远少于脆弱忠诚者，那么企业应当在塑造品牌个性、树立品牌形象、加强品牌沟通、建立良好的公共关系等方面下功夫，以提升消费者的情感忠诚度，争取更多的真正忠诚者。反之，如果拥有的潜在忠诚者比脆弱忠诚者多，那么企业的主要精力应集中在健全销售网络、灵活运用促销手段等方面，以吸引潜在忠诚者向现实购买者以及真正忠诚者转变。

---

① 计建，陈小平．品牌忠诚度行为－情感模型初探．外国经济与管理，1999（1）：27－30＋40.

（四）维持和提升品牌忠诚度的策略

1. 正确对待顾客

正确对待顾客，避免顾客流失，是维持和提升品牌忠诚度的基础性策略。正确对待顾客，应该做到以下两点。

首先，向顾客提供符合他们期望的功能的产品或服务。做到这一点就等于给顾客提供了一个忠诚的基础，以及一个不转换品牌的理由。

其次，尊重顾客，确保给顾客提供正面的体验。事实上，企业的一些行为很容易把顾客赶走，比如对待顾客粗鲁、对顾客漠不关心、对顾客的诉求反应迟钝或者无礼等等。企业应该尽力规避这些行为，确保每一位顾客都受到尊重并获得正面的体验。要做到这一点，可以通过企业文化、品牌文化以及员工培训来实现。

2. 接近顾客

拥有强大客户文化的公司都在寻找与顾客保持亲密关系的方法。例如，为了在一线与顾客进行接触，IBM 的高层管理人员与普通员工一样肩负着联系客户的责任；迪士尼乐园的管理人员每年都要在一线岗位工作两周。接近顾客可以让企业听到顾客发出的声音、了解到顾客对品牌的真实评判，而且能够向顾客发出企业“重视顾客”的信号。

3. 管理顾客满意度

首先，定期进行顾客满意度调查。定期的顾客满意度调查十分重要，它有助于了解顾客的感受，调整企业的产品及服务。顾客满意度调查要及时、灵敏和全面，这样企业才能够了解顾客的总体满意度为什么发生变化。

其次，将顾客满意度融入日常管理。顾客满意度的管理只有融入企业的日常管理才能产生相应的效果。例如，万豪酒店的前台经理会关注与顾客的等待时间、入住、退房等相关的措施，以确定当前存在的问题，以便推出有针对性的管理计划。

另外，为了确保顾客满意度的管理发挥作用，可以将顾客满意度的调查结果纳入企业的薪酬体系。例如，多米诺比萨饼公司每周都会对顾客进行电话调查，衡量响应顾客服务的时间、面团和意大利香肠的质量以及送货员的态度等。多米诺比萨饼公司针对服务的每一个环节都制定了顾客满意度指标，并以此设定奖金池的分配。这样的薪酬体系能够提升顾客满意度，并对企业的运营产生影响。

4. 产生转换成本

让顾客在转换品牌时承担更高的转换成本，是保持顾客忠诚度的一个办法。

对组织客户（比如企业）而言，产生转换成本的常用方法是为顾客创建可能重新定义业务的解决方案。转换品牌不仅意味着将失去一个问题解决方案，而且可能失去一个能重新定义业务、带来巨额财富的方案。无疑，这个高昂的品牌转换成本会让顾客慎重考虑品牌转换的决策。

对个人客户（消费者）而言，产生转换成本的常用方法是对顾客的忠诚进行直接的奖励。如果顾客转换品牌则意味着将得不到这些奖励。例如，航空公司常常会用里程积分、贵宾休息室、升舱等方式来奖励常客，以留住忠诚的顾客。

5. 提供额外服务

为顾客提供一些额外的意想不到的服务，能够带给顾客更多的感知价值，从而提高顾客满意度，这有利于顾客忠诚度的提升。

很多时候，为顾客提供额外的服务并不需要花费很高的成本。例如，客房枕头上的薄荷糖、对流程的解释和说明、面包店的样品等，都能够给顾客留下一个好印象。

二、品牌知名度

品牌知名度（brand awareness）是消费者从特定的产品类别中识别或回忆某品牌的能力。简单来说，知名度是品牌在消费者脑海中的排位顺序。

品牌知名度往往与品牌的销售额呈正相关，当品牌的知名度提高时，品牌的销售额也会随着增长。品牌知名度能够带来如下营销价值：第一，品牌知名度有助于产生品牌联想，从而有助于强化品牌在消费者心目中的地位；第二，品牌知名度能够将品牌熟悉度转化为品牌好感，因为知名度高的品牌能够给人们带来更多的熟悉感，而这将有助于拉近品牌与消费者之间的距离；第三，品牌知名度是一种承诺的信号，知名度越高的品牌往往代表着其在质量、服务、技术等方面会有更好的表现；第四，品牌知名度能够使品牌进入消费者购物的选择目录，知名度越高的品牌在消费者选择时会更具有优势。

（一）品牌知名度的层级

根据品牌在消费者脑海中的排位顺序，可以将品牌知名度分成四个等级（见图 12-4）。

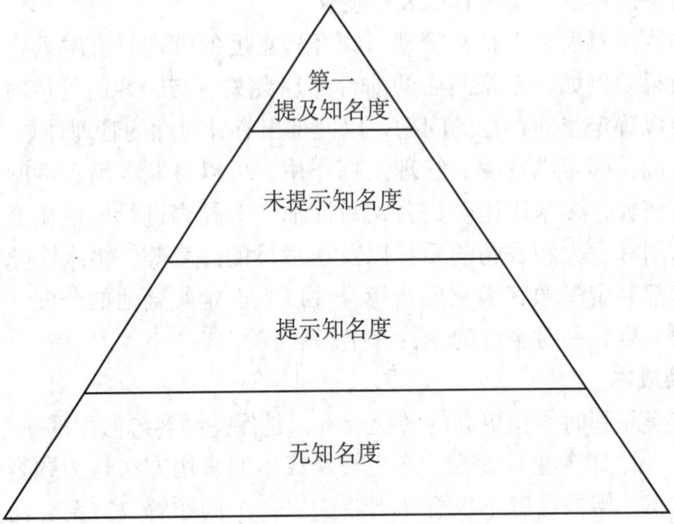

图 12-4　品牌知名度的层级

1. 第一提及知名度

第一提及知名度（top of mind）是指在没有任何提示的情形下，消费者在想到某一类别的产品时脑海中想到的第一个品牌，这是品牌知名度的最高层级。

几乎在每一个产品的类别中都存在一个第一提及知名度的品牌。例如，提到凉茶，消费者首先会想到王老吉；提到可乐，消费者马上会想到可口可乐；提到无人机，消费者马上会想到大疆。

第一提及知名度的品牌往往是市场领导者，无论是市场占有率，还是在消费者的心智中，都占据着第一名的位置。

2. 未提示知名度

未提示知名度（unaided awareness）指的是消费者在没有任何提示的情况下，虽然不是第一个提及，但是同样会想到的品牌。例如，如果在提到凉茶时，在没有提示的情况下，除了第一个提及的王老吉，消费者还会想到加多宝或者和其正，就说明加多宝或和其正的知名度处于未提示知名度的层级。

3. 提示知名度

提示知名度（aided awareness）指的是经过提示以后，消费者能够想起的品牌。对于处于提示知名度层级的品牌来说，虽然消费者经过提示以后才能想起该品牌，但是消费者已经建立了一定的品牌认知。因此，提示知名度是打造品牌知名度的最基本要求。

4. 无知名度

经过提示以后，仍然无法被消费者记忆起来的品牌，属于无知名度（unaware of brand）的品牌。无知名度的品牌不会使消费者产生任何记忆和联想。不管企业的主观意愿如何，遗憾的是，市场上总是存在一部分无知名度的品牌。

（二）建立品牌知名度的策略

1. 与众不同，使人难忘

有许多方法能够使品牌被消费者注意到并留下记忆，但是有一个很简单的方法能够实现品牌被注意和记忆的目标，那就是与众不同。与众不同，也就是差异化，能够让品牌在一群竞争者中脱颖而出，轻松地被消费者注意到并留下深刻的记忆。

打造差异化的路径有很多，比如目标市场差异化、品牌定位差异化、产品差异化、定价策略差异化、促销策略差异化、分销渠道差异化等，企业可以根据自身的实际以及竞争的状况进行选择。

2. 精心设计广告口号或广告曲

广告口号是品牌传播中长期、反复使用的特定宣传用语。好的广告口号言简意赅、朗朗上口，是品牌定位和品牌形象的浓缩。而品牌的广告曲不仅能够吸引关注，而且往往富有节奏和韵律，非常容易帮助品牌在消费者脑海中留下记忆。所以，精心设计的广告口号和广告曲能够让品牌传播的效果事半功倍，有助于品牌知名度的建立。

3. 增加品牌符号的曝光度

品牌符号在建立品牌知名度的过程中发挥着重要的作用。与字词或者短语相比，含有视觉图像的符号能够更容易地被识别和记忆。例如，麦当劳的金色拱门标识是令人印象深刻的品牌符号之一。品牌的视觉符号能够高效地传递品牌信息，便于消费者快速地识别和记忆品牌。因此，除了广告之外，还应该通过各种各样的手段增加品牌视觉符号的曝光度，让更多的人认识品牌。

4. 强势公关

广告在增加品牌曝光度、建立品牌知名度上有着非常好的效果，除了广告之外，公共关系也是建立品牌知名度的另一种有效方式。与广告相比，有时候公共关系的成本更低、效果更好，也更受消费者信赖。企业可以通过强势公关，如赞助、庆典、展览、新闻发布会等公共关系活动，来提升品牌的知名度并塑造良好的品牌形象。

5. 品牌延伸

通过品牌延伸，使品牌的名称出现在更多的产品上，这也是提高品牌知名度的一种方法。品牌延伸是品牌管理中的一个重要策略，是品牌自身扩张的需要；同时，品牌延伸还能够将产品变成品牌知名度扩散的一个载体，让品牌知名度伴随着更多产品的上市和流通得到提升。

三、品质认知度

品质认知度（perceived quality）是指消费者对某一品牌的产品或服务在品质上的整体印象。

由于消费者对产品或服务的品质认知与其购买决策紧密相关，所以高的品质认知度能够给消费者提供购买的理由。同时，品质是制造差异化的基础，品牌在定位时可以利用其在品质上的优势进行强而有力的定位。另外，品质上的优势还能够给品牌带来定价的优势，能够让企业通过较高的定价获取更高的利润。从渠道的角度来说，高品质的品牌往往也更受渠道商的青睐。最后，拥有较高品质认知度的品牌在品牌延伸时更容易获得成功，因为消费者会把高品质的联想转移到新的产品上，有利于新产品被市场接受和扩散。

（一）影响品质认知的因素

如果要理解和管理品质认知度，就需要先考虑是什么影响了消费者的品质认知。那么，消费者是依据什么对品牌的整体品质做出判断的呢？一般来说，消费者对品牌的品质认知与具体的产品或服务背景有关。

1. 产品背景下的品质认知

在产品的背景下，消费者对品牌的品质认知取决于与产品质量有关的维度。哈佛大学的戴维·加文（David A. Garvin）教授认为衡量产品质量的维度包括性能、特征、可靠性、耐用度、一致性、服务能力、美感和感知质量等，这八大维度会影响消费者对产品质量的认知和判断。①

- 性能（performance）。指产品的基本用途。
- 特征（features）。指不同品牌的差异点。
- 可靠性（reliability）。指产品在特定时期发生故障的可能性有多大。
- 耐用度（durability）。指产品可以使用的年限。
- 一致性（conformance）。指产品是否能够满足既定的标准，比如商定的内部质量标准，或者外部的安全法律法规。

---

① David A. Garvin. Competing on the Eight Dimensions of Quality. Harvard Business Review，1987，65（6）：101－109.

- 服务能力（serviceability）。指产品的服务系统是否高效、有力和便利。
- 美感（aesthetics）。指产品是否好看。这个维度是具有主观性的维度，因为美感涉及个人判断和个人偏好，每个人对美的欣赏和看法都是不一样的。
- 感知质量（perceived quality）。感知质量同样是一个具有主观性的维度。消费者并不总是拥有关于产品属性的完整信息，因此会使用间接的手段来推断产品的质量。其中，品牌的形象和声誉是感知质量的基础，这两个方面会深深影响消费者对产品的质量认知。

2. 服务背景下的品质认知

对服务行业来说，消费者对品牌的品质认知取决于与服务质量有关的维度。

根据帕拉休拉曼、泽塞莫尔和贝里等人对银行、信用卡、电器维修、长途电话等行业的客户对服务质量的看法的研究，可以从服务的有形展示、可靠性、响应性、保证性、移情性等维度对服务质量进行判断。[①] 其中，有形展示指的是服务中有形实体的设备、服务人员的仪表等；可靠性指的是对承诺过的服务确实执行且准时完成的能力；响应性指的是服务人员对帮助顾客及提供即时服务的意愿；保证性指的是服务人员的知识、礼貌及能力足以赢得消费者的信赖；移情性指的是对消费者的关怀与照顾，能够了解消费者的需求。

（二）建立品质认知度的策略

1. 提供高品质的产品或服务

提高品牌品质认知度的第一步是开发提供高质量产品或服务的能力。如果产品或服务的质量水平不高，很难让消费者信服品牌具有高品质。

（1）对品质的承诺

如果质量没有被提升为企业的首要任务，那么品质就无法实现。企业应该把对品质的追求放在首要的位置，只有对消费者做出品质的承诺，才能够向消费者提供高品质的产品或服务。

（2）追求品质文化

对品质的承诺应该体现在企业文化、行为规范、象征符号和价值观中。只有营造出追求品质文化的氛围，当企业需要在质量和成本之间进行权衡时，企业才能够轻松地做出"质量第一"的决定。

（3）重视顾客参与

品质的定义最终是由顾客决定的，有时候企业管理人员对顾客认为重要的东西的假设是错误的。因此，重视顾客的参与，根据顾客的反馈提升产品或服务的质量，才能够真正提高品牌的品质认知度。

（4）制定质量标准

有可测量并且与奖励系统挂钩的质量标准十分重要。只有制定出行之有效的质量标

---

① Parasuraman, A., Zeithaml, V. A., Berry, L. L. SERVQUAL: A Multiple-Item Scale for Measuring Consumer Perceptions of Service Quality. Journal of Retailing, 1988, 64: 12-40.

准，才能够让质量标准发挥作用，成为推动品牌品质提升的抓手。

（5）调动员工的积极性

员工是品牌品质的决定性因素之一，对服务行业来说更是如此。只有充分调动员工的积极性，才能够把质量建设真正落到实处。

2. 设计品质的认知信号

高品质的产品或服务需要被消费者感知到，但是很多情况下消费者很难对产品或服务质量的关键维度做出判断。例如，耐用性是很多车主在购车时会考虑的一个关键质量维度，但是消费者在购买前往往找不到很好的方法来判断汽车的耐用性。这个时候，设计品质的认知信号来帮助消费者判断产品和服务的品质就显得十分必要。例如，如果某款车的品牌提供了更长的保修服务期，那么客户就可以推断公司对产品的质量有足够的信心，从而帮助客户对车的耐用性做出判断。

设计品质的认知信号时，可以用与产品有关的特征作为品质的内在暗示，比如产品的形状、颜色、声音、味道等。例如，对于立体扬声器来说，更大的尺寸往往意味着更好的声音品质；对于厕所清洁剂来说，蓝色的液体和柠檬的气味则能够暗示产品具有更强的清洁能力；等等。

品质认知信号的设计也可以采用与品牌关联的其他信息，比如广告投放量、品牌名称、代言人等。例如，国内有些企业喜欢给品牌取一个“洋名字”，因为在某些情况下，一些消费者会认为品牌的“洋名字”能够传递出产品或服务品质更高的信号。

3. 利用价格暗示

价格是质量的一个重要判断指标。一般情况下，对消费者来说，高价格往往意味着产品或服务具有更高的品质，特别是在消费者不具备相关专业知识或经验的情况下。因此，企业可以通过定价策略来建立品牌的品质认知度。

4. 利用第三方杠杆

利用权威的第三方为产品或服务的品质背书，可以帮助建立品牌的品质认知度。例如，ISO 9000 标准体系认证、专业认证、知名保险公司提供承保等，这些第三方的背书往往能够提升消费者对品牌的品质认知，从而对品牌的品质更有信心。

四、品牌联想

品牌联想（brand association）是消费者记忆中与品牌有关的所有人、事、物。这些联想组合起来就构成了品牌形象。当消费者面临与品牌相关的决策时，品牌联想就会发生作用，成为影响消费者决策的因素。

作为品牌资产的一个构成要素，品牌联想的价值在于：第一，帮助消费者处理和检索信息。第二，为品牌的差异化提供基础，比如在香水、葡萄酒等让消费者难以区分品牌差异的产品类别中，品牌的产地、创始人、代言人等相关的品牌联想可以在识别品牌差异时发挥关键作用。第三，品牌联想，比如与产品属性或顾客利益相关的联想，可以为消费者提供购买的理由。第四，品牌联想还可以创造积极的态度和感觉，当消费者联想到某品牌时，会感到心情快乐和舒畅。第五，通过品牌联想，消费者会把对品牌的认知迁移到其他产品上，从而为品牌延伸奠定基础。

构成品牌联想的因素有很多，它们互相联系，在品牌联想中发挥着不同的作用。构成品牌联想的因素大体可以分成 11 种类型，分别是：产品属性、与产品有关的无形因素（比如技术、营养、健康等）、消费者利益、相关价格、使用方式、使用对象（用户/消费者）、名人或与品牌有关的人物、生活方式或个性、产品类别、竞争者、国家和区域等。

五、其他资产

其他资产是指品牌专属的其他资产，比如专利、商标、渠道关系等。这些资产可以有效地抑制或者防止竞争对手抢夺市场或顾客的忠诚度。

第 3 节　品牌资产的评估

品牌作为一种在市场上形成的、能为企业带来未来收益的无形资产，其价值高低既可表明企业的产品和服务在市场上被认可的程度，又能反映企业经营者的工作绩效以及企业的市场表现。[①] 因此，对品牌资产进行评估具有十分重要的现实意义。

一、品牌资产评估的意义

（一）能够满足品牌兼并、收购和合资的需要

20 世纪 80 年代以来兴起的品牌兼并、收购和合资热潮，使企业开始认识承认品牌资产，以及对品牌资产进行科学、正确的评估的重要性。

品牌资产评估不仅可以反映品牌现在的市场价值，还可以反映品牌未来的收益能力，从而增强投资者的信心。特别是在并购的背景下，品牌仍然是收购溢价的关键驱动因素。正如在本章的导读案例中介绍的那样，安踏之所以愿意溢价 39% 收购亚玛芬，主要原因就在于亚玛芬拥有包括始祖鸟在内的众多强势品牌。而且，在品牌的兼并、收购和合资的商务谈判中，科学的品牌资产评估提供了报价的依据，为谈判各方进行价格磋商奠定了基础。

（二）有利于企业提高品牌管理决策效率

品牌资产评估的结果反映了品牌的经营现状、营销绩效，以及未来的增长前景和潜力。这给企业管理投资组合提供了决策依据，有利于企业做出明智的决策，合理配置有限的资源，减少投资的浪费。

（三）能够激励员工，提高企业声誉

品牌健康发展的评估结果对内可以激励员工，向员工传递信念、激励员工的信心；

① 龚艳萍，谌飞龙．品牌价值评估的理论演进与实践探索．求索，2014（3）：24－30.

对外能够提高企业的声誉，增强市场和投资者对企业发展的信心，在公众心目中留下良好的印象。

（四）有利于品牌的未来发展

品牌评估能够使企业对品牌的价值和市场竞争中的地位有个直观的认识，这种认识有助于企业制定出有利于品牌未来发展的规划。相应地，企业可以采取品牌延伸、品牌授权、资本运营等策略进一步提升品牌资产的价值，或者采取品牌激活的策略阻止品牌资产价值的下滑或萎缩。

二、品牌资产评估的方法

出于对品牌资产的不同理解以及不同品牌评估目的的需要，现实中存在着很多品牌资产评估方法。总体来说，构成各种品牌资产评估方法的基本要素可以分为三大类：财务要素（成本、溢价、附加现金流），市场要素（市场表现、市场业绩、竞争力、股市），消费者要素（态度、行为、信仰，认知、认同、购买意愿）。[①] 下面着重介绍目前应用比较广泛、基于以上三大类要素的几种品牌资产评估方法。

（一）财务评估方法

财务评估方法是基于财务要素，利用会计学的原理测量品牌资产的方法。财务评估方法是比较传统的品牌资产评估方法，也是目前应用得比较多的品牌资产评估方法。在实际操作中，财务评估方法又可以分成以下几种。

1. 成本法

（1）历史成本法

历史成本法是指直接根据建立和发展品牌所投入的费用来对品牌资产进行估价，这些费用包括研发、设计、商标注册、广告、推销、公共关系、销售促进、分销等方面的投入。这是品牌评估中最直接的方法。

但是，由于品牌投资与企业的其他投资往往结合紧密，很难单独计算出品牌的历史投资成本。另外，历史成本法无法反映出品牌现在的价值以及未来的发展潜力。因此，历史成本法具有较大的局限性。

（2）重置成本法

重置成本法是通过模拟重新建立与某一特定品牌影响力相当的新品牌所需的成本来进行品牌资产的估算。重置成本法可以使用下面的公式进行计算：

$$品牌资产评估价值 = 品牌重置成本 \times 成新率$$

其中：

$$品牌重置成本 = 品牌账面原值 \times (评估时物价指数 \div 品牌购置时物价指数)$$

$$品牌成新率 = 剩余使用年限 \div (已使用所限 + 剩余使用年限) \times 100\%$$

重置成本是第三者愿意出的钱，相当于重新建立一个全新品牌所需的成本。按来源

① 卢泰宏．品牌资产评估的模型与方法．中山大学学报（社会科学版），2002（3）：88－96.

渠道，品牌可能是自创或外购的，其重置成本的构成是不同的：企业自创品牌由于财会制度的制约，一般没有账面价值，只能按照现时费用的标准估算其重置的价格总额；外购品牌的重置成本一般以品牌的账面价值为据，考虑物价指数因素加以计算。而成新率反映品牌的现行价值与全新状态重置价值的比率，一般采用专家鉴定法和剩余经济寿命预测法。①

由于数据相对容易收集，重置成本法在现实中比较容易操作。但是，重置成本法与历史成本法一样，着眼于品牌成本而不是品牌价值，无法反映出品牌的营利能力。

2. 股票价格法

股票价格法，又称股票市值法，是以上市公司的股票市值为基础，将有形资产从整体资产中分离出来，再将品牌资产从无形资产中剥离出来的品牌资产评估方法。

一般来说，股票价格法的操作步骤如下所示②：

①计算公司的总市值 A。公司的总市值 A = 股价 × 股数。

②用重置成本法对厂房、商品、设备等有形资产进行作价，然后用总市值 A 减去有形资产 B，得到公司的无形资产价值 C。

③将无形资产分解为品牌资产 C1、非品牌因素 C2（如 R&D 和专利等）以及行业外可以导致获取垄断利润的因素 C3（如法律等）。

④确定 C1、C2、C3 各自的影响因素。

⑤建立股市价值变动与上述各影响因素的数量模型，以得出品牌资产占公司有形资产的百分比（也可导出不同行业中品牌资产占该行业有形资产的百分比）。由 B 即可得出品牌资产 C1。

股票价格法比较适用于只有一个品牌的企业。使用股票价格法的困难之处在于确定公司市值与影响无形资产各因素间的模型，该过程不但需要大量的统计数据，而且要经过极为复杂的数学处理，这在很大程度上限制了它的实用性，并且这种方法要求股市比较健全，股票价格能较好地反映公司的实际经营业绩。③

3. 收益现值法

收益现值法，也称收益法，是通过估算未来的预期收益（一般是"税后净利润"指标），并采用适宜的贴现率折算成现值，然后对收益累加求和，得出品牌价值的一种评估方法。④ 根据收益现值法评估的品牌资产价值由两个部分组成：

$$\text{品牌资产价值} = \text{品牌过去的终值}\begin{pmatrix}\text{过去某一时间段内}\\\text{发生收益价值的总和}\end{pmatrix} + \text{品牌未来的现值}\begin{pmatrix}\text{将来某一时间段内}\\\text{产生收益价值的总和}\end{pmatrix}$$

收益现值法着重考察了品牌在未来市场上的获利能力，而且考虑了品牌的历史收益，充分反映出品牌的获利能力，比较符合品牌资本化的特征，因此被认为是一种比较合理和客观的品牌资产评估方法，在现实中用得较多。但是，收益现值法也存在一些不足。

① 王成荣．品牌价值的评价与管理研究．武汉：华中科技大学，2005.

② 卢泰宏．品牌资产评估的模型与方法．中山大学学报（社会科学版），2002（3）：88－96.

③ 周晓东，张胜前．品牌资产评估方法的分析与比较．经济师，2004（4）：252－254.

④ 张有绪．品牌资产模型与测度方法研究．东北财经大学，2009.

首先，由于收益现值法过多地建立预测的基础上，其预测结果往往存在较大的不确定性，比如贴现率和时间段的选取主观性大。其次，收益现值法没有考虑消费者因素对品牌价值的影响。

（二）机构评估方法

在品牌资产的评估实践中，一些品牌资产评估机构在财务要素的基础上，综合考虑市场要素和消费者要素，发展出区别于传统财务要素的品牌资产评估方法，获得了市场的认可。其中，比较有代表性的是 Interbrand 的品牌评估法和 Brand Z 的品牌评估法。

1. Interbrand 的品牌评估法

Interbrand 是全球领先的综合性品牌战略顾问和设计公司。Interbrand 于 1974 年在英国伦敦成立，1994 年加入世界最大的广告传播集团宏盟集团（Omnicom）。Interbrand 被公认为是世界上最著名的品牌资产评估公司，其开创的品牌评估方法在国际上极具权威性和影响力。根据 Interbrand 的官方信息，Interbrand 是第一家将其品牌评估方法认证为符合 ISO 10668（《品牌评估——品牌货币价值评估要求》）要求的公司。

Interbrand 认为，与其他资产的价值一样，品牌价值也应该是品牌资产未来收益的折现。因此，Interbrand 品牌评估法的一个基本假设是，品牌之所以有价值，就在于品牌可以使其所有者在未来获得较稳定的收益。[①] Interbrand 的品牌评估思路与收益现值法基本相同，即合理预测品牌带来的超额收益，并予以折现，然后计算评估值。但与收益现值法不同的是，Interbrand 品牌评估法将折现率转化为品牌强度系数。Interbrand 的品牌评估模型为：

品牌价值 = 品牌收益 × 品牌强度系数

根据这个模型，Interbrand 的品牌评估法包含以下三个主要的步骤。[②]

（1）计算品牌收益

品牌收益是衡量品牌当前获利能力的指标，它主要依据品牌作用力分析从经济附加值（economic value added，EVA）中剥离出来，并用过去三年的历史利润加权平均而成。其中，经济附加值（EVA）等于税息折旧及摊销前利润（EBITDA）减去资金使用成本（capital charge，CC），即 EVA = EBITDA - CC。品牌作用力或品牌作用指数（role of branding index，RBI）和行业特性有关，它是在分析不同行业的不同产品品牌对顾客购买决策的差异性影响程度的基础上，多维度评估品牌在多大程度上促进了无形资产收益的形成，即反映品牌对企业业务收入的贡献程度。

（2）计算品牌强度系数

首先，确定品牌强度得分。Interbrand 公司开发出十个品牌强度评价指标来计算品牌强度得分。这十个品牌强度评价指标分别从内部和外部两个视角来衡量品牌的表现（见表 12-2）。其中，内部视角的指标包括清晰性、品牌承诺、品牌保护和响应能力；外部视角的指标则包括真实性、一致性、差异性、曝光度、相关性、可理解性。每个指

---

① 符国群. Interbrand 品牌评估法评介. 外国经济与管理，1999（11）：37-41.

② 龚艳萍，谌飞龙. 品牌价值评估的理论演进与实践探索. 求索，2014（3）：24-30.

标的分值均为 10 分，总共 100 分。从这十个评价指标的内容可以看出，Interbrand 评估法中的品牌强度比较注重外部视角，也就是顾客的感知。如果品牌强度大，就意味着品牌未来获得预期收益的风险小；如果品牌强度小，则意味着品牌未来获得预期收益的风险大。

表 12-2　Interbrand 品牌强度评价指标

评价指标	分值
清晰性（clarity）	10 分
品牌承诺（commitment）	10 分
品牌保护（protection）	10 分
响应能力（responsiveness）	10 分
真实性（authenticity）	10 分
一致性（consistency）	10 分
差异性（differentiation）	10 分
曝光度（presence）	10 分
相关性（relevance）	10 分
可理解性（understanding）	10 分

接下来，根据品牌强度得分推算出品牌强度系数。Interbrand 创造了其独有的 S 形曲线，将品牌强度得分转化为品牌未来收益的折现率，然后根据“品牌强度系数 = 1/折现率”的公式计算出品牌强度系数。根据 S 形曲线，当品牌强度得分为满分 100 时，品牌未来收益的折现率为 5%，此时其品牌强度系数为 20，这是品牌强度系数的最大值。

（3）计算品牌价值

最后一步，将品牌收益与品牌强度系数相乘，得出品牌价值。

必须要指出的是，Interbrand 的品牌评估模型自建立后基本没变，然而对模型中品牌收益和品牌强度的处理却多有调整。[①] 特别是在品牌强度的评价上，Interbrand 先后提出了不同的品牌强度计算方式：七因子加权法、四因子加权法，以及现在使用的十个品牌强度评价指标法。其中，七因子加权法中的因子及权重分别为领导力（leadership，25 %）、稳定性（stability，15%）、市场特征（market，10%）、国际化能力（internationality，25%）、发展趋势（trend，10%）、品牌支持（support，10%）、品牌保护（protection，5%）。四因子加权法中的因子则指：比重（同类产品中的市场占有率）、广度（市场分布）、深度（顾客忠诚度）、长度（产品延伸程度）。由于 Interbrand 一直没有停止优化其品牌评估模型的脚步，因此很有可能当读者看到这里时，Interbrand 模型的一些处理做法又发生了新的变化，比如品牌强度的评价指标可能再次发生改变。

① 龚艳萍，谌飞龙．品牌价值评估的理论演进与实践探索．求索，2014（3）：24－30.

2. Brand Z 的品牌评估法

Brand Z 是全球最大、十分权威的品牌资产平台之一，创建于 1998 年，隶属于全球营销传播巨头 WPP 集团。Brand Z 认为，消费者对品牌的感知和感受决定了品牌的成功和失败。与竞争对手相比，Brand Z 的优势在于拥有强大的消费者和品牌数据库。以持续、深入的定量研究的方式，Brand Z 的研究在全球范围内覆盖了超过 370 万受访消费者，以及 50 多个国家的 165 000 多个不同的品牌。[①] 和 Interbrand 一样，Brand Z 在品牌资产评估领域也具有很高的知名度和权威性。Brand Z 的品牌评估模型为：

品牌价值 = （品牌）财务价值 × 品牌贡献

根据 Brand Z 官方网站的介绍，其品牌评估法总共分为三个部分：

（1）计算（品牌）财务价值

计算财务价值的过程分为三步：

①计算无形资产产生的收入。品牌母公司的收入来源有来自有形资产的部分，比如固定资产（建筑物、机器、土地等）和流动资产（现金、存货等）；也有来自无形资产的部分，比如专利、商标和品牌等。

Brand Z 从彭博社获得品牌母公司发布的最新年度收入数据，然后通过使用从同一来源得到的其他财务数据，计算出一个称为“无形比率”（intangible ratio）的指标。再将公司收入与无形比率相乘，就可以得到无形资产产生的收入。

②确定无形资产收入中归属于品牌的比例。根据品牌母公司公布的财务报告和其他可靠来源（比如 WPP 旗下的专业市场调研组织 Kantar）获得的品牌的财务数据，确定品牌归属率（attribution rate）。

根据品牌归属率和上一步得到的无形资产产生的收入，获得品牌带来的无形收入，即品牌母公司无形资产产生的收入中归属于品牌的比例。

③确定品牌的财务价值。根据彭博社的财务数据，用类似股票市值的计算方法算出品牌倍数。然后将上一步得出的品牌带来的无形收入乘以品牌倍数，就得到了品牌的财务价值，即母公司的总价值中归属于品牌的占当前和预期业绩的比例。

（2）确定品牌贡献

为了获得品牌的真正价值（即消费者心目中的资产），需要量化其相对于竞争对手的实力，即隔离其品牌资产直接驱动的财务价值。这使我们能够了解单独由品牌解释的财务价值的比例，从而了解品牌本身的总价值。

品牌资产可以在当前需求、价格溢价、未来需求和价格这三个方面影响消费者行为并为公司贡献价值。第一，当前需求，即仅凭品牌的资产实力影响消费者在当前的市场选择这个品牌而不是其他品牌，为公司创造销量。第二，价格溢价，即仅凭品牌的资产实力使消费者愿意支付比其他品牌更多的费用，为公司创造价值份额和利润。第三，未来需求和价格，即仅凭品牌的资产实力，可以让消费者在未来产生更多的购买行为，或以期望的价格首次购买该品牌，为公司增加未来的销量和价值份额。

---

① 摘自 Brand Z 官方网站介绍.

通过市场调查的方法，量化待评估品牌在以上三个方面相对于竞争品牌的能力，以确定品牌贡献。

（3）计算品牌价值

根据“品牌价值 =（品牌）财务价值 × 品牌贡献”，计算出品牌价值。

Brand Z 的品牌评估法通过密集的消费者调查，使其有别于其他品牌资产评估机构“只依赖于一个专家小组或纯粹桌面上的财务和市场研究”的评估方法。Brand Z 的品牌评估法强调品牌的价值评估要“面向消费者”以及“品牌贡献植根于现实世界的客户认知度和行为，而非不真实的专家意见”，这与“消费者认知是品牌价值的真正源泉”的认识相符，同时 Brand Z 要求剔除如财务、价格、便利性、垄断性等非品牌因素产生的收益，并且将“品牌与消费者的关系强度存在国别差异”贯彻到品牌价值评估中，所以从总体上来说 Brand Z 的品牌评估法所强调的理念和方法符合品牌理论与品牌价值理论的最新研究共识，但要真正实施，它需要有强大的数据库来支持。[①]

综上所述，把品牌看成企业宝贵的无形资产，并对其进行价值评估对于企业来说具有重要的意义。现实中存在着很多品牌资产评估方法，不同的评估方法产生的评估结果也不一样。

以 Interbrand 和 Brand Z 为例。根据 Interbrand 发布的 2021 年全球最佳品牌排行榜，位居前十名的品牌分别是苹果、亚马逊、微软、谷歌、三星、可口可乐、丰田、梅赛德斯 - 奔驰、麦当劳和迪士尼（见图 12 - 5）。而在 Brand Z 发布的 2021 年最具价值的全球品牌排行榜上，排名前十的品牌则分别是亚马逊、苹果、谷歌、微软、腾讯、脸书、阿里巴巴、维萨、麦当劳、万事达，其中，来自中国的品牌腾讯和阿里巴巴分别位列第五和第七（见图 12 - 6）。

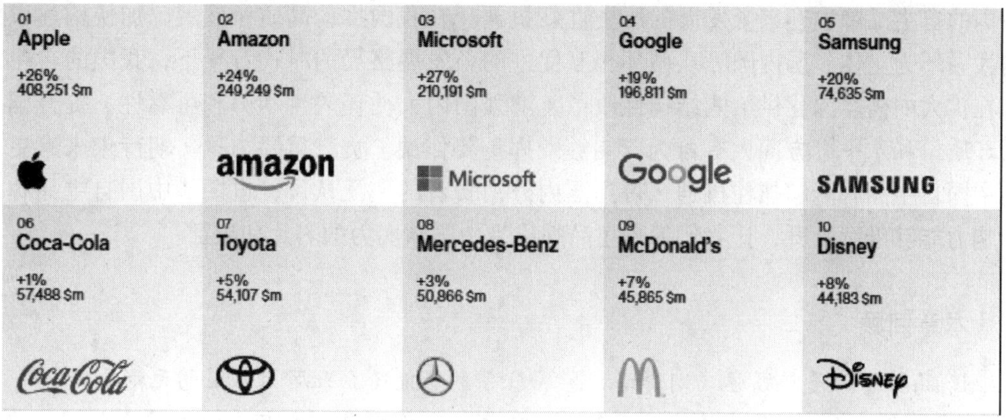

图 12 - 5　Interbrand 2021 年全球最佳品牌前十

资料来源：Interbrand 官方网站。

① 龚艳萍，谌飞龙．品牌价值评估的理论演进与实践探索．求索，2014（3）：24 - 30.

Rank	Brand	Brand Value (US$ Mil.)
1	AMAZON	683,852
2	APPLE	611,997
3	GOOGLE	457,998
4	MICROSOFT	410,271
5	TENCENT***	240,931
6	FACEBOOK	226,744
7	ALIBABA****	196,912
8	VISA	191,285
9	MCDONALD'S	154,921
10	MASTERCARD	112,876

图 12-6 Brand Z 2021 年最具价值全球品牌排行榜前十

注：第一行从左到右分别是：排名、品牌、品牌价值（百万美元）。

资料来源：Brand Z 官方网站。

然而，不管采用哪一种品牌资产评估方法，对企业来说，品牌建设发展的终极目标是要经得起消费者在内心的综合评价。① 包括腾讯和阿里巴巴在内的越来越多的中国品牌出现在世界各大品牌价值排行榜上，说明中国企业的品牌建设已经进入高质量发展时期，中国的民族品牌已经崛起于世界品牌之林。如今，中国经济进入高质量发展的新时期，中国的自主品牌也迎来了发展的历史性新机遇。在我国推动高质量发展，加快构建以国内大循环为主体、国内国际双循环相互促进的新发展格局的时代背景下，我国的自主品牌在扩大内需、深化供给侧结构性改革、增强国内大循环内生动力和可靠性、提升国际循环质量和水平等方面大有可为，能够发挥重要作用、贡献重要力量。期待未来有更多的中国自主品牌能够抓住机遇，得到国内外消费者的广泛认可；也期待中国自主品牌的影响力能够继续上升，让我们的自主品牌成为中国软实力的名片和象征。

本章回顾

1. 品牌资产是与顾客（消费者）紧密联系的、能给企业带来收益的无形资产。

2. 品牌资产是一种特殊的无形资产，它难以准确测量，具有波动性，是企业营销绩效的主要衡量指标。

3. 根据戴维·阿克提出的品牌资产“五星”模型，品牌资产由品牌忠诚度、品牌知名度、品质认知度、品牌联想和其他资产共同构成。

4. 品牌忠诚度是品牌资产的核心，包括行为忠诚度和情感忠诚度两个维度。

① 何佳讯．战略品牌管理：企业与顾客协同战略．北京：中国人民大学出版社，2021.

5. 品牌忠诚度分为五个不同的层级：无品牌忠诚者、习惯购买者、满意购买者、品牌喜欢者和承诺购买者。

6. 维持和提升品牌忠诚度的策略包括正确对待顾客、接近顾客、管理顾客满意度、产生转换成本以及提供额外服务。

7. 品牌知名度是消费者从特定的产品类别中识别或回忆某品牌的能力。品牌知名度可以分成四个等级：第一提及知名度、未提示知名度、提示知名度以及无知名度。

8. 建立品牌知名度的策略有：与众不同，使人难忘；精心设计广告口号或广告曲；增加品牌符号的曝光度；强势公关；品牌延伸。

9. 品质认知度是指消费者对某一品牌的产品或服务在品质上的整体印象。消费者对品牌的品质认知与产品或服务的质量维度有关。

10. 建立品质认知度的策略有：提供高品质的产品或服务；设计品质的认知信号；利用价格暗示；利用第三方杠杆。

11. 品牌联想是消费者记忆中与品牌有关的所有人、事、物。这些联想组合起来就构成了品牌形象。

12. 品牌资产中的“其他资产”是指品牌专属的其他资产，如专利、商标、渠道关系等。这些资产可以有效地抑制或防止竞争对手抢夺市场或顾客的忠诚度。

13. 现实中存在着很多品牌资产评估方法，目前应用比较广泛的有财务评估方法，以及 Interbrand、Brand Z 等机构开创的品牌评估方法。

基本概念

品牌资产　　品牌资产“五星”模型　　品牌忠诚度　　品牌知名度
品质认知度　　品牌联想　　品牌资产评估　　Interbrand 的品牌评估法
Brand Z 的品牌评估法

拓展阅读

［1］董学兵，常亚平，肖灵．虚拟品牌社群氛围对品牌忠诚的影响．管理学报，2018，15（11）：1697－1704.

［2］高伟，刘益，李雪．全渠道购物体验与品牌忠诚、品牌资产关系研究：全渠道一致性与无缝性的调节作用．工业工程与管理，2019，24（4）：174－180＋196.

阅读以上文献后思考：

1. 虚拟品牌社区氛围可以分为哪些维度？虚拟品牌社区氛围会如何影响用户的品牌忠诚？相关研究结论对企业的品牌虚拟社区管理和顾客忠诚度管理有什么启示？

2. 消费者的全渠道购物体验对品牌忠诚和品牌资产有什么影响？全渠道的一致性和无缝性在其中起到什么作用？相关研究结论能够给企业的全渠道营销实践和品牌资产管理带来哪些启示？

复习题

1. 什么是品牌资产？品牌资产具有哪些特征？

2. 根据戴维·阿克提出的品牌资产“五星”模型，品牌资产的构成维度包括哪些？
3. 对品牌资产进行评估具有哪些重要的现实意义？
4. 如何理解不同的品牌资产评估方法会产生不同的评估结果？

实训练习

以 Interbrand 或者 Brand Z 发布的最新的全球品牌价值排行榜作为主要材料，完成以下实训练习：

1. 思考 Interbrand 或者 Brand Z 的品牌价值评估过程和方法。
2. 对中国品牌的上榜情况进行分析和总结。
3. 对比和分析近三年中国品牌在这份榜单上的变化情况。
4. 针对上一步的分析结果，谈谈你的感想。

图书在版编目（CIP）数据

品牌管理／余云珠编著．--北京：中国人民大学出版社，2023.4
普通高等学校应用型教材．市场营销
ISBN 978-7-300-31508-9

Ⅰ.①品… Ⅱ.①余… Ⅲ.①品牌-企业管理-高等学校-教材 Ⅳ.①F273.2

中国国家版本馆CIP数据核字（2023）第037252号

普通高等学校应用型教材·市场营销
品牌管理
余云珠　编著
Pinpai Guanli

出版发行	中国人民大学出版社		
社　　址	北京中关村大街31号	**邮政编码**	100080
电　　话	010－62511242（总编室）		010－62511770（质管部）
	010－82501766（邮购部）		010－62514148（门市部）
	010－62515195（发行公司）		010－62515275（盗版举报）
网　　址	http://www.crup.com.cn		
经　　销	新华书店		
印　　刷	北京宏伟双华印刷有限公司		
开　　本	787 mm×1092 mm　1/16	**版　　次**	2023年4月第1版
印　　张	18.75 插页1	**印　　次**	2023年4月第1次印刷
字　　数	425 000	**定　　价**	49.00元

中国人民大学出版社　管理分社

教师教学服务说明

中国人民大学出版社管理分社以出版工商管理和公共管理类精品图书为宗旨。为更好地服务一线教师，我们着力建设了一批数字化、立体化的网络教学资源。教师可以通过以下方式获得免费下载教学资源的权限：

★ 在中国人民大学出版社网站 www.crup.com.cn 进行注册，注册后进入“会员中心”，在左侧点击“我的教师认证”，填写相关信息，提交后等待审核。我们将在一个工作日内为您开通相关资源的下载权限。

★ 如您急需教学资源或需要其他帮助，请加入教师 QQ 群或在工作时间与我们联络。

中国人民大学出版社　管理分社

教师 QQ 群：648333426（工商管理）　114970332（财会）　648117133（公共管理）
教师群仅限教师加入，入群请备注（学校＋姓名）

联系电话：010-62515735，62515987，62515782，82501048，62514760

电子邮箱：glcbfs@crup.com.cn

通讯地址：北京市海淀区中关村大街甲 59 号文化大厦 1501 室（100872）

管理书社　　人大社财会　　公共管理与政治学悦读坊